谨以此书

献礼国家西部大开发战略实施十周年

北大博雅系列

西部放歌

校友中石题

北京大学团委 编

北京大学出版社
PEKING UNIVERSITY PRESS

图书在版编目(CIP)数据

西部放歌/北京大学团委编. —北京：北京大学出版社，2010.6
(北大博雅系列)
ISBN 978-7-301-17303-9

Ⅰ.西… Ⅱ.北… Ⅲ.北京大学—校友—生平事迹 Ⅳ.K820.7

中国版本图书馆CIP数据核字(2010)第101676号

书　　名：西部放歌
著作责任者：北京大学团委　编
责 任 编 辑：韩文君
标 准 书 号：ISBN 978-7-301-17303-9/G·2871
出 版 发 行：北京大学出版社
地　　址：北京市海淀区成府路205号　100871
网　　站：http://www.jycb.org　http://www.pup.cn
电 子 信 箱：zyl@pup.pku.edu.cn
电　　话：邮购部62752015　发行部62750672　编辑部62767346　出版部62754962
印 刷 者：北京宏伟双华印刷有限公司
经 销 者：新华书店
720毫米×1020毫米　16开本　20.5印张　6插页　378千字
2010年6月第1版　2010年6月第1次印刷
定　　价：45.00元

序

在我国实施西部大开发战略十周年之际，出版这样一本北京大学西部工作校友访谈录，具有特殊的价值和意义。

“眼底未名水，胸中黄河月。”对国家和民族命运的深切关注，对社会责任的积极担当，让北大人心中一直有一份无法割舍的西部情。建国初期，北京大学就开始援建内蒙古大学，建立了“手拉手”协作关系，上世纪90年代先后与云南、内蒙签署了合作协议。长期以来，北京大学支援西部建设的步伐从未停止。

2000年国家开始实施西部大开发战略，为我们支援西部建设创造了更好的条件和更宽广的平台。北京大学积极响应国家号召，充分发挥知识创新和人才培养等方面的资源优势，通过多种途径，动员全校各部门和院系形成合力，建立长效工作机制，全力支援西部地区经济社会建设。

2000年后，北京大学先后与新疆、宁夏、甘肃、新疆生产建设兵团签署了省（区）校合作协议，并全面开展了对口支援新疆石河子大学计划，与新疆大学、西藏大学建立了支援或合作关系，并建立了“北京大学新疆研究生培养基地”。2006年，北京大学被教育部评为对口支援西部地区高等学校工作先进集体。

北大全力支持西部民族地区医疗卫生事业的发展。2005年以来，北大共接收20多个少数民族近400名医生到各附属医院进修；共派出近20支医疗队支援偏远少数民族地区医疗卫生工作，门诊诊疗病人近1500人次，为近9000名患者进行了义诊；选派公共卫生专业的教授深入西部少数民族地区进行健康教育、疾病普查等工作，不断提升少数民族地区健康水平和健康意识。

北大在校学生把了解西部、支援西部作为服务社会活动的重要内容，每年暑期都会组建几十个社会实践团前往西部少数民族地区支教扶贫，志愿服务当地经济社会发展。北大毕业研究生积极参加团中央、教育部组建的扶贫接力计划研究生支教团，十几年来，北京大学已有145名研究生志愿者前往西藏、新疆、宁夏、云南、青海等少数民族地区开展为期一年的扶贫支教志愿服务，在内地高校中创造了“三个之最”：最早开展研究生支教工作的高校；最先向西藏派出支教团的高校；历年来向西部贫困地区派出高素质志愿者数量最多的高校。2009年，北京大学被评为国家西部大开发突出贡献集体。

回首历史，在心系西部、服务西部的道路上，北大人薪火相传、英才辈出。从人迹罕至的丛林大山到“世界屋脊”青藏高原，从漫天黄沙的大漠戈壁到广袤无垠的内蒙古草原，都留下了北大人奉献的足迹。“两弹一星”功勋科学家邓稼先院士扎根戈壁，刻苦攻关，为我国核武器的研制试验和理论研究工作奉献出自己宝贵的生命。彭加木研究员以“从荒野中踏出一条道路的勇气”，先后踏遍云南、甘肃、陕西等地，15次赴疆考察，冒着生命危险3次进入罗布泊调查自然资源和自然条件，为开创新疆科研工作倾尽心血。孟二冬教授怀抱对西部的满腔热爱到石河子大学支教，带着病痛忘我工作，用生命诠释了“板凳要坐十年冷，文章不著一句空”的精神操守，展现了当代优秀教师的学识魅力与人格魅力。潘文石教授深入卧龙和秦岭的自然保护区，与大熊猫同吃同住，为大熊猫的研究和保护、为人类和自然的和谐相处作出了杰出贡献，赢得了“熊猫爸爸”的美誉。樊锦诗院长自毕业后即到敦煌文物研究所工作，扎根戈壁沙漠40多年，潜心于敦煌石窟的考古研究，为敦煌莫高窟这一人类宝贵的文化资源的保护与利用作出了杰出贡献，被誉为“敦煌的女儿”。在国家实行“双向选择、自主择业”大学生就业政策以来，北京大学始终坚持引导和鼓励毕业生面向基层和西部地区就业，一批批毕业生义无反顾地投身于西部开发建设。2003年，医学部的莫锋同学不顾“非典”疫情，选择到内蒙古赤峰市巴林右旗防疫站工作，志愿服务期满后，又放弃东部沿海单位的高薪待遇，毅然选择留在了西部草原。十几年来，北大已经有数百名毕业生到西部基层特别是边疆少数民族地区深深扎下了根。我相信若干年后，这些默默无闻的年轻人将在祖国的西部建立起无愧于前辈的功勋！

为展示在西部工作的北大校友风采，本书特选取其中的30位代表，记录他们在北大学习成长的心路历程、在西部辛勤工作的感人事迹，彰显北大人造福人民、服务社会的优秀传统和不畏艰苦、扎根西部的奋斗精神。令人瞩目的是，翻开本书，细细品味每一位校友的人生经历，都可以深刻感受到他们身上那股赤诚的爱国之情。正是在爱国主义这一北大传统中最可宝贵的精神的感召下，他们深入西部和基层，艰苦奋斗、自强不息，将个人的家庭、事业与祖国西部的建设发展紧密联系在一起，为西部的繁荣发展作出了卓越贡献。这些长期在西部工作的校友们，用自己的实际行动实践着北大人以天下为己任的光荣传统，他们的光辉事迹、高尚品德以及其中蕴含的北大精神，必将进一步激励更多的北大青年学子到基层去、到西部去、到祖国最需要的地方去，使北京大学一百多年来的精神传统在民族复兴的历史进程中不断焕发新的光彩。从这个角度而言，《西部放歌》既是一部展示优秀校友共祖国西部一起成长和发展的汇总之作，也是一部供给北大学子生命营养的励志礼物。

在感受这些优秀校友的理想情怀和辉煌人生之时，我希望北大青年学子要特别体会他们为理想而付出的艰辛努力、所做出的崇高奉献。他们的人生经历再次证明了一个朴实的道理：理想是美好的，但实现理想的路却不会是平坦的大道；实现理想，始终需要坚定的信念和脚踏实地、百折不挠的奋斗精神。心有多宽，天地才能有多大，谁能在平凡中追求卓越，谁能把理想坚持到最后，谁就最有实现理想的希望！北大学子要有崇高的理想主义情怀，更要深刻认识我国的国情，要有坚忍不拔的充分思想准备，取得成绩时不盲目乐观，遇到困难时不气馁悲观，创业维艰、奋斗以成。奋斗总是伴随着艰辛、召唤着奉献，艰辛和奉献又总是孕育着希望和成功。历史上的胜利与成功，永远属于具有崇高理想、坚定信念的艰苦奋斗的人们。

胡锦涛总书记曾指出：古往今来凡成大事者，无不经过社会实践的历练和艰苦环境的考验。对青年学生来说，西部地区和基层一线是锤炼意志、汲取力量的火热熔炉，是了解国情、增长本领的最好课堂，是施展才华、开拓创业的广阔天地。无论中国的发展推进到什么阶段，无论时代条件发生了怎样的变化，都需要一代又一代有志青年的无私奉献和付出，那些到祖国最需要的地方去建功立业的选择都是庄严而崇高的，都值得北大人大力提倡、身体力行！

我由衷地希望，站在历史新起点上的北大青年们，能够满怀理想、脚踏实地，以百折不挠的奋斗精神，在西部，在基层，在祖国需要的各条战线上建功立业，书写无愧于母校和祖国的青春篇章！

北京大学校长 周其凤

目 录

侯德彭

绽放南国的朱槿花

Zhanfang Nanguo de Zhujinhua

侯德彭，男，1932年7月生，江苏省泰州市人，汉族，中共党员。1952年至1956年，在北大物理系学习，获理学学士学位。教授，广西壮族自治区原政协副主席。

1938年至1944年，在江苏省泰州市大浦小学学习。1944年至1948年，在江苏省泰州中学学习。1948年至1950年，在上海中华理科高级中学学习。1950年6月至9月，在北京中央团校接受培训。1950年9月至1952年9月，在中共中央宣传部资料室、翻译室工作，历任翻译室秘书组组长、资料室资料员。

1956年9月至1959年3月，在中宣部科学处工作，其间在山西劳动半年。1959年3月至1983年，在广西大学物理系和校部工作，著有《核共振理论》、《少体物理》等论文和著作多篇，先后译有《量子力学的哲学基础》等多达三百余万字的自然哲学、科普著作和科学专著，与他人合作引进翻译维纳所著经典著作《控制论》。后历任广西大学物理系副主任、广西大学副校长、校长兼党委书记。1983年至1990年，担任广西壮族自治区党委常委，后历任科委主任、宣传部部长、教委主任。1990年至1998年，任广西壮族自治区教委主任、政协副主席。1998年退休。

荣获1987年、1988年广西科技成果二等奖，1993年国家科技进步一等奖。

“老北大”三个字在许多人心中意味着令人感动的美好。这三个字所具有的独特的风采魅力，鞭策着后来的一代又一代人奋勇前行。1956年毕业于北大物理系的侯德彭，对北大的精神特质有着深刻的理解，他自己也不断地践行着自己的理解。在上个世纪50年代的坎坷岁月里，他被戴上“右派分子”的帽子，并于1959年离开北京，来到了陌生的广西，从此在那里一扎根就是五十多年。即便遇到挫折打击，他也从未轻言放弃。用他自己的话说，因为他始终携带着北大给予的基因。

燕园四载，挥斥方遒，是他毕生难忘的时光

已年近八旬的侯德彭老先生半倚在沙发上，左手缓缓地端起一个茶杯，茶杯是那种很朴素的白瓷质地，显眼之处是杯身上印着鲜红的“北大物理学院”字样和北大校徽。聊及这个茶杯，老先生开心地说：“是啊，我的很多东西都是带有北大印记的。”在一片茶香氤氲里，侯老的思绪又回到了往昔的岁月……

侯德彭是江苏省泰州人，是泰州中学1944级学生，在那里他从初中读到高一，之后转学到了上海中华理科高级中学。上海解放后，侯德彭参加了新民主主义青年团（亦即后来的共青团）的活动，并在1949年11月加入了青年团。那时新中国刚成立不久，百废待兴，城市急需大量人才，而当时最理想的方式就是从高中毕业生中挑选文化基础好、思想单纯、年轻可靠的骨干，作为人才的储备进行教育培养。就这样，1950年高中毕业的侯德彭连文凭都还没有来得及拿，就作为优秀团员代表被上海静安区团委选派到中央团校学习。经过三个月的学习培训后，正准备南下参加土改工作的他，因学习期间能力出众、政治思想坚定，被调往中共中央宣传部工作。

侯德彭最初在中宣部资料室负责信息收集整理工作，几个月后又调到斯大林全集翻译室，精通俄语的毛岸青也是该翻译室成员之一。当时每翻译一篇文章都要经过好几道流程，先由第一个人译，译完交由第二个人修改，改完后再传到第三个人手上进一步润色完善，最后再由翻译室主任曹宝华定稿。侯德彭刚进翻译室的时候，翻译过程中的每一稿形成以后都由他负责抄写。真所谓处处留心皆学问，看似不起眼的工作，在侯德彭那里却成了弥足珍贵的锻炼机会。在抄写翻译稿的过程中，侯德彭非常注意留心比较每一稿之间的变动差异，以及不同表达背后的微妙之处，对翻译的理解和认识水平也因此得以不断提升，用他的话说就是“学了不少东西”。年轻的侯德彭当时已经学过英语，加上对翻译的极大兴趣，

他在工作之余就自行翻译了《巴甫洛夫的辩证唯物论》，并在中国科学院出版的刊物《科学通报》上发表。那时，他才18岁。

由于基础知识扎实，工作方面又好学肯干，侯德彭很快获得了组织的肯定和信任。因此，当1952年中直机关决定抽调一批干部进入大学学习时，他获得了这个宝贵的机会。侯德彭在高中时就很喜欢物理，也正是出于对物理学科浓厚的兴趣和爱好，他选择了北京大学物理系。

一直秉承民主与科学的光荣传统的北京大学，就这样开始一点一滴地影响着这位初入燕园、朝气蓬勃的年轻人。20世纪50年代的燕园记忆，对侯德彭来说至今仍历历在目。“我记得有一次在大饭厅，马寅初校长对学生们做报告，讲他最近遭遇的一件事情，马校长说‘兄弟我’，那时候老校长常喜欢自称兄弟，很有江湖派头的感觉。他说：‘兄弟我最近有点气，为什么呢？’他说自己洗冷水澡身体很好，于是就写了一篇论文，叫做《论身体洗冷水澡的好处》，送到校报请他们登载，学报的编辑翦伯赞说这算是什么论文啊，这是个笑话，不是学术的问题，登这个东西就不伦不类了，算什么东西嘛，不行。”侯德彭停了停，接着说，“你是校长也不行。这就是北大的精神，它不崇拜权威，它有独立思考，能独立思考。”在老北大精彩纷呈的历史片段中，这或许是一个不常见诸史料的细节。然而作为见证过这个细节的老北大人，侯德彭却始终将这个段子留存在心底。这就是北大的传统，这就是北大应该有的精神，过去如斯，未来也仍将如斯。

母校思想自由、兼容并包的风气给了侯德彭独立的思考能力。他认为，北大培养的学生不能满足于做一颗螺丝钉，对其他方面也要了解，要思想自由，发挥自主能动性，发挥更大的作用。而在学习的过程中，他主张“对事物不盲从，有质疑的权利，探索别的可能性”。

北大不仅给予侯德彭精神和心灵上的熏陶，而且还给他提供了宽广的实践舞台。在北大期间，他就已经非常活跃，并担任学生会宣传部部长。那是一个精彩热闹的校园，学生们组成多种多样的社团，节目精彩纷呈。学生会宣传部当时不仅管理着诗社、音乐社、话剧社等社团，而且掌握着全校的广播台，下设稿件组、播音组等。每日清晨广播台播放《东方红》乐曲后，接着转播中央人民广播电台的重要新闻，之后播放校内新闻。这部分校内新闻有些来自同学们的投稿，也有些由宣传部长或干事撰写。那时，校方、老师、同学都很支持他们的工作。这群意气风发的学生的确也很大胆，写篇稿子全校广播，一点也不手颤。

作为学生会宣传部部长，侯德彭表现出了出色的领导能力。他印象最深的活动，就是有一年国庆游行前，他带领着宣传部的同学们来到王府井，住在周边的小学里，一夜不睡觉，制造氢气，灌氢气球。其中制造氢气主要交由化学系的同学来做，而这也着实让那群年轻的学生学以致用了一番。当时的氢气球还没有悬挂标语的做法，侯德彭就率先发明了在氢气球下面挂上标语的做法。就这样，悬挂着“伟大的中华人民共和国万岁”等标语的氢气球成了当年国庆游行庆祝活动中引人注目的亮丽风景。此外，由于当时还没有花车，侯德彭就带领同学们制作北大红楼的模型，作为国庆游行中北京大学的标志。可以说，北大学生会的经历，让侯德彭无论在领导能力、组织能力还是在创新能力上，都得到了极大的锻炼和提高。几十年以后，侯德彭从担任广西大学校长，到担任广西壮族自治区科委主任、党委常委、宣传部部长和教委主任、自治区政协副主席，在他看来都离不开在北大学生会的锻炼。

除了负责学生会宣传部的日常工作，侯德彭还经常热心地组织同学们外出游玩实践，先后前往白洋淀、大连等地，为大家提供开阔视野的机会。而对于如何平衡好学习和学生工作两者之间的关系，侯德彭觉得这是很简单的事：“别人玩，我就不玩，我要补课啊……别人有的去白洋淀，还有的谈恋爱，我都是在学习中。”就这样，虽然经常组织大家去玩，但他自己从来没有去过一次，在别人游玩放松的时候，他一个人在学校抓紧补课。

善于平衡工作和学习之间关系的侯德彭，不仅工作做得有声有色，学习上更是始终保持着优异的成绩。当时北大的考试成绩中每门课最高分为五分，侯德彭除了热力学和体育是四分外，其他都是五分的最好成绩。在大学三年级的时候，他还被调到“546信箱”，成了第一班的学员，后来的“两弹之父”朱光亚就是当时的主要教师之一。“546信箱”看似不起眼，然而却是国家为培养原子核领域的人才，于1955年在中关村成立的保密单位，是北大技术物理系的前身。“546信箱”当时负责招收全国各大著名高校相关学科的学生进行学习，包括中国人民大学、武汉大学、复旦大学、中山大学等高校，但主要还是北大的学生。在招收了几班学员后，“546信箱”从中关村搬回北大，成了北大技术物理系。

大学的时光总是过得飞快，尽管自己的课程已经很紧张，但侯德彭还是去听别的系的课，如金岳霖先生主讲的哲学，让年轻的侯德彭很感兴趣，听得如痴如醉。而且他还不光听一个系的课，很多系的课他都去听过，包括前副校长侯仁之开的地理课。老校长的风采，让他至今难忘。泛舟学海，醉卧书山，永远是北大校园中最美的风景。

普希金曾说，一切过去了的都会变成亲切的怀念。最美好的青春岁月在北大度过，此去经年，想起母校，又有谁能不动情？

有许多花儿开在没有人看到的地方

在北大毕业后，侯德彭又回到中宣部科学处工作。在那里，他接替了何祚庥的工作，当时的同事还有龚育之等人，科学处的领导则是于光远。当时的科学处规模很小，处里的领导和同事们始终发扬着科学的作风，工作氛围非常活跃，而这些人也在日后各自的工作研究领域中成为佼佼者。

正当每个人都干劲十足的时候，“反右”运动的阴霾降临了。由于科学处宽松的工作氛围，加上自身耿直、豪爽的性格特点，侯德彭因为一些言论被划成了右派。据以将他划成右派的言论，在今天看来是正确的，他自己对此也从未动摇过。他当时坚持认为：中国不要完全跟着苏联走，中国有自己的情况，应该走有自己特色的路；科学有自己的规律，不要有太多人为干涉。在当时日趋紧张压抑的政治环境中，能说出这样的话并坚持这些观点，所面临的困难和压力不是处在那个时代之外的人所能想象的。联系到侯德彭在北大听马寅初校长做报告的情形，以及他自己对民主、科学的信念，便会发现，这就是真正的侯德彭，一个纯粹的北大人。他证明了真理是时间的孩子，而不是权威的孩子。

被划成右派后，侯德彭被下放到了广西，命运就是这样跟他开了一个玩笑——这是他人生中的一大挫折，但也是他日后辉煌的起点。

广西地处西南，地形复杂，长期封闭，在历史上相对落后于其他地区。1950年，广西解放。1958年，广西壮族自治区成立，但仍然处于比较落后的局面，百废待兴。广西，对于侯德彭来说是一个完全陌生的地方。在这样的情形下，他来了，伴随着前途未卜的忐忑。

侯德彭被调到了位于南宁的广西大学，但由于右派身份，只能从事一些体力劳动，在校园的建设工地上负责量土方，过上了面朝黄土背朝天的生活，与他心爱的物理研究似乎渐行渐远，他自己更是仿佛被遗忘在了那片工地上。那段时期的侯德彭，也渐渐地感到了一种前所未有的压抑。然而真正有血气的人，既不曲意求人重视，又不怕忍受忽视。

机会终于降临了。广西大学由于缺教师，开始到处寻找能胜任教师职位的人才。侯德彭毕业于著名的北大物理系，又在中宣部科学处工作过，自然是很适合的人选。就这样，侯德彭开始走上了讲台。

侯德彭珍惜这难得的机会，在三尺讲台上将一生所学倾囊相授。他最开始是给化学系上普通物理课，一炮就打响了。用侯德彭的话说，正是由于北大严谨的学科训练，让他打下了深厚的理论根基。在广西大学，物理专业的所有课程他都能教。很快，侯德彭讲课讲得好在全校出了名，他课堂上的学生也越来越多。教室里坐不下了，有的人甚至就站在窗外旁听。

尽管已经获得上台授课的机会，但是右派的身份问题仍严重困扰着他。初到广西时，因为右派的身份，侯德彭和所有朋友都断绝了关系，后来才慢慢恢复。悲观的人，先被自己打败，然后才被生活打败；乐观的人，先战胜自己，然后才战胜生活。侯德彭无疑是一个战胜生活的人。被问及当时是否因右派身份而感到沮丧时，侯德彭说："我并不承认自己失败啊，不然我哪还有精神去教书啊。"那时候，侯德彭坚持白天上课，晚上翻译外文著作。"因为没有文件、没有材料、没有杂志可以看，我只能到图书馆去找。"就连当时翻译的著作也都没有原书，都是他的同学提供给他的一页页英文纸张，可他就是这么拼命、这么执著地坚持着。

他的夫人还描绘了当时的一个情景。侯德彭刚到广西大学的时候，由于是被下放，因此也没有太多其他念头，就只专心地做教学研究。当时他白天上课，晚上就利用睡觉时间做翻译。由于条件比较艰苦，大儿子出世后一家人还挤在一个小房间里。有一天晚上，侯德彭做翻译时，为了不影响妻儿睡觉，就拿个大裤衩围在灯泡周围，做成一个灯罩。结果半夜妻子闻到一股焦味而醒来，一看发现裤衩都被烤焦了。

刘心武说过，理想不是一只细瓷碗，破碎了不能够补；理想是朵花，凋落了可以重新开放。侯德彭的理想是在物理学方面做科学研究，但时代和现实因素交织在一起，让他的理想曾经看起来那么遥不可及。即便如此，侯德彭也从未放弃。命运将牌发到人们手中，是好是坏都只能接受，但决定如何出牌的却是我们自己。在那一家人挤在一起的小屋子里，在那没有人看到的角落，侯德彭的理想之花开始静静地绽放。

从物理系主任到大学校长

侯德彭长期的坚持与执著获得了回报。拨乱反正以后，他脱掉右派帽子，重新受到重视。1978年，科研教学工作突出的他成了物理系的副主任。在当年的庐山物理学大会上，他碰到自己的老师同学，从他们那里了解到物理学前沿的发展状况。会后，侯德彭把这些同学一个个地请到广西大学做报告，他自己也亲自上台讲。就这样，广西大学物理系慢慢培养了一支队伍，他们当中的大部分人后来都成了教授。此外，他还和原子能所的同志一起成立核物理数据组，带领大家做核数据整理，开创了广西的原子核数据研究工作。得益于他们的研究成果，广西大学理论物理的原子核理论研究开始小有名气。此外，侯德彭在广西大学物理系又率先开展了中子共振理论和少体物理方面的研究，率先获得了理论物理硕士学位授予权。

侯德彭此时已经是物理系主任，1980年，他又被任命为副校长。对于从物理系主任到升职为副校长，侯德彭笑谈当年自己也不知道怎么回事就当上了。那时候，侯德彭还是住在他爱人的单位宿舍里。有一天，学校的党委书记来找他，这让侯德彭多少感到有点意外。党委书记掏出了关于上级任命的一纸文件，说他已经被任命为广西大学副校长。侯德彭在教学科研岗位上的出色表现，得到了上级组织的肯定。

当上副校长后，侯德彭并没有要求大房子，工资也没有加。这在他看来都不重要，重要的是他得到了大展拳脚的好机会。

作为副校长，侯德彭开始积极主动地和国外大学特别是美国的大学开展交流。然而在当时，我国还没有真正做到改革开放，许多人对国外的事物还持有保守、警惕的态度。对于侯德彭的做法，个别校领导免不了担心忧虑，说那是美帝国主义，不能随便来。侯德彭则坚持自己对时代发展方向的判断，认为资本主义并非一无是处，国外大学也有许多值得中国学习的地方，改革一定不能有成见。侯德彭克服困难，坚持打开了国际合作的窗口。在他的主持安排下，国外的大学开始来到广西大学访问。在和国外交流的过程中，双方还达成交换学生的一致意见。就这样，广西大学逐步打开了一条向外国输送学生的通道，国外的留学生也有机会来到广西大学学习与生活。广西大学率先在国际合作的道路上迈出了坚实的一步。

侯德彭对外重视国际合作，对内则力倡教学改革，如实行学分制，学生可以自由选课，可以根据自己的情况和兴趣选择老师等。他认为要提高教学质量，吸引学生来听课，就应该引进竞争机制。以普通物理课为例，可以让三四个老师同时开课，这样学生们就多了一份选择，愿意来听某位老师的课就来，不愿意来也可以选其他老师的课。他认为学生上课就像看病一样，不找这位老师找那位老师，说明后者比较在行，课讲得好。然而这个旨在增加学生自主选择性、促进竞争、提升教学质量的改革，实行了没多久就遭到部分教师的反对，因为教学改革的过程中部分课堂出现生源不足的现象，一些老师对此一时还难以适应。尽管改革没能得到持续的推进，但侯德彭的做法还是在全校范围内引起了思考和讨论，也在一定程度上促进了教学改革向前发展。

侯德彭不仅在教学上积极倡导、推进改革，在校园管理上他也采取诸多有效措施，大力整顿校园秩序，开展建立学生宿舍规章等一系列制度建设工作。科学的校园管理，创造了广西大学良好的学习氛围，也进一步促进了校园的学风建设。

侯德彭施展着他改革创新的才华抱负，广西大学的风气面貌因此大为改观，侯德彭赢得了更多的肯定和信任。担任副校长的第二年，他又被任命为校长兼党委书记。此时回头一看，1978年的时候，侯德彭还是物理系副主任，然而1980年起他就开始出任副校长，1982年又担任校长直至1986年，期间还兼任过校党委书记。

作为校领导，侯德彭始终坚持把学校的发展放在首位。然而当时广西的教育水平和其他发达地区相比仍有不小的差距，人才不足问题也成了制约广西大学发展的因素。北大物理系出身的侯德彭，深知学术交流之于高校发展、学生成长成才的重要性。于是，侯德彭通过自己的关系网络，多次请到各个领域的知名人物前来讲学报告。其作为校长的殷殷苦心，因此可见一斑。

1985年，侯德彭通过在中山大学从事少体物理研究的一个同学，认识了美国的一名教授，三人决定发起举办一届少体物理国际会议。侯德彭多方协调运作，最终确定会议举办地为广西南宁，并亲自主持了该会议。参会者共一百多人，来自世界各地，许多青年学者通过此次会议交流，顺利得到出国深造的机会。会议的成功也让广西一时间受到全国乃至全世界的关注。会议结束之后，三人还主编了《少体物理：原理与应用》一书。由于在少体物理方面的成就，侯德彭于1993年获得了国家科技进步一等奖。

侯德彭对于教育事业的钟情可谓始终不减。当他从广西壮族自治区领导岗位退休以后，坚持发挥余热，接受了出任南宁市邕江大学校长的邀请。邕江大学创办于1985年，是一所经教育部批准、由南宁市人民政府和中国国民党革命委员会广西壮族自治区委员会主办、广西教育厅管理的全日制普通高等专科学校。广西作为一个经济、社会发展欠发达地区，教育水平与发达地区相比仍有差距，这种状况决定了广西的教育必须根据本地区的社会实际情况，结合学生、家长的需求，在建设好诸如广西大学这样的重点高校时，也要注重大中专院校的发展。邕江大学就在这样的背景下成立了。侯德彭凭借多年的高校管理经验，利用自身的影响力，多方奔走，顺利为邕江大学筹措到多笔经费，崭新明亮的教学大楼也得以建成，改变了建校初期学校设施落后的局面，为学校的发展壮大作出了重要贡献。

宣传部部长的转身

侯德彭在广西大学所开展的一系列改革引起了上级部门的重视，他那种大刀阔斧、推陈出新的魄力正是当时改革开放背景下所急需的。1983年，与3年前他意外地获知自己担任副校长的情形差不多，他又意外地接到了上级的任命文件。不同寻常的是，这份任命来自中央，侯德彭这次被任命为广西壮族自治区党委常委、宣传部部长。就这样，侯德彭到新的机关里上班了，他工作的重心也随之转移到区党委机关上来，广西大学的工作则更多地交给了副校长负责。

作为新任伊始的宣传部部长，侯德彭很好地完成了组织上交给他的任务，也彰显了他无论是在高校管理，还是在党政工作上都十分出色的领导能力。然而，侯德彭渐渐体会到所从事的工作和过往工作的不同。在心底，侯德彭对教育事业始终情有独钟。因此，侯德彭决定辞去许多人眼中炙手可热的宣传部部长一职，主动要求前往教育部门工作。对于侯德彭的恳切请求，组织给予了同意的批复。

1986年，为与中央部门的架构保持一致，广西教委成立，侯德彭成为广西教委的第一任主任。从过去的宣传部部长转身变成教委主任，侯德彭主动选择了自己更为熟悉、更为热爱的教育事业，在那里他更加得心应手地施展才华。

侯德彭作为教委主任，对基层教育的投入极为重视。为了更加详尽地把握广西基层教育的发展情况，他常常下到很多偏远的乡村去做调查、提方案、做决策。其中单是危房改造问题，就花去了他许多的心血和精力，甚至连自己的身体健康都顾不上关心。1989年冬天，侯德彭被查出患有肺癌，为此他动了一个大手术，被切掉了一叶肺，身体十分虚弱。按照医生的吩咐，术后的侯德彭应该安心休养。1990年4月，柳州地区因遭遇风灾，很多学校的房子受损。获悉情况后，仍处于休养期的侯德彭立即带上有关干部驱车前往受灾乡镇地区，看望当地师生，并解决了校舍修缮经费问题。

广西来宾市的迁江中学创立于1937年，是历史比较悠久的一所学校。1991年12月，迁江中学校长唐宏建带领学校行政领导多方征集乡民意见，决意兴建教学大楼。然而苦于资金奇缺，万般无奈之下，唐宏建写信给区教委主任侯德彭。侯德彭获悉后，大力支持，并拨了10万元专款给迁江中学。当地县领导也多方筹措，并号召社会捐助。最后经多方努力，共集资25.8万元。学校的第一栋教学楼得以破土动工，并于次年10月竣工使用，解决了18个班的教室问题。

一位好领导

纵观侯德彭的事业历程，从大学物理系主任到校长，从广西壮族自治区科委主任、区党委常委、宣传部部长到自治区教委主任，再到区政协副主席，一路走来，他都位于领导岗位上。然而，侯德彭从没有领导的架子，更从未给自己和家人谋过任何私利，他有的永远是那些朴实耿直的话。

侯德彭的大儿子1980年考上北大的时候，侯德彭已经是广西大学的副校长了，仍然没有多少钱。儿子来回北京从不敢坐卧铺，都是坐硬座。再稍往后，尽管配备了汽车，但侯德彭从未用来私下接送过孩子。那时候送孩子去车站，都是孩子骑着单车出去，妻子坐公交车跟在后边。最后由妻子将孩子送走以后，再把单车骑回来。对于侯德彭的这种作风，他的妻子也一直很理解支持。她说这也是教育孩子的一种方式，他们要告诉孩子，大家都是平等的，老百姓的孩子能这么去，你也能这样，没有什么特殊。1990年，他们的小儿子从清华毕业，孩子说他不想回广西。他说我回广西做出成绩了，人家说是爸爸的功劳，做得不好就会给爸爸丢脸。这样，身为领导的侯德彭没有利用自己的影响力为孩子提供任何特殊照顾。

作为领导，侯德彭始终保持着清廉的作风，他们一家也一直过着简朴的生活。1992年，侯德彭的小儿子跨越重洋去美国读书，家里也无法给他太多的帮助，只能靠他自己到餐厅打工赚钱。由于以前没有打过工，他多次被拒，后来别人再问他有无经验时，他就说有，结果刚一做工就露了馅。直到后来在一个朋友的帮助下，他才在一个餐馆里找到了兼职工作。记得儿子打电话回来时对妈妈说："妈妈，我好苦啊……"而电话的这一端，心疼的母亲早已经泪眼蒙眬。对于孩子们，侯德彭总是很放心地交给妻子负责看管、教育，他自己鲜有时间过问。对于孩子们在异国他乡所受的苦，他只是说："我没有钱，我处于那样的位置，也没有钱给他。"

作为丈夫和父亲，侯德彭似乎对妻子和孩子缺少惦记和爱护。然而作为领导，他对别人却永远是那么关心。在侯德彭担任广西大学领导的时候，有一个矿冶系的学生，英语特别好，想出国留学，并且外国大学也同意接收。然而，麻烦的是，这位学生的岳父属于"文革"时期的"三种人"（"文革"中造反起家的人、帮派思想严重的人和打砸抢分子）之一。因此，当时很多人都说那个学生有家庭背景问题，最好不要派出去。“但我看，这个并没有什么嘛，这个不能搞株连。”“我说是他家庭有问题，又不是他有问题，这有什么不行的。去，没问题！”就这样，侯德彭不顾外界的议论和压力，毅然支持他出国留学。最后，在侯德彭的支持帮助下，那位学生顺利得到了去美国留学的机会。如今，他在美国已经事业有成。然而，他却始终没有忘记侯德彭对他的帮助。他深知没有侯德彭的包容和爱护，他是难以走出去的，更遑论取得今天的成就。

即便后来到了更高的领导岗位，侯德彭仍始终保持着他亲和的本色。他说：“作为领导，你还是一定要想到大家。领导不是我管你，不要那么想。”在担任自治区党委宣传部部长的时候，他就非常关心部下的成长，对于他们的福利、升迁、家庭等，都给予很多关注。也正因此，尽管已经从领导岗位退下来十多年了，他的许多老部下、老同事还常常来看他。

侯德彭没有任何官架子，在他看来任何人都是平等的，并不因为各自的职业而有身份上的差异。侯德彭现在居住的小区里，一位年轻的保安对他的评价就体现了这一点。在他看来，侯德彭作为老领导，没有丝毫的架子和官僚作风。相反，他平易近人，而且很健谈，他会和小区的保安聊他最近上网时看到的一些新闻、趣事，也会聊他最近比较关注的民生热点问题。用那位保安的话说：“侯老很同情弱者。”

求一攘利不先、赴义恐后、忠愤耿耿者，不可亟得，侯德彭是也。

采访手记

如今已是耄耋之年的侯德彭，说起北大母校时仍是那么动情。这位老北大人曾经遭受过挫折打击，那是一个时代的阴霾和辛酸。然而他携带着北大给予他的基因，顽强地生存下来，在遥远陌生的广西大地上执著地追求着，绽放出奔放热烈的理想之花。在他们那一代人身上，常常带有时代变迁的缩影。命运发到每一个人手中的牌都不会相同，但如何珍惜手中的牌，打好每一张牌，则是人们可以掌控的。退休之后的侯德彭，如今最大的爱好就是打桥牌，并先后在首府桥牌名人赛以及其他桥牌邀请赛的老年组中多次获得第一名的好成绩。深谙桥牌之道的他，知道智慧远比运气重要。而在人生的牌局里，他也遭遇过挫折，陷于困境之中，但始终坚忍不弃，奋发向上，打出了一副好牌。

在美丽的南国有一种灌木树，名字叫木槿。木槿树其貌不扬，但它所开出的朱槿花却以其美丽动人而成为广西省会南宁市的市花，它象征着“凝聚、绽放、繁荣”的美好寓意。朱槿花怒放时花朵丰硕，重瓣中吐出一条条长长的金色雄蕊，在阳光下变幻着迷人的色彩，淡雅宜人的芳香散发在空气中。虽然木槿树有着如此婀娜多姿的朱槿花，但它并不娇贵，它有着坚韧的生命力。

唐代诗人李绅有诗曰：“瘴烟长暖无霜雪，槿艳繁花满树红。繁叹芳菲四时厌，不知开落有春风。”描写了木槿繁花满枝、红艳无比的动人景象，且四时开花不厌，它不因春风之来而开，也不以春风之去而凋。

在广西这片土地上，一位老北大人历经沧桑风雨，将自己的大部分人生都奉献给了这里的人民。他就如同南国的朱槿花，在这里绽放得恣意、烂漫。

（文/北京大学法学院2009级硕士研究生　黄美涛）

钱绍钧

不求闻达的“无花果”

Buqiu Wenda de Wuhuaguo

钱绍钧，男，1934年出生，浙江平湖人，1956年毕业于北京大学，中国工程院院士，实验原子核物理学家。

1956年北大毕业后留校任助教并兼做研究工作，其间还曾担任苏联辐射剂量学专家的专业翻译。1959年调北京市科委工作。1962年奉派去苏联杜布纳联合原子核研究所，在我国著名高能物学家张文裕先生指导下从事高能物理研究。1965年回国后在核工业部原子能研究所高能物理研究室工作。1966年3月调国防科委核试验基地研究所从事核试验诊断技术的研究，历任研究室副主任、主任。1983年后任基地副司令员、司令员，并主管基地技术工作。1987年任研究员。1990年调到解放军总装备部（原国防科工委），从事战略规划和顶层研究工作，指导核武器装备建设发展和军用核科学技术研究。

先后主持完成了核试验中多项科研工作，组织领导了多项地下核试验工程技术的攻关，主持或参与多项国防科技和武器装备发展战略和规划制定。曾先后获国家科技进步特等奖、二等奖各一项，国家发明二等奖、三等奖各一项。1983年被中央军委授予“国防科技工作模范”荣誉称号。1995年当选为中国工程院院士。

大自然中有一种植物，它不以浓艳多姿的花朵炫耀于人，而奉献出果实给人以香甜。它的名字叫无花果。人们赞美无花果，因为它是不图名不图利，唯求贡献的美好心灵的象征。如果把钱绍钧院士比喻成无花果，是再合适不过的了。他在科研工作中硕果累累，却不求闻达。

一

1967年的春天，在开往大西北的列车上，钱绍钧凭窗远望，浩瀚的戈壁展向天际，朵朵白云飘在长空。一丛丛芨芨草在微风中摇曳，仿佛在向他招手，欢迎他到这艰苦环境里来从事美好的事业。

一个月前，刚过“而立”之年的钱绍钧，在和妻子欢度春节的时候，他所在的原子能研究所领导给他带来了要调他到某核试验基地工作的消息。

“那里需要你，那里工作艰苦，生活艰苦，但工作重要、光荣。要准备干一辈子……”领导既表示希望，又把话说在前头，要他慎重考虑。两条路摆在他的面前。

一条是他参加工作以来较熟悉的路，1956年，他以优异的成绩毕业于北京大学的核物理专业，上学期间加入了中国共产党。毕业后，他留在学校，先是给苏联专家当翻译，尔后在系里当助教，不久又调到北京市科委工作。1962年，他奉命赴莫斯科杜布纳联合核子研究所做访问学者，从事高能物理研究。三年后回国，他被分配到原子能研究所。工作虽几经调动，但顺水扬帆，走在一条令人羡慕的科学坦途上。另一条路，神秘而遥远，通向蘑菇云升起的地方。在那里，人们工作的每一个脚步，都要跋涉在尖端技术的巉岩上；每一个细小的工作环节，都要求绝对的周密、精确，万无一失。那里还有一个更大的特点是保密，不仅工作内容要保密，就连个人的学术成就、贡献，也只能记在保密的功劳簿上，锁进绿色的保险柜中。

面对两条路的选择，钱绍钧陷入沉思。

他回忆起20世纪50年代初期，共和国刚刚建立，旧中国留下的科学基础几乎是一片空白。1954年，毛主席、周总理听取了关于在我国发现铀矿资源的情况汇报。1955年，党中央做出了发展原子能事业的战略决策。就在这一年，已经是北京大学半导体物理专业三年级学生的钱绍钧按照组织的安排改学原子核物理专业。毕业后又根据组织的安排留校任教。他清楚地记得进入大学不久后的那天，宁静的校园突然沸腾起来，敬爱的周恩来总理来到他们身边。礼堂里，周总理洪亮的声音在回荡：“人民的辛勤劳动给你们提供了上大学的机会，你们不要忘记党和人民的培养和期望。”当时，他立下誓言，一定要把学到的知识献给人民。

他也想起了在国外工作期间，自己立下志向，要把全部心血献给祖国的核事业。他渴望祖国核试验场上空升起蘑菇云，冲破核大国的垄断和讹诈。

考虑是深沉的，决定是果断的。怀着愉快的心情，他踏上了新的人生道路。

如今，在他当年焕发着青春光彩的额头上，已悄悄地爬上了条条皱纹；黑油油的鬓发已经变成白霜。他已是七十多岁的人了。他的学术水平是公认“拔尖的”，他的贡献是交口称赞为“重大的”，但他的名字，对许多人来说却是陌生的。

他如果对此稍有不满的话，完全可以选择另一条路。

1973年，中国科学院新建了高能物理研究所。当年曾经带领他到国外工作过的领导人，希望他重新回到自己的身边工作。

回到北京，到高能物理研究所工作，无论是工作条件和生活条件，都要比戈壁滩上优越得多。学术交流、出国机会也频繁，在基础理论研究上也更加容易出成果。分居十多年的夫妻也可以团圆……

机会令人向往，特别是那个年代，知识与才能不值钱了。在一些人的心目中，实惠比理想、事业更现实。但是，他坚守着自己的信念。他经过认真的考虑，仍然坚持了戈壁滩上的事业。

二

谈起那一代科技工作者勤奋钻研的精神，钱绍钧院士的言辞间充满着感叹。无论是在杜布纳联合核子研究所，或是后来的原子能研究所，还是核试验基地研究室，科研人员在工作中那种不顾一切的拼命劲头都给他留下了极为深刻的印象。他为自己能成为这些人中的一员而骄傲，也为自己能在这样的环境中从事研究感到庆幸。

由于众所周知的原因，各国的核科学研究都是在严格保密的情况下进行的。选择核科学研究无疑就是进入“炼狱之门”，不仅要面临缺乏资料的难题，还要经受隐姓埋名、无私奉献等种种考验。

钱绍钧动身前往苏联那年，他的女儿刚刚出生不久，而在他入伍到核试验基地时，又赶上他的小儿子来到人间。不能为妻子分担家庭的重担，不能尽到做丈夫和父亲的责任，使他萌发出深深的内疚之情。这种负债情结一直在大西北追随他二十多年。

当岁月的脚步跨入20世纪90年代时，钱绍钧告别了戈壁绿洲上的核试验基地，回到阔别已久的北京。一双儿女早已长大成人，在北京大学物理系工作了三十多年的老伴也快要从教学岗位上退下来了。尽管人们早已习惯了每周五天工作制的生活，可是他依然我行我素地保持着周六去办公室工作的习惯，多年来一直保持着每天看30页以上、每年看1万页以上外文资料的习惯。他淡泊名利，虽然曾经获得过许多奖励和荣誉，却从无骄矜之态，而只是把他们看做激励自己前进的动力。他的夫人毕业于北大物理系，一直在北大工作了37年。钱院士曾戏称她是北京大学的“老土地”，而他自己却是天南海北地不知跑了多少地方。现在他才能享受到天伦之乐。每逢星期天或节假日，儿孙齐聚一堂，其乐融融。那是钱院士最开心的时刻，也是他难得的休息机会。

人们说，钱绍钧只要一工作起来，就会忘记下班，忘记休息、吃饭。如果没人提醒，他可以一口气干上一天，干到深夜。在核试验基地研究所工作时，研究室从领导到同事，都有一个特殊的任务，就是到时候要提醒他下班吃饭。

对钱绍钧来说，时间显得太短促，太不够用了。特别是走上领导岗位以后，他不但要完成正常的科研任务，还要肩负起繁杂的组织管理工作。开会、学习、讨论业务、制订课题规划、指导工作进程、核实技术报告……这许许多多的事情，仿佛排着队站在他的身边。每项工作都要做，都要做好，这就是他的秉性。

夜晚，对钱绍钧来说几乎和白天一样紧张。戈壁滩的夜是寂静的，这特别适合于他学习、钻研、探索、攻关。他屋里的灯光经常都要亮到深夜两三点钟。人们计算，他的工作时间折合工作日，一年约有五百天。

谈到他的工作，同事们给他概括了“六个最”：吃饭最晚、睡觉最少、工作最多、时间最长、参加核试验次数最多、受核辐射性剂量最大。这“六个最”，是人们对他忘我献身精神的高度评价。

在我国核事业的发展进程中，钱绍钧和同志们曾经一起攻克了许多重大课题，其中之一便是分凝规律的研究。

曾经有一个时期，对低空核爆炸的烟云样品，尽管经过大量的分析、测量，但总是得不出符合正确当量的数据。准确的数据拿不到，直接影响产品的设计和发展。人们从国外文献资料中早就知道这只拦路虎就是分凝的干扰。

钱绍钧和同志们一起，决心赶走这只拦路虎，研究分凝规律。这是一个曾使不少人望而却步的高难课题，周期长，难度大，又没有经验，一句话：苦果、难啃。

他就有这么一股劲，越是险路，他越执意要攀登，越是苦果，越要品尝。他坚信：“靠集体的智慧和努力，一定能叩开迷宫的大门。”

多少昼夜，几度春秋。他和他的同事们，终于用艰辛的劳动，成功地找到了一整套粒子分级法，验证了国外资料上已有的粒子分凝规律，搞清了它的适用条件，从而为准确地得出每次试验的正确的当量数据打下了基础。

每次核试验之后，从现场取样到实验室里的样品处理测试，都是一场艰苦的战斗。每个试验期，从样品取回到开始，他和同事们不分日夜地战斗。他们从食堂领回米面，从家里拿来锅碗盆勺，吃住在办公室。紧张时，常常连续干几个通宵。

放射性，被称为看不见的“刀山火海”，由于某些放射性样品剂量大、危害重，每个人的试验操作时间，一般都控制在十分钟以内，操作时，几个人轮流替换。每到这个时候，他总是利用室主任的职权，把自己排在第一个操作，让青年人少干些。他风趣地说：“放射性潜伏期要几十年，我们老同志多受点影响不大，等到发作时，我们也早见马克思了。” 而他一上操作台，常一干就是几十分钟，把几个人的工作都承担起来。

虽然他在工作上像拼命三郎，特别急，但在某些地方（试验分析，写总结、报告、学术论文），却又特别慢。

他对待工作事无大小，真是细而又细；而在个人生活上，他却粗而又粗。工作一忙，他就什么都忘了。

人们该怎样评价他的这些性格特点呢？透过这些性格，展现在我们面前的钱绍钧是一个忘我工作、无畏的坚强战士啊！

三

1983年工资调级时，研究所根据他的技术水平和贡献，准备给他升两级。这个消息让他知道了，他接连找到所里的几位领导，坚决要求把他的名额让给其他同志。

他就是这样一个人：工作，他抢着干，再苦再累无怨言；一遇到荣誉、照顾、表扬，他就坐不住，总是想法推掉。

有人查阅过，这些年来，经他亲手完成的核试验技术总结报告共有20多万字，经他反复核实、推算、修改的科研题目档案，有90多份，达100万字，取得了40多项科技成果奖。他所领导的研究室，是先进集体，仅1980年至1983年之间，就取得各种等级的科技成果奖40多项。在他看来，核电的光明走进寻常百姓家是核技术军转民的重头戏。目前，我国已经形成比较完整的核电体系；核技术在农业上的应用，为国家每年增产粮食40亿公斤；核技术应用于医学也在我国得到迅速发展，现在全国每年接受核医学技术治疗的病人达400万人次。

钱绍钧结婚40多年，两地分居了21年。他爱人在北京大学任教，一个人带着两个孩子，又要工作，又要承担家务，困难是可想而知的。但他从未向组织提出要求照顾。几十年中，每年探亲时，他总是利用这个机会去开会，跑协作单位，联系业务工作。

人们说，他心中有两杆秤：一杆秤是他对党和人民的贡献，他总感到太少、太轻；一杆秤是党和人民对他的培养、关怀和待遇，他总觉得太多、太重。

多年来，他甘作无名英雄，但他的模范行为，却赢得了人们的尊重。他多次立功受奖，多次被评为先进科技工作者、模范共产党员、建设社会主义精神文明的先进标兵，并被选为全国人大代表。1983年12月26日，中央军委授予钱绍钧同志“国防科技工作模范”的荣誉称号。

钱绍钧同志用自己的言行，谱写了一部伟大的著作——新型知识分子的人生道路。

注：本文在《“我首先是一个共产党员”——记某实验基地副研究员钱绍钧》（文/宋光明，刊于《光明日报》1984年3月27日第2版）和《蘑菇云下的回忆——访问中国工程院院士钱绍钧》（文/海韵，刊于《科技潮》1998年第3期）两文的基础上修改而成，标题为编者所拟。

张纪生

草原上守护奉献的旗帜

Caoyuanshang Shouhu Fengxian de Qizhi

张纪生，男，1935年生，山西霍州人，汉族，中共党员。1958年9月至1959年12月，在北京大学技术物理系进修。现任内蒙古大学物理系教授，内蒙古自治区教育厅民办教育评审专家组副组长。

1951年9月至1954年7月，在绥远省（今内蒙古自治区中部）奋斗中学学习。1954年9月至1957年7月，在绥远省国力绥中（现呼和浩特一中）学习。1957年9月至1962年7月，在内蒙古大学物理系学习。

1956年，任内蒙古呼和浩特市团委委员、市政协委员。1962年至1965年，任内蒙古大学物理系实验室教师。1965年至1967年，任内蒙古大学物理系助教。1978年至1984年，任内蒙古大学物理系讲师，负责普通物理课程教学与行政管理工作。1984年至1988年，任内蒙古大学校长办公室主任。1988年至1995年，任内蒙古大学研究生处处长。1990年当选为国家教委第一届高校物理教学指导委员会委员。1995年当选为中国物理学会第六届教学指导委员会委员。1991年至今，在内蒙古大学负责教授蒙古学学院的蒙古族学生实验语音学。

曾获内蒙古奋斗中学、呼和浩特一中“优秀毕业生”，内蒙古大学“五好青年”、“优秀班主任”、“优秀工会干部”、“优秀共产党员”、“先进工作者”，北京大学校友会“北京大学优秀校友工作者”等称号。

在内蒙古，有这样一位校友，他教书育人四十余载，至今仍然为内蒙古大学的蒙古族学生讲课；他推动了内蒙古大学研究生教育体制的发展，为内蒙古大学的研究生教育奠定了坚实的基础；他投身于北京大学内蒙古校友会的建设二十余年，至今仍然勤勤恳恳地为北大校友服务。他就是我们本次采访的主人公——张纪生老师。

在约好的时间，迎面向我们走来一位身材高大、精神矍铄的老人。张纪生老师亲切和蔼地和我们打了招呼，把我们带到一间宽敞明亮的会议室里。他说："我今年70多岁了，是你们祖父辈的人了。呵呵，我现在还在内大教课。"一句亲切朴实的话语，打消了我们最初的紧张情绪，使我们得以在轻松愉快的气氛中完成对张纪生老师的采访。

学校的先进分子

张纪生幼年读过私塾，从《三字经》、《百家姓》一直读到《大学》、《中庸》。传统的私塾教育为张纪生打下了坚实的文字基础，给他日后的学习和工作提供了很大的帮助。上初中时，张纪生选择就读于当时绥远地区最好的初中——陕坝奋斗中学。

奋斗中学是著名的爱国将领傅作义将军在1942年抗日战争时期创办的，他在办学之初就提出了"德智体兼修，教学做合一"的教学理念，主张在教导学生学习科学知识的同时，要培养学生德智体全面发展，指导学生理论联系实际。奋斗中学正是在这种先进的教学理念的指导下培养学生的。

在那个战火纷飞、兵荒马乱的年代，奋斗中学聘请的授课教师都是辅仁等大学的毕业生，张纪生便是在这样一个有着光荣传统和优秀教学资源的中学一边汲取知识，一边学习成长，度过了他的初中生涯。1954年，在奋斗中学即将毕业的那一年，张纪生加入了中国共青团，成了学校团支部的组织委员，并且被列为党员的培养对象。在1954年的全校毕业生大会上，张纪生获得了当时奋斗中学校长王非的点名表彰。王非校长鼓励他要努力学习科学知识，发挥先进带头作用，争取早日入党，报效祖国和人民。王非校长的鼓励深深地刻在张纪生的心里，鼓舞着他在今后的人生道路上不畏艰险，奋勇前进。

初中毕业，张纪生以优异的成绩考入了国立绥中（现为呼和浩特一中）。这所中学也是当时内蒙古地区最好的高中，具有雄厚的师资力量。张纪生在国立绥中除了学习文化知识外，还积极参与组织学生活动，当选为校学生会主席。在国立绥中的三年时光中，有一件事对张纪生的一生产生了重要影响，那就是经学校党委考察通过，张纪生于1956年加入了中国共产党，成为一名中共党员，从那时起直到现在，张纪生一直牢记着党的宗旨，以一名合格的共产党员的标准来严格要求自己，维护着党的尊严。

加入中国共产党使得张纪生成为当时呼和浩特市的学生明星，之后他当选为呼和浩特市团委委员、市政协委员。在担任呼和浩特市政协委员期间，他结识了一位特殊的朋友并与之开始了一段长达半个世纪的友谊，这位特殊的朋友就是现任内蒙古大召寺活佛的开尔文·扎木苏。当时年仅12岁的扎木苏从青海来到内蒙古大召寺担任活佛，并当选为呼和浩特市的政协委员。由于年纪相仿，张纪生与扎木苏成了形影不离的好朋友，年长的张纪生时常关心照顾当时还不懂汉语的扎木苏的饮食起居。他们跨越民族界限的友谊延续了半个多世纪。时至今日，开尔文·扎木苏已经成为内蒙古地区精通蒙语、藏语和汉语的著名活佛，仍然保持着与张纪生的那份纯真的友谊。每次张纪生去大召寺拜访他，他都亲切地与张纪生回忆当年的友情岁月，连大召寺里的喇嘛也说："张老师，您是我们佛爷最尊贵的好朋友。"

"报效祖国，搞尖端科学"

经过三年的高中学习，张纪生在1957年参加了高考，当时成绩优秀的他计划报考清华大学工程物理系。同一年内蒙古大学成立，乌兰夫为第一任校长，呼和浩特一中校领导找到张纪生谈话，希望他报考内蒙古大学，支持内大的建设发展。因此，张纪生第一志愿填报清华大学，第二志愿填报了内蒙古大学。后来，由于机缘巧合，张纪生进入内蒙古大学的物理系学习，成为内蒙古大学的首届学生。

张纪生在高中时就对物理情有独钟。他认为物理本身具有趣味性，而且与日常生活息息相关，所以在当年高考报志愿的时候，他希望可以报考物理方面的专业。当被问到为什么选择核物理专业的时候，他说当时国家科技水平落后，急需大量数理化方面的人才。他要"报效祖国，搞尖端科学，不再让外国人来侵略我们中国"。张纪生选择核物理专业，希望可以在核物理这个高精尖的物理学领域"搞出中国人的志气"。

内蒙古大学成立之初，时任内蒙古大学校长的乌兰夫与北京大学校长马寅初签订了《北京大学帮助内蒙古大学建设协议书》。当时内蒙古大学的组织机构、学科建设和学生管理制度都仿照北京大学建设。1958年，内蒙古大学选派两名学生以青年教师的身份到北京大学进修，张纪生便是其中之一。他回忆当时见到乌兰夫校长时的情形，说自己是“光脚丫穿着牛鼻子鞋去见的乌老（乌兰夫）”。乌兰夫指着年轻的张纪生对周围的学校领导说：“选送这个后生，我们就是要培养我们自己的助教。”

带着乌兰夫校长的嘱托，张纪生来到了北京大学技术物理系。当时的系主任是著名的物理学家胡济民教授，陈佳洱是老师，张纪生便是跟着陈佳洱学习核物理知识的。当时，张纪生跟着老师陈佳洱一起在核物理加速器实验室负责调试中国第一台56M电子感应加速器。北大良好的学术气氛更加激发了张纪生对知识的渴求，除了学习本专业的课程，张纪生还经常去旁听其他与物理学相关的课程，他形容为“每天实验室、图书馆、大膳厅（原为食堂，现改为北京大学百周年纪念讲堂）三点一线的生活，一周工作学习七天连轴转”。当时的张纪生好像一块干燥的海绵，浸润在北京大学这片知识的海洋里，尽情地汲取着科学文化知识。北京大学严谨认真的治学环境、自由活跃的学术氛围以及各种思想碰撞擦出的智慧火花都给张纪生留下了深刻的印象，对其以后的人生产生了重大影响。

在北大，张纪生最主要的任务就是协助陈佳洱调试从苏联进口的电子感应加速器。当时陈佳洱比张纪生年长一岁，但却是他的老师，在工作、学习、生活各个方面都对张纪生给予了关心和帮助。陈佳洱严谨、认真、细心的工作态度深深地影响着张纪生，这一时期也是张纪生成长进步最快的阶段。在一次实验中，加速器中的放射性元素材料掉在地上，实验室的人员都很紧张，都在积极地想办法将材料放回到加速器中，就在此时，年轻的张纪生拿起实验室生炉子用的铁钩子，先用钩子钩住材料，然后再小心翼翼地伸进加速器里，把材料放到加速器里的材料台上。等到陈佳洱转过身来，看到拿着铁钩子的张纪生站在加速器旁边时，紧张地喊道：“别乱来，快过来，咱们再想想办法！”这时张纪生望着陈佳洱笑着说：“我已经把材料放回去了。”经过一年多的艰苦调试，这台当时中国最先进的电子感应加速器终于被调好了。与之相伴随的是张纪生与老师陈佳洱结下了深厚的师生情谊，这成为张纪生燕园岁月中重要的一章。

在紧张的学习之余，张纪生和同学们会在大膳厅看电影，也会和同学们到未名湖边散步，欣赏北大的校园美景。每天早晨，张纪生都会和同学们到棉花地（现为北京大学五四操场）跑步锻炼，因而练就了强健的体魄。由于身材高大，年轻力壮，又适逢三年自然灾害，那时的张纪生在北京大学遇到一个很重要的生活问题就是吃不饱饭，饭后他经常要到大膳厅购买小红薯来充饥。到了1959年的秋天，他和同学们去大庆抗灾，曾经吃过榆树叶子剁碎做成的发糕来充饥，对于当时榆树叶子划过嗓子的感觉，张纪生至今仍然记忆犹新。在北京大学，生活的清苦与学习的欢乐构成了张纪生北大生活的全部，现在回想起来，到北京大学进修的经历不光给予了张纪生宝贵的科学知识，而且培养了他严谨认真、一丝不苟的学术态度和思想自由、学术开放的理想信念，这种精神理念随着张纪生回到内蒙古大学而继续发扬，传播给一代又一代的内蒙古大学青年学生。

“一个人一辈子能学习物理学，是他这辈子最大的幸福”

经过在北京大学一年半的进修，张纪生于1959年底回到内蒙古大学继续学习，并于1962年从内蒙古大学顺利本科毕业。毕业后最重要的问题是选择职业和工作单位，由于张纪生的父亲曾经在抗日战争时期参加过大青山游击队，抗击过日本侵略者，受到父亲的影响，当时张纪生的志愿是参军，在内蒙古军区当一名科技兵，将自己所学到的知识直接应用服务于解放军部队。在之后的新兵报到过程中，张纪生因故比正常的报到日期晚了几天报到，于是被取消了录用资格，档案被退回到内蒙古大学，学校领导得知后找到张纪生谈话说：“学校原来也不想让你走，这回正好，就留在内蒙古大学吧。”张纪生本人也愿意留在内蒙古大学，继续为祖国的科学事业培养高素质人才，就这样，张纪生毕业后留在内蒙古大学任教，开启了一段近半个世纪的教书育人的生涯。

当时的内蒙古大学参照北京大学的制度，刚毕业的学生留校任教，必须经历实验室教学、助教等阶段之后才能成为正式讲师。张纪生从内蒙古大学毕业后，在实验室跟随老师进行了三年的教学训练，而后又在内大当了两年助教，这之后成为内蒙古大学的讲师。尽管张纪生在北京大学和内蒙古大学都是学习核物理专业的，但是内蒙古大学由于资金有限，缺乏必要的科研设备，所以其核物理方面的研究基本陷于停滞，张纪生在内蒙古大学主要负责教授普通物理学。

普通物理学即基础物理学，包含力学、热学、光学、电磁学和原子物理学，是其他高等物理学的基础，因而对于整个物理学体系的建立十分重要。张纪生凭借自身对物理学的热爱以及在大学里对物理学刻苦的钻研，把普通物理学的知识同日常生活结合起来，大到宇宙中行星的运行轨迹，小至天空、海水之所以呈现蓝色的原因，他都用形象生动的例子来阐释，把课本上枯燥的物理公式转化为学生更容易接受的形式，使他们可以更加深刻地理解和掌握物理学知识。

张纪生不只是和学生在课堂上进行交流，在课下，他和学生们也是很好的朋友。在毕业刚留校的那几年中，张纪生任班主任，就和同学们一起住在宿舍里，吃在一起、住在一起、学在一起。因此，他和学生的关系十分融洽，学生也十分爱戴他，在他们眼中，张纪生更像是一位成熟稳重的学长。在张纪生的印象中，有一届学生是给他印象最深刻的，那就是内蒙古大学1964级物理系的学生。1964年的秋天，毕业不久的张纪生被派到地方上组织当年的高考，那届学生可以说是张纪生亲自招收上来的。那一年内蒙古大学计划加强物理系的建设，就对物理系投入了很多的物质资源，同时也招收了一批优秀的高中学生进入物理系学习。张纪生担任那届学生的班主任，由于年纪相仿，再加上他和学生们生活在一起，学习在一起，他和学生相处得十分融洽，很多同学和他都成了无话不谈的好朋友。

然而，好景不长，随着1966年“文化大革命”的开始，那批学生也受到“文革”的影响，部分学生把心思从学业上转移到阶级斗争上面来，而他们的班主任张纪生就首当其冲地成了他们批斗打击的重点对象。当时的那班同学分成了两派，一派支持张纪生，一派反对张纪生。尽管张纪生说学生是受到当时社会大环境的影响才那样对待自己的，然而听他讲述当年的遭遇，还是让我们感到一阵心痛。当时“文革”中的造反派纷纷把斗争的矛头指向了自己最亲近的人，张纪生也不例外，受到了自己学生的批斗。当时情绪激动的个别学生经常是上来一个耳光把张纪生的眼镜打飞，然后又揪着他的头发逼迫他低头认罪，他之前乌黑茂密的头发在这期间硬是被揪掉了许多。由于之前与乌兰夫校长的渊源，张纪生在“文革”中被打成乌兰夫的黑帮“分子”，之后又被定为“现行反革命”。当时学校的正常教学活动已经陷于停滞，学生们都被鼓动起来闹革命，张纪生与学校其他受到批斗的老师一起被下放到农场劳动改造。由于之前张纪生有过农村劳动经历，具有劳动经验，所以在此期间，他又有了新的头衔——黑帮劳动队队长。十年“文革”期间，张纪生的身体和心理都受到极大的打击，然而，对党和国家的忠诚一直鼓舞支撑他忍辱负重，坚持真理。“文革”期间，造反派曾经三次逼迫张纪生签字退党，但张纪生宁死不屈，任凭他们怎样批斗迫害，张纪生就是坚持不签字，不离开党。最终，凭借着对党和人民的忠诚和热爱，张纪生等到了“文革”结束，迎来了1979年的平反，也迎来了教育事业发展的春天，中断了13年的组织生活又重新开始了，张纪生终于又可以在内蒙古大学教授他心爱的普通物理课程了。

在内蒙古大学重新开始教课，张纪生又面临一个严峻的问题：十几年没有接触物理学的相关知识了，他对原先所教授的课程已经十分生疏了，根本无法给学生上课，当时的情形，用他自己的话说：“心急如焚，我每天都在刻苦地复习那些曾经熟悉的知识，头发一把一把地被自己抓掉。”经过一个阶段的刻苦复习，张纪生把曾经丢掉的知识又捡回来了，他又可以像从前一样，在讲台上神采飞扬地带领学生探索物理学的奥秘了。

经历过“文革”寒冬之后，我国各行各业都急需大量人才，教育战线更是如此。当时内蒙古地区对于高中的理科老师有很大的需求，而很多在职的老师没有经过科学严格的训练，无法很好地承担高中的教学任务。鉴于这种情况，张纪生和他当年的高中物理老师贾英根据内蒙古大学物理系和呼和浩特市教育局的委托，合作办了一个“中学物理师资班”，专门提高高中物理教师的物理知识和技能。这一举动在内蒙古教育界受到了广泛的认同和支持，很多中学的物理教师都踊跃报名参加这个班，有很多教师就是张纪生当年高中时期的学弟学妹们。尽管是私人办班，尽管培训对象都是老师，尽管很多老师还是张纪生的高中校友，但是张纪生对于教学的要求十分严格，要求学员们认真完成平时的作业，最后的期末考试为闭卷考试。张纪生为了避免学员们作弊，出A、B、C三套试卷，用三套试卷将参加总评考试的考生们分隔开来，有效地防止了作弊现象，保证了学习质量。这种科学、严谨、严格的教学管理方式保证了毕业学员们的学习质量，获得了社会的认可。1982年，在物理师资班开办后的两年，内蒙古教育厅发出文件，承认该班毕业的学员们获得大学专科学历，这是对张纪生以及他的老师贾英先生工作的最好的肯定。

进入21世纪，张纪生从内蒙古大学物理学教授的岗位上退休，学校聘请张纪生专门为蒙古学院的研究生教授实验语音学专业的基础课程。由于该课程对数学知识的要求很高，所以蒙古族学生一入校，张纪生先给他们讲授以三角函数、微积分和矢量分析为主要内容的“应用数学”课程，之后再给他们讲授“声学基础课程”。截止到今年，张纪生已经教出十届蒙古族学生了，蒙古族学生的淳朴给张纪生留下了深刻的印象，他与这些天真可爱的蒙古族学生建立了深厚的友谊。十多年间，作为科学知识的传播者，他在内蒙古大学架起了一座民族友谊的桥梁。

从1962年毕业留校至今，张纪生一直坚守在物理教学的第一线上，把教授物理学知识当做他人生最快乐的事情。“一个人一辈子能学习物理，是他这辈子最大的幸福。”这句平凡朴实的话语道出了张纪生对物理学的热爱。他认为物理学是和哲学密切相关的，学习物理学能够帮助人类更好地认识和理解这个世界。正是出于对物理学的热爱，张纪生希望将物理学知识教授给学生，带领学生接触和了解物理学，帮助学生更加科学、理智地认识和改造这个世界，使学生更加健康、积极地成长，更好地服务于社会，这就是支撑张纪生坚守物理教学岗位的力量源泉。

为内大的研究生教育奠定基础

在内蒙古大学工作的几十年中，除了教授普通物理学课程，张纪生还逐渐参与学校的教学行政管理工作，于1984年被任命为内蒙古大学的校长办公室主任，从那时起，他就开始双肩挑的日子：一方面负责协调管理内蒙古大学的各项行政工作；另一方面，他还要每周教授六个学时的普通物理课程。校办主任是一个十分繁忙的职务，需要协调管理学校的各种大大小小的行政事务，张纪生回忆说那时是他最劳累、最紧张的日子，除了每天完成学校日常的行政管理工作，一到晚上休息时他就紧张，害怕在睡梦中听到电话铃响，铃响通常意味着学校楼房着火、学生出事等棘手的突发事件。尽管日常行政工作如此劳累，张纪生仍然坚持教授普通物理学的课程，而且从来没有误课，因为他觉得每天不管多忙，只有站在讲台上给学生传授知识才是他生活中最充实、最快乐的时候。

1988年，随着内蒙古大学研究生教育的发展壮大，学校决定成立研究生处来管理研究生教育的各项事务。当时学校决定让张纪生担任研究生处的处长，负责研究生处的建立和管理工作。当时张纪生正担任内蒙古大学校长办公室主任的职务，同时还在教授普通物理学的课程，由于他坚持要继续给学生教授课程，所以学校同意其在担任内大研究生处处长的同时继续教授物理课程。

从1988年担任内蒙古大学研究生处处长到1995年退休，张纪生在这七年间带领相关工作人员完成了内蒙古大学研究生教育的学科建设和教学改革，为内大的研究生教育奠定了坚实的基础。内蒙古大学在1983年的时候有了自己的第一个博士点，当时内大是内蒙古自治区唯一一所拥有博士点授予权的大学，这是前期内蒙古大学为研究生教育打下的良好基础。张纪生担任研究生处长以后，开始大力建设和改革内大的研究生教育。1990年内蒙古大学向国务院学位委员会申报了三个博士点（分别是蒙古史、理论物理和基础数学），由于内蒙古大学在这三个学科上的雄厚的基础和强大的实力，这三科的博士点同时获得批准，内蒙古大学的研究生教育从此又踏上了一个新的台阶。之后，内蒙古大学获得了推荐免试研究生的资格。不久，内蒙古大学又获得了向社会同等学力者授予硕士学位的资格，即通过内蒙古大学组织的专业考试的社会同等学力者，可以获得由内蒙古大学颁发的学位。这不仅是对内蒙古大学研究生教育的肯定，更是对内蒙古大学教育改革的强有力的推动，这一切与张纪生辛勤的工作密切相关。在担任内蒙古大学研究生处处长期间，张纪生还为内蒙古大学的研究生教育做了一件具有深远意义的事，那就是亲自起草并推动了内蒙古大学与北京大学签订《北京大学支持内蒙古大学建设，进一步加强校际合作协议书》，《协议书》中规定北京大学每年接收内蒙古大学免试推荐的5位博士、10位硕士，他们在北京大学学习3年，毕业后回到内蒙古大学任教。这份协议书的签订使内蒙古大学拥有了直接与北京大学交流沟通的机会，对建设和发展内蒙古大学的科研和教育具有重要的意义。至此，内蒙古大学的研究生教育在张纪生的带领和推动下走上了一条快速发展的道路。

参与物理教学指导

作为教授了近半个世纪物理学的老教授，张纪生对物理教学，特别是高校的物理教学，有着深刻的理解和认识。在1990年，张纪生被选为国家教委（现改为教育部）成立的第一届高校物理教学指导委员会委员，他在那届指导委员会中积极主动地参与我国高校物理教学体制改革和教材建设，为我国的物理教育事业作出了杰出的贡献。目前，由北京大学物理学院前院长赵凯华教授主编的“北京大学面向21世纪教材”系列丛书中的物理教材在我国高校中被广泛使用，这本教材的编写也是张纪生参与的那届物理教学指导委员会促成的。

1995年，张纪生入选中国物理学会第六届教学指导委员会，这届委员会的主题仍然是物理教学的改革和物理教材的建设，张纪生参与本届教学指导委员会，总结了以往物理教学的优点与弊端，探讨物理教学的改革思路和前进方向，研究物理教材的进一步发展建设。在这届教学指导委员会中，张纪生再次见到了他当年在北京大学的老师陈佳洱教授，当时陈佳洱教授是该届教学指导委员会的理事长，珍贵的友谊并没有随着时间的流逝而褪色，张纪生向陈佳洱教授打招呼，陈佳洱教授说：“哦，小张，你就是当年和我在北大调电子感应加速器的小张啊！”经历了近四十年的离别，这对师生又重逢在物理学的盛宴中，张纪生说他当时见到老师后十分激动，也更加珍惜这段珍贵的师生情谊，说到此处，张纪生兴奋得涨红了脸，眼神中放射出激动的光芒。

教授了近半个世纪的物理学，并且多次参与物理教学指导，张纪生对我国目前的物理教学乃至整个基础教育都有着深入而独到的见解。目前，全国的绝大多数省份实行的是文理分科教育，除了数学、语文和英语这三门公共基础课外，文科生只学习政治、历史和地理，而理科生只学习物理、化学和生物，这种教育制度直接造成了高中生只学习与高考直接相关的科目，而不会花太多的时间和精力去学习其他课程知识的状况。张纪生认为这种过早的分科会影响青少年的全面健康成长，高中学习的课程知识都是在日常生活中所必需的基础知识，都是当今青少年所应当掌握的知识。文理过早分科导致学生过早地偏科，只专注于部分科目，这样培养出来的学生的知识体系是不健全的、不完整的，因此，张纪生反对高中文理分科教育，旗帜鲜明地支持高中实行全面综合的素质教育，培养优秀的、具有综合素质的青年学生，这是张纪生对我国基础教育的希望与建议，也与我国近年来提倡的全面素质教育的思路相一致。

献身北大校友会

除了从事物理教育事业，张纪生还从事另一项重要的社会工作至今，那就是北京大学校友会的发展建设。1984年，时任内蒙古大学校长办公室主任的张纪生受到邀请，加入北京大学呼和浩特地区校友会，从一位普通校友开始为校友会服务至今，现在张纪生已经成为北京大学内蒙古校友会的法人代表、常务副会长，勤勤恳恳地为在内蒙古地区工作的广大北京大学校友服务。

北京大学内蒙古校友会是在北京大学校友、时任内蒙古自治区政协副主席、全国政协委员陈杰教授的极力推动下成立的，在当时那种刚刚经历了“文革”风波的环境中，社会并不鼓励高校成立校友会，更不鼓励共产党员加入校友会。然而，在接到北京大学校友会的邀请后，张纪生毫不犹豫地选择加入了校友会，他解释说，正因为他是一名老共产党员，所以才要积极主动地参加北京大学校友会的建设和服务，为广大北京大学校友服务，同时也为广大校友提供一种归属感，使大家形成一股凝聚力，更好地为国家和人民服务。

张纪生在加入校友会后，积极建设发展内蒙古校友会，增加内蒙古地区北京大学校友之间的联系和沟通，加强内蒙古地区北京大学校友与母校北京大学之间的联系。在进入21世纪以后，在张纪生的策划下，北京大学校友会包头分会成立，当时在包头市已经有近千名北京大学校友，占整个内蒙古自治区北京大学校友的近三分之一，在呼和浩特的校友会总会负责组织和联系这批数量庞大的校友有些力不从心。鉴于这种情况，作为内蒙古校友分会负责人的张纪生和校友会的其他领导协商策划在包头成立校友分会，以加强包头市的北京大学校友之间的联系。包头分会的成立得到了当地政府的大力支持，也得到了当地北京大学校友的广泛支持，最终在2003年，北京大学校友会包头分会正式成立，包头分会在组织联络当地北京大学校友方面发挥了重要的作用。

随着内蒙古地区的进一步改革和发展，越来越多的北京大学毕业生选择去内蒙古工作，实现自己的人生价值。在这批学生中，有很大一部分选择去内蒙古的高校进行科研和教学工作。这批北大校友具有蓬勃的朝气、旺盛的精力和澎湃的激情，同时又是在相对安宁静谧的高校中工作，为了加强这部分北大年轻校友之间的联系与沟通，帮助他们更好地成长，实现自己人生的价值，张纪生策划成立高校分会，专门组织联系这批在高校工作的北大校友。经过精心的策划、准备、申请直至批准，北京大学内蒙古校友会高校分会终于在2009年正式成立，成了继包头分会之后的内蒙古地区的第二个北京大学校友分会。

除了联系、组织校友进行沟通交流，身为北京大学内蒙古校友会负责人的张纪生心系母校，时刻关注着母校的发展，为北京大学的发展贡献着自己的力量。在1998年北京大学百年校庆时，张纪生带领内蒙古校友会向北京大学赠送了一块1吨重的墨玉大理石屏风，上面题写着北京大学百年校庆的口号——“育时代英才，创世界一流”，现在这块珍贵的石刻屏风安放在北京大学图书馆贵宾室，静静地向来宾们展示着北大的精神和风采。2008年北京大学110周年校庆的时候，张纪生又带领内蒙古校友会向母校赠送了一幅牛皮画，以此作为北京大学内蒙古校友会对母校的诚挚感谢与祝福。目前，张纪生仍然作为内蒙古北京大学校友会的负责人为校友会操劳奔波着，有人劝他辞掉这份只有奉献、没有回报的工作，把时间和精力用来经营自己的事业，张纪生却说：“现在校友会的事业就是我的主要事业，我还要继续努力干好校友会的工作，为北大校友，也为母校提供更好的服务，作出更大的贡献。”

现在，张纪生已经不再担任内蒙古大学的行政职务，而将自己的主要精力投入到物理学课程的讲授和北京大学内蒙古校友会的建设发展上。在内蒙古辽阔的草原上，75岁的张纪生仍然在辛勤地工作，无私地奉献，在广袤的草原上继续谱写着奋斗的诗篇。张纪生是一位称职的物理教师，坚守在物理教学的第一线近半个世纪之久，为我国的物理教育事业无私地奉献着；他也是内蒙古大学优秀的干部，投身于内蒙古大学的研究生教育事业，为内蒙古大学的研究生教育打下坚实的基础；他还是北京大学杰出的校友，领导内蒙古北京大学校友会，为内蒙古地区的北大校友架起一座与母校沟通的桥梁；他更是一名优秀的共产党员，在内蒙古兢兢业业、勤勤恳恳，毕生信守对党和人民的承诺！

采访手记

在刚接到我们联系采访的电话时，张纪生老师显得很犹豫，他说：“在内蒙古有很多十分优秀的北大校友，你们不一定非要来采访我。”在得知是学校要将张纪生校友在内蒙古地区成长和工作的心路历程介绍给当代的北大学子以更好地帮助北大学子健康成长之后，张纪生老师便欣然同意接受我们的采访。

在内蒙古大学采访的那天，张纪生老师亲切和蔼的面容和爽朗的笑声迅速打消了我们的紧张。在采访中，张纪生老师为我们讲述了他的成长故事，他少时就立志要为祖国的科学事业献身，在高考后，填报了内蒙古大学核物理系，之后作为后备人才被时任内蒙古大学校长的乌兰夫先生派往北京大学进修，从此与北京大学结下不解之缘。

张纪生老师性格豪爽，在讲述自己成长经历的时候，无论是自己曾经的光辉事迹，还是“文革”中受到过的磨难，他都毫不避讳地与我们分享他人生的经历。在采访过程中，张纪生老师的三个眼神给我们留下了深刻的印象。第一个眼神是他在讲到当年报考物理专业的心情时，为了献身祖国的科学事业，他毅然选择了核物理专业，为的就是发展我国的尖端科学，使我国变得强大起来，不再受外国的侵略。说到这里，张纪生老师的眼睛里放射出的充满希望与激情的眼神让我们感受到了坚定炽热的爱国之情。第二个眼神是张纪生老师在讲述他在物理教学的第一线上奋斗了近半个世纪的事迹时，他那充满幸福与满足的眼神让我们真正体味到了作为一名老教师，传道授业、教书育人的甜蜜滋味。第三个眼神是张纪生老师为我们讲述他与北京大学的不解之缘时，他眼中充满着热爱与感激，我们也被他与母校北京大学的深厚感情所深深地感动。

经过这次采访，我们有幸结识了张纪生老师这样一位杰出的北大校友，我们从他的成长经历中也体会到了一位青年成长为祖国的栋梁之才所经历的艰辛与坎坷。如今，张纪生老师仍然一边在为内蒙古大学的学生上课，一边在为内蒙古北京大学校友会的事情奔波忙碌。在内蒙古，他将继续坚守自己的理想和信念，让奉献的旗帜在这片辽阔的草原上继续飘扬。

（文/北京大学信息科学技术学院2009级硕士研究生　张　楠

北京大学社会学系2007级本科生　张好雨）

张耀华
西域情，感恩心

Xiyuqing Ganenxin

张耀华，男，1936年8月出生于江苏省溧水县，汉族，中共党员。1957年至1962年，在北京医学院（现北京大学医学部）学习。曾任新疆卫生厅副厅长，现任新疆老年保健协会会长。

1943年至1950年，在江苏省溧水县中心小学学习。1950年至1954年在江苏省溧水县中学学习。1954年至1957年在江苏省溧阳高中学习。1962年至1965年，在新疆生产建设兵团防疫站任职。1965年至1969年，任新疆生产建设兵团卫生部秘书职务。1969年至1973年，在新疆兵团哈密管理处卫生科工作，1971年任卫生科副科长。1973年至1975年，在新疆生产建设兵团卫生部防疫站任副站长。1975年至1983年，先后任石河子市卫生防疫站站长、石河子市卫生局副局长。1983年至1988年，任乌鲁木齐市卫生局副局长。1988年至1992年，任新疆卫生厅副厅长。1992年至1997年，任新疆计生委党组书记、副主任。

曾获新疆维吾尔自治区“科普工作先进个人”、“全国健康教育专家”、新疆生产建设兵团机关“五好干部”、新疆维吾尔自治区人口与计生委“优秀共产党员”等称号，获中国健康教育协会颁发的“健康教育30年金牛奖”，曾被评为“北京大学优秀校友工作者”。

出版过《医德教育工作手册》、《维护祖国统一读本》、《中老年保健实用手册》、《马克思主义人口理论和计划生育读本》、《领导管理学》等著作。

一个在磨难中成长的少年，自小便怀着“想让人人都健康长寿”的美好信念学习医学。在时代的浪潮里，他炼过钢，修过水库，学过宇航医学，造过“人造肉”。

从江南一路北上求学，再从京城不远万里奔赴新疆，他将自己的一生奉献在西部广袤的土地上。他需要的不是赞歌，这仅仅是他对祖国一片拳拳之心的表达。

他在西部扎了根，开了花，结了果。面对自己丰富多彩的人生，面对自己艰辛创办的事业，他说，我做的其实很少，我要做的还有很多。老骥伏枥，志在千里。人生的意义在这里是如此美好和纯粹，归根结底，浓缩为四个字——兼济天下。

童年——艰苦中奋斗的岁月

劳动中的童年

张耀华三岁时，父亲不幸被日本人杀害。其后，由于母亲改嫁，便一直跟着舅父生活。回忆起自己的童年，张耀华称：“几乎整个童年都是在学习与劳动的相伴中度过的。回想起那段岁月，最能概括的两个字便是‘艰苦’。”

七岁那年，张耀华进入溧水中心小学学习。由于家境不富裕，初中一年级就失学了。他在舅父家当学徒，打工维持生活，小小年纪就担负起给舅父家上下门板（那时候商店的门大多是由一块一块的木板拼成的）、带孩子、挑水、挑野菜的责任。

“每天我首先要做的就是早上等大家都起床了，便把店铺的门板一块一块下下来。那个时候年纪小，个头不高，干起来可不轻松。”张耀华回忆道，“随后，还要打扫柜台、清扫店面和挑水。”说起挑水，张耀华一下子打开了话匣子：“秦淮河水离舅父家有两百多米，两个木桶装满水，一根扁担担起来，特别沉啊，只能把水打起来爬上二十多级台阶后，休息一会，然后一鼓作气地挑回家，一次要挑六担，将两个水缸装满才能完成任务。”晚饭后，还有一个工作等着张耀华去完成——擦灯罩。张耀华解释道：“那个时候用的大多是煤油灯，灯罩用一个晚上就会被熏黑，我要做的就是把每一个房间熏黑的灯罩擦干净，好让灯照得更亮堂一些。”

1952年，张耀华插班上初中二年级。在忙碌的劳动中，他仍然像挤海绵一样挤出时间来看书学习。“我每天六点钟起床，这样在大家都起床之前，我还有一个小时能够用来看书。”在学校，张耀华是个听话、好学的好学生，会自觉地去消化老师上课讲的内容，并积极与同学交流学习心得体会。到了晚上，张耀华总会抽出时间来自习。当然除了学习，张耀华也有一些其他爱好，譬如打篮球。“每到课外活动时间，便约上几个同学直奔篮球场。”曾经是溧水中学校篮球队一员的张耀华感叹道，“对运动的热爱从小就有，这也让我受益一生。”

艰苦求学路

就这样，在一边劳动一边学习的过程中，张耀华度过了自己艰苦而充实的童年。然而形势的变化却给他的人生带来了转折。初二那年，他的家乡开始进行“改造私营工商业运动”，舅父属于阶级成分偏高的“工商业兼地主”，财产被没收。这使得原本就不宽裕的生活顿时变得捉襟见肘。

为减轻家庭负担，初中毕业后，张耀华选择报考中专。而谈到选择华东药学院附属南京药剂学校的初衷时，张耀华坦诚地说：“当时的想法其实很朴素，就是想让人人都健康长寿。”对于这一想法，张耀华表示并不是突发奇想：“这个想法从小学就开始萌芽，到了中学，就愈发强烈了。”

20世纪50年代的中专，是非常受欢迎的。张耀华回忆说，当时想要考取的那所中专的录取比例是14：1。回想起自己的赴考经历，张耀华感叹道：“现在想来真是不容易，因为要在南京考试，我没钱买车票，便步行了整整60公里赶赴考场。”然而，这次考试张耀华却因为作文没把握好时间而以落榜告终。

回去之后，遭遇小小挫折的张耀华更加发奋读书，并于1954年以优异的成绩考上了江苏省重点学校溧阳中学。在溧阳中学，张耀华加入了共青团，并开始担任学生干部，学习之余协助老师做一些工作。

回忆起当年高考的情景，张耀华表示，1955年至1956年形势都还比较平稳，那时的高考因为招生名额多，高中毕业生少，所以升学率是100%。然而随着高中毕业生逐年增加，到了1957年，升学率开始下降，不少毕业生因此失去了上大学的机会。“我们那一年有大约30万高中毕业生，但是录取的人数只有10.7万人，加上政府保送工农兵直接上大学的比例偏高，在这种情况下，有些同学不满意了，开始离开课堂上街游行。老师告诫张耀华不要跟这些同学一起去闹，要静下心来学习。作为学生干部的张耀华，还主动配合老师做这些学生的思想工作，劝他们回到课堂继续学习。

能够静下心来好好学习的张耀华，在当年高考中取得了优异的成绩。在填报志愿时，他毫不犹豫地选择了清一色的医学类院校，想去实现他的“让人们健康长寿”的梦想。“为什么选择医学？很简单啊，因为医学是我整个人生的目标和追求，我自始至终都这么认为。”

在高考后等待录取通知书的一段时间里，张耀华主动去溧水党校帮工，做一些诸如挑水打水、刻钢板、印校报、摇铃的杂活，好赚点钱补贴家用，顺便筹点路费，为上大学做点准备。张耀华至今仍然清楚地记得当年拿到北京医学院的录取通知书时的情景。那天下午他正帮溧水党校打井水，表妹飞奔过来，一进党校大门看到他，便大声喊：“哥，录取通知书来了！”张耀华立刻把水桶扔在一边，把湿淋淋的手在衣服上擦了擦，颤抖着接过录取通知书。当他看到通知书上的“北京医学院”的字样时，内心涌起一股难以抑制的兴奋与激动。即便是时隔几十年后的现在，回忆起当时的情景，张耀华都难掩兴奋的心情。

张耀华的狂喜并非没有缘由。对他而言，北京医学院是“神圣而高不可攀”的，他甚至没敢想过自己有一天能拿到这所学校的录取通知书，无怪乎当表妹拿着通知书去找他的时候他会欣喜若狂。拿到通知书后，张耀华马上辞掉了党校的工作，带着几块钱的工资回到舅父家。

舅父一家也为张耀华高兴。可是，另外一个问题随之而来：去北京的火车票要16块5，可是生活本来就紧巴巴的一家人愣是拿不出这16块5给张耀华作为路费。眼看着开学时间临近，一家人急得像热锅上的蚂蚁，就在这时，张耀华想到了政府：“我想是不是可以寻求政府援助呢？”于是他立马开始写申请、打报告，交给街道办事处和文教局，由于知道大学可以申请助学金，所以仅向政府申请了16块5的车费。“只要能到了学校，就什么都好办了。”张耀华回忆道。溧水文教局十分同情张耀华，第二天他们就通知张耀华，组织讨论通过了他的申请，准备批给他20块钱，剩下的3块5，就留给他做零花钱。

得知这一好消息，张耀华欣喜若狂。拿到崭新的20块钱，他仿佛看见了自己坐在火车上一路飞奔，跃过广阔的平原，到达他梦想中的学校。于是，在难以抑制的激动中，张耀华开始收拾行李。说是行李，其实也就是一口破箱子、几本书、几件换洗的旧衣服。他带着对政府的感激之情和亲人的嘱托踏上了北上求学之路。车窗外江南的风景渐渐淡去，取而代之的是北方宽广、一望无际的平原和高远的天空。“这是我第一次出远门，看着窗外的风景，很是兴奋。”张耀华回忆道。

坐了一天一夜的火车后，张耀华在北京老火车站下了车。在拥挤的人群当中，张耀华一眼望见写着“北京医学院”的接站牌，便提着自己的破箱子和简单的行李飞快地跑过去。张耀华在回忆时笑称：“没想到这么容易就找到了组织。”一辆中巴车载着他和另外六七个同学驶往学校。回忆起自己到学校的第一天，张耀华说："最先去的不是宿舍，而是学校的食堂。"因为到学校时已是夜晚，食堂已过了吃饭时间没有吃的了，但好心的食堂师傅还是给他们几个同学做了鸡蛋挂面。"一天一夜没吃什么东西了，便狼吞虎咽，三下五除二地吃完了整整一大碗鸡蛋挂面。"或许是漫长的旅途让他过于疲劳，或许是第一次离家这么远让他心情复杂，又或许是终于走入学校让他十分兴奋，总之当吃完挂面的那一刻，张耀华的心情可谓百味杂陈。至今回想起来，食堂师傅的和蔼可亲仍然让张耀华感动不已，而那碗鸡蛋挂面更是成为他终生难忘的美味。

北医岁月，激情燃烧的年代

初至北医

到学校时，张耀华已经身无分文。所以一进学校他就忙着写报告、申请，希望能获得助学金。很快，学校就给他批了甲等助学金，每个月16块5。那个时候每个月的饭票是12块5，还有4块是他的零花钱。

刚进大学，张耀华有些不太适应。现在回想起来，他说主要是学习的方式有所改变：高中是老师"手把手"地教，大学是"赶着教室"自己去学，从高中到大学是由被动学习到主动学习、自主学习的转变。大学的课程有大课有小课，大的班有200多人的，小的班小到只有16人。在学校里，张耀华结识了一些北京本地的学生。"他们介绍说第一学期应当好好游玩一下北京的名胜古迹，所以我的第一学期基本上算是旅游了。"同新结识的同学一道，张耀华带着刚来北京的兴奋与好奇游历了北京城的众多名胜古迹。"天安门、颐和园、故宫……能够去玩的地方，大家推荐的地方，都基本上玩遍了。"游玩花费了大量时间，学习上也就自然稍有松懈。"第一学期的学习成绩，也就是凑合了，算是完成了任务吧。"

从第二学期开始，随着逐渐摸清大学的生活规律、适应了大学生活，张耀华便渐渐意识到不能继续第一学期的生活，学习开始渐渐步入正轨，并开始担任学生干部。"学医要求是很严格的，你要搞懂每块肌肉是怎么分布的，每块骨头是怎么生长的，每根血管里的血液是怎么流动的。"此时的张耀华，对自己的专业产生了越来越浓厚的兴趣，"学医是一件很快乐的事情，而且我那个朴素的理想也总是让人产生不竭探索的动力"，在对自己的严格要求之中，张耀华在学习上很快赶了上来，专业学习在同学中已经步入中上等行列。

当问及在北医的几年当中，有没有哪位教授给他留下了很深的印象时，张耀华脱口而出："叶恭绍教授和刘世杰老师啊，他们给我留下了很深的印象，产生了很大的影响。”

叶恭绍教授是当时的儿童少年卫生教研组主任，同时也是他所在卫生系的系主任。这位对儿童少年卫生专业非常有研究的女教授，不仅其生动的讲课给张耀华留下了深刻的印象，而且也影响了张耀华的事业选择。后来张耀华去新疆后，自己做的第一个课题就是中小学生生长发育调查，这显然是与叶教授的教导分不开的。而他后来跑了北疆几十个煤矿进行实地考察，学以致用地调查煤矿工人矽肺防治的状况便是与刘世杰老师的影响分不开的。张耀华说：“刘老师当时上劳动卫生课，提倡我们去实践，而不要空谈理论，我自己在这么多年的工作中深深体会到了这句话的重要性。”

那些时代的痕迹

听着张耀华老先生的回忆，我们仿佛看到了20世纪五六十年代那批青春洋溢的年轻人，他们风华正茂，挥斥方遒；仿佛触摸到那个时代跳动的脉搏，在一个老者的回忆中，丰富了对于一个时代的认识。说到大学的趣事，张耀华提起了当时自己所扮演的“棒打鸳鸯”角色。那还是个保守的时代，大学生谈恋爱是不被允许的。而作为班上团总支书记的张耀华自然就承担起协助老师做同学思想工作的任务。“如果发现同学中存在这样的事，我就会去跟这些同学谈心，鼓励他们把更多的时间投入到学习中去。”

那时的食堂使用饭票，有的同学就会捡漏子，本该交两张饭票拿一个馒头，他们却只交一张。张耀华发现了这一情况后，严肃地批评了这些同学，告诉他们要注意道德品质，提升个人修养。

作为学生干部的张耀华总是这样一丝不苟、严肃认真地对待工作中的每一件事，同学们都笑称他是“判官”。但这并不影响他和同学的感情，事实上在生活中，张耀华和绝大多数同学都非常要好。几十年后，有一次去北京开会，在北京的二十多个同学一起请他吃饭。他回到新疆，每年都会邀请同学们到新疆去做客以尽地主之谊。谈到这里，他不无伤感地说：“到了我这样的年纪，很多同学见一面就少一面了。”

在校时，张耀华积极参加学校组织的各种劳动建设活动。他参与了修建十三陵水库的劳动，还和同学们一道大炼钢铁和修建了北医的游泳池。谈起这件事，张耀华开心地说道：“这个泳池长100米、宽50米，学校当时雇用了外面的工人来修建，同时也鼓励在校学生义务参与劳动，我们就常常利用课余时间去运沙石和水泥。有时候外面请的工人去砌大石板，我们就在一旁递水泥。经过三个多月的共同努力，游泳池终于修建完毕。以后一到夏天，我就常常去游泳，在这个我们亲手建起来的泳池游泳，感觉特别骄傲！”

转眼到了1960年，学校准备建立一些全新的专业，例如宇航医学，这在当时是十分尖端的前沿专业。没有师资力量，学校就准备自己培养，派学生去解放军军事医学科学院学习。当时北京医学院和上海第一医学院一共派出20人参加选拔。最后张耀华和同校另外5个同学脱颖而出，成功入选，从而有机会学习了一段时间的宇航医学。

1961年，国家发生重大自然灾害，导致这一项目无奈下马，张耀华和另外几个同学又回到北京医学院。回到学校的张耀华并没能立刻开始上课，而是被安排去研究一种“人造肉”，来解决自然灾害期间人们的营养问题。所谓“人造肉”，张耀华解释说，就是把一种食用菌种种植到菜汤上结成的蛋白。当时国家缺粮少肉，食堂就用这种人造肉来熬汤，补充师生的营养。

张耀华正式复课时已是大学第五年的开头。落下了两个多月专业课的他，赶紧马不停蹄地补课。“那个时候正值我们去生产实习，自己可以安排的时间比较多，我就经常去问老师，请教同学，看书，渐渐也把落下的课程补了上来。”最终张耀华以接近满分的优秀成绩顺利毕业，并于1961年9月光荣地成为班上第一个共产党员。

回想起在北京医学院学习的日子，张耀华深有感触地说：“北医严谨的治学作风是我的最大收获。”他说这样的作风让北医的同学在各自的单位上都走在了前面。他们学业基础扎实，品格优良。母校的教育让他们明白了如何做人、做学问，如何去为患者服务、为祖国服务。“母校号召我们要为祖国服务50年，”他说，“还教会我们遇到再大的困难都不退缩。这些都是受益终身的宝贵财富。”

扎根西部，不悔的抉择

感恩之心系边疆

1962年夏天，张耀华即将毕业。当时是组织分配工作，他便主动向组织表态自愿去祖国最困难、最需要人的地方。他说在他看来符合这两个条件的是西藏、内蒙古和新疆，而那一年北医没有分配去西藏的名额，他就申请去新疆。

为什么要去新疆？张耀华很真诚地说了两个字：感恩。张耀华初中便受到国家照顾；高中时国家免掉了他全部的学费、食宿费；大学时是国家给他钱让他去北京念书；也正是国家给的助学金让他能顺利完成大学学业。对于这一切，张耀华铭记在心。“人要学会知恩图报，没有党和国家就没有我的今天。所以，毕业分配的时候，我毫不犹豫地选择了去边疆，去祖国最需要的地方。”

此外，国家对于支援西部的学子的重视也给了张耀华以极大的鼓励。大学期间，张耀华有幸作为代表在人民大会堂听取当时的外交部长陈毅同志和北京市委书记彭真同志的报告。那天过后，“做又红又专的知识分子”、“到祖国最需要的地方去”便成了张耀华的人生格言。

“在我看来，这是很自然的事情，也是我理所应当做的事情。”张耀华对于自己的决定，从来没有一丝悔意。“祖国圆了我的梦，我也要去帮祖国圆梦。”

去新疆工作之前，国家发给张耀华一笔路费，于是他特意回了一趟舅父家并探望了改嫁在江西离别16年的母亲及弟妹。整个大学期间他只回过一次家。“不是不想回家，没钱啊，16块5的火车票对我来说可不是一个小数目。”告别了母亲、舅父及其他亲戚，张耀华踏上了去新疆的旅途。

将青春播洒在这片土地上

1962年的新疆还十分落后。张耀华住的是小平房，吃的是大食堂。一个南方人，从温润舒适的江南到气候干燥的北方，再到荒凉的西部，对于气候的变化，恐怕是最不容易适应的。张耀华对新疆的冬天记忆犹新：寒冷的冬天，常常是大雪漫天，远山近景全都被白茫茫的大雪所覆盖，天地之间，浑然一片，真是“落得个白茫茫的大地真干净”。为了御寒，张耀华学着当地人穿起了“毡筒”（一种用毡做的靴子），如何穿着它走路对从来没有见过这种东西的张耀华也是个不小的挑战。

刚到新疆，张耀华被分配到新疆生产建设兵团，和他一起到兵团的有四个同学。兵团是一种半部队性质的组织，组织纪律性很强，工作和生活条件十分艰苦。张耀华从1962年开始就在兵团的防疫站做医生。每年有六七个月的时间下到农场连队开展卫生防疫工作。在这里，他住的是“地屋子”，一半在地上一半在地下。清晨起床吃完早饭，就要和农工们一起在条田里跟随拖拉机搞粉尘检测、农工生理指标测定、营养调查及有机磷农药空气中含量测定等十大卫生专题调查课题。中午自带餐具，等送饭的人一到，就和农工们一起在地上吃。兵团的工作条件十分简陋，可是张耀华却没有觉得苦。或许是自小吃了太多苦，或许是他对于理想的坚持，或许是认为这是组织对他的要求，总之，他说：“这些工作既苦且荣，苦中有乐，我并没有感觉到丝毫厌倦。”而在这种艰苦的环境里，他依然出色地完成了不少课题，包括前文提到的中小学生生长发育调查（实地考察了

2009年8月，校长周其凤院士到广西壮族自治区崇左市看望在那里从事研究工作的潘文石教授。图为座谈会现场，周其凤校长（中）就潘文石教授（左）相关研究成果发表讲话，自治区陈章良副主席（右）陪同。

无论中国的发展推进到什么阶段，无论时代条件发生了怎样的变化，都需要一代又一代有志青年的无私奉献和付出，那些到祖国最需要的地方去建功立业的选择都是庄严而崇高的，都值得北大人大力提倡、身体力行！

周其凤

四千多人）和煤矿工人硅肺病防治情况调查。

1965年，他调到新疆生产建设兵团卫生部担任秘书，负责卫生部的函件、电报处理和一些迎来送往的工作。在秘书的工作岗位上他还有另外一个重要的工作，就是编辑出版《兵团卫生工作参考资料》。他说：“从征稿、审稿、印刷到校对、出版都是我独立完成。一个人要干几个人的活，真的挺累的，可是我觉得值！”因为他觉得《兵团卫生工作参考资料》有着十分重要的地位，既包括学术问题，也包括行政问题，对于将兵团卫生部的技术、政策送达基层具有相当重大的意义。在张耀华的努力下，这本《兵团卫生工作参考资料》顺利出版，并成为兵团卫生事业领域一份重要的资料。

1969年5月，张耀华调到兵团哈密管理卫生科工作。1971年，升任卫生科副科长。在我们的想象中，原本以为身为副科长的张耀华，每天只需要舒舒服服地待在办公室批阅文件就行了。但听到张耀华对自己工作的叙述，我们却大吃一惊，他不但要亲自下到各个团场，并且没有专车接送——大多时候，张耀华是骑自行车过去的，最远的单程80公里要骑7个小时，有时车后座还带上两箱20多斤重的疫苗；有时候到牧区要骑马或者是搭便车。搭车也不是坐在车内，而是穿着皮大衣坐在大卡车的顶棚上。寒风刺骨，坐在车棚上的张耀华只好把自己裹得严严实实。

担任卫生科领导的张耀华是一颗螺丝钉，哪里需要就去哪里：门诊缺人就去门诊，忙完门诊又继续去各个医院检查工作。由于工作紧张繁忙，张耀华根本顾不上家庭。他爱人是医院妇产科主治医师，上班的同时还要带两个一岁和三岁的幼儿。有一次她由于劳累虚脱昏倒在工作台上，同事连忙打电话通知张耀华。接到电话时张耀华正在农场迎接召开自治区爱国卫生现场参观的点上忙于工作，竟然一时半会赶不回去。“对待工作我敢说我是兢兢业业、一丝不苟，”张耀华又略带遗憾地说，“但是对待家庭我却颇有些歉意。”

1973年，张耀华调回到兵团，担任防疫站站长。1973年至1983年，由于“文革”中被迫害，落实政策平反冤假错案后张耀华又在石河子市工作了十年，先后担任石河子市卫生防疫站站长、卫生局副局长。在那里，他倾注了巨大的热情和智慧，以预防工作为切入点带动和做好全市的卫生医疗工作，在深入调查研究的基础上，首先在所辖的13个农牧团场筹建了卫生防疫站，举办培训班，并且亲自授课；对卫生防疫人员开展培训，用了三年时间组建成了市、团场、连队三级防疫网。对所辖两县，他用两年时间亲自蹲点指导开展改水、改厕活动，指导计划免疫工作及对农村乡镇村防疫人员的培养工作。“基层的同志们有很多东西都不明白，”张耀华回忆说，“我就手把手地教他们。也因为这样我几乎走遍了石河子的每一个农场、牧场。”此外，他还亲自去南山牧区开展一号病（鼠疫）及农村的炭疽病、肉毒中毒和伤寒病流行的防治工作。

1983年，张耀华调到乌鲁木齐，从乌鲁木齐市卫生局副局长一直干到自治区卫生厅副厅长、计生委党组书记。这期间，他组织自治区、地、县上百支医疗队在农村开展四项手术服务，使人口自然增长率明显下降，首次在全区组织人口目标考核。这些新举措受到国家计生委的肯定，并在全国计划生育大会上作经验介绍。1997年，张耀华从计生委党组书记的职位上退下来，开始了自己的退休生活。

在新疆工作的35年中，张耀华有很多机会调离新疆。有一次，西安一家单位想聘用他，对方甚至已经安排好一切了，希望把他和他的爱人一起调过去。但是张耀华和爱人交换意见：自己曾向组织庄严承诺要在新疆扎根一辈子，不能当逃兵。爱人也表示了对他的理解。于是，张耀华和爱人都留了下来。

他也曾经有不少机会可以转行，甚至有一次市委副书记亲自找他谈话，希望他出任乌鲁木齐市人大常委会秘书长，可是他全都婉言谢绝。他说：“我是个医生，我不能丢掉卫生专业。”

回首这35年，张耀华认为可以用16个字来概括：“兢业奉献，勤恳工作；两袖清风，一尘不染。”这35年间，张耀华从来没有休过每年可以享受的15天公假。即使是献血归来，别人都有30天时间可以休息，他却当天献血后，立刻又投入到工作中去。

在新疆工作的35年间，张耀华踏遍了全疆86个县、市的山山水水，哪怕是新疆最边远、最困难的地方也留下了他的足迹。他说，新疆是他的第二故乡，是哺育他成长的地方，他对这里的山山水水和各族人民都非常热爱。也许正是这种热爱，才令他在新疆一待便是35年。

不退休的老牛，不停止的事业

按理说工作了大半辈子，退休之后该享享清福了，可是张耀华却像是一头勤勤恳恳的老牛，到老都没有休息下来的意思。对于退休生活，张耀华的态度很是积极：“退休是人生的第二次青春。”生活还是一样丰富多彩。在他退休后的第二年，老先生便出版了一本名为《中老年保健实用手册》的书籍，关注中老年健康问题。退休之后，曾有私营企业找到他，给他每月3000块的工资，希望他去协调企业和政府的关系，甚至都不需要他去公司上班；也有人给他开出高工资，请他去培训员工。这些都被他一一谢绝：“退休了，我想干点自己想干的事。”年少时的理想依旧像旗帜一样引领着他，那就是要做对人民群众有益的事情，让中老年人健康长寿。“只有做这些事情，才能真正让我感到充实和快乐。”

2001年，张耀华和另外一个老同志发起成立了新疆老年保健协会，注册资金所需要的三万块钱全由他们自己掏腰包。后来，他们向政府争取到每年五六万块钱的资金，并雇用了几名员工主持日常的工作。和老年协会的其他专家一道，张耀华平常写书、开讲座，日子过得充实而又紧张。建立协会十年以来共举办中老年保健讲座一千一百余场次，使十万余名中老年人受益。

渐渐地，他们的老年协会也慢慢成长起来。2009年，协会拥有个人会员一千二百余人，下设“老年病防治学术委员会”、“少数民族保健工作委员会”、“癌症康复工作委员会”、“文体健身工作委员会”、“刮痧足疗专业委员会”，以及一个直属机构“老年保健医学培训中心”。协会时常组织专家到老百姓中间去开展科普讲座、专家义诊等活动，被当地人们称为“送给中老年人的一剂良药”。

张耀华还经常通过老年协会组织老年人徒步旅游，甚至有一次还组织老年人去海南旅游。在这些活动中，张耀华和老年保健协会都不带赢利目的，而纯粹只是为老年人服务。

除了组织老年协会的活动，张耀华和老伴还在社区义务地当起了社区医生。东家有人想测测血压，他二话不说就拿着自己简单的医疗设备前往；西家有几位老年朋友打电话询问前列腺的问题，他立刻挨家挨户地上门为他们检查。有的孩子临近高考心理压力比较大，张耀华夫妇还为参加高考的学生和家长免费做心理辅导，从心理健康辅导到合理饮食无所不包。2003至2006的三年间他和老伴受老年保健协会所托应邀在自治区老年活动中心免费提供咨询服务并定期举办保健讲座。老年活动中心的主任因此感动地说：“你们是老干部的风范，是我们身边的活雷锋。”

热衷于开展中老年人保健活动的张耀华，谦虚地说自己所做的一切只是一种启蒙运动。他认为老年人普遍缺乏卫生保健知识和卫生保健行为，“要传播这样一些知识，督促他们去做保健，因为它们对老年人的作用是很大的”。当被问到为什么分文不取甚至倒贴钱也要坚持去做老年人的保健工作时，他十分真诚，毫不犹豫地说：“老年人是弱势群体，我们不能赚他们的钱。”

在张耀华的带领下，老年保健协会逐渐发展壮大，开展的各项活动都取得了很好的效果，也获得了群众和自治区政府的肯定。协会连续几年被评为自治区先进协会，2009年4月还荣获这一领域的自治区人民政府最高奖——首届“科普奖”（集体）。张耀华在继续用自己的实际行动实践着当初向母校承诺的“为祖国服务50年”的庄严承诺。

谈及当代学子，张耀华说：“第一，不管时代怎么变，都应做到品学兼优。第二，要有一个创新的思维，在这个时代不创新就会被淘汰。第三，还要报效祖国，感谢祖国的培养，有志青年应该到祖国最需要的地方去。”

有志青年应该到祖国最需要的地方去。这不正是张耀华这一生的真实写照吗？

1962年，开往新疆的火车载走的是他的青春岁月；35年间，他遍布全疆的足迹写下的是服务各族人民的美丽诗篇。他放弃了改行的机会，坚持着从儿时便有的悬壶济世的梦想；他放弃了调离新疆的机会，信守与祖国的“戍守”边疆的约定。

采访手记

与其说这是一次采访，倒不如说是张耀华校友和我们的一次促膝谈心，是长者和晚辈的心灵交流。74岁的张校友身体显然很好，记忆非常清晰，能够清楚地记得各种时间、地点、人物，在两个多小时的时间里把他的人生经历娓娓道来。

问到他童年的生活怎样，他说“相当艰苦”，话语中却带着笑意。那是一种任凭人生起落的淡定。

问到为什么毕业时要选择新疆，他说“知恩图报”，言语中满是知足常乐的举重若轻。

采访过程中，我们听他说他拿到北京医学院的通知书时是如何欣喜若狂；听他说初到北医时吃到食堂师傅做的鸡汤挂面时感觉简直是到了天堂……我们仿佛走进了张校友的记忆中。

张校友说：“新疆是我的第二故乡，我热爱这里的山山水水，热爱这里的人们。”他决定去新疆是怀着一颗感恩的心，要为祖国服务。

我想，这样一种感恩的心和拳拳报国之情是值得我们当代的北大学子学习的。我们这一代人成长于改革开放以后，从小到大感受着祖国带给我们的温暖和帮助。也许是因为这些温暖来得太过容易，所以很多时候我们似乎把它们看得太过理所当然。其实，与张校友他们那一辈人相比，变化的只是环境，祖国带给我们的温暖是从来未变的。因而，张校友对祖国怀抱的感恩之心，对我们的心灵或许是一个启迪。

是感恩，让他来到新疆；是感恩，让他坚持自己的理想；是感恩，让他甘愿一辈子俯首奉献；是感恩，让他的精神魅力在自治区的山山水水中熠熠发光！

（文/北京大学新闻传播学院2009级本科生　彭雪松

北京大学国际关系学院2008级本科生　向昱筱）

樊锦诗

敦煌的女儿，青春的榜样

Dunhuang de Nuer Qingchun de Bangyang

樊锦诗，女，祖籍浙江杭州，1938年7月出生于北京，成长于上海，汉族，中共党员。1958年9月至1963年7月，在北京大学历史系考古专业学习，获考古学学士学位。现任敦煌研究院院长、研究员。

1963年毕业后即奔赴祖国西部，到敦煌文物研究所工作。1975年开始担任敦煌文物研究所副所长。1984年4月，敦煌文物研究所扩建为敦煌研究院，担任副院长。1998年4月至今，担任敦煌研究院院长。1999年，受聘为教育部人文社会科学重点研究基地兰州大学敦煌研究所名誉所长、学术委员会副主任，并兼任中国敦煌吐鲁番学会副会长。中国共产党第十三次全国代表大会代表，第八届、九届、十届、十一届全国政协委员，敦煌市第十二届、十三届人大代表，甘肃省第九次、十次党代会代表。

1985年，荣获“全国边陲优秀儿女”银质奖章；1986年，荣获“全国优秀共产党员”称号；1991年，荣获“全国文化系统先进工作者”称号；2002年，荣获“全国杰出专业技术人才”荣誉称号；2004年，入围“感动中国”20大候选人，同年当选由《人物》杂志等单位组织评选的“2004年最深刻影响中国的文化人物”；2005年，荣获国务院“全国先进工作者”荣誉称号；2008年，入围“第七届中国十大女杰”；2009年，入围“100位新中国成立以来感动中国人物”和“时代领跑者——新中国成立以来最具影响的劳动模范”。2008年，樊锦诗校友被评为北京大学“十大杰出校友”之一。

二月末三月初的北京，已经可以感受到春天来临的脚步。时值全国“两会”召开前夕，我在北京大学红楼附近的“大学夹道”胡同边见到了樊锦诗校友。当我乘坐的出租车抵达她下榻的宾馆时，发现她已经微笑着等候在门外。她就像要迎接久别而归的亲人一样，笑容可掬地看着我离她越来越近，显得非常高兴。她带给了我一种震撼——她，身材瘦小，却步伐坚定；她，普通话发音并不标准，说话却铿锵有力；她，年届高龄，却总是洋溢着青春的微笑。她，就是我要采访的“北京大学十大杰出校友”之一樊锦诗女士！呆站许久，我才回过神来，同她握手——这就是我们久闻其名，用她47年的青春扎根戈壁大漠，献身于祖国和人民事业的樊锦诗校友！她已近72岁高龄，可仍旧精神矍铄，四处奔忙——为了敦煌，更为了她心中的这个国家。

“来，你看这，你看……”她一只手指着前方，一只手拉着我的衣角，朝向前方，边走边说，“这个胡同叫‘大学夹道’，肯定是和大学有什么关系。”我看到了，红色的标牌上写着“大学夹道”四个字，一点儿也不显眼。如果没有人专门提醒，每天从这里经过的路人，或许都无法感受到它的存在。少许，她顿了顿，踮着脚，抬起头，视线越过旁边的城墙，右手指向另一边，接着说：“北大红楼在那儿，你看这些小道、砖墙，搞不好就跟北京大学有关系！”就在这时，旁边有人插话道：“这位老太太每年的这个时间都会到这里来落脚……平常有时候也过来……”樊锦诗校友抿着嘴笑了一下，说道：“没什么特别的，我每次来北京都到这里来，主要是离国家文物局比较近，办事也方便一点嘛。”说完，她又指向另一边：“你看那边，那儿曾经也是北京大学的地方……”如数家珍一样，樊锦诗校友一边介绍一边带着我走向她下榻的地方。

心怀感恩　走进北大

樊锦诗校友1938年出生于一个小康之家，时值抗日战争爆发不久。这是中国人民永远无法忘怀的一段历史时期。战乱的时代给了她觉悟的意识。小时候，她与伙伴们一起玩纸片，纸片上面印着精忠报国的民族英雄岳飞、南宋杰出的民族英雄和爱国诗人文天祥等极具影响力的历史人物。尽管那时的她和她的同龄人并不懂得多少大道理，但是，国家与民族的命运还是在她们的内心深处留下了难以忘怀的印象。国家？国家！这两个字，在她们心里的分量，不用多讲……

抗战胜利时，她已经上了小学。除了在学校接受爱国主义教育以外，她看见大人们为抗日战争的胜利而欢腾，自己也深受感染，觉得心里非常高兴——我们胜利了！国家胜利了！当她上中学时，新中国刚刚成立不久。那时，大人们都非常振奋，积极地投入到建设新中国的浪潮中去。在这火热的建设浪潮中，她成了新中国青少年中的一员。新中国的成立给了樊锦诗一个全新的生活理想。

出生于战乱年代的她，从小身体就不太好，经常得病。出生不久，她就得了脊髓灰质炎，也就是小儿麻痹症。当时的医疗条件非常有限，对于一般的人来说，得了这个病，基本就没有生存的希望。幸运的是，在协和医院，她获得了家庭成员的供血，从而活了下来。尽管如此，这种疾病还是导致了她的腿脚不如其他人那么灵便。她说，她很庆幸自己能够活到现在，一直感到很庆幸。父母把她从小拉扯大，很不容易。上学以后，她还经常晕倒。有一次，上课铃声刚响不久，她就晕倒在地，老师和同学们一起将她送到医院去进行救治。“还好是在教室，要不然，一切都晚了！这个世界上早就没有我了。”如此的身体状况，处于那样一个纷繁复杂的年代，还能够接受在当时看来非常好的教育，特别是能够进入北京大学学习，樊锦诗深刻地感觉到是国家培养了她，自己长大以后应该为自己的国家做些事情。

她小时候，不太爱说话。不了解她的人认为她很不活泼，很不活跃。实际上，她有着一颗火热的心和对理想的坚定追求。她从小就热爱美术，喜欢去看博物馆。她在上海就读高中时，学校非常重视基础教育。没有文理分科，高中毕业前，大家所学的知识都是一样的。学生们对高考也不是特别关注。像将来要考上一个什么样的大学这样的问题，似乎并没有深入到她们的高中生活。直到考试临近，同学们才想着自己要考什么样的大学。对她而言，这也是人生中面临的第一个进行选择和决断的机会。她考虑到自己的身体状况，在不断地说服自己放弃了化工、生物、医学、外语专业后，毅然选择了历史。然后就是选择学校。当时，每个同学都可以根据自己的学习成绩和意愿，在高考前填写九个志愿。她总共填了三个，第一志愿和第二志愿都是填写的北京大学。在那个特殊的年代，人们都认为老师是一个崇高的职业，很多同学在考试时都会首先填写师范院校，将当一名人民教师作为自己的人生理想。可她是在高中老师的一再要求下才在第三志愿填写了华东师范大学。尽管那时的同学们并不是一听说北京大学就觉得有一种非常了不起的感觉，但是，在同学们的心中还是觉得北京大学和清华大学是报考大学时的最佳选择。特别是在人文社科领域，人们会自然而然地想到北京大学：北京大学有着光辉的历史和优良的传统，北京大学有着全国最好的学习环境，北京大学有着全国最强大的师资力量……从各个角度来讲，北京大学都是樊锦诗最美好的梦想，她没有理由不选择北京大学。

就这样，她做出了人生中的第一个重大抉择。高考结束很长一段时间之后，她才向父亲说了报考北京大学的事情。她的父亲从清华大学土木工程专业毕业，曾在北京大学当过两年讲师，对北京大学的情况比较了解。父亲听说她选择了北京大学之后，非常高兴。与此同时，她的父亲也担心她瘦弱的身体能否适应独自在北京大学学习。

五载春秋，品格铸就

樊锦诗在大学期间学习的是考古专业。回忆起在北京大学的岁月，她一直觉得北京大学有很好的爱国传统和很自由的学术氛围。除了学习考古专业的知识以外，她也去听别的课程，比如美术。尽管那时的北京大学并不像现在这样拥有极为丰富的课外活动资源，但她们还是可以去听一些讲座。她清楚地记得北京大学曾邀请当时的全国最佳男演员崔嵬来为同学们做演讲。崔嵬主演的《老兵新传》是我国第一部在银幕上塑造北大荒人光辉形象的故事片，被评为建国十周年优秀影片，崔嵬的到来也自然引起了学生们的轰动。诸如此类的讲座还有不少，正是在北京大学这样的文化氛围的熏陶下，樊锦诗更加坚定了一心为国的理想。

北京大学的老师，是樊锦诗最难以忘怀的。她说，老师们都很平易近人，是同学们的良师益友。老师对学生的要求非常严格，特别注重学生思维能力的培养。老师经常带同学们到校外单位去实习。在实习的过程中，老师对同学们的综合素质和业务能力要求很高，同学们要认认真真地对待实习期间接触到的工作，要与实习单位中不同层次、不同级别的员工，乃至当地的普通百姓打成一片。在去敦煌文物研究所实习时，她就曾因为身体不适提前回校，但其原计划在实习期间完成的所有工作需要不折不扣地完成。“北大的老师对我们要求如此严格，这是对我们最大的帮助，给我的印象很深，很深。”樊锦诗很认真地说。同时，老师对同学们的生活也照顾得无微不至。同学们平时跟老师的关系处理得非常好。老师们与合作单位领导人之间进行交流和沟通时，也经常将学生带在身边，这样他们就能够更多地学习课本上没有的知识，同时也为课本上的知识找到了一个实证的平台，并开阔了眼界。在她看来，北京大学给她最大的收获，就是学会如何做人和如何做事。最重要的是要学会如何独立地进行思考。一个人在面对任何事情的时候，都需要大胆地设想，严谨地求证，谨慎而有力地行动。作为北京大学的学生，在大城市生活过，又在一流的大学里面学习，要具备开阔的视野和独立思考的能力，对任何事情都要去问为什么，既不能够人云亦云，也不能够好高骛远。人生是一个积累的过程，书本知识要学习好，要有丰富的经历，还要有很高的悟性。在北京大学学习，就是一个让自己不断地接受熏陶的过程，也是一个让自己的人生不断完善的过程。

未名湖的湖面一如既往地平静，浸润着一个又一个北大人的梦想与期待。一个人如果能够成长在未名湖边，又经历了波澜壮阔的历史时代，那么，她的内心又怎能不像未名湖的湖面一样平静呢？樊锦诗便是其中的一个代表性人物。她说："《礼记·大学》里有这么一句话：'古之欲明明德于天下者；先治其国；欲治其国者，先齐其家；欲齐其家者，先修其身；欲修其身者，先正其心；……心正而后身修，身修而后家齐，家齐而后国治，国治而后天下平。'人生是一个不断地得到锻炼的过程，作为北京大学的学生，需要有一个平静的心态，遇事先要静下来谨慎而正确地思考。然后是大胆地行动，踏踏实实地做事。不要想着怎么去投机取巧，要集中精力在学业和事业上下工夫。一个会钻营的人是可以获得好处的，但他永远也不可能在事业上取得成功。这是我在北京大学学到的真正有价值的东西。"由于工作需要，樊锦诗少不了要同社会各界名流及媒体打交道，并因此受到"热捧"。不过，她自己却能够泰然处之。在她那里，名和利全都是虚的，只有事业，属于国家和人民的事业才是实实在在的。曾经有一位北京大学的教授问她是不是要给自己树碑立传时，她没有做出任何表示，只是一笑了之。从此，她更坚定了自己的立场："没有敦煌，就没有今天的樊锦诗。国家的文物保护事业光芒万丈，我跟着沾了一点光。所有的荣誉都属于敦煌，我只是敦煌研究院这个集体中的一员。如果没有国家对敦煌的重视，对文物事业的重视，哪里来的荣誉？所以，面对这些荣誉，一方面我很高兴，为敦煌人民和国家感到高兴；另一方面我也有那么一点'受罪'的感觉，但我还是很希望过那种幽静闲适的田园生活的。"

在北京大学，她结识了为她的事业作出巨大牺牲的丈夫彭金章先生。他们本是同窗好友。经过大学期间多年的相互交往和感情积累，他们互相都将另一方刻在了自己的内心。回忆起那一段美好的恋爱时光，樊锦诗禁不住笑了起来。她说："当时，我的性格有些大大咧咧的，我们家老彭老是说我'马大哈'。其实，家里人也觉得我是那种比较独立的女孩子，不善于细想，不善于算计。现在回想起来，如果我不是这种性格，或许我就不会去敦煌。"她接着说，"毕业那会儿觉得，两个人也并不是那种谁离了谁就过不下去的感觉……暂时的分开也是一段令我们很有感触的感情经历……后来我们就定了亲，结了婚。"樊锦诗将这段历经考验的恋爱经历说得很平淡，但是，谈到她少有的休假回家时，她却用了

“还债”两个字。是的，她为了敦煌，为了国家的文物保护事业，奉献了自己的一生，被誉为“人民英模”、“敦煌守望者”、“一只寂寞而美丽的飞天”、“陇原之星”、“敦煌的女儿”，等等。对于家人，她觉得自己亏欠太多，她在努力地用有限生命中的有限时间去弥补。时光如梭，岁月如流。樊锦诗觉得自己有些力不从心，她略带伤感地说：“我一直说我是在欠债，我这一辈子有还不完的债，对家庭，我总是有一种欠债的感觉。”

人生路口，结缘敦煌

樊锦诗大学期间曾看过一些美妙的敦煌壁画临摹品，又在《祁连山下》的文章中认识了一位让她今生难忘的大师级人物：中国敦煌石窟艺术保护与研究的先驱常书鸿先生。常先生出生于1904年，在法国留学期间，他在塞纳河畔的书摊上看到伯希和编辑的《敦煌图录》画册后，被敦煌艺术的美深深折服，为中国存在着这样一个文化艺术宝库感到震撼。于是，他放弃了教授职衔和大城市的便利生活，走进了工作环境、生活条件恶劣，资金来源极其贫乏的敦煌，在满目苍凉、残垣断壁的寺院中，建立起了“敦煌艺术研究所”，并展开了对敦煌艺术的初级保护、对壁画、彩塑的考察、临摹、研究等工作。新中国成立之前，相关的领导部门曾一度被撤销，妻子离他而去，常书鸿先生仍然矢志不移地以敦煌艺术的保护与研究为己任，奠定了我国乃至世界古代壁画保护、研究、临摹的基础。大学四年级时，樊锦诗和其他几位考古专业的北京大学同学在宿白先生的带领下来到敦煌实习，她一听到这个消息就显得很兴奋。尽管也曾耳闻大西北恶劣的自然条件，但是，当她真正来到这里时，现实还是让她吃惊不已。遍地是苍凉的黄沙，几乎所有的生活用品和研究工具都是“土制品”。到处是黄土飞扬，人烟稀少，真是个“不毛之地”啊！一种强烈的寂寞和荒凉感犹如一股强电瞬间从她脚底踩过的黄沙，穿过脚心，直抵心脏。简陋的设施、恶劣的气候条件、瘦弱的身体，都是对她的挑战。但是，她并没有被吓倒，也并没有因此而放弃理想。

毕业时，樊锦诗和其他许多即将毕业的大学生一起，在人民大会堂的一个礼堂里聆听周恩来总理代表国家和人民号召广大青年大学生奔赴祖国最需要的地方、特别是社会基层去工作的报告。总理的讲话让她激动不已。此时此刻，她的内心想法与国家的需要完整地契合在了一起：“国家培养一个大学生不容易，我们作为青年中坚，应该响应党和国家的号召，去基层工作，到祖国需要的地方去好好发挥自己的才能。我一直都是这么认为的。”毕业分配时，她和同专业的同学们刚开始并不知道自己会被分配到哪里去工作，甚至都没有向老师打听过这件事情。但他们知道，考古专业毕业生的毕业去向中，并没有敦煌。直到后来接近发布毕业分配的工作单位时，她们才听说敦煌文物研究所来到北京大学，恳请分配一些考古专业的毕业生去那里工作。她还清楚地记得，那是毕业前夕的一个晚上，老师在教室里宣布了毕业分配的结果，去敦煌工作的毕业分配名单里有她的名字。她没有犹豫，像在人民大会堂响应总理的号召一样，当场向老师表示接受学校的分配和安排。由于她实习期间因身体原因提前返回学校的经历，她的父亲知道她要去敦煌工作后，为她担心不已。借她毕业前回上海看望家人的机会，她的父亲草拟了一封信让她带回学校后交给老师，试图让学校考虑到她的身体状况，重新做出工作分配方案。不过，北京大学从来没有收到过这样的一封信，因为樊锦诗将父亲写给老师的信悄悄地扣了下来……她想到小时候自己因病从死亡线上挣扎过来活到现在，感到很庆幸。她说："我不仅活着，国家还培养了我，使我能够在北京大学学习，我应该为自己的国家做点事情。"如果她向学校提出不去敦煌的要求并得到学校的同意，学校就必须安排另一位同学去敦煌工作，她觉得这样的做法很不光彩。同时，她也觉得做人做事要光明正大，既然已经答应服从分配，那就应该用实际行动来兑现自己的承诺。当时，敦煌文物研究所要求北京大学将四位考古专业毕业生全部分配到敦煌去工作，学校考虑到每年还会陆续有考古专业的学生毕业，婉拒了这个要求，只同意安排其中的两位，并向去敦煌工作的同学口头承诺三年以后可以调回。

大学毕业后，樊锦诗是考古专业毕业生中最后一个离开学校的。在送走了一个又一个同窗好友，以及约定三年之后重逢的未来丈夫之后，她回到上海，再次探望了家人，之后就直接赶赴敦煌。她一路从上海坐火车到柳园，再坐汽车到敦煌，到了敦煌还需要在路边挥手拦路过的汽车，坐半个小时之后才到达莫高窟。再次来到敦煌，她已经不再像第一次那样感到寂寞和荒凉。单位领导特意为每一位大学生分了一间土房子用作办公室，原来的一切土制生活用具和工作用品已经有一部分换成了木制品：木制的办公桌、木制的床。食堂的伙食尽管还赶不上在学校读书时最差的那段岁月，但已经比实习期间要好很多……看到这些变化，她像发现新大陆一样高兴——她们的到来受到了单位的重视，这也是国家对于青年大学生的重视。自此以后，每当她的心中出现留下来还是离开的想法时，她就会想起这些变化。一旦想起这些变化，她留下来的想法就一天比一天更加强烈，立场也更加坚定，直至她在不知不觉中成为"敦煌的女儿"，丈夫也跟随她迁居敦煌。

近五十载，不忘初心

到敦煌工作以后，樊锦诗在一股强大的心系祖国的精神力量的支配下，从基层做起。她想起了军工专家吴运铎的自传体小说《把一切献给党》。抗日战争的爆发给了吴运铎一个全新的生活理想；新中国建设的浪潮给了樊锦诗一个报效国家的契机。还有激发人生斗志的苏联作家尼古拉·奥斯特洛夫斯基所著的长篇小说《钢铁是怎样炼成的》、鞭策着一代青年奔赴祖国大西北作贡献的歌曲《新疆是个好地方》……这一切，时不时地在樊锦诗的心中泛起一阵阵的涟漪，督促着她，鼓励着她。

1964年，她被安排到甘肃各地基层去做宣传工作，宣传国家的方针政策。在山丹县，她一待就是八九个月。吃的是跟水泥差不多颜色的青稞面，吃少了吃不饱，吃多了肚子胀。后来，她遇到了和她一样奔赴西部建设祖国的老乡，就经常跑到老乡那里去玩，纯朴的老乡也顾不上“违反纪律”的风险，给她“粗粮细做”，用青稞面做成面条，加上黑乎乎的馒头——她觉得这简直跟香饽饽一样好吃！后来回到敦煌，她在强烈的对比下发现，敦煌的条件真的已经很好了！此时，她还是心存两种想法：一种是甘肃这么穷，赶紧离开吧；另一种是这么穷的地方，不就是国家建设需要人才的地方吗？她又想起了毕业前夕周总理的嘱托。这样的地方，要靠谁呢？当然要靠受过良好教育的大学生作出贡献，改变现状，使它得到发展。这样一想，樊锦诗又觉得内心深受鼓舞。

后来，她被安排到敦煌以外的地方去支教，每到一个地方，她的心灵就受到一次强烈的触动。她行走在崎岖不平的山路上，汗流浃背。一路上，她还得手握着一根木棒，或者捡一块石块攥在手里，以驱赶时不时不知从哪里蹿蹦出来的村民家喂养的狗。同时，本来就身材瘦小的她，也可以利用手握的木棒和攥着的石块当做“武器”给自己继续前行壮胆。她所到之处，质朴的村民们绝大多数都不识字，也不像城里人那样会用书本中的文字去表达他们的感激之情和对周遭事物的看法。但是，樊锦诗知道，他们都饱受生活之苦，他们也懂得生活之美，他们有着最纯朴的感情，并用自己喜闻乐见的形式表达着自己的喜怒哀乐。有时候，单位领导组织开会，凡是支教的大学生们都拿出纸和笔来做记录，而当地百姓却“傻乎乎”地坐在那儿听，一动也不动。散了会以后，领导要求大家重述会议上讲的内容。她发现，大学生们记录的内容很多，但将内容完整地表述出来却很困难，而当地百姓却能够很流利地用当地的语言准确完整地梳理后予以再现，令她惊叹不已。她说：“西部的发展，除了艰苦的自然条件需要克服以外，西部人民自我观念的转变也是极为重要的方面。要转变观念，就要抓教育，学习科学文化知识。所以，现在的大学生毕业到西部以后，刚开始可能会觉得不太适应……西部的老百姓不习惯于用‘我们需要人才’，‘我们欢迎大学生来这里作贡献’之类的话来表达他们对于人才的渴求。不过，这没有关系。他们有自己的感情，有对美好事物的追求，有对善恶的清晰认识。比如，大学生来到这里支教，让当地老百姓的子女能够接受更好的教育，将来也能够和我们这些人一样上更好的大学，百姓们哪有不高兴的道理呢？他们内心里懂得这一点。”在支教的那段岁月中，樊锦诗不仅需要深入百姓的家中，了解当地孩子们的普遍教育状况，而且要亲自为孩子们补习功课。当她给学生上课时，家长就给她沏茶倒水，然后面带微笑地坐在旁边，或者干脆跟着孩子一块向她学习识字和算术。她看得出百姓们对于知识的尊重和敬畏，对于她这样的从大城市来的知识分子的羡慕。这一幕幕的情景，时不时地在她的心里翻滚着，也深深地印刻在她的脑海里。就这样，她要在敦煌留下来的信念一天比一天坚定。

刚到敦煌工作不久，樊锦诗很快就发现了书本知识和实际工作的距离，于是从头开始学习实践中的考古业务。孔子说：“知之者不如好之者，好之者不如乐之者。”樊锦诗的父亲是个工程师，同时也偏爱艺术。樊锦诗小时候也经常去博物馆、美术馆参观。大学期间，阎文儒教授的“石窟艺术”课是她最喜欢的课程之一。除了对常书鸿先生的事迹十分了解外，她还对段文杰、史苇湘这些敦煌艺术和文物研究专家们非常熟悉。在敦煌，有一线的艺术工作者和文物保护工作者，也有大名鼎鼎的专家和教授。从到敦煌开始工作的那一天起，她就开始逐步地了解文物保护的具体手段和方法，比如壁画坏了或者翘起来了，要给它打针。有些修护过的文物，经过一段时间的风蚀，还会继续损坏，她就向专家们请教，怎样才能做到真正地保护。慢慢地，她明白了文物保护其实是一门综合性很强的学问，有的要施工，有的要做化学分析，一些保护仪器的操作跟物理原理有关系。真正的文物保护需要跨学科或交叉学科的知识，除了考古发掘以外，还需要借助于文学、艺术、民族、历史乃至理工科的知识背景和工具；除了临摹和描绘以外，还要多开动脑筋想各种各样的办法，有时甚至要和大家一起从事很多体力劳动。就这样，她从一个象牙塔里被人称为“天之骄子”却又有些懵懵懂懂的年轻人，成长为一个有用之才。

1977年，樊锦诗开始担任敦煌文物研究所副所长。自此，一个全新的任务摆在她面前，即如何从一个考古业务人员转变为一个既懂业务又懂管理的行业能手。除了要从事具体的考古业务外，樊锦诗需要与一定范围的基层员工、不同的上级部门、合作单位打交道，比如哪些事务是自己就可以做主的，哪些事务是需要经过请示和报告后才能够决定的，又有哪些事务是需要在执行的过程中协调跟进的，等等，不一而足。涉及与国外合作的项目时，她还需要同来自于不同国家不同领域的专家进行沟通和对话。这个过程，既关系到世界文化遗产的保护，又关系到敦煌的经济、社会和文化发展，更关系到国家的尊严和根本利益。我国著名的历史学家陈寅恪曾经扼腕叹息："敦煌者，吾国学术之伤心史也。"这句话一直印刻在樊锦诗的心中——作为敦煌文物的守护者，一点都马虎不得。她说："你想啊，在和我们谈合作的时候，围绕在我们周围的都是各个领域的专家，既懂技术又懂管理。这个领域的专家这么一说，你觉得他说的很对；那个领域的专家又那么一说，你觉得他说的又很对。在这个时候，就不能够跟'葫芦僧判断葫芦案'一样，要能够独立思考，要有决断力。"最终，樊锦诗以优异的成绩获得了来自于一线员工、专家学者、合作单位以及政府主管部门的一致肯定。

1998年始，樊锦诗出任敦煌研究院院长。刚开始担任院长时，她觉得多少有点不太适应。担任副手的时候，有问题还可以向时任院长段文杰先生请教，很多重大的事情都可以由院长来做决定。如今，责任已经到了自己身上。"我担任院长之后才发现，担任副手和当院长完全是两种状态。比如说，全世界只有一个敦煌，而这些壁画正在随着时光的流逝慢慢地退化。保护得好一点，就能够保存得更久一些；否则，就会退化得更快。莫高窟有不同大小的洞窟，全都是用泥土、草类材质做成的。洞顶上是画，壁上也是画。怎么办？"她站起来，用手比划给我们看，不无忧虑地说："我们想到的办法就是两个，一是要把物质的莫高窟尽可能完整地进行保护，让她的寿命更长；一个是要建立起一个信息的莫高窟，利用数字影像技术一个洞挨着一个洞地进行信息输入和存储，跟球幕电影一样，要求高保真，高清晰度，将莫高窟的文物资料永久性地保存下来。"于是，她与另外25名政协委员联名提交了《关于敦煌莫高窟保护、利用实施建设的提案》。她没想到的是，这个提案受到了来自国务院、全国政协的高度重视。回到甘肃，有人问她这个提案到底是怎么回事时，她说，现在是抓科技建设，立足科技，搞好保护，促进发展。现在，这个提案已经在樊锦诗及其带领下的敦煌研究院全体同仁的努力下，借着"拉内需，促增长"的东风，变成了一个实实在在的项目，包括"数字敦煌"、崖体保护、栈道改造、风沙保护、安全保护等系列工程。这将是莫高窟保护史上工程最大、涉及面最广的综合性保护工程。

樊锦诗经受住了人生中的一系列考验。她的成功，得益于在北京大学学习的经历，却是为了自己的一个理想：国家！

依法保护，利国利民

谈到樊锦诗，谈到敦煌，就不得不谈到矗立在敦煌研究院的雕塑，名曰《青春》。雕塑中的女孩挎着背包，拿着草帽，整装待发。它塑造于20世纪60年代，其原型就是当年从北京大学毕业直奔祖国大西北的樊锦诗。是的，樊锦诗是新中国建设浪潮中无数个无私奉献者中的代表人物，在漫漫人生路上，一个个建设者们本着“献了青春献终身，献了终身献子孙”的信念奔向全国各地，为国家的建设事业添砖加瓦。

樊锦诗因工作需要经常出差，每到一处，她几乎都要关注当地的文物保护情况。改革开放以来，我国的经济建设取得了令人瞩目的成就。与此同时，部分地区不顾文物保护，一味地追求经济效益的现象也比较严重。她又开始忧虑经济建设新时期敦煌莫高窟的保护问题。足够的资金和合适的技术性保护措施只能够解决一时的问题，而且容易受到人为因素的干扰。如果能够将对敦煌的保护以某种形式确定下来，既能够做到长久保护，又能够做到开发利用，不因人员的变动而改变，那该多好啊！她发现，任何地方的文物保护受到破坏，都有其相应的经济根源。自此，经济建设与文物保护的关系，开始进入樊锦诗的视野：我国拥有大量的珍贵文化遗产，这是祖先为我们传承下来的宝贵的物质和精神财富。城市化建设的过程中，各界对于文化遗产的保护意识有待于提高，保护的力度明显不够。如果能够把历史文化遗产保护与城市发展有机地统一起来，使经济建设与文物保护和谐共存，那将是一件了不起的事情。

樊锦诗想到了法律。在“社会主义市场经济就是法治经济”已经基本形成共识的条件下，唯有将莫高窟的保护和管理工作纳入法制化、规范化的轨道，从法律上确立其地位，明确各相关方的权利义务关系，树立全新的文物保护理念，提供足够的法律支撑和法律保障，才能为摆正经济建设与文物保护的关系提供有力的保障。她认为，对于历史文化遗产的保护，首先要进行立法，我国于1985年加入了联合国教科文组织的《保护文化和自然遗产公约》，并且已经有了国家层面的立法，如《中华人民共和国文物保护法》。但这还不够，还要有各种各样的具有可操作性的专项法规来保证对历史文化遗产的专门保护。她积极主张制定以保护敦煌莫高窟为目的的专项法规，并发出“世界文化遗产不是摇钱树”的呼声。2002年底，甘肃省第九届人大常委会讨论通过了甘肃省第一个专项文物保护条例——《甘肃敦煌莫高窟保护条例》。樊锦诗期待已久的一件大事终于尘埃落定：敦煌莫高窟是宝中之宝，新条例将推动保护和管理工作的进一步加强。

樊锦诗并没有止步于此。她是全国政协委员，正立足于全国的文物保护工作和祖国西部的可持续发展，放眼全国乃至世界。目前，全国只有故宫、莫高窟、云冈石窟、龙门石窟、晋祠等几个文物保护单位出台了专项法规，但是中国其他被列入世界文化遗产名录的文物同样也需要专项立法保护。在她的心中，文物保护是一个永恒的提案。她坦言，我们应该通过文物，特别是历史文化遗产，弘扬和传播优秀的传统文化。1950年，敦煌文物研究所正式确立了“保护、研究、弘扬”的六字方针。2008年，由樊锦诗领衔的敦煌研究院秉持“人文奥运”的精神内涵，和中国美术馆在北京联合主办了“敦煌艺术展”，在保护、弘扬、传承祖国优秀历史文化的主题下，向世界展示中华民族创造的灿烂辉煌的文化艺术，为北京奥运会的胜利召开奉献厚礼。北京奥运会火炬在甘肃省内的首站传递也是从敦煌出发。莫高窟作为甘肃省的名片、人类共同的珍贵艺术文化遗产，当之无愧地成为火炬在甘肃省传递的第一站，樊锦诗也顺理成章地成为甘肃省的第一棒火炬手。此外，“敦煌艺术展”还在全国乃至世界各地广受赞誉。从四面八方赶来观看展览的观众朋友赞不绝口。一旦步入展区，人们都流连忘返。当展览不得不结束时，很多观众都前往展览地点与多种多样的敦煌艺术展品和勤劳质朴的敦煌艺术守护者们依依惜别，各种各样的祝福声不绝于耳。随着敦煌莫高窟保护利用工程的实施，人们过不了多久就可以利用数字多媒体技术进行莫高窟内的实景漫游，并通过主题电影详尽地了解敦煌的历史、地理、佛教文化和石窟艺术，这将为我国传统文化的传播提供新的途径。樊锦诗与敦煌研究院的全体同仁正在以实际行动贯彻落实《中华人民共和国文物保护法》所确立的“保护为主、抢救第一、合理利用、加强管理”方针，使莫高窟的保护管理工作走上了科学化、法制化、规范化的道路，被国家领导人誉为“我国有效保护、合理利用和精心管理的典范”。

为了表彰樊锦诗校友在我国文物保护领域所作出的杰出贡献，有人曾赋诗一首：

七律·赞樊锦诗

赞叹敦煌异彩珍，狼烟四起泪花频。
樊篱难阻沙尘暴，妙手能回石窟春。
锦绣缤纷丝路杂，山河壮丽世风纯。
诗歌曲赋当书写，荒漠精心护宝人。

社会在进步，人类在发展。樊锦诗想起她刚毕业分配到敦煌时，她与她的未婚夫只能够通过写信的方式表达相互的爱慕之情。“刚开始的时候，写一封信就有好几页；后来，可以打电话了，写信的时候就是第一……第二……如今，信也不写了，有事就拿手机打电话，发短信，方便极了，这里面还可以看见人儿呢。”说到这里，她笑得很开心，像一位刚刚二十几岁的年青姑娘一样。现在已近72岁高龄的樊锦诗，依旧忙碌在为祖国建设事业建言献策的道路上。她感谢北京大学赋予她的一切，使她在任何时候都能够进行独立思考，具有广阔的视野。她坚信，随着西部大开发战略的不断深入，我国的经济建设与文物保护事业一定能够卓有成效，祖国繁荣富强的梦想一定能够实现。

采访手记

2010年春节前夕，我受北京大学团委委托，联系采访樊锦诗校友。

在北京大学红楼旁的“大学夹道”附近见到樊锦诗校友，我们都很高兴。她在下榻的宾馆门口迎接我说：“欢迎你，我们还是校友呢！‘西部大开发’战略实行10周年了，北京大学共青团也已经90周岁了，多不容易啊！”

当我看到樊锦诗校友下榻的宾馆时，我惊呆了：这哪像一个获得了如此多的荣誉的杰出人士下榻的宾馆？三把椅子、两张桌子、一台破旧的电视、一张大床，单薄的被褥叠得整整齐齐。一个顶灯、一个床头灯、一盏台灯全都开着，屋内还是显得十分昏暗。房间外此起彼伏的鞭炮声和连绵不断的汽车鸣笛声提醒着我，这里是北京的一个角落，正在接受我采访的人是一位对国家作出了杰出贡献的人！

她是一位令人尊敬且成绩骄人的北京大学历史系考古专业毕业生，是一位为国家作出了突出贡献的杰出校友！在准备采访的过程中，我发现有关的报道已经十分细致和深入，这给本次采访活动带来了极大的挑战。如何才能够既反映出樊锦诗校友广为人知的工作业绩，又能够得到新的东西呢？我把采访的着眼点放在了“北京大学”这四个字和她对西部农村生活实际境况的亲身体验上，试图能够勾勒出她这一生，特别是在北京大学学习期间和近五十年来在祖国大西北的荒漠地带勤勤恳恳地工作的心路历程。

樊锦诗校友一生清贫却成绩斐然。尽管她在祖国西部工作和生活期间遭遇了许许多多的困难和挑战，但是她不但没有退缩，而且迎难而上。她用实际行动证明了自己并不是一个弱女子，而是一个紧跟时代步伐、能够担当大任的领导者。她用自己的一生，为祖国和人民交上了一份满意的答卷。她特别尊重年轻人，言谈举止之中总是透露出对青年的关怀和爱护。她扎根西部，却心怀天下。

樊锦诗校友不愧为伴随着新中国成长起来的一代人的榜样！她高风亮节，把自己一生的热血和汗水挥洒在广袤的西部大地上，把人生的大爱献给祖国和人民的文物保护事业，守护着一个拥有几千年文明的中华民族的艺术之梦！她在平凡中成就伟大，她用将近半个世纪的执著，亲身感受和体验着理想和信念的力量。她潜心学问，却又在更为广阔的人生舞台上尽情地挥洒着自己的所有潜能，使自己成为一个艺术与管理的完美结合体，一个综合性高素质人才的典范！

（文/北京大学法学院2009级硕士研究生　郑建云）

曹一鸣

广西计量仪器制造的开拓者

Guangxi Jiliang Yiqi Zhizao de Kaituozhe

曹一鸣，男，1939年8月出生于山西灵石县，汉族，中共党员。1959年至1968年就读于北京大学无线电电子学系。现任广西专家咨询服务协会副理事长。

1968年，在北京大学毕业后被分配到北京矿业学院机电系任教。1968年至1975年在江苏省煤炭地质勘探公司工作。1975年至2000年在广西南宁市广西计量仪器厂工作，历任车间主任、副科长、副厂长、党委书记、厂长等职，兼任广西技术监督局党委委员、广西仪器仪表公司董事长、高级工程师。

曾获广西科学大会“科学技术先进工作者”、国家技术监督局“有突出成绩的计量工作者”、广西区直机关党委“优秀共产党员”、国家质量技术监督局“全国技术监督先进个人”等称号。

在祖国的南方，有一座时尚、靓丽的都市——南宁。暖湿的气候让这里四季常绿，低矮的灌木、两三米高的果树，还有笔直高大的大王椰分层次地裹挟着道路通向远方。邕江曲曲折折，从西向东，像技艺高超的舞者抛出的长袖，舞动在南宁这一方美丽的土地上。

在城市的东方，一湾狭长的湖泊嵌在林立的楼群中。当年的广西计量仪器厂和厂职工家属区就坐落在这些楼群里。仪器厂的职工们在自家的阳台上可以远眺城市新区的繁华，可以俯观南湖的灵秀。曹一鸣在这里工作了25年。

懂事少年结缘无线电

曹一鸣1939年生于湖南沅陵，是家里的长子。1944年因父亲工作调动，举家迁到广西桂林。在战火纷飞的年代，他们从桂林避战去往贵阳，抗战胜利后他们回到桂林，又于建国前混乱的局势下迁居到了南宁。年幼时便经历疲惫的奔波和周遭的大变迁，他见识到平民的疾苦和父亲支撑全家生活的不易。

上初中时，曹一鸣就与无线电结下了不解之缘。那时候，有个同学做了个矿石收音机，带到班上展示自己的“稀罕物”，学生们围成一圈叽叽喳喳，而他在一旁静静地看着同学摆弄收音机，聪慧的他很快就弄懂了原理，好奇心驱使他自己动手做了一个，只是零件都需要高价购买，一套零件买下来几乎要花掉一个学生一个月的生活费。这原本不是件难事，他父亲多年在银行系统工作，扎实的业务能力和资历使他的工资远高于一般职工的收入。他知道父亲会支持他。可是父亲一个人的工资要养活八九口人，还要补贴山西老家的亲戚。作为长子，曹一鸣不愿给家里增加负担。

那时候，母亲每天早上会给曹一鸣一角一分钱买早餐，这是她计算好的，一杯牛奶加一根油条。曹一鸣就一声不吭地把牛奶换成了豆浆。这样，每天早上他就能省下三四分钱。为了早点制作出收音机，他不久又把这缩减后的早餐改成了一份五分钱的糯米饭。几个月下来，收音机的钱总算攒够了。

他买来了天线、电容、矿石等材料，为了减少花销，他甚至尝试自己卷线圈。直到在家里拉起了天线，收音机成型了，攒钱的事情便再也藏不住了，父亲埋怨：“为什么不早说呢？早说我们给你钱呀！”母亲则一边心疼一边却也不忍责怪他。做母亲的自然明白，孩子哪是怕家人不支持呢！矿石收音机的制作过程让曹一鸣体会到了无线电的有趣和钻研的快乐，他后来一生大部分时间都在从事电子仪器的试制、操作、维修，童年的这段经历无疑有着重要的意义。

1959年曹一鸣进入北京大学，也和他对无线电的兴趣有着直接的关系。中学期间他刻苦学习，成绩优秀，被选为校学生会学习部部长。品学兼优的他如愿进入了北京大学无线电电子学系。

沉下心气读书，打开眼界体物

曹一鸣选择北京大学的理由是：“当时无线电在中国是个新东西，具有这个专业的学校不多，北京大学开设这个专业，那我就去了北大。”从此，未名湖畔多了一位胸怀博大的青年。未名湖水九次成冰，也凝聚了他对学问的热情。

他是一位勤奋好学、默默钻研的北大学生。曹一鸣现在还记得当年图书馆一进门就能看见的那部翻开的大英百科全书。书页在那时已有破损，但端正地置于大厅之中，厚重而庄严，令人肃然起敬。那时的图书馆靠分发阅读证来控制入馆学生数量。凭证进入的记忆是深刻的，在书海徜徉的机会来之不易，这让曹一鸣那一代北大人铭记了知识的珍贵。

曹一鸣脑海里深深地印着教授们格物致知、博学笃定的风范。地处荒凉郊外的昌平校区是曹一鸣沉浸于各种电子实验、专心研究慢扫描器的地方。早上七点，准时前来做试验的曹一鸣常会与做了一夜试验的王楚教授碰面，王楚总是披着那件厚重的军绿色棉大衣，曹一鸣说他的刻苦“在当时是很突出的”。教原子物理的俞福春教授对待工作兢兢业业，下课的时候他会说：“我就在教室外面，有问题可以来问我。”就这样等在教室的门口，直到最后一个学生离开。曹一鸣参加编辑系报《火箭报》也是在老师的指导下开展的。在他们的影响下，曹一鸣静静地领会着北大人“勤奋、刻苦、求实、创新”的精神，并躬身实践。

曹一鸣的学年论文是在环境艰苦的北京大学昌平校区完成的。当时，老师们上课都得提前一天从校本部坐车赶过去，上完课再赶回来。信息闭塞，收集资料和试验研究都很困难。正是在这样的条件下，曹一鸣出色地完成了他的学年论文，研制出慢扫描器。他后来虽不在科研机构工作，却始终没有离开科研战线，他的科研成果多次获奖。他说他的根基是在燕园打下的。

课余时间，曹一鸣常常去听讲座——那是北大一道独特的风景。他清晰地记得有一次是侯仁之先生就香山地质结构开讲。回忆起当时的情形，曹一鸣称他“很有口才，讲述生动”；当时的中国驻英商务代办宦乡讲中英外交关系，他腿脚不是很方便，要拄着拐杖上阶梯，坐下来还谦逊地说，“非常非常对不起，我只有坐着说了”；中央乐团的首席指挥李德伦来做讲座，带着乐团的第一提琴手；电影《青春之歌》在热播，导演崔嵬就被请到北大，崔导演特别讲了他当时如何选择林道静的扮演者。这些来自不同领域的卓越人士给他树立了人格的模范，传授了广博的知识。走上工作岗位之后，工作多次变动，他却总能适应不同的环境，做出成绩、出类拔萃，即使是退休之后还继续为政府、为企业献计献策。他说兼收并蓄的心灵之窗是北大为他打开的。

回忆起在北大的生活，老先生似乎有说不完的话。也许是过去太久了，那青春年华的记忆在老人心中已经凝聚成一个个片段；也许是回忆太鲜活了，对北大生活的怀念难以用语言去总结，去传达。然而正是这些片段蒙太奇式地把20世纪60年代的北大展现在我面前。眼前这位鬓发花白的老人想着说着，说了很久，最后他用一句话总结："他们的精神是深深影响我的。"朴实的一句话，老先生说得十分动情。在谈话中，他常提到"兼容并包"和"民主"，这已经融进了他的血液，是他的一部分了。一个人用一生去践行数代北大人所沉淀的理念，不能不令人敬佩。

我又问他："北大有什么让您回忆起来觉得特别美好？"老先生静想了一会，说："美好的东西很多的啊。"我听了微笑着不言语，看着他继续思考的眼神。片刻，他注视着我说：

"北大的春天很美好。"

"北大的春天？"

"是啊，约莫四月下旬，五四前后是我们的春假。那时候柳絮杨花飘得满地雪白，枝杈上是桃花盛开。春天很多人出去赏花。兴致好点的呢，就去颐和园；兴致更好的呀，还要跑到西山。颐和园的玉兰开得有这么大。"他伸出双手比划着玉兰，足有一个盘子那么大。"从香山、颐和园回来的人来到未名湖还要说，未名湖这么美，不用去香山的。"

而他那时却不常游未名湖，也不常赏花。他往返于寝室、教室和食堂间，默默地追求知识、潜心地钻研学术，在专业内外的学习中感受思想自由、兼容并包的氛围，在与师友的交流中感受爱国进步、民主科学的作风，这就是一位北大理科生与未名湖独特的对话方式。

"不管在什么岗位上都要做到最好"

1968年，曹一鸣从北大毕业，走上了工作岗位，走上人生的大舞台。1968年至1975年，曹一鸣有6年的时间是在江苏煤炭地质勘探公司度过的。从北大毕业之后，曹一鸣被分配到北京矿业学院教书，隶属煤炭部。没去几个月，他们这些年轻的大学老师就要被调往北大荒接受再教育，然后继续教书。鉴于当时大学的情形，曹一鸣和其他刚分配的教师决定要去和自己专业对口的地方，切实地做点事。当时煤炭部系统，只有地球物理勘探使用的电子仪器最多，他就被安排在华东物探大队地震队做一名普通的工人。

地震队利用人工爆破制造地震波，通过电子仪器接收的反射波来判断地层的走向，探测煤层。全队60多人，就有10人是新分配来的大学生，新手们每天从事钻孔、布线、爆破、搬运等体力劳动，曹一鸣每天背着几十斤重的仪器要走好几里路到达施工现场。有时在水田里施工，走在泥泞的田埂上，稍不小心就会滑倒，但无论人怎样摔倒在地，不能让仪器损坏。施工回来，他还要保养和调试仪器。

长期的野外工作对身体瘦弱的曹一鸣无疑是一个考验。他曾患过肺病，可他从不抱怨工作的劳累，他把这种考验当做锻炼身体的好机会，主动地参加体力劳动。

地震队处于经常性的斗争和对抗中，曹一鸣不问其他，埋头做事，获得大家的认可。说到当时和工人们相处，曹一鸣回忆起在北大参加农村工作队的生活，他们和农民一起吃，一起住。在贫苦生活中的宽容忍让让他赢得了大家的信任，而工作上的勤恳为他赢得了大家的尊重。两年后，他凭借着对仪器操作原理的熟识和过硬的技术被安排到仪器组担任仪器操作员，也就是施工现场的总指挥。1971年，因在施工现场跳下水坑救助落水的儿童等先进事迹，他被推选为地震队学习毛主席著作的唯一优秀代表，出席了公司的表彰大会。在当时的环境下，作为知识分子获此殊荣，尤其难得。

1975年，大学生被重新安置到更需要他们的地方，曹一鸣也在这个时候回到了家乡。他去广西科委报到，一进门，广西计量仪器厂的前身——广西科学仪器厂——的党支部书记就笑着对他说：“一鸣啊，等你很久啦，你就到我们厂去吧。”曹一鸣本是不太情愿的，他是学理科的，而仪器厂这样的地方更多是给工科的毕业生施展才华的舞台。可是考虑到领导的期待、专业的对口，可以更好地施展才华、作出贡献，他答应下来了。

曹一鸣一开始的工作是厂里的生产统计员，这份非文非理的工作看上去总不能让他学有所用。可是曹一鸣觉得“搞技术的会更熟悉仪器的构造，而我们对工厂的运行应该有更深刻的了解”。抱着这样的信念，他在工作中“有所为，有所不为”。先说“有所不为”，看到厂里复杂的关系，他坚持不插手任何对立和斗争，把工作放在第一位。而“有所为”，首先是认真地做好本职工作，别人都下班了，他还继续在车间里琢磨。其次他还经常运用自己的专业知识“帮帮小忙”，当时厂里车间在使用恒温水池，原先的水泥水池不能恒温，旁边总要设置一个不断在加热的水池，这边水池温度降下来了，就从另一个热水池里舀出一瓢加进去，再用温度计测一下，低了再加。浪费能源和人力不说，这样的恒温也总是不够精确和持续。工人们一次次改良水池，也总是没能达到理想的状态。

于是，工人们找到了曹一鸣。他先是做了一个加热棒，又用螺旋桨搅拌使得各处水温均匀，再设置一个温度控制器通过电接点温度计和电子放大电路来控制温度。水温达到预设的温度电源就断开，水不能继续加热；水温下降到低于预设温度时，它又能自动接上继续加热。这样，别人琢磨好久的问题，曹一鸣不到一天就给解决了。他的成功之处就在于他不在原先的基础上小打小闹，而是运用一种与之前完全不一样的原理思路进行设计，真正让理科生的扎实功底显示出来，把理论的优势运用在实践中。大家不仅感激他，也从心底对这个名牌大学生另眼相待。

“北大出来的学生工作中要讲求科学、民主”

我问他工厂给他安排了这么一份工作，心中有没有什么不满？老先生转过头来，正视着我说：“那没有！是这个厂子给了我施展才能的平台。”他所说的这个平台就是相位计的试制，他将其看做一个很高的起点。

1976年，工厂承接中国计量科学院的研究成果，进行宽频带微波相位计的试制。这是一台高精度的移相器的测量装置，应用于先进的相控阵雷达、高能物理加速器的制作及测量。厂里特选了两个技术骨干带着助手组成试制小组，曹一鸣虽是后来加入的，但随着研究的深入、难度的加大，他一个人承担了很大部分的试制任务。相位计的试制是个艰苦的过程，对精度的要求非常高，而实验室的成果和实际投产区别相当大，线路结构的设计、元器件的选择都需要考虑多方面的因素。他主动承担编辑测试和工作程序的手册，履行着试制小组总体调试的职责。

用曹一鸣自己的话说，他们是“靠自己，花时间，动脑筋，组织人”，历时一年做出来的。期间他科学地协调各种部件的加工进度，协调技术人员的协作关系，及时地排除故障，整理数据编写出整机的调试手册，高质高效地完成了试制任务。很多时候，他们工作入了迷，不知道下班，更没发现天黑。有些时候，助手的家长找到厂里。有一次，天很晚了，他们的试制车间却还亮着灯，一个助手的哥哥和母亲找过来，向屋里探着头问："下班了，还在干活？"助手一个个回去，曹一鸣还走不出他的思路。"当时也不觉得饿"，他笑着说。

相位计的试制获得了巨大的成功。该仪器小批投产后，获得了成果单位——中国计量科学院——的赞扬，作为用户的国防科研单位也表示感谢，该设备还参与了我国洲际导弹发射的检测任务。1978年广西科学大会召开，厂里一致推荐曹一鸣出席大会，相位计获科学大会奖，他获得了"科学技术先进工作者"的称号。该仪器的生产还给厂里带来巨大的经济效益。在20世纪70年代，工厂一年支付的工资七万元左右，一台相位计就能卖到四万元，鉴于此，厂里马上成立了电子车间，一鸣有技术，带出了人，被任命为车间主任。

从此，曹一鸣走出了单纯而不简单的技术员生活，走上了管理岗位。或者更确切地说，他从未将科研与管理分隔开。在离开高校后的前十年，他坚守生产第一线，以学者的理论修养、发明家的创新思维和工匠的动手能力解决生产中的一个个难题，在不同的岗位上实现自己的价值，一刻不停地为国家的建设事业默默耕耘。而这些宝贵的人生经历并不会随着环境的变更而消弭，它们内化为人的素质，让他面对人生新的挑战时从容不迫，走上领导岗位后做得更出色。

1981年国家技术监督局派人来到计量仪器厂准备提拔知识分子参与管理。座谈会上有人推荐曹一鸣："老曹不错！他当科长时，每周开会，布置检查工作。"这个人提到的"每周开会"就是曹一鸣管理技术科时实行的例会制度。为了及时了解各项工作的进度，他定期开会。1989年，他被选为厂长、党委书记，这个制度坚持实行。在厂里每周都有办公会议，每月中层以上干部有经济工作分析会，每季度有党委会。曹一鸣从20世纪60年代起便坚持记日记，他把这个习惯带到工作中，要求科室干部坚持记工作日记，及时记下工作的情况和心得体会，不断总结以求进步。每个月上交一次工作日记，科员的上交给科长，科长的上交给副厂长，而副厂长和副书记的上交给他。这样，管理者便对布置下去的工作进度一目了然，曹一鸣统筹全局更加得心应手。

曹一鸣说，北大的教育教给了他如何发现问题、解决问题的方法，而这正是他正确处理与工人的关系的依据。曾经有一次，工人因为奖金问题闹矛盾，那时候工人有问题动不动就要和厂长面谈，这次也不例外。曹一鸣从来不回避问题，他说："要解决问题就得去工人中，去听，去看，去解决！""你有问题，我就给你解决。"他担任党委书记后，立即组建职工代表大会正是直面问题，给职工一个发表观点、维护权利、参与工厂管理的途径。职工代表大会半年召开一次，工人有什么困难，厂长都放在心里；工人有什么意见，厂长都会考虑。“民主的作风是北大的优秀传统，我们在工作中就要讲求民主。”曹一鸣说。

“这条路走对了！”

1978年，全国科学大会胜利召开，邓小平在会上提出“科学技术是生产力”的口号，提出“知识分子是工人阶级的一部分”，要加强“科学队伍建设”。全国陆续开展的科学大会像久旱后的甘霖，浇灌着人们对知识的渴望。广西科学大会后，曹一鸣不仅作为厂里最优秀的技术人才走向领导岗位，还于次年接手了厂里新成立的技术科，全面负责厂子的科研工作。在曹一鸣带领下，广西计量仪器厂新产品的试制和研究如火如荼地展开。

他在任上大量吸纳知识人才，经过几年的努力，全厂职工中大中专毕业生达到总人数的30%。他还狠抓产品的研发试制，集中全厂50%的技术人员组成两个专业试制组。在他负责技术科的时间里，经他组织或直接参与的新产品获奖十几项。1978年广西科学大会上，两项成果获奖；1982年获得广西科技成果奖三等奖一项；1983年，获国家新产品百花奖、广西科技新产品二等奖各一项；1984年获国家计量局科技进步二等奖，广西科技新产品试制项目一等奖、三等奖各一项；1985年获广西科技新产品试制二等奖一项……厚重的《广西通志》中的《质量技术监督篇》中，计量仪器厂的名字接连地出现，老先生如数家珍般一一指给我们看，这是他的骄傲。

他是厂里的一把手，可他仍每天骑着自行车，总是第一个来上班；大大小小的会议，发言稿从来都是自己写。虽然这时候他已年逾半百，可认真的精神气儿丝毫不减当年。他是这么踏踏实实地、尽职尽责地工作，也许他自己并没有意识到，时代为有准备的人打开了一扇大门，而他正要为计量仪器厂开拓一片新的天地。

1992年，邓小平同志发出改革开放的最强音。市场经济的号角已经吹响，可是身为隶属于中央的事业性单位，广西计量仪器厂几十年来生产的东西是“国家”要的，产品是“国家”给卖出去的。现在已经明确了科学技术是第一生产力，而厂子一贯重视的科研却仅由一个科室在搞，研究项目是厂里要的，研究的成果给厂子。这样的工厂怎么改革？曹一鸣静静地坐在办公桌前，这个问题他已经思考很多遍了。

“去广东看看！”他下了决心。于是全厂中层以上干部放下手里的工作，在曹一鸣的带领下从南宁到广州，到深圳，到珠海，琢磨着这万千新事物后面的新思路，一路细细地看，默默地记。

回到南宁，计量仪器厂大刀阔斧的改革开始了。他果断地进行机构改革和分配制度改革，原先的六个科室改为三个，管理人员少了一半；一手带出来的技术科从此更名为研究所，投入大大增加，科研项目也增加了；他实行计件工资和按经营效益好坏分配的制度，企业的包袱轻了，阔步走上改革之路。

曹一鸣还在闲置土地上动起脑筋。他在工厂围墙下的闲置土地上建起了商业用房对外出租，2层小楼拔地而起，新建的商业用房供不应求。多余的车间改头换面成了办公室，统一招租办起了电脑城。不曾想到，二十年前的南宁小城就已经有了像模像样的“中关村”、“百脑汇”。土地资源得到了合理整合，大笔财富滚滚而来。

工厂不仅出租房子给人家，而且自己也做起了经营。曹一鸣相继成立了机加工分厂、广西仪器仪表公司、医用产品部、广西自动化仪器仪表公司等小经济核算单位，在广西仪器仪表公司亲任董事长。这些单位独立经营，独立核算，加之曹一鸣坚持“藏富于民”，让这些下级单位保留大部分的收入。全厂职工收入也大幅提高，远远高于全区职工的平均水平。全厂干部职工的积极性被调动起来了。新单位在改革开放的浪潮中顺势而起，成为计量仪器厂新的效益增长点。

厂子活起来了！而那时，全国绝大部分国有企业生产萎缩，效益下滑，一批批企业倒在计划经济的“摇篮”里成为国家的负担。广西计量仪器厂自觉脱离计划、走向市场；千方百计发展第三产业，坚定地自己找饭吃！1999年厂里总收入超过1500万，仅出租房一项就达200万。仅有170人的小厂在改革开放的新时代不仅走得快，而且走得稳，走得好。说到这种“科工贸一体化”的新路子，曹一鸣微点着头说：“这条路走对了！”

“安居才能乐业”

“安居才能乐业。”曹一鸣说这句话时，声音沉稳坚定。

如果说脑筋灵活，眼界开阔，跟得上时代潮流是很多企业家具备的品质，那么想着职工安居乐业，切实做到藏富于民，曹一鸣当为表率。他上任不久后，考虑到厂里部分职工的家属仍在农村，给大家的工作与生活带来诸多不便，于是经过他的努力，厂里所有职工及其家属均有了城镇户口；20世纪90年代初，厂里的干部职工人人搬进了曹一鸣为他们建的新房子，最小的房子也有70平方米。在南宁，成为计量仪器厂的职工可是件让很多人羡慕的事情！当时的办公室主任吴正廉回忆起过去的日子时说道：“我80年代来到这个厂子，住的是四个人一间的宿舍，还是仿照苏联建的那种又矮又差的平房。没有厨房、没有卫生间，也没有自己的私人空间。是老厂长拍板给我们建了自己的房子，他还亲自监督设计，花了很多心思。”这段朴实的话语说出了全厂170多人共同的记忆和对曹一鸣共同的感激之情。

1993年，曹一鸣提出“安居乐业”的口号，他说：“只有安居才能乐业，只有解决了后顾之忧，职工才能充分发挥聪明才智。”因此，他决定和一家房地产公司联合建房，改善职工的居住条件。土地是厂子的闲置地，以地换房，计量厂出土地，房产公司负责建房，建成后五五分成。为了保证房子的质量，他亲自参与设计，建成的楼房和厂子仅一墙之隔，高层的住户站在阳台上向远望去，南湖的美景映入眼帘。

可是当曹一鸣最初做出建房的决定时，却遭到了几个老干部的不理解。他们指责曹一鸣“卖了‘祖宗’的地”，还扬言要游行。曹一鸣没有为自己辩解，因为他要做的就是能真正为职工谋福利的实事，房子建成，人手一套，这些指责就消失了。

为了更公正地分房子，曹一鸣组织干部和职工代表制作了一张评分表，给每个职工“打分”。对他们的工龄、工作业绩和他们的实际情况一一进行统计，给出分数，严格按照这个“成绩”确定分房的顺序。可就是这样的妥帖和公正，依然有极个别的同志对分房不满意，把矛头指向曹厂长，背地里说闲话，还半夜去踢曹厂长的大门。对于这样的行为，办公室调解不成，便想请派出所出面，这时曹厂长说话了：“周总理都曾经讲过，‘要以德报怨’，大家抬头不见低头见的，用不着搞到派出所去嘛。”那位同志原以为厂里会处理他，后来却得到了老厂长的宽容，自知理亏，而自己怎么说也住进了新居室，怨气也消失了。

“曹厂长不是一般人，他比一般人高尚。”吴正廉（曹一鸣的继任者）评价道，“他让我佩服是真的。”吴正廉厂长向我讲述了曹厂长从负责技术科以来的很多故事，让我看到了曹一鸣在管理位置上运筹帷幄的另一面：关心职工，与民同乐。

吴正廉厂长告诉我，看上去身体还很硬朗的老先生曾经因为工作劳累生病出现生命危险，而又因为放不下厂里的工作，提前出院回到岗位上来。他让我知道，老厂长在技术科的时候来来去去穿着灰蓝色的劳保服，和工人一起工作，跟工人一个样；老厂长记性好，全厂170多人，姓名、家庭状况他都非常熟悉；老厂长关心下属，酒桌上跟领导、客户喝酒，别的单位是下属帮领导代酒，而老厂长从不难为不胜酒量的下属，还常常代了他们的酒……

我问老先生：“您喝醉过吗？”老先生笑着说：“我这么多年，从来没醉过。”看着我惊讶的表情，他又接着说：“不是因为我酒量大，是我自己知道控制。看到那些醉酒的年轻人，我都觉得心痛，不加节制地喝酒，对身体伤害太大了。”他是这样心疼职工，为职工谋福利，他生病的时候，全厂将近一半的职工自发前去看望他，做厂长能做到这样，还有什么遗憾呢？

“心得体会一两句说不清楚，对北大是感恩的。”

在采访将近结束时，老先生向记者道出这么一句心声，几十年沉淀的感情浓缩成两个字——“感恩”。

老先生说，他把这一生主要的精力是贡献给了广西的计量事业。他1975年来到这个厂子，从普通的技术员做起，逐渐走上领导岗位；他1981年入党，1984年就担任党委副书记；一生贡献卓著，多次受到表彰，特别是1999年被国家技术质量监督局授以“全国技术监督先进个人”称号，全国获此荣誉称号的仅一百多人，其中多是来自各省市技术质量监督局的领导，只有他一人来自工厂。直到退休，他还只拿着一个月一千余元的工资，可他给广西计量仪器厂的账户上留下的是近三百万的存款，给广西计量仪器厂干部职工留下的则是无法用钱来衡量的宝贵的财富。

记者说：“计量仪器厂的职工都很幸运，因为他们有您这样的好领导。”

曹一鸣低着头，笑了一声，说：“他们是沾了北大的光。”

这一刻，语言消失了。南宁和北京，相距那么远，眼前这位老人的心和北大贴得那么近。

“作为一个北大的毕业生，要继承北大的传统，工作中要讲求民主，决策时要讲求科学。对任何人要有兼容并包的心态，在学校里就要做到知识面开阔。要有这样一个心态，不管在什么岗位上，北大人要做得最好。北大的学子有这个能力，要有这个自信。获得北大人的称号不容易啊，你们进校都是有很高的分数，你们都是很优秀的学生，在北大还要继续夯实基础，出去要为北大争光，不能给北大丢丑；出去要给国家、给社会作贡献。”

“西部前景很广阔，我们的总书记胡锦涛、总理温家宝都有长期在西部工作的经历。你看看，现在新疆的煤田油田，那是不得了啊。广西的发展势头也是不得了，2009年广西的GDP增速是13.9%，增速全国排名第四，在西部仅次于内蒙古。南宁的变化更是一天一个样儿。南宁又是个很开放的城市，没有排外的思想，你说外地话，不会有人排斥你。西部缺乏名牌大学的学生，这些年从广西考上北大的学子绝大部分没有回到广西，可是西部建设需要这样的人才，北大的学生到西部来，前途是非常广阔的。”

这是曹一鸣在访谈要结束时说的一段话。他声音低沉，语气舒缓，仿佛一场交响乐进入尾声，在慷慨激昂之后回归平和；仿佛一条大河奔涌入海，在惊涛拍岸之后融会新生。正所谓海纳百川，有容乃大。他并非出身寒门，却在心中装着别人生存的艰辛；九年求学于北大，一生奋斗在工矿企业，始终怀着一颗博大的心，为学，为人。他听到过抗战的炮声，经历过离乡的颠簸，在改革开放的时代不仅做一位饱经风霜的见证者，更是一位高瞻远瞩的战略家。他走过的路，从北大燕园通向中国西部，宽阔光明；他奋斗的舞台植根于西部沃土，精彩纷呈。

采访手记

曹一鸣校友是一位很难让人忘记的人，他坐在那里，就让你看到一种与众不同的气质和精神。阳光从他的背后照过来，他显得安详、庄重。当他回忆起过去的苦乐酸甜时，眼神里都透出一种幸福。

我是在采访前一周才联系上远在南宁的曹一鸣校友的。他向我介绍了南宁的天气，说那里“气温10° C左右，湿度在70%左右”。我到了南宁，他很周到地给我安排住宿。他问我的院系、年级和家乡，提出为我邀请几位中文系的校友，以便我可以就今后的求学、就业等问题向他们咨询。他还提前发来详细的资料，为我的采访提供了便利。他的细致、严谨和热心，我在遥远的北京就已经感受到了。

他给我一种很亲切的感觉。他说话声音不大，语速平和，但每一句话都清清楚楚。你和他谈话，渐渐会觉得他很幽默。他回忆过去的经历，就像讲故事，很生动，让你印象深刻；他建议我去桂林看看，他说你坐在火车里路过桂林，看那一座座小山就像一个个窝窝头一样……

我走访了计量仪器厂，也拜访了其他几位在南宁工作的北大校友，曹一鸣校友受到大家的尊敬和爱戴是显而易见的。他退休将近十年了，当我向计量仪器厂的职工们提到他们的老厂长时，大家都会突然变得很开心，你一句我一句地谈论起他们敬爱的老厂长。曹一鸣校友做了近十年的北大广西校友会会长，他做事情从全局出发，校友们都很信服；校友有事情，他竭尽所能给予帮助。就在我采访的前几天，外地的企业家校友要在南宁发展业务，还向他咨询，请他指导。他已年逾古稀，可还受广西各县的委托，参与制订并审核各县的“十二五”规划。

一个人的地位永远不是由他所在的城市和他的居室条件来评判的。一个人和时代跟得多紧也不是由他能开多少马力的车来决定的。北大人应当以什么样的姿态走入社会？我想，从曹一鸣校友的身上，我们可以找到答案。

（文/北京大学中国语言文学系2008级本科生　何方竹）

刘应明

植根西部，自强不息

Zhigen Xibu Ziqiang Buxi

刘应明，男，1940年出生于福建福州，汉族，民主党派人士，1957年至1963年就读于北京大学数学力学系。现为中国科学院院士，教育部“985工程”平台四川大学长江数学中心首席科学家、教授、博士生导师，国务院学位委员会委员，教育部高等学校数学研究与高等人才培养中心主任，第十一届全国政协常委。

1963年分配至四川大学科研处工作。1983年晋升为教授，并当选为中国数学学会理事并任《数学学报》编委。1984年起当选为国际模糊系统协会理事并任博士生导师。1985年起任国务院学位数学评议组成员(现为召集人)。1989年至2005年任四川大学副校长兼研究生院院长。1995年至2003年任中国数学学会副理事长，第四届四川省政协委员，第六届、七届全国人大代表，第八届全国政协常委，第九届全国人大常委，第十届全国人大常委兼教科文卫委员会副主任，第九届四川省政协副主席，九三学社中央副主席，九三学社四川省委主委。

刘应明获省部级以上科技奖项十余项。1978年至1979年获得全国科技大会奖、四川省重大科技成果奖。1982年获国家自然科学奖，入选“科学中国人”（2004）年度人物。2005年被国际模糊系统协会（IFSA）授予“Fuzzy Fellow”奖，这是模糊系统及相关学科领域的最高奖项，刘应明也是发展中国家中第一位获此殊荣者。同年获香港何梁何利基金“科学与技术进步奖”，是首批国家级有突出贡献的中青年专家、首批全国优秀教师，已先后四次获国家教学成果奖以及宝钢教育基金会优秀教师特等奖。

“你们远道而来辛苦了，时间也很紧，就不要说客套话了。”或许是因为心中永不磨灭的北大情结，刘应明面对后学的时候显得格外亲切。

2010年的春节前夕，锦官城春意融融。在四川大学“长江数学中心”的首席专家办公室里，一身便装的刘应明略捋思路，将大半生的亲历款款道来。

“要说人生阶段划分，福州十六年、北大六年、四川这么多年。我们这代人也都可以从政治时代来做传：毛泽东时代、邓小平时代、后邓小平时代。”走过大半生，他显然对亲历的每一个时代都有着清醒的认识和体察，很客观，很中庸。“毛的时代我们这批人是吃了很多苦，不过从中也知道了很多人生的道理。对我这个年龄的人来说，凡是逝去的东西，都可以从中提取出有益的部分。俄国诗人普希金不是说过，凡是逝去的一切，都会成为美好的回忆吗？”刘应明走上学科乃至学界前台，是在邓小平时代。

名士多磨难，英雄出少年

刘应明1940年出生于福建省福州市洪山桥，这个小镇当时应算是福州远郊，背山傍水，紧靠现在的福州大学。闽江从家门前滚滚入海。在舟行四方的南国，用他的话说，家乡小镇“交通便利，算得上一个由周遭山村进入福州城的中转地”。这也造就了那一地段的繁华。“我家附近米店老板就有一栋三层楼的砖房，是上世纪二三十年代修的，在当时是相当不容易了。”

然而他却家境贫寒。刘应明童年时吃不饱饭，更不用说买读物了。唯一的一册课外书是城里的亲戚带给他的一篇童话——《渔夫与金鱼的故事》。

清贫可养志，清贫的少年生活对他是一种激励。他后来纵使身处逆境也能泰然处之，集中精力学习。他启蒙很早，而且喜好读书。刘应明四岁就开始寄读在家旁边的洪山桥小学，因为“没事情做，就在学堂混着”。但是他小学时体弱多病，像伤寒、白喉、肺结核这些重症都光顾过他。因为闹病，一年级到四年级有一半的时间待在家里无法上课。刘应明自我嘲弄：“小孩都会有很多理想。家里唱川戏，就从小立志演川剧；家里开米店，就拨着算盘想做生意。我这个人胸无大志，没别的理想，就是希望能够不生病。”

但刘应明过人的学习天赋很快就展露无遗。常常生病的时段他成绩中等，五年级以后身体稍有好转，一下子就跃居第一名，而且很少有人能超过他。刘应明对数学的兴趣一直浓厚。在百年名校福州一中学习时，他与几位同学组织了数学兴趣小组，并热衷于参加《数学通讯》等刊物的问题征解活动，在学校颇有名气。他是学校图书馆的常客，广泛的阅读丰富了他的知识，也培养起了他的文学爱好；在高中三年里他一直是班上的语文科代表，作文非常漂亮，甚至也有过作家梦。

一般人可能认为，文理学科间泾渭分明，那他何以能兼通文理之道？刘应明这样解释："文字的功夫主要是靠天赋，在高中的时候文字功夫基本就打下了，知识结构也形成了。这个道理跟写字差不多，你高中时期形成的书法笔迹，进大学之后也还是这样。可能是我自己对文学比较敏感吧，我读的书非常多，慢慢写作也就得心应手了。"可能正是由于文学更贴近生活，因而它成了刘应明当年艰难岁月中的良好调剂。

"北大很伟大，让人向往"

天赋异禀，再加上后天勤奋，成绩优异的刘应明最终得以和北大结缘。1957年，未满17岁的刘应明考进了北京大学数学力学系。在学校与专业的选择上，刘应明很坚定。他说，首先，当时的北大被认为很伟大，让人很向往。虽然心系北大，但来自中小城市的他认为北京、上海的学生很厉害，高考能不能考过他们还是个未知数。为此他还写信给已考入北大数学力学系的高一届的福州一中校友咨询，校友的鼓励坚定了他报考北大的信心。顺便一提，正是自刘应明高中毕业的1957届起，福州一中连续三年获得了全国高考红旗，即平均分全国第一，每年被北大、清华录取的毕业生达五六十名之多，可见这所百年名校在基础课程教学上水平多么高。

刘应明没有按自己的另一大兴趣去选择老牌强系中文系。当时普遍的现象是学文科的学生数学常常较差，并且会写文章的人也不见得是中文系的人，反而常是学数学、物理的。"但是，"刘应明竖起手指，"对于社会的影响，其实文科的人比理科的要更强。一部好的小说对一个民族影响多大？一个好的理念推动人类进步多大？这比一个爱因斯坦影响大多了，更不用说数学了。只是文学的东西不好评价，有争议，不像数学的东西更严谨、可靠。"

刘应明说，在国家经济与民生最艰难的年头，同学们还是都拼命读书：大家饿着肚皮，一清早还赶去阅览室抢座位。刘应明自己也乐此不疲，即使头发长了也顾不得理。他对这段苦寒岁月中读书奋斗的经历颇为得意。刘应明忽然间提高了语调："其实大学生就应该静下心来，真真正正地好好读几年书，学学本领。机会真是来之不易。"

刘应明对自己在北大的六年时光充满了肯定。从初中开始到大学，清贫的刘应明之所以能够坚持读书不辍学，完全是依靠助学金的帮助。中学时每月的六块钱助学金仅能够用作伙食费，他几乎匀不出钱做其他事情。寒暑假他几乎都在学校度过，除了能够多读书，也因为继续住校能继续享受助学金，减轻家里的负担。假期的校园寂静冷清，但是刘应明丝毫不感到寂寞，有书为伴，他倍感快乐。无论在床上、桌前还是在路上，他脑中常常盘绕着数学题解。在北大期间他夜以继日地读了不少书，并培养起了扎实的外语素养：他可以没有障碍地阅读英文、法文、俄文等多种外文书。刘应明回忆道："我们进校时，很多家庭条件好的同学都能看俄文书了，在京、沪数学竞赛中很多名列前茅的学生都在我们班上，有的同学连大学四年级的课本都已经读过了，不像我这种小城市来的学生。北大真是强手如林啊！最初的数学考试通常有一半以上的人不及格，而这些人都是各地的数学尖子，之前恐怕大考小考从没有低于80分的。"看上去，在强手如林的北大，刘应明依旧找到了自己的一片天空。

"做学问和下棋一样，要心静，要耐得住性子"

1963年刘应明本科毕业来到四川大学。身份突然转变了，如何应对这种挑战成了摆在刘应明面前的难题。在压力面前，刘应明的坚强得到了充分的考验。

刚到川大，他在科研处干一些收发文件的杂务。让刘应明真正开始拿起教鞭的是一个很偶然的机会。川大数学系有个教师被安排去进修深造，学校就叫刘应明去代那位教师的辅导课，当见习助教，讲授习题。他对这个难得的机会倍加珍惜，尽职尽责。刘应明在教学实践中发现，当时授课指定使用的教育部统编的数学教材连基本定理论证都还有重大的错误。有的学生对那似是而非的论证也感疑惑，就拿来问他，他干干脆脆地说书中写的是错的。这事闹开了。可能因统编教材的编者并非数学界的泛泛之辈，加上其中涉及一些老教师可能不熟悉的拓扑学概念，主讲老师坚持认为书是对的，几经争论后他只有选择沉默。

刘应明的心态却是超乎寻常的平静，他的想法很单纯很现实。他说："做学问和下棋一样，要心静，要耐得住性子，才能够进得去，出得来，做出成果。"

对于组织的安排，他全无怨言。平时与他人往来无多，刘应明也不感到寂寞。繁重的教学之余，他有时写诗言志，有时看书自娱。同时，四川人的特点无形之中也减少了他很多环境适应上的压力。"四川人不排外，我想这有两个原因：第一，语言很容易沟通。第二，历史上曾经有过湖广填四川的经历，近代抗战时期四川也来了很多下江（长江下游地区的统称）人，他们的后代也居住在这里，这里本来就是各省人聚居的地方。”

四川是历史上的天府之国，也是现代的农业大省。用“人杰地灵，物华天宝”来形容，丝毫没有夸张。都江堰的灌溉使这里旱涝保收，临近高原的地区盛产山珍，这些优厚的物质条件让刘应明很是满足：“那时国内还有人吃不饱饭，成都街上却能随便买熟鸡蛋，每月吃一次肉，这条件还是挺好的。”

环境的相对舒适也给刘应明潜心研究创造了良好的条件。初到川大时，一间宿舍住三个人，大家互相干扰；教学大楼的亭子间却无人问津，刘应明常常躲到那儿去看书。刘应明说，亭子间很窄，靠窗的地方直不起腰，但放得下小桌。能寻得这片安静之地，神游于书的海洋，不管那红尘纷乱，也是一种幸福。四川多雨，冬天更是霜雾交加，异常湿冷。妻子在有“雨城”之称的雅安县乡下教书。寒假时，他去探亲，继续在那僻远的乡村思考数学问题。妻子怕他受冻，每天给他生一盆火，但却发现火盆经常是冷的，原来刘应明常常忘记添炭。觉得冷了，刘应明就在屋子里跑上几圈，驱走寒气。就是在这样的条件下，刘应明日复一日、年复一年地坚持着数学钻研，他在世界著名数学家、菲尔茨奖得主米尔诺的研究成果基础上，继续探索，最终攻克了拓扑学中有名的“怀特海德”（Whitehead）难题；同时，他还对新兴的不分明拓扑学中最基本的邻近构造，作出了原创性的贡献，为国际同行所广泛引用。刘应明完全是基于对数学的热爱去求索知识，所以才能够不顾其他纷扰，一心一意地完成一个数学工作者的本职。在他眼里，数学是一种无声的音乐、无声的图画，有一种逻辑的美，必须用超然的心态去对待它。正是在这样平静的日子里，刘应明厚积薄发，迎来了自己的春天。

“人民代表、政协委员要讲良知，实事求是”

20世纪80年代以来，国家开始重视知识分子。随着刘应明不断地在国内外发表论文，不断地取得一个个学术成果，当时川大的党委副书记许琦之与校长柯召院士对刘应明很欣赏，把他由助教破格提为副教授、教授。1981年刘应明开始担任四川省政协委员。1983年他开始担任全国人大代表，他是第六届、七届人大代表，第九届、十届人大常委，兼任第十届全国人大教科文卫副主任。另外，他还是第八届、十一届政协常委。刘应明坦言，他的生活因此显得更为丰富。

在人大、政协履职期间，他提的都是很实际的提议。例如关于机票办理的问题，20世纪80年代买机票须凭个人身份证原件。刘应明说，如果要去北京开会，在成都就不能买回程票，只能在北京凭身份证原件买；那时机票紧俏，可能到了北京后就不能买近日的返程票，相当麻烦。他提议废除这个制度，或者采用身份证复印件代替购买。另外关于登机的确认。国外买机票后，是可去可不去的，所以有个登机前确认才能保证座位的问题。我们那时简单地学习了“确认”的做法，且规定必须到售票处确认，不许用电话确认。实际上，当时国内如不按时乘机，机票就作废了，“确认”一说也无从谈起。他提议废除这个要求，或者拓宽为电话确认等其他简便的确认方式。可能因为我国有很长一段时期，坐飞机要单位领导批准，开介绍信才能买票，有关方面认为现在凭身份证就可购票，去售票处确认后就可登机已够为普通老百姓服务了。现在看似可笑的管理规定，当时有关方面却坚持照办。这些问题在现今早已得到妥善解决，我们可以确定的是，刘应明在学术之外，也深深地牵挂着普通百姓的民生。

但在刘应明眼里，这些事都“不足为外人道”。他担任委员与代表时真正牵挂并发挥作用的事情是理科基地的建设，现在理科基地建设已走上稳步发展的道路。说到这里，他的眼睛一亮：“人民代表、政协委员是做什么的？最关键的是讲良知，实事求是。”在刘应明的众多头衔中，他最看重的还是教师一职。他说，能做好一个教师已经很了不起。他在川大数学系基础课岗位上干了近二十年，培养出二十多名博士和一大批硕士，其中有教育部长江特聘教授与讲座教授，有国家杰出青年基金获得者，有国家重点项目基金主持人。他对他的学生，正如他所言，“严厉而随和”，在学业、学风上要求严格，但在生活和思想上又给予他们无微不至的关怀。即便在担任川大副校长兼研究生院院长期间，挑上繁重的行政担子的他，也还是亲自投身于教育一线。

刘应明觉得，做学术的人还是纯粹一点好。作为一个教育工作者、一个教育专家，刘应明对教育的情况体会更深。他在屡次参与国际互访、学术研讨的过程中，常常有意识地把国内外的教育方式做对比。从教育目的上说，教育不仅是教你做个文学家、数学家，教育首先是教你做个能独立思考、有分析问题能力的人。

回溯既往，刘应明也对四川表达了由衷的热爱和感激。他说：“我在这里受的苦，总的来说还算是少的。改革开放后我是全国最年轻的一批博士生导师，这是因为在四川能潜心搞研究。四川人也很能干，对我帮助很大。”

“想在任何一个方面取得成功，都必须投以很大的专注，具有浓厚的兴趣”

年近七十的刘应明已经告别了数学研究一线的工作，现在，他在操持学术管理方面的工作，在科技奖励、基金评审、学位建设、理科基地建设、教学改革及学会、学报等诸多方面出力。在长城内外、大江南北奔走不停，尽管他七年前已经身患癌症。那是2003年，当时已经62岁的他，输液时意外地发现患了肠癌。他接受了开刀手术与化疗，化疗时肠胃、食道、口腔以及嘴唇的粘膜严重感染，喝不了水，说不出话，腹部阵阵痉挛，真是生不如死，其家属也接到了病危通知单。但刘应明坦然承受，无所畏惧。待病情稍有好转，他又投入到工作之中。我们问他有没有考虑过历经多年的操劳，应该停下来享受一下生活，刘应明马上板起了脸：“我不明白你们的意思。人一生有做不完的事情，什么叫好好享受生活？我早就对星期天没有概念了，无所谓星期天不星期天，甚至是春节。因为，人要想在任何一个方面取得成功，都必须投以很大的专注和兴趣。再者说，我还想拿更多的时间来看更多的书。时间总是很紧迫的。”

一生操劳的刘应明拥有一个幸福的家庭。夫人是在福州长大的四川人，川大化学系毕业后在雅安市草坝做中学教师。在那个年代，虽然夫妻俩各有事业，聚少离多，但善解人意的妻子还是倾其所能给予丈夫很大的支持。刘应明最为得意的研究成果——关于Fuzzy（模糊）拓扑学崭新邻近构造的提出与研究，就是在雅安县妻子任教的中学借来的平房里完成的。正是在妻子的照料下，刘应明才得以潜心于研究。刘应明的女儿毕业于成都四中，研究生毕业后出国留学。

谈到教育子女的心得诀窍时，刘应明坦言无他，只是强调做人做事的独立性，自己奋斗，不要依靠家庭。女儿学习不错，但高考有点失常。凭他的职位，把女儿送进川大是不难的，但是刘应明坚决地说，考什么成绩就到什么地方去，女儿最终进了西南石油大学。成绩一向优异的女儿自是没有让父亲失望，一路高歌猛进。“做人要实实在在，依靠自己的本事，不能依靠父母，这是我平时说得比较多的话。”他大学期间按月给女儿的生活费从不超过当时一般学生的平均水平。

刘应明对自己多彩的生活有着独到的见解。他认为，日常生活和他自己的研究领域——模糊数学——有着显而易见的相似性。刘应明说，人和人的谈话内容十之八九都是模糊的。世界上的东西本来就不是非此即彼那么简单。这其中的界限不仅不是明晰的，还是不稳定的，是易变的：白和黑看似界限分明，但白通过次白、渐白慢慢也能过渡到黑。再如，当被问及天气时，常见的回答是还可以、很好、不好这样的判断词，而不是被拆解成气温多少、气压多少、湿度多少等精确到小数点后几位的枯燥数据。陈述天气的日常用语看似欠准确，但已包括了不知多少种气候的组合。“所以模糊不是不清晰，似较模糊的陈述正是包含很多种类的信息的一种简略的综合的表述。模糊是积极的东西，模糊不是糊里糊涂。况且，朦胧本身也是一种美。”

“北大人要为国家和民族适当地说一点话，言他人之不能言”

整个谈话过程中，刘应明不断地说到北大人应有的特质：善于思考，勇于担当。当我请他给燕园学子提一些建议时，刘应明更是打开了话匣子。当代大学生扎堆蜗居大城市奋斗而甚少选择去西部就业，是他十分关注的问题。这个问题其实很复杂：刘应明他们毕业分配时不以个人意志为转移，而且在强大的宣传面前，学生们带有很强的英雄主义色彩，大多以“报效祖国”为己任，不像如今这样进行双向选择。对此，刘应明说道，不同的地方差别很大，西部不同地方之间的环境差别也很大。他举了歌手唱歌的例子，认为自己歌唱得好的人，肯定愿意留在大城市，期望有朝一日登上那里的歌坛，这是人之常情。并且，一些成功在大城市扎根的例子让大家眼红脸热起来。但是，几个人的成功说明不了问题。“认为自己唱得好，说不定在高手听来还是唱走音呢。”刘应明如是说。同理，在学校里唱得好，可能在市里就不行，在省里就更不行。即便群星璀璨如北大，学生之间也存在不小的差距，因此应该正确、客观地给自己定位。刘应明正色道：“我从来不认为到西部来就是不好的料，留在东部的就一定是好料。也并不是北京这个舞台才是大舞台，才能做出很大的成就，其他地方就英雄无用武之地。到西部来，对相对贫穷落后的生活方式做出一些改变，把身边的事做好，使这个世界因我而改变一点，我就感到充实，人生就很完满了。”

刘应明拍拍膝盖，语重心长。回忆起在燕园苦读的不凡经历，他实在有太多话想说。刘应明望着我们，亲切地叮嘱：“如果把我想要说的归结到一句话，那就是，北大人历来是引领一代潮流的，所以做人不能太世俗化，不能过于追求眼前的物质利益，要有一点精神，要独立思考，为国家和民族适当地说一点话，言他人之不能言！”

采访手记

直到亲见刘应明校友，忐忑的心才得以略微平静。虽说他爽快地答应了采访要求，但面对着一位学界巨擘，我还是有些战战兢兢。在半个多月的前期准备中，除了准备了翔实的采访提纲外，我还制作了一个刘应明校友的资料册，甚至推敲好了一段煞有介事的开场白。这些实非矫揉造作，而是出于对他的采访缺乏信心，担心不能迅速而高效地抓住他的思想情感。

然而，在那个霞光密布的黄昏，初见刘应明校友还是出乎我的意料。他并不“老”，全身上下散发着中年人的睿智沉稳，又很幽默俏皮。他和善地请我们到他的办公室“做客”，我们立刻明白，他希望摆脱程式化的一问一答式采访，而能和我们畅谈古今中外、责任担当。

一进办公室，我们就被堆放得错落有致的书籍震撼了。书柜、办公桌、沙发、茶几，甚至是墙角，都堆满了书，带给我们一种压迫的窒息感。目光所及，文史哲经、理工农医无所不包。刘应明校友眯缝着眼乐呵呵地说：“这些都是没空看的书，价值不大。我家里更乱，办公室还好些，你们是客人，不能太随便了。”

整个采访过程中，我们感受最深的就是他乐观豁达的心态。刘应明校友立身四川打拼发展，一路走来并不是如我们所料想的那样一帆风顺，反而是处处碰壁，磕磕绊绊。环境的艰苦没有成为对他的束缚，随遇而安的适应能力和极易满足的物质欲求使他在非常时期的猛烈冲击下始终坚持着自我。我想这也是他能克服重重困难扎根西部写就辉煌的关键原因。

言谈中，刘应明校友的博学精专和非凡见地使我们收获颇丰。从教育体制、求职就业，到子女家训、人生价值，他的许多观点对我们有拨云见日的启发，我们时扼腕，时拊掌，时瞠目，时附耳，如沐春风，大感新鲜。我们很庆幸，因为很多东西是媒体不能获知，不能表述的，而我们和刘应明校友，因为特殊的三个字心手相牵：北大人。这样一位老人，显然是对孕育自己的母校抱有拳拳反哺之情的。

刘应明校友一再地告诫后生晚辈：北大人最重要的是独立思考，要敢于先天下之先，言他人之不能言，保持十足的清醒，不能太世俗化。其实观乎言行，他自身又何尝不是终身践行着这句话呢？刘应明校友一再严肃地说：你们这一代人对我们的时代缺乏了解，很多根本的事实都不知道。你们怀着“取经”的心态来和我谈话，结果必然适得其反。我哪里有什么经验之谈？很多道理你们用今天的标杆来衡量，肯定想不明白，肯定不可思议。我的经验不能当做经验。但是我希望你们能够从中得到一些不一样的东西。告诫之余，他又开起玩笑来：你们这么回去恐怕是交不了差啦！眼角皱纹一挤，绽放得像花儿一样。

（文/北京大学中国语言文学系2008级本科生　任一丁）

薛启寿
国防攻关“螺丝钉”，搏击商海弄潮儿
Guofang Gongguan Luosiding Boji Shanghai Nongchaoer

薛启寿，男，1940年11月出生于江苏省镇江市，汉族，中共党员。1959年至1965年在北京大学化学系学习，获理学学士学位。现任《中国科技论坛》杂志社记者。

1965年至1968年，在辽宁省五机部庆阳化工厂任技术员。1968年至1970年，调往甘肃省天水市第六研究所工作。1970年至1992年，随研究所搬迁至陕西省户县工作，组建技术攻关小组并担任研究室主任。1992年至1998年，担任陕西省新华社推销员，曾举办教育图片展，出版地方宣传刊物《永平》。1998年至今，开办“新航书店”并涉足企业文化管理，后成为企业文化咨询师。

薛启寿长期从事高分子材料研究，在国内和国际性期刊上发表论文20多篇。主持完成了HQ型号发动机隔热材料的研制，获得部级科学进步一等奖。完成YJ设备高分子材料的成型工艺，获部级科学进步二、三等奖共七项。

结缘北大

1940年，战火纷飞，是年冬，薛启寿来到了这个世界。当时家中已有四个孩子，三个哥哥一个姐姐，他是家里最小的一个。

家庭环境对薛启寿的成长有着重大影响。谈及父亲时，他十分激动："父亲为人耿直，是非分明，对家庭有强烈的责任感，一个人常年在外谋生，用自己的血汗钱养活全家人。"父亲经常送他字画，勉励他努力学习、勤奋工作、正直做人。母亲文化程度不高，却懂得要使他人尊重自己，首先要有关爱他人之心，多付出，多做好事、善事才能得到回报。父母的言行品格在童年薛启寿的心中留下了深深的烙印。也许，就是这种印记，为薛启寿以后实现北大梦、选择西部行奠定了牢固的基础。

初中的时候，他的学习成绩并不太好。直到高中，步入16岁的薛启寿开始"开窍"，学习自觉性提高了，学习成绩开始突飞猛进，最后以10门功课均为满分5分的成绩毕业。那时，他对北大还不是特别了解，仅限于北大是与"五四运动"、"一二·九"运动有关的名校，但北大的名声早已在他的心中激起层层涟漪。由于成绩优秀，老师推荐他报考北京大学。通过和家人、老师的沟通，他最终报考了北京大学化学系。

1959年盛暑，他收到了北大的录取通知书。带着家人的期望，带着对北大的憧憬，他踏上了北上的列车，奔向心目中神圣的北大。"大"是他对北大的第一印象：大校门、大礼堂、大餐厅、大操场、郁郁葱葱的大树、古香古色的大楼……其次就是"美"：闻名遐迩的未名湖、博雅塔，北大不是公园却胜似公园。

"困难时期"在北大

入学不久，他就见证了新中国的十年大庆。作为高等学校的排头兵，北大早早就排练起来。"国庆那天，天还未亮，我们就从校园出发，一路步行到集合地点。当游行队伍走过天安门城楼，见到国家领导人向北大学生招手时，大家都兴奋极了，那一刻，真正感觉到了什么叫做历史与我们同在！"几十年过去了，他依然激动溢于言表。十年大庆，他们目睹了祖国的发展和强盛，那一刻，年轻的心里全是激昂。

1960年，正值"三年困难时期"，最大的困难就是吃不饱。他是二十多岁的小伙子，每天运动量又大，但每月的粮食只定量30斤，"平均每天一斤哪能吃得饱啊？”他深有感触地说，“那时候好多同学都来自基层，特别珍惜这样难得的学习机会。虽然伙食很差，早晨经常是一碗大米稀饭、一个馒头、一块咸菜，午饭是两个馒头和一碗白菜汤。但大家都没有因为吃得不好而不努力学习。同学们大部分是靠学校发放的助学金维持基本生活，经常是拿着一个馒头夹着咸菜，就找地方埋头苦读去了。”

生活虽然艰苦，却绝不缺少快乐的回忆。化学实验室是他最喜欢的地方，“平时下课后没别的事情就去做实验，因为化学实验需要各种器皿，实验室还有玻璃工为大家吹玻璃，有时候好奇了，我们自己也去吹玻璃玩”。泡图书馆也占据了他许多大学时光。当时大图书馆在西门附近，在那里，他感受到了知识的力量，而第五图书室里的报刊，则开拓了年轻学子的视野。

1965年，他从北大毕业。毕业前，国家基本已经安排好大学生的就业去向。他很坦然地说：“我上大学的时候，就想着在大学里学到些东西，以后能够用上。所以当时我的理想就是到社会上为国家做工作。”中国需要他们，他们也需要中国，作为当时众多大学生中的普通一员，他对得起“天之骄子”这一称号。正是因为有这样的思想意识，他在得知自己被分派到辽宁化工厂工作时显得从容不迫，他最朴实无华的理想从此起航。

投身西部——为国防攻关艰苦奋战

毕业后，他来到辽宁五机部（1982年改为兵器工业部，1986年12月撤销）庆阳化工厂。按照规定，新来的大学生要先到车间劳动锻炼一年。由于身强体健，他被安排到体力劳动任务重的棉花脱脂、硝化班组工作。工厂和学校有很大的不同，“在工人眼里，根本没有苦和累，干起活来，从来没有偷懒靠边的。他们一点不虚伪，你做得好，他们就喜欢你，你要是想耍滑，他们就会瞧不起你”。他和工人们一样光着膀子干活，一年后，他已经完全融入工人的劳动、生活当中，连皮肤都历练成了工人们的标志色——古铜色。在这里，他真切地认识了工人阶级，真切地感受到了工业生产组织计划的严密和工人阶级的团结。这些都牢牢地融入他的血液之中，指导他的工作和生活，升华他的价值观和人生观。

一年之后，他被正式分到了技术组，负责解决在生产过程中遇到的技术问题，主要是生产设备和生产工艺的问题，而这些和他在学校所学相差甚远。因为用非所学，他心中很矛盾。他直接给五机部干部部去信，要求调动工作。薛启寿回忆说：“当时庆阳化工厂是个上万人的大厂，光研究人员就有好几百人，厂里根本就没有把你一个小技术员放在眼里。当时我想调走，厂里就是不放人，说现在研究所人已经满了，你先待在车间。”后来恰逢刚组建不久的剑锋研究所从沈阳搬迁到西部三线，技术力量不足，急需人员补充。在该所干部到厂考察后，点名要调他去该所，五机部发来商调函。就这样，他结束庆阳化工厂两年多的工作，收拾行装，从东部调到西部，进入剑锋研究所。

研究所的研究人员大部分是来自东北或南方的大学生，薛启寿很快就适应了在甘肃天水的生活。他幽默地说：“来到这里很快就适应了，怎么说呢，臭味相投吧。因为工厂里大部分都是工人，技术人员少，而这里大部分都是技术人员，而且都是年龄相仿的大学生，能找到共同语言。”每天除了上班、到食堂就餐外，他下班后还到各个运动场所打篮球、乒乓球。当时所里一派军人作风，十分热闹。薛启寿排球、羽毛球、游泳样样精通，尤其是球技相当了得，曾多次代表研究所到外单位、外市参加比赛。

1970年，由于天水频发地震，对军工生产不利，研究所从甘肃天水搬到了陕西户县。对于薛启寿而言，20世纪70年代到80年代是相对平静的10年。当时的国防研究分为两种，一种是型号任务，一种是预研任务。型号任务是国家分派的科研任务，国家会提供一部分经费，并且要在严格的时间限制内保质保量地完成任务；预研任务则是为型号任务打基础的前期研究准备，资金没有型号任务充足，也没有严格的时间限制，属于预先试验研究阶段。他主要从事预研任务，虽然科研经费不足、任务不紧，但他仍然兢兢业业、勤勤恳恳，从未间断过学习、研究，积累了十分丰富的实战经验。

受命攻关，大展拳脚

1980年，薛启寿他们终于争取到了型号产品研制任务，HQ型号发动机军工产品在剑锋研究所正式上马，这是该所自1964年成立以来，第一次拿到型号产品研制任务。

HQ型号发动机研制启动，为薛启寿和他的同事提供了施展才华的机会，他受命攻关HQ型号发动机一项重大技术难题——防热材料的研制。当时，研究所只有一个国外的样品，没有技术资料和设计图纸，他清楚地认识到了这项科研任务的复杂性和艰巨性，深感责任重大。他立刻组建了课题攻关小组，并迅速投入到攻关任务中去。这是他的西部工作中浓墨重彩的一笔。“我们攻关组几名技术人员都是20世纪60年代毕业的大学生。大家都想夺回被‘文革’耗去的时光，用自己的才智为祖国作贡献。”说这番话时，他的眼神中绽放着坚毅的光芒。薛启寿和他的组员起早贪黑地工作，查资料、定方案、跑加工、做实验，由于化学原料的特殊性，有时还需要技术人员到生产厂家确定性能指标。多数化学原料是易燃易爆品，运输起来很麻烦，铁路民航都严禁“三品”上车、乘机，但科研任务紧张，时间宝贵，他们多方设法，或坐汽车、或少量分带……目的只有一个，就是尽快解决无米之炊的困境。

科学实验一步一个脚印地开展，没有相应的技术资料，他们就参照国外同类产品的技术水平。在国内，当时还没有像这样用特殊工艺成型的防热材料。他们既要研制材料配方，又要解决成型工艺，而这两项技术又互相关联，薛启寿带领的攻关小组双管齐下，争分夺秒地进行着各种实验。他感慨道：“那时大家几乎全身心地投入到工作中，加班，再加班，星期天不休息是家常便饭，夜班值班时，你一个人待在实验室里，只听到山涧的风声、潺潺的流水声和远处的狼嚎声……”

在他的带领下，攻关小组群策群力，最终完成了隔热材料的研制。回想当年的情景，他十分激动，语气中带着骄傲和自豪：“我们最终的研制成果达到了他们（国外）的要求，因为当时我们拿国外材料和我们自己生产的材料同时做试验，同时比较两者的性能差异，试验结果不相上下。而且工艺达到了既定目标，经过固化成型，把模具取出来以后，尺寸、质量均达到了要求。”上世纪80年代，HQ型号发动机研制任务完成，为后续型号的承接提供了保障。研究所凭借这项研究，跻身于军工尖端技术的研制队伍之列。当我问起在那么艰苦的条件下，支撑他们完成艰巨科研任务的动力是什么时，他很从容：“是大家有一颗爱国心，想把中国的武器搞出来，大家群策群力要把科研任务搞出来，就这样，很简单。”

他带领攻关小组做了大量的实验，积累了很多实验数据。在此基础上，他不断进行理论—实践—理论的反复求实论证，并且经常进行总结，十几年时间里从未间断。他先后在《涂料工艺》、《粘接》、《热固性树脂》等重要核心期刊上发表科技论文二十多篇，多次参加国际KRP/CM学术交流会、全国环氧树脂年会等国际、国内重要会议，完整的实验数据、创新的设计、独到的工艺使他在学术界同行中享有很高的声誉。他说：“我在科研上做了一些工作，基本完成并达到了自己的愿望，完成了军品型号任务。这个对于许多技术员来讲梦寐以求，好多老技术员一辈子都接触不了一项型号任务，很多都是搞预研，预研完就退休了。所以完成了这个任务对于我个人来讲是完成了一大心愿。”

搏击商海

上世纪90年代，薛启寿的人生出现了一个转折。由于秉性耿直，他与所领导意见相左，又不愿“为五斗米折腰”，被迫离开研究所，到商海中寻找生机、寻求发展。不久，他找到了第一份工作——推销《中国年鉴》。他对这项工作特别珍惜，用自己办事认真、待人真诚、不怕吃苦、勇于钻研的精神将这份工作做到了极致。

他从地图、电话簿中查找党政机关、高等院校、研究所等单位的相关信息，虽已到天命之年，他却义无反顾，决心打开一条新路，开始了一辆车、一封信、百里单骑闯“江湖”的经历。那时，他一天可以进20家单位的大门，刚开始不免会碰壁，遇到的冷脸常叫他心里发凉。他又拿出了搞科研的“专”和“勤”的精神，认真总结经验教训，一次次的失败和挫折不仅没能使他退缩半步，反而让他越战越勇、越勇越强。他在这条路上高昂着自己的头颅，双目紧盯着充满希望的方向，迈着坚定不移的步伐一步步迈向成功。他的行动和所取得的成绩证明了他当初所许下的诺言，他舍弃了那区区“五斗米”，得到的是海阔天空。最终，他凭借《中国年鉴》的发行业绩，成功地迈进了新华社。

薛启寿在新华社一干就是十年，他没有因为进了新华社而放松，反而加倍努力，充分发挥了自身的价值，在这片自由的天空里尽情释放自己的“光”和“热”。1995年，时值抗日战争胜利50周年，“拳拳报国志，悠悠爱国心”，他想借此举办一次大规模的爱国主义教育活动，当即着手与新华社摄影部、中国图片社联系，制订工作计划：一方面通过省、市宣传部门传递展览信息；一方面落实赞助单位。1995年7月，由薛启寿策划、承办的“纪念抗日战争胜利50周年”大型图片展在西安市隆重举行。展览历时18天，许多单位职工、共青团组织前来参观，市教委也通知全市中、小学生参观，展览馆前人潮涌动，蔚为壮观。

从推销《中国年鉴》到结缘新华社，再到举办爱国主义教育展览，这些只是他在新华社工作的一个缩影。这位北大人乐观豁达的性格使他笑对困难。

开办书店，涉足企业文化咨询

十年寒暑，他变化很大。

薛启寿在新华社辛勤工作的十年，也是他洞察社会、广交朋友的十年。由于工作性质的关系，他深入到了社会的各个阶层，对当前社会有着清楚的认识和独

1988年5月4日，时任校长丁石孙教授在纪念蔡元培诞辰120周年研讨会上讲话。

发扬北大的优良传统，为祖国西部的发展贡献力量！

丁石孙

到的见解。这十年，他遇到的人物各式各样，有腰缠万贯的暴发户，也有在温饱线上挣扎的升斗小民。罗素曾经说过，人们最为平凡但又极其强烈的三种情感是"对爱情的渴望，对知识的渴求，对人类的悲惨痛彻肺腑的怜悯"，这三种情感薛启寿兼而有之，受儿时恶劣生活条件以及战争磨难的影响，他的第三种情感尤为强烈。

一位腰部受伤、行动不便的工友，刚过不惑之年，终日拖着沉重的身体，为养家糊口而奔波。薛启寿了解情况后，多年来一直雇用他的机动三轮车。工友千恩万谢，他却丝毫没有因为自己是雇主而高高在上，而始终和工友保持在一个"高度"，他说他帮不了什么大忙，只能尽一份心。一次，那辆三轮车开到半路没有油了，当时离最近的加油站还有三四里路，因为身子不便、无法拉车，这位工友一直表示歉意。他却跳下车，让工友坐在车上掌握方向，自己推车前进，直到找到加油站，车子加满油后重新上路。他虽然在新华社担任联络员，却始终把自己和社会的劳苦大众"绑"在一起，急他们之急，苦他们之苦。他拥有一颗人民群众的心，一颗最鲜活、最让人为之感动的心。这颗心给他力量，让他在自我坚强的同时悲悯他人，让他在获得成功的时候脚踏实地，让他为了实现自己的诺言而不断奋进。

他不断向前迈进，寻找着新的方向。终于，他找到了书。他从小就和书结下了不解之缘。如果他是一只雄鹰，书就是助他扶摇直上九万里的翅膀；如果他是一棵大树，书就是他的阳光。在同事的鼓励下，他登记注册了一家书店，名为"新航书店"。书店选址、书目选择、销售策略、税收卫生、店员管理，大量的问题涌进他的脑海。他忙而不乱，仔细分析，理清头绪，书店顺利开张。当问起开书店的目的时，他的回答很坦然："当时就是为了生存嘛。"为了能使家里的经济状况好转一些，他开始大胆地尝试，从熟悉的出版社那里调进历史、政治、小说、传记、工具书等各种书籍，在进货的过程中逐渐掌握了图书销售规则，稳定中求发展，发展中搞创新，在他的精心管理和妥善经营下，书店的生意一日好过一日，成为信誉书店。

十年的经营活动中，"待人以诚，执事以信"是他的办店宗旨。为了坚守诚信，他专程赶送学习资料，送到机关，以保证机关干部们的政治学习；为了坚守诚信，他在车站等待，新闻图片一卸下火车，他就冒着酷暑送到大学，交给学校开办展览橱窗以迎接新生。中华民族历来以"诚信"为美德，追而求之，歌而颂之。薛启寿将这一传统美德融入新航书店的经营之中，并用实际行动践行书店的宗旨，即使利益受侵也依然把诚信作为经营书店的命脉。

上世纪90年代后期，企业文化理论兴起，薛启寿很快涉猎这个领域，掌握了这方面的知识与动向。他采用自我推销的方式，边实践边学习，在实践中积累经验，把积累的经验和学习的理论相对比。这让他对企业文化管理的学习达到了事半功倍的效果。

入门之后，他把目光转向了知名企业，从成功者的身上寻找秘诀，并将“企业文化”相关理论知识与这些企业相结合，尝试用新工具来剖析其“企业文化”。他详细研究了海尔集团的企业文化层次，以及发达的企业文化带给企业的巨大收益；仔细推敲了方正集团的字形、词义，并将这些与企业的依法经营、诚信经营相联系，综合分析了“方正”二字之于方正集团企业文化的意义所在。凭借执著和兴趣，他利用闲暇时间学习理论知识，并以书店为媒介与许多企业互有来往，共同探讨企业文化，最终他成功地成为一名企业文化咨询师。“薛式企业文化管理法”经实践检验切实可行，企业客户也越来越多。他备受鼓舞，开始正式为各种大中小型企业量身打造适合其自身发展的特色“企业文化”方案。

他轻松自如地谈论企业文化，一时间使人忘记了他曾是一名出色的科技工作者。他自我调侃，幽默地自称“佐罗”。他的名片分为“高级工程师”和“企业文化咨询师”两种：在科研领域，他硕果累累，尽显智者风度；在商海，他为企业管理出谋划策，中流击水、浪遏飞舟。审视薛启寿的创业历程，他的每一步踏实且稳重，他总能保持最好的精神状态，带着激情和热情处理每一件事情。

无悔选择，无悔人生

当被问及如何看待走出办公室、投向社会的得失时，他的回答很从容：“有得必有失，人生的路不可能是平坦的，有些人受到的挫折大，有些人受到的挫折小。曾经有一位名人说过，有得有失的人生才是圆满的人生。我觉得有得有失的人生是充实的人生。”笔者尝试从另一个角度来解读他的这番话：一个人生命延续的过程，从某种意义上来讲，就是体验“得”与“失”的过程。人们常常因为得到而快乐，因为失去而痛苦，但有时失去却会带来更多的东西，未尝不是一种幸福。我们应学会得到，学会失去，放大快乐，缩小痛苦。当被问及是否后悔当初下海时，他的回答很干脆：“没有。好多人都问我这个问题，说当时把你逼得走投无路，最后卖书去了。但我从来没有后悔过。俗话说得好，人争一口气，佛争一炷香，我就是要自己去闯，虽然我不搞专业，但我同样能生活下去。谈不上取得了多大成就，更没有辉煌的业绩，但我能踏踏实实做人，兢兢业业做事，这也是为什么我当时下海而现在不感到后悔的原因。”

采访手记

最初是通过电话和薛启寿校友联系上的，当时，心里颇有些忐忑：他是1959级的老校友，我应该怎样打开话匣子、怎样和他沟通、如果他接受了采访下一步该做什么、不接受采访又该怎么办……电话接通，我提出采访要求，他欣然答应了，我心里暖暖的，硕果累累的老校友没有一点“派”，我真的很感动。

他穿着一件普通外套，满头白发却闪烁着智慧的光芒，虽年已七旬，但口齿伶俐、思维敏捷。我的每个问题他都回答得不偏不倚、正中“红心”，语句中包含着许多人生哲理，又不乏活泼生动的例子，令人如痴如醉。我们谈到了20世纪60年代的北大，那时的老师、同学、图书馆、运动场，谈到了大学时的理想、毕业后的工作，谈到了他在西部艰苦环境中科研攻关时“板凳要做十年冷”的不懈努力、“用明亮的眼睛在黑暗中寻找光明”的艰苦历程，谈到了他从事业巅峰突然坠入黑暗深谷的经历，谈到了“安能摧眉折腰事权贵，使我不得开心颜”的崇高气节……

他的每句话都蕴含着饱满的情感，他是在用心讲述生命中的点点滴滴。我想说，薛启寿校友是一颗“铜豌豆”，一颗“炒不烂，煮不扁，响当当的铜豌豆”，他用自己的实际行动诠释了北大人丰富的知识、辉煌的才智、庄严无畏的独立思考和耿介不阿的人格操守。他用生命谱写了一段既普通又精彩、既平凡又伟大的人生篇章！

（文/北京大学地球与空间科学学院2006级本科生　焦　龙）

祝家麟

坦荡胸怀　勤奋人生

Tandang Xionghuai Qinfen Rensheng

祝家麟，男，1943年8月出生于重庆市，汉族，中共党员。1961年9月至1968年1月在北京大学数学力学系学习。现任教育部直属高校巡视专员，重庆市科学技术协会名誉主席，中国计算数学学会副理事长，重庆欧美同学会会长，北京大学重庆校友会会长，欧美同学会常务理事，北京大学校友会理事，中国科学院《计算数学》杂志编委。

1968年3月至1968年11月，任成都地质学院教师。1968年12月至1972年1月，在四川省地质局205地质队下放劳动。1972年3月至1974年7月，任重庆凤鸣山中学教师。1974年8月至2000年5月，在重庆建筑工程学院（重庆建筑大学）工作。1980年1月至1982年3月于法国巴黎第六大学程序设计学院留学，获巴黎第六大学博士学位。1988年8月至1989年6月为美国特拉华大学、德国斯图加特大学访问教授。1991年5月至1996年1月任重庆建筑大学副校长。1995年7月至1996年1月为法国巴黎高等理工学校访问教授。1996年1月至2000年5月任重庆建筑大学校长兼党委副书记。2000年5月至2006年1月，任重庆大学党委书记。

曾任中国数学学会理事，四川省数学学会副理事长，重庆市数学学会副理事长，重庆市工业与应用数学学会理事长，重庆市学位委员会委员，中国工业与应用数学学会常务理事，中国计算数学学会常务理事，中国建设教育协会副理事长兼高等教育委员会主任，教育部直属高校工作第五届咨询委员会执行主席，中共重庆市第一届、二届党代会代表，重庆市第二届人大常委会委员，重庆市第二届科学技术协会主席，中共十六大代表。

冬季的山城，常是雾蒙蒙的。川流不息的车辆、依山而行的轻轨、忙碌不停的轮船以及两岸间的过江索道，给这个西部城市增加了动感。这里记录着祝家麟校友工作四十多年的心路历程。四十多年来，这位67岁的北大人为这片热土奉献了无数辛劳和汗水。

心系北大

“我到过国内外很多大学，可以说这些学校都给了我很好的教育。对于北大，我的印象是最深刻的，也是最引以为自豪的。”

1961年，祝家麟进入北京大学数学力学系学习。对于北大，他的第一印象就是美，数学力学系办公楼在一院，系图书馆在北阁，还有矗立在未名湖畔的德、才、均、备四斋，古色古香，高贵典雅，无声地诉说着过往，也托举着未来。绿树环绕，未名博雅，美得让人心醉。问及北大的生活，他回忆道：“我们在北大读书的那个年代和你们现在相比是很遥远了，很单调。每天就是‘宿舍、食堂、教室’三点一线的生活。校园生活很单调，不过也好，这样就可以专心念书，没有那些纷纷扰扰的事情分心了。”

对于在北大的生活和学习，他有很多感触，也从中得到很多收获。首先是同学之间深厚的感情，他进校不久便深切感受到北大是一个强者聚集的地方，全国各地的优秀人才都汇集于此，大家互相学习、互相帮助。当时他就读的年级有位高考状元，16岁就考上了北大，他就是全国名师邱维声老师。还有北京航空航天大学原校长李未院士、集美大学校长辜建德都是他的同班同学。他认为，身边的同学都是很优秀的，要虚心向别人学习。他一进大学就担任了班长，在他看来，既然别人相信自己，自己就应当认认真真、踏踏实实地为同学们服务。他组织同学们郊游、拍照、爬山、劳动……“同学关系是一种奇特的社会关系，很奇妙，同学是一世的朋友，一生的回忆，一辈子的牵挂。”他动情地说。在重庆时，他曾有几个月没收到单位寄发的粮票，一位在天津工作的同学寄来几十斤粮票才使得他渡过了难关。

回忆起北大的老师，他的记忆也很深刻。丁石孙、萧树铁、丁同仁、章学诚等老师上课不用讲稿却能侃侃而谈且思维严谨，主讲数学分析的邓东皋老师和学生们一起到十三陵劳动，晚上同睡一铺炕。其中令他印象最为深刻的是一位教英语的老教师，“英语老师是个很严厉但心地善良的老太太，可惜我想不起她的名字了。当时学生嘛，比较穷，买不起大字典，一般都买个袖珍小字典用。老师知道了很生气地说：‘这种东西就是误人子弟，下次再带来我就给你们撕掉了！’

不过她也只是说说而已。后来我觉得大字典和小字典确实不一样，大字典内容翔实准确，要学好外语真的要用大字典才行。”

“很感激在大学的时候打下了很好的数学和英语基础，”他如此总结自己大学时代的收获，“加上大学时候培养的自学能力，让我日后受益匪浅。”走出校园之后，他感觉无论学习什么都很快。“我在学校学的是微分几何专门化的黎曼几何学，工作后改学了计算数学，后来又学习当大学校长，学习当党委书记，这要归功于在北大学习奠定的扎实基础和养成的自学能力。”

2006年初，走下学校领导岗位的祝家麟怀着对母校的深厚感情担任了北京大学重庆校友会会长。几年来，重庆校友会的发展越来越好，参加北京大学110周年校庆活动并为校庆献礼；举行“百名北大校友与重庆农民结对子”活动；举办每年一届的新老校友座谈会；举办促进重庆经济社会发展的“两江论坛”；种植“北大重庆校友林”、为“森林重庆”添枝加叶……这些不仅加强了北大校友之间的交流，还对社会有所贡献。

胸怀祖国

“我觉得也不能说有多么崇高的想法，回国是必然的。出国留学是国家给我的机会，给我的助学金，如果不回来我怎么对得起国家？人要讲良心。”

1968年，他下放到地质队参加劳动锻炼，对于在那个时期所经历的磨炼，他难掩内心激动：“对人生中困苦的经历永远不要去后悔和伤感，那些经历说不定会教会你一种本事、赋予你一个进取的人生。”离开地质队回到重庆之后，他在重庆市凤鸣山中学任职两年半，和学生建立了深厚的友情。为了向学生传授更多知识，他补充大量授课内容、大胆组织数学竞赛，使得爱好学习的学生大大受益，其中很多人后来得以通过高考进入大学，现在成为各行各业的骨干。

“感谢艰苦的经历，锻炼了我的意志，锻炼了我的体力。每当我工作上遇到困难时，就想起在地质队爬大山的情景，累得不行的时候，看看还那么遥远的山顶，只有低下头来一步一步地攀登”。

“艰苦的环境使我认识了中国的国情，每一个有爱国心的人都希望祖国繁荣富强，但走什么道路一定要符合国情，正如我们求解微分方程时，一定要考虑初始条件和边界条件一样。”

1980年，他赴法国巴黎第六大学程序设计学院学习，由中国政府提供助学金，仅用了两年多时间即取得博士学位。此后十多年间，他又多次出国讲学、访问，不时有国外学校愿意给他提供优越的条件和报酬让他留下来，但他总是如期归国。“因为第一次出国用的是国家的钱，没有这次也就没有后来，不能忘本。”当他漫步于塞纳河畔，看着繁华的圣日耳曼大街时，脑海中总是闪现出他在城口县地质队劳动时所看见的大巴山区贫瘠的山野和困苦的百姓。他曾站在金门大桥远望蓝天白云、港湾帆船，抒发眷念祖国的赤子之心，深情吟诵出“横跨金门眼望穿，大洋彼岸有蜀山，虽有风帆水难渡，还将思念付蓝天”的动人诗句。1989年，国内环境很不平静，他却始终坚定信念，回到祖国。“要报效祖国，还是回国实在，中国的振兴主要还是依靠生活在中国这片土地上的人们的奋斗才能实现。”没有豪言壮语，朴实的话语里自有一番感动，“当时很多人都一心想着往国外走，我回国时乘坐的飞机空空的。但是我很坦然也很淡定，就是要回到祖国，不然我对不起国家对我的培养。”在国家经受考验的时候回来，是他必然的选择。

扎根重庆

“我回忆了一下。我这一生所有的领导岗位都不是自己求来的。不过我觉得，既然叫我当，我就要好好当，我就要当好！”

1972年，他回到家乡重庆，在凤鸣山中学担任数学老师，直至1974年下半年才到重庆建筑工程学院任教。毕业八年后，他才真正开始学有所用，他在这里一边教书，一边观察工程专业教师的科研动向。拨乱反正后，科学迎来春天，他更加珍惜时光，如饥似渴地学习。当时，使用电子计算机进行科学和工程计算刚刚兴起，有限元计算方法成为强有力的科学方法。他利用在北大所学的数学理论基础，很快就自学初通了这种方法，掌握了算法语言，成为学校里第一批开讲有限元方法和算法语言课程的老师。他和同事与成都西南水电研究院的工程师一起承担云南小龙潭火电站高边坡稳定分析的科研课题，直到接到学校通知，返回重庆参加出国留学考试。

1982年，他从法国回国。学校的老书记半夜到首都机场去等候迎接他，回到学校，系总支书记帮他拿行李。不久，他收到美国大学的邀请信，但想及领导的关爱，便打消念头，安心教书并担任了三年的副系主任，直到1988年下半年主动辞去副系主任职务，应邀赴美国特拉华大学作访问教授。1989年6月，他离开德国斯图加特大学回到学校，重庆建筑工程学院领导提名他担任副院长，他却婉言推辞，因为当时他正在为科学出版社撰写专著。1991年，专著出版，他被任命为重庆建筑工程学院副院长。1995年，重庆建筑工程学校更名为重庆建筑大学，适逢领导班子换届，他又萌生了回到教学科研岗位的念头，便申请到巴黎高等理工学校学术休假半年，学校也任命了一位校长助理接替他的工作。1995年底，在建设部领导的支持和鼓励下，他担任重庆建筑大学校长兼校党委副书记，被评为1996—1998年度建设部优秀领导干部，1999年被中国教育工会表彰为全心全意依靠教职工办学的优秀党政领导。

世纪之交，适逢高等教育管理体制改革，作为重庆建筑大学的校长，他深感责任重大。当时，很多教职工对体制改革并不理解，工作上面临许多困难。他在学校党委的领导下努力贯彻国家的方针政策、耐心做教职工们的思想工作、认真准备体制改革前的相关工作。2000年5月31日，原重庆大学、重庆建筑大学与重庆高等建筑专科学校三校合并组建为新重庆大学，他被任命为新重庆大学的校党委书记。这是他人生中最大的挑战，由于管理体制和办学历史的差异，三所学校形成了各具特色的办学规律和规章制度。合并初期，新的重庆大学面临很多矛盾和困难：三校的管理体制各不相同，需要确定统一的规章制度；三校的组织机构重叠，需要精简干部；三校的分配标准、福利待遇、住房状况存在差异，需要妥善安排；三个学校的教学计划、课时安排、学位标准不尽相同；三个学校的专业需要调整合并……在他看来，新组建的校领导班子成员对新重庆大学的现状及问题、机遇与挑战、定位和发展达成共识是实现实质性合并的前提。党委第一次常委会的第一项议程就安排学习“三个代表”重要思想、《高等教育法》以及教育部领导对新重庆大学领导班子的谈话精神，按照统一思想、统一领导、统一组织机构、统一规划、统一财经、统一规章制度的“五个统一”要求，有序推进合校的各项工作。在解决问题的过程中，他还尝试运用数学思维方式。“在数学上，并不是所有的问题都能得到准确解。数学上所称的‘近似解或最优解’实际上是按照某种选择的度量，在多约束，甚至是多目标前提下，综合平衡后得到的可行解。把这一思路用在学校事务的处理上，就要暂时牺牲一些利益或者忽视某些个体利益，不可能做到事事周全。有些问题只能随着事业的发展、社会的进步来逐步解决，所以在工作中总要留下许多遗憾。”

“仅仅解决了融合中的矛盾问题算不了什么，关键是还要着眼未来的发展。‘发展才是硬道理’！”他们紧紧抓住重庆成为直辖市的机遇、抓住国家西部大开发的机遇、抓住高等教育事业大发展的机遇，认真思考如何发展的问题，经过全校讨论、反复酝酿、专家论证，再次全面审定学科建设规划、确定学科群建设方案，制定“十五”期间重庆大学的发展规划。以重庆大学未来的前景凝聚人心，吸引大家为新重庆大学的建设贡献力量。

新重庆大学获得的最好机遇之一便是建设虎溪校区。在重庆大学的带动下，重庆大学城已聚集了14所大学，为重庆西永微电子产业园区的成立奠定了基础，该园区已发展成为“西永综合保税区”，引进了惠普、微软、IBM、NTT、中国移动等世界500强企业落户园区，基本形成了以茂德8英寸芯片线、中电科技集团2条6英寸芯片线为代表的半导体产业，以HP重庆电脑生产基地为代表的PC制造产业，以惠普GDCC、NTT、中科院软件所等为代表的软件与服务外包产业，以北大方正、科博达等为代表的电子元器件配套产业的四大产业格局。惠普和三大代工巨头——富士康、广达、英业达都落户于重庆大学城，使重庆直辖市的腾飞如虎添翼。外商愿意落户在这里，一个很重要的因素是看中了这里的教育和人才优势。

祝家麟感慨地说：“我们遇到了一个好时代，使人想干事业，能干成事业。”2005年9月18日中秋节，他到虎溪检查新校区建设工作，向坚持在施工现场连续作战的干部和职工表示感谢和慰问。月圆之夜，他当场创作并吟诵了《中秋之夜有感》：

去年中秋夜，月光洒田园，虎溪静静流，难料景变迁。
今晚明月照，新城突兀现，梦境变现实，苦累心觉甜。
学校要发展，机遇不可延，都知创业难，心明志更坚。
感谢建设者，拼搏作贡献，团结加实干，重大好明天。

“这十年是重庆大学发展最好最快的时期。这期间，三校合并、‘211工程’建设、‘985工程’建设以及新校区的建设，让重庆大学上了一个又一个新的台阶。”谈及重庆大学目前的状况和今后的发展，他满脸笑容，“随着国家的发展，西部大开发的深入，重庆地位的提升，我相信重庆大学会越来越好！”

祝家麟还担任过中共重庆市第一届、二届党代会代表，重庆市第二届人大常委会委员，重庆市第二届科学技术协会主席，中共十六大代表等。问及他是如何适应这些不同的角色时，他风趣地回答道：“我把自己训练成多路开关，需要做哪方面的事情就把哪方面的线路打开。”善于学习、喜欢思考、努力工作是他适应各种工作的诀窍。

奉献教育

“一个人的精力有限，既要把学校的管理工作做好又要把自己的教学科研工作做精，对我来说是不现实的，必须要做出一个选择，作为领导者，始终要把学校的工作放在首位。”

祝家麟是国内率先从事边界元计算方法研究的学者之一。但是，在担任学校领导的15年里，他把主要精力都集中放在学校的建设和发展方面，只能利用晚上和周末从事学术研究、教授课程、指导学生。直到现在，他依然坚持指导研究生，最近完成的专著《边界元分析》也已由科学出版社出版。学术与行政兼顾的工作强度很大，但他却觉得很充实，他说："行政管理和党务工作是关系到整个学校的发展，是大局，我肯定要先保证把这些工作完成好！至于自己原来从事的教学科研工作，只要不太生疏就行了，能在某个领域做出点成绩就够了。我一直认为一个人的精力是有限的，作为领导者，始终要把学校的工作放在首位，否则就辜负了上级和师生员工们对我的期望。"

在"建设一流大学，必须建设一流'软环境'"思路的指引下，他一手抓校园建设、教学设施建设等"硬环境"建设，一手抓学校的"软环境"建设。重庆大学是一所具有悠久历史和优良传统的大学，1929年在成立宣言中就提出了"研究学术，造就人才，佑启乡邦，振导社会"的办学宗旨。祝家麟认为，这一宗旨与现在普遍认同的大学功能完全吻合。担任书记职务后，他认真转换角色，充分发挥党的建设的政治优势，和党政领导班子成员一起积极营造和谐氛围、推进民主政治建设、继承优良办学传统、倡导现代大学办学理念，使重庆大学走上健康发展的快车道。

在国外访问、讲学期间，他参观过很多知名大学。除了学习自己所从事的专业的知识外，他还很注重了解国外的办学制度、教育思想等，并加以学习借鉴，将之运用到领导管理工作当中。他认为，学习国外高等教育的管理经验一定要与中国的国情相结合，"中国的大学是一个小社会，大学校长要操心的事远比国外的校长多，怪不得大学有这么多副校长，是因为大学承担了许多社会职能，需要人去管。大学要'去行政化'，必须要把大学不该承担的职能划掉才行"。他并不迷信国外的大学排行榜，"不要让排行榜牵着鼻子走。有一个2009年的排行榜，前100名中，美国大学占50%，前20名中，美国大学占75%；中国大学中仅香港科技大学、香港大学、香港中文大学入围，分别居第60、69、96名；法国巴黎综合理工学院居第43名，法国巴黎高等师范学院居第79名；俄罗斯的大学榜上无名。难道法兰西、俄罗斯灿烂的文明和先进的科技不是主要靠他们自己国家大学培养的人才创造的吗？同样，中国的崛起、中国的发展也主要是依靠自己国家培养的人才为支撑，对自己国家的教育要有信心，不要贬得一钱不值"。他接着说："我这样说，并不是说中国的教育不要改革，国外很多东西是好的，但并不是说国外所有的东西照搬到中国之后都能行之有效。我们要在充分考虑中国国情的前提下，把国外先进的经验、先进的做法与中国的国情相结合，只有这样才能搞好中国的高等教育。世界是多元的，我们也应当有多元化的思维方式。"

在他看来，西部和东部的高等教育还存在差距。除了资金、政策之外，最大的差距是东西部的人才差距。由于历史原因及经济发展水平的差距，西部大学办学经费少、人才更少，全国大部分优秀人才都被东部和国外的大学所吸引，西部留不住人才。随着西部大开放战略的实施，西部逐步形成了一些吸引人才的政策和条件，但是还需要一个过程。“我们要关注西部教育。可以说目前在西部工作的人才大多数还是靠西部的大学来培养的，或者其家乡是西部的。必须要吸引更多的人才到西部来，才能提高西部的科技水平，促进西部经济和社会的发展。”近几年，他还担任了教育部直属高校巡视专员。这使他有机会了解和学习其他大学的办学经验，同时可以反思自己过去的工作，提高自己的思想境界。

回顾祝家麟丰富的人生阅历：教过学生、搞过科研、管过行政、做过党务，这些都和教育密切相关。“我觉得自己的人生很充实，也很快乐。”此时此刻，幸福的笑容洋溢在他的脸上。

采访手记

几个小时的访谈，时间很长却感觉很短，仿佛不觉得时间流过。祝家麟校友和蔼的态度、诚恳的笑容给人以踏实、坚定的感觉。言谈举止间，我感觉到了他的兼容并包，他的经世事洗练之后的豁达；成熟中，自有北大人的坚持；坚持中，却也有着自己的人生哲学。

谈及北大，他言语间表露出深深的怀念之情；谈及国外留学，他时时强调自己对祖国炽热的思念之情；谈及担任重庆大学校长、书记时的工作，他眉宇间蕴含着执著的干劲；谈及西部和重庆大学的未来，他的眼神中流露出多彩的憧憬。

谈到对北大学子及立志放歌西部、奉献青春的青年的寄语，祝家麟校友笑着说：“恐怕现代大学生最反感别人说教什么寄语之类的话，我也只是从自己人生经历中得出了一些感想，从工作中得出了一些体会，算不上寄语吧。”他接着说：“北大学子要善于思考，敢于质疑，要多读书，多提高自己。”

很感谢这次采访，与祝家麟校友的交流让我的记忆中又多了一笔财富。而这财富与其说是源于一次采访，毋宁说是祝家麟校友用他的经历为我开启了另一个世界。

（文/北京大学艺术学院2008级本科生　时梦月）

黄介山

虚怀若谷，心系家国

Xuhuai Ruogu Xinxi Jiaguo

黄介山，男，1943年12月出生于江苏南通，汉族，中共党员。1962年至1968年，就读于北京大学中文系。曾任广西师范大学党委书记、校长。现为广西师范大学教授。

1968年至1972年任教于包头钢铁公司第六子弟中学。1972年至1976年历任包钢教育处普通教育科科员、科负责人。1976年至1983年任包钢教育处副处长。1983年至1988年先后任广西师范大学干训部副主任、校党办副主任、中文系党总支书记。1988年至1991年任广西师范大学党委副书记。1991年至2004年任校党委书记，其中1997年至2002年兼任校长。广西壮族自治区第八届、九届人大代表，第九届人民代表大会主席团成员，第九届广西壮族自治区政协委员、政协科教文卫专业委员会委员。2003年受聘为第七届国家督学。

他多年从事高校思想政治教育及党政建设理论与实践研究，公开发表学术论文20余篇，主编、参撰《新时期党建学》、《公民道德读本》、《新世纪高校党建理论研究与实践探索》等著作5部。1996年被中共中央组织部授予“全国优秀党务工作者”称号。2003年被韩国大佛大学授予名誉博士学位，是第二位荣获韩国大学名誉博士学位的中国人。

“谢谢你们的好意，但我一般不接受采访，因为在我个人看来，我不过是尽力做好我该做的事情，我所做的一切都是那么平常。”这是笔者初次电话预约采访时，他说的一句话。

但在其他人看来，他却一点也不平常。在同事眼里，他是一个脚踏实地干事、宽厚诚恳待人的好同志；在职工眼里，他是一个平易近人、选贤任能的好书记、好校长；在学生眼里，他是一个诲人不倦、以身作则的好老师；在妻子眼里，他是一个甘苦与共、周到体贴的好丈夫。

他，就是黄介山，一个虚怀若谷、心系家国的北大人。

从分配至包头钢铁公司炼钢厂“劳动锻炼”的一名大学毕业生到广西师范大学党委书记、校长，从一个普通中学教师到自治区人大代表及大会主席团成员，从一名学生到第七届国家督学、大学教授、硕士生导师，这位“全国优秀党务工作者”光荣称号的获得者把自己一生的大部分时光都献给了祖国最需要的地方。“遍地蕙兰思化雨，满园桃李谢春风”，辛勤育人、严谨治学，淡泊明志、谦虚待人，情系燕园、扎根西部——就是他对自己、对母校、对祖国的庄严承诺和最好献礼。

少时艰辛路

黄介山出生于江苏省南通县一个农民家庭，从小聪明好学，12岁小学毕业后考入南通市崇敬中学初中，这在乡里是凤毛麟角。在家中他是老大，下有两个妹妹、一个弟弟。由于家里经济困难，他的大妹妹虽然学习成绩很好，但初中毕业后不得不辍学务农以补贴家用。因此，黄介山十分珍惜这来之不易的学习机会，他刻苦读书，在年级一直名列前茅。初中毕业后，他如愿考上江苏省重点中学——南通中学。这所百年名校至今已培育了十几位两院院士。谈到高中母校对他的栽培时，他说：“是南通中学优良的教育条件和浓厚的学习氛围为我后来考入北京大学奠定了良好的基础。”

1958年，在黄介山读初二的时候，他的母亲患了多年的胃病突然急性发作，生命垂危，不得不送到市医院抢救。医生经过近五个小时的胃切除手术，终于把他母亲的生命从死神手中夺了回来。老人家逐渐康复后活到现在，今年已是97岁高龄。“回头来看，那些日子刻骨铭心。此后我对父母的养育之恩有了更深的感悟，学习也更加努力。”

母亲出院时，欠下医院一大笔医疗费，这对一个普通农家来说简直是天文数字，“家里再省吃俭用，也是杯水车薪，无济于事”。这笔医疗费一直欠了好几年，其间，医院也曾几次上门催讨，但看到他家生活实在困难，也不忍心再要。1962年，黄介山以优异的成绩考取北京大学中文系。当时医院的人对他的父母说：“你们的儿子有出息，好好培养他。医药费我们就免了。”后来1965年黄介山在北大中文系党组织吸收他入党的会议上谈到此事时，还是禁不住热泪盈眶，他满怀感恩之情，说：“没有党就没有我的今天。如果不是国家出钱挽救了我母亲的生命，我不可能继续求学，更不可能来到北大。”从初中到大学，黄介山一直享受甲等助学金，这笔钱不仅够缴纳全月的伙食费，还能有些剩余作为零用。这个农民的儿子深深懂得并牢牢记着国家和人民的养育之恩。

依依北大情

黄介山是北京大学中文系1962级学生。周恩来总理和陈毅副总理关于“又红又专”的重要讲话提出了社会主义事业接班人的标准，向无数有理想有才华的青年展示了无限光明的前景。北大，敞开她宽广博大的胸怀接纳来自祖国各地的优秀学子，而不问他们出身于什么样的家庭，父母的历史如何。

刚入学的情景对于黄介山来说还历历在目，如同昨天发生的一样。“在中文系举行的入学典礼上，我们为第一次见到仰慕已久的一些大师级学者如王力、游国恩、朱德熙、杨晦等先生而激动不已。游国恩先生代表中文系教授发表迎新讲话，称赞我们这届学生‘年纪又轻，学问又好’，勉励我们要在北大优越的学习环境里好好读书，不要‘入宝山而空归’”。这些大师大都平易近人、和蔼可亲，对学生谆谆教诲，对教学一丝不苟，对学问精益求精。大师们的学识、人品、风采感染了一批又一批北大学子。在北大学习期间，“我们不仅能够聆听一些知名老教授和才华横溢的中青年教师的精彩授课，还可经常参加学校或系里举办的各种讲座”。郭沫若、谢添等人的风采给黄介山留下了深刻的印象。此外，陆平校长、黄一然副校长做过几次国内国际形势报告，深受同学们欢迎。尽管全校绝大多数同学进不了主会场，只能带着板凳到大饭厅收听，但大家每次都是兴致勃勃，充满期待。“这些大师以丰富、生动的材料（其中不少是未公开的内部材料）、精辟入理的分析把我们对时事的认识带上新的高度。”黄介山总结道。

除了大师们的风采，与一些老师间亦师亦友、亲密无间的深厚情谊，也让黄介山铭记在心。当年的班主任，现为中山大学教授、中国当代文学学会副会长的黄修己老师给黄介山留下的印象尤为深刻。他说：“黄老师对我们的帮助和影响是多方面的，其中最令大家佩服的，是他观察、分析问题的敏锐和深刻。”大学一、二年级时，在每周至少一次的政治学习与讨论中，来自祖国各地的“天之骄子”们，为了展示自己的才华，无不挖空心思、绞尽脑汁地准备每一次发言，在讨论会上各抒己见，十分活跃。但最后讲话的黄老师总有令人折服的新认识，发人深省的新见解。深邃的思想、敏锐的目光、独特的视角和深刻的洞察力让同学们在感慨佩服之余，受益匪浅。黄介山认为，自己当了十多年党委书记，每次讲话总是尽量不说套话、空话，而力求有新内容、新视角、新见解，这与当年黄老师对自己的影响是分不开的。

在北大，黄介山不仅在知识的海洋里畅想遨游、在博学儒雅的大师们的指点下明辨笃思，而且还有下乡劳动锻炼、体验群众疾苦的别样经历。大学二年级时，学校组织他们到北京郊区平谷县劳动锻炼、访贫问苦、编写家史村史，这让他们对北方农民的生活艰苦有了充分的体会。黄介山回忆说：“我虽然出生于农村，但长江三角洲毕竟是鱼米之乡，自然条件比较好，到了平谷县万庄，我才知道这里农民的生活是多么艰苦。他们一年四季吃的都是粗粮，而且红薯占了很大比重，难得吃上一顿白面。”同学们轮流到各家吃派饭，老乡们都很热情，用红薯粉压成的面条或从地窖里取出的新鲜红薯就算是最好的待客饭食了。开始几天吃这些，他们还感到新奇，时间一长胃就难受，老吐酸水。入村后，他与几位同学同一位贫农老大爷睡一铺炕，过了两天大家浑身发痒，个个都长了虱子。原来，山区的农村缺水，一年到头难得洗澡，村里的人没有不生虱子的。于是，他们每天起床的第一件“大事”就是坐在被窝里在衣服上抓虱子，还自嘲是鲁迅笔下的阿Q，抓的是“革命虫”。在这样艰苦的条件下，通过一个多月与贫下中农同吃、同住、同劳动，他们深切体会到“面朝黄土背朝天”的艰辛，培养和增进了与劳动人民的感情。在回到学校后的一次学习讨论会上，大家都不禁潸然泪下。

大学三年级和四年级时，按照中央的安排，学校又组织他们作为工作队员分别到湖北江陵、北京延庆参加了两期的“农村社会主义教育运动”。其中在延庆大观头公社的那次教育活动中，他们班与清华的同学及少量地方干部混合编队，而公社工作团的团长就是时任留学生司副司长、后来任外交部长、国务院副总理的钱其琛。在半年多的时间里，工作队员多次听他讲话，布置工作。“他讲话语气亲切，态度沉稳，条理清楚，逻辑性强，很受大家欢迎。”

回忆这几次下乡的日子，黄介山饶有风趣地说：“回过头来看，当学生，不好好上课，确实有点不务正业，但作为文科的学生，倒也有不少收获。”在他看来，这有利于他们了解民情、国情，培养吃苦耐劳和求真务实的品格，激发为服务人民、振兴中华而不懈努力的奋斗精神，同时对培养工作能力和写作水平也大有裨益。值得一提的是，农村社教运动还成就了他的姻缘。1964年在湖北江陵搞“社教”时，他与同班同学张明非分在一个工作组，在同一个村子里朝夕相处了十来个月，他们之间的爱情就是在这里萌芽的。另外，像郭锡良、黄修己、费振刚、蒋绍愚、严子琪等后来成为著名学者的年轻教师，真正成了他们的良师益友。他们的学识以及独立思考、不趋炎附势、仗义执言的品格，都对他有着潜移默化的影响。

谈了许久后，黄介山总结说：“北大优越的学习条件和活跃的思想氛围为我们的学习、成长提供了得天独厚的条件，使我们的知识不断积累、羽毛日益丰满，对我们世界观、人生观和价值观的形成产生了重大影响。”

从来没有哪一所大学像北京大学这样与民族的命运联系得如此紧密，而北大的这种传统也融入了黄介山的血液，影响了他的一生。“可以毫不夸张地说，我一生中最好的年华，我的青春和爱情，我的理想和事业，都同北大这片热土有着无法割断的血肉联系”，“无愧于北大人，既是我生活的信念，也是我的座右铭”，黄介山如是说。这，或许就是人们常说的一种情结——北大情结。

如今，黄介山与妻子张明非获得的荣誉数不胜数，他们把其余的荣誉证书都收在了箱子里，唯独把北京大学校友会、北京大学教育基金会颁发的两块“北京大学优秀校友”的纪念牌，放在书柜显眼的位置。他们格外珍视母校给予的荣誉和鼓励。

深深西部情

“北大——这个永远闪光的名字，对于我既是压力，也是动力。”黄介山时刻鞭策自己，要无愧于“北大人”的称号，无论在什么地方，做什么工作，都应该踏踏实实干好，力求开拓创新。

从北京大学毕业至今，黄介山一直生活在祖国的西部，工作在少数民族地区。他真诚地说：“我只是和许多北大人一样，有一种知恩图报的思想，认为人民养育了我们，国家培养了我们，理所当然地应该为国家和人民多作贡献，觉得奉献是光荣的，讨价还价式的索取是可耻的。”他先后在内蒙古、广西工作，这两个地处祖国边疆的少数民族聚居的地区，也是“西部大开发”包含的两个自治区，工作与生活条件都比较艰苦，发展相对滞后。但他始终能以积极进取的态度、乐观顽强的精神尽快适应环境，高高兴兴地工作和生活。

谈到毕业分配至偏远的内蒙包头钢铁公司时，黄介山提起毛主席语录中的一句话："我们共产党人好比种子，人民好比土地。我们到了一个地方，就要和那里的人民结合起来。在人民中间生根开花。"既来之则安之，黄介山到包钢后没有埋怨，没有消沉，只想着要好好工作，他和那里的普通工人及学校的教师干部打成一片，用汗水和心血浇灌出人生的第一朵奇葩。

黄介山从北大毕业时，根据"面向基层、边疆、工矿、农村"的国家分配方针，分到内蒙古包头钢铁公司。虽然包头的自然条件不好，但毕竟是城市大企业，比起那些到偏僻山乡的同学强多了，所以他很知足。何况，"再艰苦也能生活，再困难也要工作"，他这样想。

到了包钢，先是到教育处报到，然后被安排到炼钢厂劳动锻炼，在平炉车间当工人。他虚心向工人师傅学习，抢着干又累又脏的活。他穿着厚厚的白色防热工作服，戴着配有太阳镜的前进帽，挥着长把铁锹，向熊熊的炉火中投料，熏得脸上直发烫；裹着毛巾，捏着鼻子，向火花四溅的大罐中冲水压渣，喷出的废气简直令人窒息……就这样，他踏实肯干的劳动态度受到了工人师傅的称赞。在包钢，他与工人师傅、工人邻居平等相待、和睦相处，丝毫没有大学生的架子。他不仅学会了做工，还结交了一批工人朋友，其中有些在分开二十多年后，至今还与他保持着联系。

在包头生活，一切都得自己动手。冬天到来之前，要把蔬菜拉回家储存。几百斤的白菜、土豆、萝卜，黄介山用自行车，一趟又一趟，来来回回地往家里运。运回家后，还要自己挖地窖储存，在大缸里渍酸菜。当年包钢的职工宿舍大都是平房，没有院墙。为了安全，他在工人朋友的帮助下，用板车从野地里拉回泥土，每天下班后一层一层地往上垒土墙。烧饭用的煤泥（生产焦煤时筛洗过的下脚料）是包钢作为福利拨给职工的，但要自己到洗煤厂去挖。每次他和朋友一起站在没膝深的煤泥池里，一锹一锹地捞，再用力甩到岸上，够一车了才拉回家。

在炼钢厂劳动两年多以后，他被调到包钢第六子弟中学任教，两年后又被选拔到教育处机关工作。1976年，32岁的他从同年分配到包钢工作的近四百名大学生中脱颖而出，被提拔为包钢教育处副处长，成为包钢最年轻的处级干部。在国家恢复研究生招生之后的1979年，他的妻子张明非考取了母校古典文学专业的研究生。她是北京人，1982年毕业时本想留在北京工作，但那时对人才远不如今天这么重视，黄介山和孩子们的户口成了难以逾越的障碍。而如果张明非继续回包钢工作，又很难发挥苦读三年的专长，于是他们不得不重新寻找一个更适合全家生活的地方和单位。在当时，想去沿海发达城市同进京一样，几乎是不可能的，即使有单位愿意接受，也很难获得人事与户口指标。几经周折，偶然想起黄介山岳父的老朋友陈伟芳是广西师范大学历史系教授，于是赶忙联系。也许是西部地区对人才格外需要和看重，一封电报很快得到答复，学校对他们夫妇表示热情欢迎。就这样，1983年夏，黄介山和孩子随妻子从祖国的北疆调到南陲——广西壮族自治区——工作。夫妇俩来到“山水甲天下”的桂林，怀着新鲜的感受和对未来的憧憬踏上了他们奉献的第二段征程，这一年，他们刚好年届不惑。

黄介山在广西师大担任党委书记13年，其间有5年兼任校长，在工作中一直尽职尽责、兢兢业业。谈到领导工作，笔者问他有哪些突破，他却谦虚地说：“在学校管理方面我做了许多努力，但讲突破，真谈不上，只是在某些方面力求做得好一点而已。”然而在黄介山带领下的广西师大取得的显著成绩和进步，却是有目共睹的。比如在人事改革中选贤任能，实现干部年轻化，就比广西区内其他高校早两三年。1991年黄介山接任校党委书记，结合自己的亲身体验和学校实际，他深感有计划、有步骤地推进干部队伍新老交替的重要性与紧迫性。于是，他开始加大培养和提拔年轻干部的宣传力度，做好舆论准备工作，同时制定制度、采取措施为全方位促进干部的交流与培养创造有利条件。第二年校党委就一次集中提拔任用了三十多名年轻的处级干部（包括从科级提为副处、从副处提为正处），两年以后又集中提拔了一批满怀抱负与实干精神的年轻干部。短短三四年时间，黄介山敢于用人的改革使广西师大的年轻干部具备了在领导岗位上锻炼和提高的良好环境，整个学校变年轻了！百年大计，教育为本。而一所学校水平的提高和发展，很大程度上取决于这所学校教师队伍的综合素质与能力。因此，黄介山非常重视加强教师队伍建设，特别是注重培养和引进年轻的骨干教师与学科带头人。在这方面，他主持工作时制订了一系列的计划、规定、措施，经过几年努力，取得了良好的效果。20世纪90年代中、后期，广西师大在校博士生的数量以及具有硕士以上学历的教师所占教师的比例是广西高校中最高的。此外，黄介山也积极促进学校与韩国、越南及欧美国家的高等学校的交流与合作。广西师大外国留学生的数量不仅在广西而且在国内地方师范院校中一直处于前列。韩国大佛大学为了表彰黄介山在促进两校交流合作方面所做出的努力，于2003年12月授予他名誉博士学位。

当笔者提出“结合您个人的工作与人生经历，您认为是环境改变着您，还是您改变着环境”这个问题时，黄介山微微一笑说：“做管理工作，与人打交道，就需要不断地学习和提高自己、改造自己，天长日久，无论性格还是观念和能力，工作环境自然使我改变了许多。”对于温和谦逊的他，后半句虽没有答完，但其在担任广西师范大学党委书记、校长期间卓有成效的努力表明，他也影响并改变了环境。

大家最直观的感受就是广西师大校园环境的改善。1996年黄介山到上海师范大学开会，看到他们正在抓校园精神文明建设，效果很好，受到很大启发。当时广西师大的部分学生缺少良好的文明习惯，校园内的道路每天清扫以后，过不了两三个小时，就又有不少果皮、塑料袋等垃圾。一些学生随意从宿舍楼上往下倾倒剩饭剩菜，说脏话、起哄、打架骂人等不文明行为也时有发生。这不仅影响了老师、同学们学习、工作与生活的心情，也不利于校园文化建设和发展。从上海回来，他酝酿、制订了一个开展《建文明校园、做文明师大人》活动的规划，在提交校党委讨论获得一致通过后，活动如火如荼地开展起来了。全校动员大会上，黄介山亲自做动员报告。会后，从上到下，层层动员，师生员工齐心协力抓文明行为的养成教育。针对校园里存在的主要问题，学校制订了一系列规章制度，采取了各种措施，加强监督检查和奖惩力度。这一工作持之以恒，开展了两年多时间，后来又提出“反复抓、抓反复”，不断巩固成果，从而使校园文明水平跨上了一个新的台阶。与此同时，还大力加强师大校园的硬环境建设，改善学生学习和生活住宿条件，铺草坪、造花坛、修道路。学校的王城校区是国内保存最完好的明代藩王府，既属国家级文物保护单位，又是著名的旅游景点。但当时几乎没有一块像样的草坪，房前房后都是裸露的黄土地。一进校门，展现在眼前的第一景观，就是与对面主建筑——承运殿——之间的几个偌大的篮球场，其水泥地面已龟裂，一副副球架也很陈旧。不远处还有个泥地足球场，黄介山决心将这片球场改为草坪，同时在城角偏僻处补建篮球场。可当时人们的观念还相当陈旧，在教代会讨论这一议案时，反对的声音占了压倒优势。特别是有些老同志，意见很激烈：“搬迁球场要花不少钱，太浪费！”“办学校，搞什么草坪！”黄介山和分管后勤的副校长硬是顶着压力建起了一块又一块草坪。一个有利于学生文明习惯养成的幽静、整洁、美丽的环境出现了，校园面貌焕然一新！教育部副部长张宝庆到校视察时称赞王城校区“是国内一流的校园”，现在它已成为四A景区。当年持不同意见的人转变了态度，也认可了黄介山的超前意识。

黄介山领导下的师大，改变的不仅是校园环境，还有人文氛围。其实，早在1985年，黄介山还是师大中文系党总支书记时就在营造和谐氛围方面尝到了甜头。当时中文系这一学校的王牌系经过“文革”的浩劫，人心涣散、人际关系紧张，背后骂人、当面吵架的现象并不少见。“新官上任三把火”，黄介山到中文系后就大力提倡和实践“不计前嫌，不纠缠历史老账，放眼未来向前看，营造团结、和谐、宽松的工作环境”和“与人为善、以诚相待”的理念。“老实说，提倡这一理念在今天很平常，当时却未必”，黄介山如是说。其实笔者也知道，在斗争哲学遗毒很深、中庸之道广受批判的当时，这么做还是需要有点胆量的。黄介山说，自己的勇气和胆识与从北大期间经历的那么多政治运动、政治风波，特别是“文革”，从而吸取了深刻的教训、较早地成熟起来有很大关系。经过几年努力，师大中文系的风气有了明显转变，人际关系有了很大改善，凝聚力大为增强，各项工作都大有起色。中文系老教师谈起往事，还不禁流露出对当年工作时那种团结和谐氛围的深深怀念。而黄介山也因此在推荐校级干部的测评中高票领先，奠定了进入校领导班子的良好群众基础。

从1991年至2004年，在黄介山担任广西师大党委书记的13年里，学校的硕士点由十几个增至六十多个，并获得了博士单位授予权。他的工作业绩得到群众和上级组织的充分肯定，于1996年被中组部评为“全国优秀党务工作者”。学校党委也于2001年被评为“全国先进基层党组织”，他作为代表应邀参加了在人民大会堂举行的中国共产党建党80周年庆祝大会，并到中南海与江泽民、胡锦涛等中央领导同志合影。

家和事业顺

“修齐治平”是中国古代知识分子的优良传统，也是历代北大学子毕生不倦的追求。黄介山、张明非这对20世纪60年代的北大毕业生，已经携手走过了四十多年的风风雨雨。从内蒙古到广西，两人在工作和生活中同心同德，相濡以沫，心手相牵，使凡是同他们有过接触的人，在钦佩之余无不倍感欣羡。

对于事业与家庭的关系，黄介山夫妇认为二者同样重要，是不可替代、互相促进、相得益彰的关系。“同样重要，并不等于在二者上面花费同样的时间与精力，而是指两者在心目中的地位难分上下，缺少任何一方都不会完美。”黄介山认为，事业与家庭并非截然对立的一对矛盾，处理得当，可以做到相辅相成、互相促进。每一个人的完美理想应该是事业有成与家庭幸福的和谐统一。“事业兴旺，家庭幸福才有基础；家庭美满，工作才会更加顺心。”在工作中累了、烦了或者遇到苦恼和风浪，可以在家庭的港湾中获得心灵的宁静和莫大的安慰。

多年来他俩一个从事行政管理工作，一个从事教学科研工作，在不同的领域都作出了自己的贡献，可谓齐头并进，比翼双飞。

黄介山有个温馨幸福的家庭，两个儿子分别从上海交通大学、上海财经大学毕业后，出于对山清水秀的桂林的热爱和对父母的眷恋，在20世纪90年代初都先后回到桂林工作，如今都已成家立业。十年前黄介山夫妇又“晋升”为爷爷奶奶，聪明可爱的孙子、孙女的先后到来，给他们的晚年生活增添了无限的乐趣。正像他们在一首诗里写的：“幸福不觉桑榆晚，儿孙绕膝自承欢。此生无怨亦无悔，余年潇洒更悠然。”

采访手记

第一次对黄介山夫妇有所了解，并不是通过直接的采访，而是通过另一位北大老校友的叙述。等对黄介山校友的采访结束后，我更真切地体会到先前那位校友言语中透露出来的由衷的赞许。

他真诚谦虚的口吻、温厚诚朴的态度，宛如一汪泉水，沁人心脾；

他修身齐家的追求、心系祖国的胸怀，犹如一方灯塔，予人启迪。

他对北大母校的依依深情，他奉献西部的实干精神，他恬淡潇洒的生活、幸福和睦的家庭，让我明白了什么是“在工作，也在生活”。

采访后的黄介山校友曾几次叮咛，千万要着实写来，不要渲染夸大。我想，也许正是这种平实谦和的心境，让他在工作、生活的种种曲折面前也能坦然、从容地面对：在与贫下中农共同生活时自称每天早上抓的是“革命虫”；在炼钢厂锻炼时总想着包头是城市，好过“一出门就能打猎”的山村；在妻子北大硕士毕业不能留在发达的城市后，笑称终于来到了“山水甲天下”的桂林……

通过与黄介山校友的接触，我重新思量起在北大的学习与生活。我们不仅要在未名湖畔吟诗诵词，在图书馆内查经阅典，在教室里聆听智者箴言，我们更要学习选择正确的人生方向，培养正确的生活态度与前行时坚强而平实的心态。这样，当我们告别母校那汪微波粼粼的湖水，在生活更广阔浩瀚的海洋上扬帆时，才能满怀信心与勇气，才会更明确前进的方向！

（文/北京大学医学部2006级本科生　卫绪懿）

李重庵

无悔铁肩担道义，恢弘师道济苍生

Wuhui Tiejian Dandaoyi Huihong Shidao Jicangsheng

李重庵，男，1944年5月出生于河南省洛阳市，汉族，中国民主同盟成员，中共党员。1962年8月至1968年12月，在北京大学数学力学系学习，获理学学士学位。现任中国民主同盟中央委员会副主席；全国人大常委会委员、全国人大法律委员会副主任委员。

1970年3月在兰州炼油厂中学任教，1973年1月在兰州铁道学院工作， 1996年3月任甘肃省教育委员会副主任，1998年1月任甘肃省人民政府副省长、甘肃省科协主席，2002年12月始任中国民主同盟中央委员会副主席。先后当选为甘肃省第九届人大代表，第十届全国人大法律委员会副主任委员，民盟甘肃省委第十届、十一届副主委，民盟第七届、八届中央委员，民盟第九届、十届中央副主席，第十届、十一届全国人大常委会委员。曾任中国复合材料学会第一至第四届理事、第三届、四届常务理事，中国力学学会第六届特邀理事。

自1992年起享受国务院颁发的政府特殊津贴，在国际、国内学术期刊上发表复合材料研究方面的论文40余篇，取得发明专利2项。先后主持完成国家自然科学基金会项目“人工骨复合材料的微结构与性能研究”、甘肃省“可降解纤维及复合材料研究开发”等攻关项目，参加完成“碳/环氧复合材料的损伤评定及破坏机理”等国家自然科学基金项目，曾获中科院自然科学奖等奖项。

他，用深邃的眼神动情地凝望着甘陇大地，从黄河之滨到敦煌莫高窟，从嘉峪雄关到伏羲卦台山……他将自己近半个世纪的青春和热血奉献给了甘肃人民，奉献给了这片祖国西部古老而神奇的土地。

他，无论是在科学研究领域还是在政界都成绩斐然。他曾当过中学教师，在三尺讲台上用生动的语言向孩子们讲解物理学常识；他是一位政界领袖，敏锐地捕捉着时代发展的契机，用实实在在的行动造福于他深爱着的土地和人民；他也曾当过农场工人，在戈壁荒滩上用辛勤的血汗浇灌着他挚爱的土地。今天，他常挂在嘴边的还是那句话："让我干一份工作，我就会不由自主地要求自己把它干好。"

这便是李重庵——心系天下，怀揣着智慧与理想，从陇上信步走过的北大人。当我走进他的办公室，这位年过六旬的老人慈祥的目光和洪亮的嗓音，让我顿时消去了冬日的萧瑟，随着他进入了一个多彩的人生世界。

从河洛之子到甘陇状元

李重庵的父亲李秉德是我国当代著名的教育家，毕业于燕京大学，新中国成立前曾任教于河南大学。1944年5月，河南大学在抗日战争的烽火硝烟中辗转搬迁至洛阳潭头镇。李重庵便出生在父母"逃难"的路途中。这仿佛是一种预示：他在日后的人生旅程中经历了许许多多不平凡的故事。

李重庵6岁时，其父亲从欧洲学成归国，在华北人民革命大学毕业后，接受组织分配到西北师范大学任教。他跟随母亲从江苏南京出发，一路上乘火车、坐汽车、赶马车，辗转来到甘肃兰州。此后的近半个世纪，他都扎根于此。用他自己的话来说："甘肃就是我的第二故乡。"

20世纪50年代，在西北师范大学所处的兰州市安宁区，最高的建筑就是一座仅有两层的砖柱土坯房——那是西北师范大学的办公楼。"那个时候条件很差，大部分路都是泥路：晴天是'扬灰路'，一下雨就成了'水泥路'"。彼时的甘肃，李重庵仍然记忆犹新，"那个时候我们住在十里店，到金城关（兰州市区）的十里路，没有公共汽车，只有马车，还有黄河上的羊皮筏子。小时候外出主要就是靠双脚走路了"。

虽然自然条件恶劣，生活条件也很艰苦，但李重庵满怀"建设新中国"的豪情壮志，干劲儿很高，精神状态也很好。他小时候是个贪玩的孩子，对学习并没有太多的自觉意识。但在他看来，自己还是接受了优秀的教育，"无论是文化知识的传授，还是对国家和人民的这份感情，看来都是成功的”。用他的话来讲，这“说明了当时教育的成功，说明了当时教师的敬业精神和爱国情怀”。

李重庵的父母都是高级知识分子，浓厚的家学渊源难免会对他成长成才有所助益。上小学的时候，调皮的李重庵对皮带很好奇，便将长长的皮带甩来甩去，结果打到了同学，还被老师告状告到了自己的父亲那里。放学回到家里，父亲并没有给他讲大道理，只是指出了他的错误，并让他明天上学时向老师承认错误。李重庵不知道该如何给老师道歉，第二天犹豫了一整天也不好意思走进老师的办公室，便垂头丧气地回到了家里。父亲询问起来，他如实承认，父亲仍然没有责骂他，依旧语重心长地告诫他：“那你明天一定要跟老师说对不起。”从那以后，李重庵把一条准则牢牢地记在了心间：“犯了错误永远不要想蒙混过关。”就是这样，在慈父的引导下，他继承了中国传统知识分子的优秀品格，也逐渐意识到作为一名知识分子所应肩负的那份历史责任。

1962年，李重庵以甘肃省高考状元的好成绩，考取北京大学数学力学系。但他的学习成绩却并非一直出类拔萃。“上小学和初中时学习很一般，那个时候我最大的目标是消灭3分。”李重庵笑着说，“那个时候是5分制嘛，3分也就是现在六七十分的水平。”高二、高三的时候，李重庵才找到了学习的感觉。在老师的引导下，他开始享受读书的乐趣，仿佛在花园的香径中漫步一般。经过不懈的努力，他敲开了梦想中燕园的大门。1962年“择优录取”的选拔机制无疑给了李重庵莫大的机遇。他“幸运”地成为一名光荣的北京大学学生，为自己的人生道路奠定了坚实的基础。

从懵懂少年到经世英才

初入燕园，李重庵和他的同学们一样，对这里的一切都满怀着好奇。课堂上聆听着学界大师的谆谆教诲，置身于同辈学友的理论激辩之中；闲暇光阴，徜徉在波光潋滟的未名湖畔，捧卷于巍然耸立的博雅塔下。刚刚开始的大学生活充盈着求知的兴味与恬淡的氛围。回想北大的校园，李重庵如数家珍地描绘着当年的燕园图景，声音是那样的清朗洪亮，目光是那样的矍铄有神。

学习，是他北大生活的主题。第一次测验，老师就给了他们一个下马威，全年级150名同学竟有一半不及格。李重庵牢牢地记住了老师在评讲试卷时说的那句话：“不要以为你们高考优秀，在这儿就一定能学得好。”北大的“第二校徽”是什么？可能很多人并不知道。李重庵告诉我们：“它是一个布袋子里面装着饭盆和勺子。”这是什么意思呢？原来，那个时候，为了节省时间，同学们都随身带着饭盆和勺子。早晨到食堂吃过饭，就要赶快跑到教室或图书馆占座，生怕没有了学习的座位，因而占座所用的“装备”也就多为书包、饭盆和勺子。清晨的燕园，饭盆和勺子碰撞出“叮叮当当”的声响，交汇成一首催人奋进的青春奏鸣曲。“当时，没有人督促我们要勤奋学习，这种氛围的形成是很自然的，”李重庵怀念着那段美好的求知岁月，“上晚自习，一个宿舍只发一张图书馆的票，我们就排好顺序，每人一天轮流去。寝室只留一个人，其他人自己找没有课的公共教室自习，这样不会互相干扰。”

对于北大数学力学系的老师们，李重庵更是充满了追忆与感激。他们都造诣精深、充满激情、爱好广泛、才华横溢、严谨细致、有大家风范……“有学问，教书好，爱学生”，精炼的9个字，生动形象地概括出北大教师精深的学术素养和高尚的人格品德。“我们记笔记是非常认真的。当时买的是印着‘北京大学’字样的硬壳本，每一页都要画一条线，左边是上课时候的随堂记录，右边是复习时候的心得体会。这几十年我一直都没舍得扔掉，”李重庵真切地讲述着，“首先是老师的板书很工整，其次我们记得也很工整，这就反映了那个时候‘教’和‘学’的那种认真态度。”诚然如此，正是这种“认真”的态度，孕育和铸就了北大最宝贵的学术传统和精神气质，激励着一代代燕园学子扎实进取，永不停歇地向知识的巅峰奋力攀登。

“爱国，进步，民主，科学”的光荣传统，以及“兼容并包，思想自由”的理想信念都是北大人最可宝贵的精神财富。在燕园求学的日子里，李重庵并不记得有哪个人刻意高唱北大精神的旋律，但却深深地感受到，“德先生”和“赛先生”已经成了自己心灵上的“挚友”和“引路人”。

“北大学子首先就是求学，这包括做学问和做人两个方面。而求学的核心途径就是要求真，求真理。不仅做学问要真，做人也要真。”李重庵的话掷地有声。没有尔虞我诈的庸俗市侩，没有一言九鼎的以势压人，“真理最高”才是每一个北大人应该崇尚的信仰，才是北大传统的精髓所在。谈到在北大求学的收获，以及对今后人生发展的影响，李重庵将它总结为三点：第一，最重要的是接受一种科学的训练。凡事都要经过严密的逻辑思维和严格的推理论证，“不能没有根据地下结论，即使是大胆地假设，也要小心地求证”。第二是获得知识。大学阶段的理论学习无疑是今后继续研究、探索的重要基础。第三则是丰富多彩的校园文化生活。李重庵不仅在班级、系学生会担任主要学生干部，而且，兴趣广泛的他还参加棒球校队、组织歌咏合唱等多种社团活动，得到了多方面的能力提升。正如他所言："知识分子应该有比较全面的素养。"

在大学期间，李重庵和他的同学们积极下乡劳作，锻造了比较成熟的政治素质。他们被分配到生产队，与人民群众一起抓生产，与贫苦农民同吃同住。至今，他还清楚地记得这样一句话："你1个人上大学，是另外99个与你同龄的工人、农民在养活你。"进入燕园并不是一种可以炫耀的资本，而是一种社会责任的承担。年轻的北大人"以天下为己任"，经受着锻炼和洗礼。

从农场工人到中学教员

甘肃疏勒河解放军农场，是一个戈壁荒滩中的陌生地带。没有人告诉李重庵他将在这里待上多久：一年，两年，抑或是一辈子，都不得而知。总之，从报到的那个寒夜开始，李重庵的人生又开启了新的篇章。

到农场报到之前，李重庵特意花了38元5角的"巨资"在兰州的寄卖店置办了防寒的"装备"。到达农场的第一个早晨，他戴上皮帽，穿上棉皮鞋，身着绒衣绒裤、毛衣毛裤和棉衣棉裤，还穿了一件皮大衣，在露天操场上排队站好。"风一吹，觉得多少层的衣服都刮透了，你就感觉只穿了一件单衣服一样，"李重庵对那时的情景至今仍记忆犹新，"水泼到地上，你眼看着它就变成冰了。有一次夜里站岗，我觉得今天怎么这么冷啊，我想看看多少度，结果酒精温度计都已经给冻住了。酒精的冰点可是零下40多度啊！就冷到这种程度。"解放军到了这个地方，开荒，挖渠，把祁连山的雪水引进来造田种地，建设农场。白天是高强度的劳动，晚上则住在地窝子里。没有菜，就把苞谷面做成糊糊，放点儿冻了的大葱和盐。刚修好的水渠极易漏水，在放水的过程中，就要时刻准备在严寒中纵身跳入冰冷的水中，用芨芨草根堵住裂缝。从水中爬出来，"人就只能一动不动地趴在向阳的坡面上"。艰苦的劳动和生活条件，让李重庵早早地埋下了风湿和腰肌劳损的病根，使他的精神和身体都经受着严峻的考验。"虽然条件很差，但我们就有那么一股韧劲。"

一名有着丰富知识的青年才俊，来到这戈壁荒滩之上，"失落感肯定是有的，"李重庵坦言，"但这种失落并不是一般人想象中的那种失落"。这其中的原因首先在于"我们那一代人养成了服从组织安排的习惯，每个人自己的抱负并不具体，没有一定要选择哪个岗位、从事哪个行业的。有的只是一种笼统的为国家、为人民奋斗的意识"。而另一方面，在那样的时代背景下，完全个人化的选择和前途更是无从谈起。"但是我现在回想起来呢，这段经历也给了我一些财富，就是以后条件再苦再差，无非也就这样嘛，对适应一些新的工作还是有所帮助的。”李重庵说道。

新的契机在李重庵劳动锻炼了1年零3个月后到来了——毕业生再分配，他的人生从此慢慢步入了正轨。当时，兰州炼油厂跟省里要人，作为一名优秀的北大毕业生，李重庵被组织看中。“也不知道去那儿干什么工作，只觉得能到兰州就已经很不错了。”他略带兴奋地说。这样，他们一行8名农场学生就背着背包到厂部报到，然而到了厂部，背包还没有解开，他们又被分到了兰州炼油厂子弟中学。于是，他们又继续背着背包到了被分配去的中学。

李重庵就这样当上了中学教员。殊不知，在他高考报志愿的时候，首先定下的一条就是“不报师范”。因为在他看来，报考师范，当中学教员，就没办法做学问、搞科研了，这显然与自己一直以来“当科学家”的理想大异其趣。“当时真是不太愿意，可这就是命里注定。”李重庵风趣地说。紧接着，他坚定地说道：“我有个习惯，就是不管给我什么工作，我都要把它做好：挖地就把地挖好，放水就把水放好，考试就要努力考得完美。”他通过生动的比方，将一些枯燥的理化定律、知识传授给学生，使孩子们易于理解、学得进去。后来，他也便开始对这份工作有兴趣、有感情了。虽然做中学教员并不是李重庵理想中的职业，但他还是对这段人生经历颇有感悟：“首先，我进了教师这个门，学会了怎么讲课，怎么和学生交流，怎么建立起良好的师生关系，这是一个重要的基础；其次，这段执教生涯让我初步和工科有了些联系，这对以后的工作也是很重要的。”李重庵“干一行爱一行”的高尚品格着实令人钦佩，而他善于总结、勤于学习、精于思考的思想意识则使他的人生道路闪烁着理性与睿智的光辉。

从大学助教到科研专家

在中学教了近三年书，李重庵已经逐渐适应了这个岗位。而就在此时，1973年，他又被调到兰州铁道学院担任助教。几年后，他又赴美留学，而后归国开展科研工作。这期间虽然也有困难与挫折，但在理想和兴趣的指引下，李重庵真正步入了自己人生发展的快车道。

“进入铁道学院做老师就很高兴了，这次可以教力学了，而且大学的环境我也比较喜欢，”李重庵兴奋的心情溢于言表，“这次工作调动是自己争取的，也是第一次通过自己的努力和家人的帮助调动工作。当时，一家人虽然都在兰州，但是四地分居；父母年龄又大了，需要有人在身边照料。这样才跟组织上提出来的。”但进入兰州铁道学院之后，李重庵仍旧面临着不小的困难：一是当时的教学秩序还没有完全恢复正常，二是对理科和工科两个不同领域的转变与适应。他深有感触地说：“理科体现严密的逻辑思维，是理性化的科学；而工科则更需要抓住主要矛盾，解决具体问题，所以常忽略掉次要的东西，模型也是近似的模型。”后来，经过实践摸索，他渐渐认识到，工科的分析方法对于实际问题的解决而言，不仅是自然的，而且是大有裨益的，“很多时候，你能列出很好的数理方程，却解不出来，可能在科学上做得很漂亮，但根本解决不了实际问题”，而工科的方法恰恰可以办到。以这种认识为指导，李重庵便得以从原来以数学为基础的纯理科研究，逐步扩展到了介于理科和工科之间的领域，从而为今后的科研活动延展了手臂，铺平了道路。

1981年，李重庵考取教育部公派出国进修生，留学美国，专攻复合材料力学。对于这次出国留学，他首先感谢的是国家的政策：“我们这完全是受惠于改革开放的大好机遇。”“那个时候还兴起了英语热，我的英语基础不好，当时断断续续地读了好几个教材都是第一册。”他风趣地说。不过，经过认真准备，李重庵顺利地通过了学校、铁道部、教育部组织的多次选拔考试，脱颖而出，获得了出国留学的机会。其中，在铁道部组织的高等数学考试中，他得到了满分；在教育部组织的英语水平测试中，他的口语发挥令面试老师赞赏有加。对于前者，他笑着说：“我毕竟是北大数学力学系的毕业生嘛”；而对于后者，他更是幽默地说：“我的英语还是很蹩脚的，那天是超常发挥了吧。”

走出国门的李重庵，抱定学习最先进科学知识的信念，刻苦攻读，每日披星而起，戴月而归。他说：“有一次做完实验回去，一出门才知道，雪都快一米深了，费了好大的劲儿才走到住的地方。”在留学期间，他时常到美国人家里做客，有两年的圣诞节都是在美国朋友家里度过的。李重庵认为，出国留学一方面可以接触到先进的科学文化知识，从而提升自身的学术研究水平。另一方面，也可以开启人生的一扇新的窗户，使自身的阅历更加完整。通过对其他国家经济、社会、文化等诸多方面的了解和认识，可以丰富头脑、开拓思路。回头审视我们的国家、我们的文化，也会生发出更加深刻的认识。学成归来的李重庵踌躇满志，意欲大展身手的他兴冲冲地跑到铁道部科技司要课题项目。铁道部的答复却是：“复合材料是一种先进的材料，我们现在还不搞研究，以后人家航天航空都用了，成熟了以后我们再用，所以没有给你做的题目。”没有材料就总结不出其中的力学问题，这对于专攻复合材料力学理论的李重庵来讲无疑是“巧妇难为无米之炊”。他戏称：“这真是一盆凉水浇下来了。”

但李重庵并没有踟蹰彷徨，而是抱定“不能白学这些先进知识”的信念，毅然从“做材料”开始，向目标勇敢进发。他坚信：“只要做出新材料，这里面一定就有可以研究的力学问题。”说到这里，李重庵饶有兴味地谈起了他开发骨骼内固定材料时的情景：“有一种可降解的陶瓷材料，我想办法把它拉成纤维，但是它要么就像水一样，要么就像冰一样，在高温的时候很难有像玻璃溶液那样黏黏糊糊的、还可以抽成丝的中间状态。一连好几个月都搞不出来。我还记得那天夜里我一个人在实验室里面，不断地试验，就是要让材料刚好熔化在那样一个点，然后把它拉下来，还要能够绕在抽丝机上面。因此，炉子温度的控制和抽丝速度的把握都很重要。结果有一次绕过以后，我用光反射看到在转盘上慢慢有一个发亮的带，这就是纤维，就是很细很细的玻璃纤维缠上去了。这是第一次抽出来，大概是10 μm这个数量级，当时特别高兴。”

从“人工骨复合材料的微结构与性能研究”，到“可降解纤维及复合材料研究开发”，再到“碳/环氧复合材料的损伤评定及破坏机理”，李重庵主持、参与完成了多项国家自然科学基金项目和省级攻关项目，获得中科院自然科学奖等多个奖项以及多项发明专利。从搞力学发展到做材料，进而拓展到开发新材料。从没有实验室到制备起一套集众多功能于一体的实验系统，再到建立起属于自己的学科点。他既做力学，又做材料；既搞理论，又搞计算、实验，可谓实现了学科领域和科研事业的双重跨越。谈及给国家作出的贡献，李重庵的脸上洋溢着灿烂的笑容，他说：“一个是教出了很多学生，再一个就是取得了这些专业上的成果。那一段是我最高兴的时光，我所学的东西都用上了。”

从学界精英到政坛翘楚

经过不懈地努力，学理论出身的李重庵已经从研究复合材料断裂损伤开始，“跨行”成了开发新型材料的科研专家。从事着自己喜爱的工作，在学术领域地位日益攀升的李重庵进入了科研成果的丰收期。正当此时，国家给他提供了一个更大的舞台，使李重庵成了甘肃省教委副主任。

把李重庵的精力慢慢从研究和教学分出来，是1988年便开始的事情。他从机械系副主任到系主任，再到学院外办主任、副院长。可是，早在任命机械系副主任的时候，李重庵就曾婉言谢绝，因为他实在是舍不得自己一生追求和钟爱的科研事业，舍不得作为一名专业人员的“本职工作”。而正是由于他所具有的知识分子的那份善良与宽厚，使他在面对教职员工们一双双期待的眼睛时，不忍辜负他们的殷切期望，不愿割舍与学院之间的深厚情谊。后来，省里希望把李重庵调到教委工作，而他所惦记和牵挂的还是他的科研事业、他的复合材料研究。当省委组织部的负责同志对他说“这是组织上的安排，作为党员，你还是要服从组织”的时候，这位时刻以国家和人民的需要为最高追求的科学家便不再坚持己见了。“其实，有了他这句话，我就什么都不好再说了，”李重庵描述着自己当时的想法，“就努力在行政岗位上为大家创造更好的条件吧。”随后，他便毅然担负起甘肃省教委的高教、科研、外事等工作的重任。“当时我研究的有关生物医学复合材料的课题，无论是医用还是商用，价值都很高，基本上都是别人没有做过的，多少有一些惋惜。”李重庵不无遗憾地说。尽管如此，他依旧无怨无悔，“还是那句话嘛，给你个什么工作，你就得把它干好。”

在担任甘肃省教委副主任两年之后，1998年，甘肃省人大选举李重庵为副省长，分管科教和文化领域。作为民主党派的代表，54岁的民盟盟员李重庵又站在了更高的平台上。在李重庵看来，虽然从政并非自己的所愿、所求，但还是那句话：“给你个什么工作，你就要把它干好。”这口头禅一般的座右铭虽然略显朴实，但却蕴涵着多少华丽的辞藻所不能表达的深意，它生动地表达了一位深爱着自己的祖国和人民的知识分子的心声。也正是以它为指引，李重庵在甘肃所做的行政工作，与他的科研工作一样，同样被人们高度认可。在分管甘肃省高等教育的日子里，他不仅关注甘肃全省十多所高校的办学情况，还分析全国乃至全世界教育的发展趋势，在充分调查研究的基础上制订出有针对性的政策方案。他甚至亲自带领甘肃一些高校的校长主动到社会上找题目，取得了很好的效果。

在担任副省长的5年时间里，李重庵的汽车跑了15万公里，全省86个县市区他几乎走遍了。“我是这样，别人也是这样吧。政府的干部就是要到基层去，这样才能了解情况、推动工作。中国最大的问题在农村、在基层。你要是和基层断绝了来往，就会觉得心里没底。”李重庵说得很实在、很入理，“下去比在办公室好，心情也好，也是一种学习。”李重庵深深地爱恋着祖国西部的土地和人民，他深深地知道，不了解基层，不亲近人民，就永远掌握不了国情，永远做不好工作。李重庵每次视察，除学校以外，一定要到当地的村子里看一看，一定要到农户的家里看一看。这不仅是一种乡土情结，而且是一种工作态度。正如他所言：“学校办得怎么样，对教育有什么要求，只能去问基层群众。我们也只有在了解当地经济社会发展水平的基础上才能更好地考虑教育要怎么搞。我见了基层的农民也好，工人也好，就感觉很亲切，就想聊天，就想了解他们的情况，跟他们说说话。”

谈到成绩，李重庵总是很谦虚："我在甘肃省政府工作的时候，正赶上西部大开发的历史契机。那个时候全国的形势都很好，甘肃的发展也很快。所以说，甘肃科教文化事业的进步不是我的功劳，我的工作只是抓住了机遇，这也是我深感欣慰的一点。"正是抓住了机遇，再加上深入地研究和思考，才使得甘肃的教育事业实现了前所未有的提升和跨越。"总之，就是要多调查研究，要将'下去看'与'动脑筋'联系起来。"他总结工作思路时说道。

在甘肃工作和生活的经历无疑对李重庵产生了十分深刻的影响。在这里，他深深地体会到了一种"人一之我十之，人十之我百之"的甘肃情怀，感受到了这片土地所滋养的"甘肃精神"。正如他所说，这种"甘肃精神"在某种意义上可以概括为"三流的生活条件，二流的工作条件，同样可以做出一流的工作业绩"。李重庵常常讲："'甘肃精神'是在困难的条件下同样可以做出好的事业。这不光是吃苦的问题，而是要靠动脑子才能办得到。"甘肃这片土地不仅给了李重庵创业的空间和成功的喜悦，而且也使他真正为国家和人民作出了自己的一份贡献。"在优裕的条件下，别人能干，你也能干，那么，你在北大受这么好的教育又有什么特别的意义呢？"这足可敲击到每个北大人心扉的反问，确实值得我们认真思索。"选择在哪里发展，既要看宏观条件，更要看微观环境。"李重庵语重心长地告诫每一个北大学子，"有些落后地区虽然宏观条件较差，但可能微观环境上佳。而微观环境往往更加直接，也比较容易改变。这便更加有助于你施展拳脚，更早地张开翅膀。"因此，"不要只着眼于东部沿海地区，而是要辩证地分析：既要看近期也要看远期；既要看到自己现有的客观条件，也要看到自己未来可以争取和创造的条件。"

2003年初，李重庵离开甘肃来到北京，就任民盟中央副主席，接着又担任全国人大常委会委员、全国人大法律委员会副主任委员。参政议政，民主监督，法律草案审议，这些都是全新的工作。"还是以前那样：第一，反正给你这个活儿，你就得把它干好；第二，采用'研究式'的工作方法。"李重庵在不断变换岗位、不断变换角色的过程中总结、提炼出了不少"诀窍"，他微笑着说，"其实很多事情都是相通的，它们有着相似的规律，因此，越往后适应得也就越快了。对一个北大人来讲，只要肯钻，这些工作都不难。"诚然如是，李重庵之前的所有学习、工作经验，似乎都在当下派上了用场。因此，他时常叮嘱年轻人："阅历丰富一些有好处，不要太功利，不要太短视。"

李重庵是西部大开发战略的见证者和实践者。在中央提出西部开发战略之初，他就提出要用马克思"人的自由全面发展"观来理解、认识"开发"的最终目的。在2003年，他的《走加快西部大开发新路》一文便提出了“西部发展的目的是为了西部人民的发展”，“经济建设要与文化建设相互平衡、协调进行”等在当时看来颇为新颖的观点。今天，在西部大开发战略实施10周年的历史时刻，李重庵更加关注、更加努力探寻西部地区不同于东部、中部地区的特有的科学发展模式。李重庵阐述了他心目中西部发展“以人为本”的理念：在甘南藏区一些偏远地方，生活在那里的牧民们依然延续着几百年前的生产、生活方式。而在着力改变旧有模式，让牧民们享受现代质量生活的过程中，则并不一定照抄照搬东部、中部地区大建工厂之类的发展模式。“这儿怎么发展，到哪儿去移植也没有用”，关键是要想清楚“发展的目的是什么”这样一个问题。因此，在树立“发展是为了让牧民们生活得更好”这样一个“以人为本”的指导思想之后，就要摒弃习惯思维和路径依赖，找到“适合这个地区、适合这些人的新路”。在李重庵看来，西部发展的过程中，不仅要有“以人为本”的理念作为核心指导，还须坚持“全面协调可持续”的基本要求，尤其不能因为追求经济发展而牺牲文化传统，不能因为追求经济增长而破坏生态环境。他特别强调：“文化遗产灭失是无法弥补的损失。我们不能太短视了。”他对西部地区的生态文明建设事业予以高度关注；还曾在视察敦煌魔鬼城地质公园时语重心长地向当地的负责同志提出建议——“这个地方就是领导来了，汽车也不能乱跑，人也不能乱踩”，以保护那里极端脆弱的雅丹地貌景观。

深情寄语北大学子

李重庵虽然离开母校已四十余载，但他却无时无刻不惦念着北大的发展建设，关注着这片沃土上莘莘学子的成长历程。

近年来，有关高考“状元”的话题颇为受人瞩目。有人认为“状元”应当被宣传、被赞美，应当成为大家学习的榜样。有人则认为对“状元”的追捧是对学生的戕害，不利于人才的培养和成长。作为一位“老资格”的、杰出的高考“状元”，李重庵要叮嘱“状元”们的是：“能够考到北大的同学在某种程度上都可以称之为状元。第一名只是一次考试的结果，只能说明我们以前很努力、很成功。它非但不能代表实际学习情况的第一，更不能代表全面发展的第一和未来人生的第一。分数能够表示的东西十分有限，每名北大学子都应该加倍努力。”

对于那些毕业后自愿选择到西部，“到祖国和人民最需要的地方”工作的北大学子，李重庵十分激动地说：“如果有这个决心，我首先是非常敬佩你们。我们那个时候的学生因为多年的教育，有这种想法是比较普遍的现象，现在有这种想法的人就是青年知识分子的精英，算得上是个知识分子。我要说，你们选对了，不会后悔，这个选择对自己、对国家都有好处。”

随后，他对这些同学提出了四点建议：“第一，要理性选择，首先要关心西部、了解西部，然后再谈到西部去工作，而不要倒过来。第二，要做足思想准备，不要太天真、太浪漫，也不要设想得过于完美，而是要做好迎接困难的准备。第三，要磨炼韧性，这是必要的性格特征。在西部工作，不会只有一个困难，也不是仅凭一个人就能克服困难。碰到挫折还要接着干，不要轻易放弃。要做到这一点关键就是要有目标，目标不一定具体，但一定要有干出一番业绩的决心。第四，要多思考，勤实践。惟其如此，才能有所提升；否则，非但不会做出什么成绩，还会错过很多锻炼成长的机会。”

李重庵的人生充满了曲折，但他始终能够辩证地看待这些经历：一方面，这些曲折确实浪费了宝贵的青春时光，留下了不少遗憾。而另一方面，这也使人丰富了阅历，经受了历练。在困境中学到东西也是一笔宝贵的精神财富。总之，“少上了一些专业课，多上了一些人生课。”李重庵认为，“‘失’可以弥补，‘得’则是受益一辈子的。”

最后，他动情地说：“让我们一同遵循着北大先哲们的榜样，老老实实地做学问，扎扎实实地前进，‘把根扎在中国的大地上’，大地就是我们的国情，就是我们的人民群众。”

采访手记

之前与李重庵校友的三次约访都因故改期，已近农历岁末的一个清晨，站在燕园东门外等车的我，心中盈溢着无尽的期许，也浮现出一丝丝忧虑。期许自不必说，能有和李重庵校友面对面交流的机会实属殊荣；忧虑亦毋庸讳言，工作繁忙的校友哪能抽出如许多时间一一回答我准备的问题？顿时，一股凉意猝然涌来。约摸一个小时后，汽车在东厂胡同的巷口缓缓停下，幽然静谧的小径让我一下子倍感亲切。向前方望去，民盟中央朴素的办公楼就坐落在那里。

约定的采访时间是上午九点，上楼之后才发现自己早到了半个小时。进入李重庵校友的办公室，宽敞明亮的房间布置得井然有序，种类繁多的报刊、书籍成为这里最重要的装饰品。他慈祥的面容、爽朗的笑声让我顷刻间寒意全无，此前的种种疑虑也消逝得无影无踪了。采访过程进行得异常顺畅，一位年逾六旬的老人，尽情随性的谈吐中没有丝毫盛气凌人和矫揉造作，有的只是一名睿智长者的淡然豁达与慈爱谦和。

“呵呵，都1点半了！”当我问完了全部问题的时候，他才看了一眼办公桌上的时钟。整整五个小时的访谈，那清晰的思路，那动情的话语，让我在这位忘年学长瑰丽华彩的人生岁月中恣意畅游，时而痛惜扼腕，时而凝神思索，时而振奋感动。长达五个小时的访谈，茶几上纸杯中的水，却一动未动。依依握别的瞬间，一股温煦的暖流从李重庵校友的手掌贯穿了我的全身。返回学校的路上，我反复品味着李重庵校友常说的那句话：“让我干一份工作，我就会不由自主地要求自己把它干好。”回想起费孝通先生的书，和他的那句不朽名言：“各美其美，美人之美，美美与共，天下大同。”我想，我最终真切地体悟到了一点，那就是中国知识分子对于这片土地、对于这个民族的那份厚重的责任。

（文/北京大学政府管理学院2009级硕士研究生　吕晓轩）

曾宪章

理想而实干的北大法律人

Lixiang er Shigan de Beida Falüren

曾宪章，男，1944年出生于四川省江津县（现重庆市江津区），汉族，中共党员。1963年至1968年，在北京大学法律系学习，获法学学士学位。曾任四川省法学会副会长，四川省律师协会会长。现任中国消费者权益保护法研究会常务理事，中国国际经济贸易仲裁委员会仲裁员，四川省社会科学院研究员、经济法硕士生导师。

1968年9月至1969年4月，在山西盂县石店煤矿当工人。1969年5月至1972年2月，在四川江津拖轮队当工人。1972年3月至1979年12月，在四川江津1701信箱工作，先后担任工人、理论教员。1980年1月至1985年5月，在成都航空工业学校工作，历任团委书记、学生工作部部长、校党委副书记、党委书记。1985年5月至1988年5月，担任四川省人大常委会专职常委、省人大法工委副主任。1988年6月至1992年1月，担任四川省监察厅副厅长。1992年至2003年，担任四川省司法厅厅长。四川省委第六届、七届候补委员。

曾主编《行政监察常用法律文书》（四川人民出版社1990年版）、《比较监察》（四川人民出版社1991年版）、《行政诉讼法指南》（四川人民出版社1999年版）、《走向世界的中国律师》（四川人民出版社1999年版）等四部著作，出版专著《改革与探索》（四川人民出版社1999年版）一部。

穷人家的孩子早当家

1944年，曾宪章出生于地居长江要津的重庆市江津县。这是一个位于重庆西南的小城，历史悠久，文化灿烂。

曾家是一户典型的城市贫困家庭。他的父亲为人忠厚老实，人称“曾老好”，以从长江边挑担卖水为生。当时，一大担水卖四分钱，一小担卖两分钱。父亲每天以瘦弱之躯挑担卖水，总收入仅有几毛钱。母亲卖菜为生，起早贪黑，辛苦赚钱。父母的收入勉强能维持全家人的最低生活。

穷人家的孩子早当家。贫穷困顿的生活使他从小就非常懂事，看到父母亲如此劳累，他的心里如刀割般难受。每天放学归来，他总是主动承担起沉重的家务。每天早上三点多起床，跟着母亲去城外收购农民送进城的菜，然后到市场上叫卖，七点过后再去上学。下午放学，回家后又挑菜沿街叫卖。谈及小时候的经历，他深情地回忆道：“记得那时候每年大年初一我都要上街摆摊卖萝卜丝，一分钱一盘。卖得最多的一年卖了一百多盘，赚了一块多钱，当时真的是欣喜若狂。”

当问及儿时的他对以后的生活有何打算和期望时，他语重心长地说道：“在这样的生活环境中说有很大理想是骗人的，想的是多帮家里做事，尽到当老大的责任。”生活的困顿激励他奋进，他告诫自己：有读书的机会就要好好学习，作为家里的老大，上有劳累的父母，下有年幼的弟妹，自己要为家里排忧解难，承担起责任。

品学兼优，结缘燕园

1957年，他进入江津一中学习，在那里度过了初中和高中生活。这所学校在当地颇有名气，是聂荣臻元帅的母校。

高中时，他成绩优秀，考试经常是全班前两名，“不考到前一两名都觉得惭愧”。当时中苏关系密切，他曾修习俄语，成绩也非常好。课外，他积极参加学生工作，曾担任校学生会主席，在当地小有名气。尽管生活条件很差，但艰苦的磨炼赋予他健康的身体，他曾获得全校短跑冠军，为后来在北大加入校田径队打下了基础。

1963年，他参加高考。时任江津一中校长的熊秉恒对学生充满关爱，推荐他报考北京大学。面对工科、医科和文科三张志愿表，他选择了工科，却因幼年无钱治病、眼翳留有残痕无望报考。转投医学，他想报考军医专业以便日后在战场上救死扶伤，可又因视力条件不够，在临考前十天接到通知不能报考。他只好临时改报文科。当时，他的第一志愿选择了西语系西班牙语专业，第二志愿选择了法律系，第三志愿选择了政治系。而他当时对法律专业基本一无所知，改报志愿后，他花了几天时间狠补历史知识后，便走上考场接受检验。

1963年夏天，他不负众望，拿到了北京大学寄出的通知书，成为当年江津一中考取北大的两人之一，也成为北大法律系当年在四川省招录的两人之一。

即将踏上北上的行程，面对比自己小9岁的妹妹和比自己小12岁的弟弟，他知道，自己上学之后没有人再能帮劳累的父母分担家务。从接到通知书到离家的半个月时间里，他每天上山打柴，直到一捆捆柴把家里的堂屋堆满，他才踏上离家北上的漫漫求学之路。

燕园的求知者

1963年至1968年，曾宪章在北大法律系求学。20世纪60年代初的北大，求学氛围相当浓厚，同学们专心听课、认真学习，同学之间关系融洽亲切。老师们尽责尽职，对学生相当关心，师生关系非常好。当时，北大教授们的授课质量在全国高校首屈一指，很多授课教师都是国内法学领域的一流专家。

他喜欢听课，最喜欢的主要有法学理论、法制史等课程。除了专业课，他还选修了哲学、历史等课程，曾通读《资治通鉴》等书。回忆那段求学的历史，他语重心长地说道："尽管看这些书都是走马观花，但它的潜在影响力量是很大的，如果没有历史和哲学的观点，是不能学好法律的。"

在燕园求学的几年是他人生中关键的几年。在那几年中，他夯实了知识基础、提高了思考能力，培养了读书和分析的习惯，这对他有着贯穿一生的影响。他满怀深情地说："北大的校风和学风对人的一生影响很大，养成思考的习惯是在北大几年学习中最大的收获。"

1968年，他毕业分配。一直以来，他期待自己能够从事政法工作。谈及当时的毕业选择，他真诚地说："当时的环境给我们的信念是到越艰苦的地方去越好，这是当时的环境。我上大学的几年，吃、住都是党和政府给我们提供的，因而党把我们安排到哪里我们就到哪里，这与当代学生成长的环境相比，既有可比性，也不完全有可比性。"时值"文化大革命"中期，他被分配到太行山，成为山西盂县石店煤矿的一名工人。

“埋了没有死”和“死了没有埋”

1968年，他来到山西盂县当煤矿工人，在当地人眼中，煤矿工人是“埋了没有死”的工种，除了非常劳累，还具有高度的危险性。他虽然身强力壮，每天高强度的工作却也让他几乎连腰板都直不起来，但他没有失落感。在煤矿，他和周围纯朴敦厚的煤矿工人同吃同住，打成一片。穿的是工作服、吃的是难以下咽的“河捞”、同十多人睡一铺大炕，工人师傅对他非常认同。

后来，盂县法院准备调他去工作，但他坚持要回家乡，他希望能够照顾父母。他的愿望得到了好心人的同情和帮助，尤其是一位老八路和当时盂县县委组织部部长的帮助，令他难以忘怀。刚到盂县报到时，他住在盂县招待所，曾经遇到一位老八路，在聊天的过程中，老八路对他的经历表示同情并主动提出要帮助他。后来，老八路带他去县委组织部部长家里。组织部部长是参加过抗美援朝的老兵，对他的经历也深表同情，不顾自己正在病中，亲自为其办理调动事务。事隔多年后，他才知道自己是新中国成立以来第一个从山西盂县调走的干部，更加体会到这些帮助的珍贵与不易。他深情地说道：“我后来给组织部部长写信，却从来没有收到回信。一个人在人生道路上，有很多难以忘怀的事情。这位组织部长和老八路，与我萍水相逢，却有这样的同情心和爱心，帮助人后又不求任何回报。他们乐于助人的性格对我产生了潜移默化的影响，我一直谨记要以帮助他人为乐，特别是要帮助弱势人群。”

1969年，他终于回到了魂牵梦萦的家乡，在江津拖轮队工作，先是担任传播电工，后来又去体验纤夫的工作。拉纤的人大多数成不了家，死了之后没有人领，遗体随江水漂走，因此被称做“死了没有埋”的工种。他们是真正的游民，居无定所、以船为家，夏天太阳暴晒、冬天江风刺骨，那种受苦的滋味让曾宪章刻骨铭心。

从“埋了没有死”到“死了没有埋”，他先后从事了世界上两个艰苦的工种。而也正是这些经历，使他对农民兄弟和普通百姓产生了深厚的感情，这种感情一直影响着他后来的工作和生活，对他的成长和人生有着巨大的触动和影响。

“要把所学的知识交还给老百姓”

1972年，曾宪章调任至江津1701信箱工作，这是第五机械工业部下属的一个单位，他在运送炸药的轮船上担任充电工人。不久，他被调到宣传部担任理论教员，这是他从体力劳动到脑力劳动的回归。但是，他并未因此产生优越感。用他自己的话说，这是因为在基层工作的时候一直感觉非常愉快，对工作很少有高低贵贱的区分。周恩来总理曾经说过，八个农民养活一个大学生。这句话对曾宪章的刺激非常大，他一直决心要把所学的知识和自己的青春交给老百姓。谈及1968年到1978年这十年间的得失，他始终认为长期在基层摸爬滚打，才让他真正明白了有机会学习知识的难得，更坚定了他把所学的知识交还给老百姓的决心。这不仅仅是他一个人的人生经历，更是他们那一代人集体的经历和记忆。

1980年，他被调至成都航空工业学校工作，担任理论教员。后来，他转到学生工作部工作，担任副部长。航校的学生进校时只有十六七岁，充满朝气。他积极开展品德教育课，注重对学生进行品德教育，以学生关心的问题为切入点自己编写教材，受到学生好评和学界认可。他和学生们一起做操、一起参加活动，以身作则。他充分关心学生的毕业分配工作，对学生的困难尽可能地帮助解决，在他主管期间，没有一个学生因为毕业分配闹过意见。

1983年，中央出台政策，明确指出要选拔年轻干部。1984年，深圳市来到成都、重庆招录政法干部，他被选中。但是，第三机械工业部党组和成都航空工业学校都不愿意放走他，第三机械工业部为了留住他，决定提升他担任航校党委书记。在他看来，得到组织的信任和挽留是无比崇高的，便放弃了去深圳的机会，专心工作。

执著的法律人

上世纪80年代初，他开始从事兼职律师的工作，是全国最早的律师之一，也是1983年“严打”期间愿意出庭辩护的少数律师之一。担任兼职律师期间，他很少收费，办了一些有影响的案子，受到了较高的评价。

1985年，他调任四川省人大常委会工作。当时，在全国省级人大既担任常委又担任法工委副主任的干部中，他是最年轻的。回到本行，他对自己提出了为四川省的法制建设作出贡献的要求。他和同事确立了每年召开全省人大法制建设专门会议的制度；在地方性立法方面积极开展工作，卓有成效；在协调公检法系统之间的关系、解决长期悬而未决的案件方面也有所收获；就主管工作发表了若干有影响的文章。

20世纪80年代末期，监察部设立。四川省省委省政府决定任命年轻且懂法律的干部担任四川省监察厅的领导职务。1988年，曾宪章调任四川省监察厅副厅长一职。在他看来，从事针对干部的行政监察工作是进步且具有开创性的事情，重要的是工作本身有意义，而非官位的高低。1988年底，他参加全国监察系统会议，在发言中提出“如何走出一条既不同于党纪又不同于法纪的行政监察的路子”，给监察系统的同志们留下了深刻的印象。

1992年春节前，他调任四川省司法厅厅长一职，开始了11年的司法行政工作生涯。他从抓改革、抓发展入手，一心扑在工作上。半年内，他奔赴全省二十多个地市的司法单位及监狱调研，致力于将司法单位打造成有能力办实事的单位。面对当时的国内发展形势，他适时提出“司法行政工作要有为才有位”、“司法行政工作要为市场经济服务”的工作思路。全国律师体制改革也是从四川开始的。短短几年时间内，四川省监狱从全国监狱中较落后的单位成功转变为监舍稳定的单位，这对当时关押罪犯占全国罪犯十分之一的四川省监狱系统有着重大意义。他强调对劳改罪犯实行人性化挽救，帮助他们走出困境、重塑人生。他注重到基层开展调研工作，有针对性地指导和调动基层司法行政工作。

工作中，他也遇到过很多困难，困难的核心在于司法行政缺少法律支撑。本着“有为才有位”的工作理念，十五大之后，他从抓律师制度改革、监狱劳教工作改革转变为抓法制建设、人民调解、法律援助、司法所建设等方面的拓展和改革。在他的主持下，四川省成立了全国第一家省级法律援助中心，成立的当天（1996年5月31日），就为在广东打工的四川籍农民工提供法律援助，取得明显的法律效果和社会效果。此外，他还重视安置帮教工作，率先成立安置帮教处，为曾受过关押、劳教的人员提供劳动就业等方面的帮助。一直以来，他笔耕不辍，主编出版了多部与法律相关的著作。1998年，他集结自己在司法系统工作的若干思考和文字，出版专著《改革与探索》，被誉为“对司法行政改革的思考和经验总结”。

2003年，他从领导岗位卸任。此后，他从不去任何一个司法行政单位，从不把以前的工作范围当做自己的地盘。单位请他指导，他总是婉言谢绝。这更加体现了他豁达大度、无私无畏的性格。他乐于助人的品格更受到社会的称赞，外界普遍评价他“有正气、有能力、有水平”。谈及自我评价，他坚定地说：“我是一个说老实话的人，很多时候没有完全按照官道办事。这是我的特点，更是北大人的特点。在我的价值观中，当官不是为了获取更多的个人财产，而是真心诚意地为老百姓办事，无论在哪里，都要做点实事。”

现在，他还担任四川省法学会副会长和四川省律师协会会长职务。他一直很关心律师这个群体在社会中的位置及其应该承担的社会责任，在他看来，好的律师应该是好的法律人和社会活动家，要忠于法律和事实，要运用法律知识来进行社会活动。他对当下律师行业中出现的浮躁现象也颇为担心。

多彩人生

退休后的曾宪章生活丰富而充实，保持着在北大养成的喜欢看书、思考和写作的习惯，保持着助人为乐、广结善缘的习惯。

他的家庭生活也非常幸福。他的夫人也是四川江津人，在四川省甘孜州工作了十多年，后来随他到成都航校、四川省监狱管理局等地工作，是最早担任高级警官的女性之一。他有一对儿女，对于儿女的教育，他认为最重要的是教育他们如何做人，他要求儿女们要立志、要有学识、要有恒心。儿女们也没有辜负他的期望，继承了他身上很多优点。女儿现在在国外生活，儿子取得纽约大学的硕士学位后，回到北京工作。

谈及当今中国的法律教育，他认为中国的法律教育与国际先进的法律教育相比还存在一定差距，尽管新一代法律人在法律知识上懂的比老一代人多，但是对于社会舆情了解少，理想主义的成分比较多，到了社会上就会碰到困难，甚至会碰壁。现在的学生碰到的问题，比以前的问题复杂，同学们要做好经历挫折和克服困难的准备。他建议当代的法律人要着眼于提升自身的素质，在《民商法》、《国际民商法》等方面加强学习。

针对当代大学生“眼高手低”、“血拼东部”的现象，他认为，无论东部还是西部，对于年轻人来说都是大有可为的。东部在发展过程中也有很多问题，西部发展缓慢、瓶颈很多，这些都需要优秀的人才来解决。北大学子办事能力、处事能力是很突出的，这是北大给我们的财富。然而，北大人也应当对自已有正确恰当的定位，定位要适中，一步到位非容易之事，要通过几次甚至是十几次的努力才可能达到理想的境地。面对现实要有平常之心，要吃得起亏，不要一开始就定位过高。

认真做事，保持平常心，在曾宪章看来，是人生的金科玉律。

采访手记

曾宪章校友的经历可谓坎坷，从成都航空工业学校算起，三十多岁之后才算步入人生的正轨，驶入快车道，但他取得的成绩、受到的认可依然让人羡慕。曲折的道路、光明的前途交织在一起，愈发显出他的坚韧、执著、进取。

从“埋了没有死”的煤矿工人，到“死了没有埋”的纤夫，再到船舶的充电工人，他摸爬滚打了整整十年，一直在基层从事着最普通而又最繁重的体力劳动。而这十年，对于任何一个人来说，都是生命中最宝贵的青春时期。听到他讲述这段曲折的经历，记者忍不住问道：当时的他是否有过失望和彷徨？在那样的大环境下，他怎样让自己不对未来失去希望？他笑了笑，停顿了一下，语重心长地说：这不仅仅是他个人的人生经历，更是他们那一代人集体的经历和记忆。在任何工作岗位上都要保持一颗平常心，把工作做好，工作本身没有高低贵贱之分。

正是因为有了这颗平常心，他真正明白了有机会学习到知识是多么不容易，更坚定了要把所学的知识交还给老百姓的决心，继而在之后的法律从业之路上取得了不俗的成绩。

正是因为有了这颗平常心，他在最困顿的时期仍心存希望之光，没有气馁、没有放弃，终于迎来了人生的转折点。

正是因为有了这颗平常心，他始终保持着一身正气，执著于作为一个法律人的理想和信念，乐于助人、不求回报。

对曾宪章校友的采访是在成都一个温暖的春日下午进行的。对于记者来说，与其说是采访，不如说是在聆听一位前辈的教导和人生感悟。从他坚毅的眼神和充满智慧的话语中，记者一次又一次地体会到，北大精神绝不是空中楼阁，它是实实在在的东西，是由一位位充满理想而又实干的北大人垒叠起来的一座丰碑。

（文/北京大学国际关系学院2006级本科生　龚　婷）

陈育宁
路在自己脚下
Luzai Ziji Jiaoxia

陈育宁，男，1945年1月生，祖籍山西，汉族，中共党员。1962年进入北京大学历史系学习，获历史学学士学位。现任宁夏大学教授、博士研究生导师。兼任中国民族史学会副会长、鄂尔多斯学研究会专家委员会主任，上海交通大学、山东大学兼职教授。

1970年至1980年，在内蒙古伊克昭盟鄂托克旗工作，曾担任中学教师、旗委宣传部副部长。1980年至1987年，在内蒙古社会科学院工作，1983年担任副院长、中共内蒙古自治区委员会候补委员。1987年至1993年，在宁夏社会科学院工作，历任副院长、院长。1993年至1995年，任宁夏回族自治区政府副秘书长、办公厅党组书记、主任。1995年5月至2001年4月，任中共银川市市委书记、自治区党委委员。2001年至2008年，任宁夏回族自治区政协副主席、党组成员，宁夏大学党委书记、校长。

陈育宁长期从事北方少数民族历史研究。出版学术著作《民族史学概论》、《中华民族凝聚力的历史探索》、《鄂尔多斯史论集》等，主编《宁夏通史》、《宁夏百科全书》等。与爱人汤晓芳（北大校友）合著《北方民族史论丛》、《中国回族文物》、《西夏艺术史》等。其著作曾获国家图书奖、中宣部“五个一”工程奖、全国高校人文社科研究优秀成果奖、自治区社科优秀成果一等奖、自治区科技进步一等奖等。2002年被评为北京大学优秀校友，2006年被英国南安普敦索伦大学授予荣誉博士学位，曾获2007年度“中国十大教育英才”称号。

艰苦磨炼　无怨无悔

1962年，17岁的陈育宁以宁夏高考文科第一名的成绩，进入北京大学历史系读书。在北大求学期间，德高望重、治学严谨的老师，朝夕相处、互相砥砺的同学，使他难以忘怀。北大自由的学术氛围、丰富的教学资源，更使他如鱼得水。埋头苦读、遨游书海成为他每天生活的“必修课”，也为其以后的工作奠定了扎实的基础。临近毕业，“文革”发端，就业形势大变，作为学生干部，他参与了当时的毕业生分配工作，却选择了剩下的最后一个指标：奔赴当时仍比较落后的内蒙古。

从北京到呼和浩特，再到巴彦淖尔盟，再到边远的乌梁素海部队农场，他开始“接受再教育”：住在老乡家、步行军、修大坝、吃冷饭……一年半之后，他被再次分配到内蒙古最贫穷的伊克昭盟（后改为鄂尔多斯市），又被派往最偏远的鄂托克旗，最后到达黄河边某个移民公社的中学，开始了他的教师生涯。这里靠近荒漠，还有被大风卷入黄河的危险。他的新婚妻子、北大同班同学汤晓芳，毅然放弃了在家乡上海的工作，来到这里与他同艰苦、共命运。恶劣的自然环境和艰难的生活条件并没有使他沉寂，他没有灰心、没有失望，而是脚踏实地地从当前做起。大学里的知识储备以及儒雅的文人气质，使他的课程深受学生们喜欢。不久，他的学识和人格为领导所熟悉和赏识，一年后，他被调到旗委宣传部工作。40年后，他当年所教班级的38名学生特意从各地赶赴银川看望他，纷纷希望能再听他讲一次课。时至今日，在他众多的头衔中，“老师”依然是他最为喜欢和最有感情的。

他在鄂尔多斯市工作了十年。十年的基层磨炼，使他更为深刻地了解了人生、了解了社会、了解了中国最基层的民生。他钟情于鄂尔多斯这块古老而神奇的土地的多民族历史文化。他收集资料、实地考察，为深入研究鄂尔多斯的民族与历史奠定了坚实的基础。回忆起这段非同寻常的经历，他说，这是他一生的财富，无怨无悔，“鄂尔多斯在我心中”。他的散文集《永远的牵挂》，就是这份情感的深情表达。

“磨难也是财富”

2001年4月，他出任宁夏大学党委书记、校长。宁夏大学地处西部不发达地区，全校家庭经济困难的学生约占28%、特别困难的学生超过10%，均高于全国高校平均水平，他特别强调要做好家庭贫困学生这一特殊群体的工作。在陈育宁看来，贫困大学生是当今高校中特殊的群体，如何帮助他们自尊自强、成长成才是大学教育中不可忽视的重要问题。成长不仅是增加知识、提高能力，更为重要的是心灵趋于完善、人格走向健全。青年人身心的健康成长，需要外界爱心的呵护。对于家庭经济困难的大学生来讲，勇于克服困难、经受磨难、自信自强、不甘平庸，是应有的人格和品德，是弥足珍贵的资源。为此，陈育宁非常注重与家庭经济困难学生接触、交流。做好这一群体的工作，不能仅帮助他们解决生活困难问题，更重要的是帮助他们克服自卑、树立自信，坚强起来、笑对贫困。宁夏大学通过建立以“奖、贷、助、补、减、免”为主要手段的资助体系，基本解决了贫困同学的经济困难。同时，采取一系列“软”措施，通过思想激励、心理抚慰等方式帮助他们解决思想问题、观念问题，帮助他们树立自尊、自信、自强、自立精神，激励他们在艰难中奋斗、在奋斗中前进、在前进中成长、在成长中奉献。担任校长期间，他每年除夕都与留校学生一起包饺子，给他们发红包，让他们感受到家一般的温暖。他以创造性的工作，把“不让一个大学生因家庭经济困难而辍学”的庄严承诺落实到每个家庭经济困难的大学生身上。宁夏大学的学生则向深受他们爱戴和尊敬的陈校长赠送亲手制作的独特小礼物。直至现在，每当行走于宁夏大学校园，学生们深情地喊他“陈老师”时，他心里都感到无比欣慰和高兴。

《磨难也是财富——宁夏大学贫困学生的足迹》就在这样的探索和实践中诞生了。该书由他主政宁夏大学期间亲自创意、命名并主编，书中收集了宁夏大学106名贫困大学生撰写的经历、体会，陈育宁写了充满感情的序言。书中真实记录了贫苦大学生面对贫困时，正视磨难、坚持理想、历练人生的情怀，凝练出宁夏大学的学子品格：感恩，珍惜，坚强。这与陈育宁提出的“志存高远、脚踏实地”一并构成宁夏大学莘莘学子的精神追求。该书于2005年由宁夏人民出版社出版，2008年再版，在社会上产生了强烈的反响，成为广大青年学生的励志读物，被誉为“大学生自己编写出来的一本人生教科书”，现在已成为宁夏大学构建知识培养体系和人格培养体系的重要载体。2007年8月，在共青团中央举办的第九届共青团精神文明建设“五个一工程”奖评选活动中，《磨难也是财富——宁夏大学贫困学生的足迹》一书荣获优秀文化作品奖，成为宁夏回族自治区在本届评奖活动中唯一获奖的作品。

体验大学

陈育宁担任宁夏大学党委书记、校长的时期，正是中国高等教育深刻变革和加快发展的关键时期：高等教育资源调整重组，高校连续扩招；西部大开发战略实施，西部的教育、科技发展受到中央的高度重视和积极支持。各类型、各层次高校都在抢抓机遇、加快发展。作为西部地区的一所地方高校，宁夏大学经过两轮合校，规模扩大、校区分散，教育资源、内部管理、办学理念等均处于过渡融合阶段，加之学校办学历史较短、基础薄弱，学校发展困难重重。到任后，他深入基层调查研究以熟悉工作，两个月后即形成一份调查报告，这份调查报告紧紧抓住学校工作的重点和难点，对教学质量、人才培养、学科建设、师资建设、科学研究、发展规划、对外合作、党建思政等工作提出了一系列带有全局性的举措和要求。他还提出“跳出宁大看宁大，站在全国看宁大”、“跳起来摘苹果”、“借助外力求发展”、“落实就是发展，否则就是空谈”等一系列工作思路。在他的带领下，学校领导班子团结全校教职员工，齐心协力，迎难而上，仅用三年时间就在本科教学工作水平评估、重点实验室建设和博士学位点建设等方面取得了历史性突破。同时，以建设“211工程”为目标，负重拼搏、一年一步、步步落实。2008年，宁夏大学进入“211工程”的建设行列。

2006年，他撰写的《体验大学》由宁夏人民出版社出版，该书收录了他2001年至2006年在宁夏大学工作期间的70篇讲话稿和演讲稿，集中体现了他的办学思想和治校理念，真实反映了宁夏大学近年来快速发展的轨迹。书中，他这样注解自己与学生的关系：一是师生关系，要为学生创造良好的学习条件，实施严格的科学管理，使他们顺利完成学业，成为合格的大学生；二是朋友关系，要像朋友一样相互关心、相互帮助，要看到当代大学生的长处，向他们学习，相互促进；三是两代人的关系，要像疼爱自己的子女一样去关心、爱护学生。他主张，学校要给学生办好开学、毕业两个“节日”。每逢此时，他总以自己的亲身体验为学生演讲，让节日的收获永远伴随他们的成长。

2008年2月25日，即将卸任的陈育宁从北京捧回“2007年度中国十大教育英才”奖杯。该奖项由联合国教科文组织、全国政协教科文卫体委员会、中华英才杂志社等九家机构共同主办，从2004年开始每年在十大行业中各评选十位英才。该活动开展四年来，他是宁夏获此殊荣的第一人。组委会给他的颁奖词是：“扎根西部，为民族教育倾注心血，正确处理规模与质量、教学与科研、加快发展与规范管理、全面提高与重点突破、发展目标与发展过程的关系，确保学校可持续发展的民族史学专家陈育宁。”在他领奖归来的欢迎会上，宁夏回族自治区党委常委、自治区副主席齐同生代表自治区政府这样评价他：“他以强烈的事业激情、成熟的领导才能、厚实的学术功底和优秀的人格魅力，带出了一个坚强有力的领导班子，造就了一支敢于创新、适应现代化大学发展的干部和教职工队伍。在短短几年时间，让这所西部民族地区的大学发生了巨大变化，同时也带动了宁夏高等教育事业的发展。”

主政宁夏大学七年后，他的内心有着怎样的心得和未竟的心愿？他说：“国家提倡教育优先发展战略、人才兴国战略，但真正落实在基层学校还很难，由于各方面的限制，教育还没有从整体上达到优先发展的地位，在不少地方教育还处于弱势地位，它缺少权力。我希望看到更多的对教育的真心支持和实在帮助，少一些无谓的指责和批评。”

2008年，他先后卸任宁夏政协副主席、宁夏大学党委书记职位，但他退而未休，仍然担任大学教授、博士生导师，主动承担教书育人的任务，积极参加各类学术活动和社会活动，发挥光和热。

草原有约　学术无涯

他在内蒙古近二十年的工作，起步于鄂尔多斯；他的学术研究工作，开始于鄂尔多斯。他的青春、事业、朋友和感情，都与鄂尔多斯紧紧相连。因工作调动离开鄂尔多斯后，他曾感叹：“有一种放不下的牵挂，那就是对鄂尔多斯历史文化的探究。”调离内蒙古之后，他依然保持着对鄂尔多斯不可割舍的情怀。多年来，他从未放弃对鄂尔多斯历史文化的研究，先后出版了《鄂尔多斯史论集》、《我与鄂尔多斯学》等著作和多篇学术论文。

2002年3月，他的蒙古族老朋友、曾任伊克昭盟副盟长的奇·朝鲁同志来信，邀请他参与“鄂尔多斯学研究会”的创立工作，他的心中激起波澜，十天后即把他撰写的《关于建立鄂尔多斯学的初步建议》寄出。2002年9月，以“研究鄂尔多斯文化、弘扬鄂尔多斯精神”为宗旨的鄂尔多斯学研究会成立，他被聘为专家委员会主任。此后，他多次利用休息时间奔赴鄂尔多斯，围绕鄂尔多斯学的创立与当地专家学者共同开展各类学术活动，开展新时期鄂尔多斯建设发展的考察研究工作，参与《鄂尔多斯学概论》和《鄂尔多斯大辞典》的编写工作。

他和夫人汤晓芳长期从事少数民族历史文化研究，对少数民族有着深厚的感情。在宁夏回族自治区工作期间，他们花费数年时间收集、整理、研究全国回族文物资料。2008年，时值宁夏回族自治区成立50周年之际，他和夫人完成了《中国回族文物》一书的编著。该书是我国第一部全面展示全国回族文物遗存状况及分类研究成果的专著，被学术界誉为“中国回族文化的一座里程碑”。全国政协副主席、中国回族学会名誉会长白立忱为该书题写的序言中写道：“他们二人不仅有长期从事少数民族历史文化研究的很好的基础，更主要的是，他们对少数民族是充满感情的。”陈育宁克服困难，组织宁夏的专家学者编写完成了《宁夏通史》、《宁夏百科全书》等大型书籍，为少数民族地区的文化建设作出了自己的贡献。

志同道合的人生伴侣

陈育宁的夫人汤晓芳也是北大人，是他当年的同班同学。几十年来，不论在内蒙古还是在宁夏，他和夫人在边疆民族地区勤奋耕耘，不仅收获了人生和事业的果实，也收获了爱情和家庭的幸福。曾有人这样评价他们：“这对夫妇是令人钦羡的。他们彼此间既是生活的伙伴，又是事业的密侣。他们相依相助的和谐关系，犹如乐曲的两个声部。”

小书斋是他引以为豪的两人世界。“我和爱妻已经出版的几本著作和发表的论文，大都是在这个小书斋里写出来的。每当进行一个题目的时候，书桌上，旁边的茶几、沙发上，堆满了书、卡片及各种资料。白天去上班，这些东西依然摊开着，谁也不许动，晚上接着干，直到这个题目做完，才将书桌收拾干净。但不久，随着下一个题目的开展，又重新堆满了各种资料。有时候，和妻子分工使用小书斋，白天她用，晚上我用，各自的资料各自收拾，互不干扰。”

“小书斋也是我和妻子酝酿、讨论、构思论文的地方。我俩常合作写论文，题目确定后，各自去看书、思考，拟出提纲，打出腹稿，然后安排一个晚上，打开录音机，共同商讨，逐段推敲。经过一两个晚上的交流，论文的框架基本形成，然后妻子再依据录音整理成初稿，由我反复修改，一篇论文就诞生了。”

环视他的书屋，里面满满排列着五架书，连吊柜和地面也堆满了书。临窗的写字台上卷帙积案，昭明了主人的喜好。他有一幅“知己书屋”的斋名横幅，却因书籍过多而无法挂出。

1993年5月4日，北京大学烈士纪念碑揭幕仪式，时任校长吴树青教授与学生在一起。

到祖国和人民最需要的地方去，到条件艰苦的地方去，磨炼意志，砥砺品格，把学得的知识用于实践，在实践中继续学习提高。这是青年人健康成长的有效途径。

吴树青

采访手记

想象中的陈育宁校友应该神情严肃、不苟言笑，眼前的他却是如此亲切随和、平易近人，无形中，我们忘记了跟他只是初次相识，恍惚间，他仿佛是正在倾吐心扉的知心朋友。近两个小时的采访，我们无所不谈。学习、就业、工作、生活……我们被他渊博的学识、高尚的人格、丰富的人生阅历所深深感染。

他曾是学术单位的领导人、曾是主政一方的官员、曾是大学的管理者……将西部、民族史学家、行政官员、教育专家等词串联在一起，我们可以大体勾勒出他的人生轨迹。在各种不同的岗位上，他始终能干一行、爱一行、钻一行，兢兢业业，勤勤恳恳，以最大的热情投入到工作之中，并取得了许多成果。谈及所获得的各种荣誉的时候，他说："非常高兴能够获得'北京大学优秀校友'这个称号，自己非常珍惜这个荣誉。"我们看到了他满脸的幸福。在我们苦苦追问和搜寻北大精神的过程中，我们一直在思考什么是北大精神，而陈育宁校友的一切不就是对北大精神一个鲜活的注解吗？随遇而安，默默奉献，到哪里都能发光放热。

他喜欢以青年为友，关心青年、聆听青年、帮助青年；青年人喜欢他，愿意亲近他，向他敞开内心世界，他以不凡的学识和独特的人格魅力使青年学子深深折服。采访过程中，他会关切地询问我们在校的学习、生活情况，他的朴实、他的亲切，让我们心中涌起暖流。

归程中，窗外是一片望不到边的戈壁沙漠，但我们依然看见一片大有可为的人生舞台。此时距春天还远，但浮现于我们脑海中的却是美丽的绿洲：思想的绿洲、事业的绿洲、人生的绿洲……脑海中，依然回味着陈育宁校友对北大学子的殷切寄语："北大人不要背上北大的包袱，放下包袱才愈加像北大人。人才是实践中培养的，才干是实践中磨炼出来的。路在自己脚下。在实践中践行北大精神，才无愧于北大人的称号。"

（文/北京大学马克思主义学院2009级硕士研究生　王春锋）

伍席源

在西部的土地上默默耕作

Zaixibu de Tudishang Momo Gengzuo

伍席源，男，1946年6月出生于四川遂宁，汉族，中共党员。1963年9月至1968年9月在北京大学经济系学习，获学士学位。1979年10月至1982年7月在中国人民大学政治经济学系社会主义经济理论专业学习，获经济学硕士学位。曾任贵州省政协副主席，贵州省委统战部部长，第九届、十届全国政协委员。

1969年1月至1975年11月，在新疆维吾尔自治区奇台县8847部队农场劳动锻炼，后任阿克苏地区农业局干部。1975年12月至1979年9月，任贵州省遵义县委办公室干部、秘书。1982年9月至1988年3月，任贵州省委办公厅办公室干部，综合处副处长、处长，调研查办处处长。1988年3月至1992年1月，任贵州省委副秘书长、贵州省经济社会发展研究中心副总干事。1992年1月至1994年3月，任贵州省委副秘书长、贵州省委政策研究室主任、贵州省经济社会发展研究中心副总干事。1994年3月至1997年8月，任贵州省委副秘书长。1997年8月至2003年1月，任贵州省委统战部部长。2003年1月至2007年6月，任贵州省政协副主席、贵州省委统战部部长。2007年6月至2008年1月，任贵州省政协副主席。

新疆阿克苏城外不远，戈壁荒漠苍凉贫瘠，却亦有“大漠孤烟直，长河落日圆”的雄浑壮阔。1970年，一位昔日的北大学子，曾经在这座小城里经常挑灯夜读。

贵州“地无三尺平，天无三日晴，人无三分银”，但这里亦有奇峰秀色、清水美瀑、丰矿的富藏。同样还是那位昔日的北大学子，几乎把自己的一生奉献给这里。

从北大到西域边陲，从西域边陲到西部高原；从“接受工农兵再教育”到基层文秘工作，从基层文秘工作到贵州核心决策层的参谋助手；从踌躇满志到苦闷彷徨，从苦闷彷徨到豁然开朗……

在前进的道路上，“北大水平”是他对自己一以贯之的衡量标准，在命运的坎坷处，他不怨天，不尤人，在一个个平凡的工作岗位上，他用踏实的工作取得了不平凡的成绩。

这个几乎把一生献给西部的北大人，就是伍席源。现实生活中的伍席源面色红润，须发银白，声音洪亮，思维清晰敏捷，风格粗犷开朗，言谈嬉笑、举手投足间如大线条在空中飞舞。而他的一生，随着笑谈的言语和舞动的线条而跃然纸上。

“生在旧社会，长在红旗下”

1946年，伍席源出生在一个普通的工人家庭，父亲是邮政系统的汽车修理工，初小文化，母亲在遵义一所小学当老师。淳朴的家庭为伍席源提供了一个安静祥和的成长环境。他从小就喜欢学习，成绩一直都比较好。1957年，11岁的伍席源进入遵义一中，并在这里度过了从初一到高二的五年时光。后来，遵义一中的高中部并入遵义四中，此时的他已经升入高三，在遵义四中这所省重点中学里，他的成绩依然名列前茅。

回想自己的学生岁月，伍席源首先面临的是学科的选择，虽然文理兼优，但伍席源最后选择了文科。在填报志愿的时候也曾有过一点“小波折”。当时贵州报考文科的考生，可以填报5个重点大学，每个重点大学可以填报3个系，从理论上说起来一共可以填报15个系，但实际上在贵州招生的只有4个系：北大的中文系和经济系、北京师范大学的中文系、四川大学的中文系。最终，伍席源听从了班主任的建议，将北大经济系放在第一位。

对于考上北大，伍席源一直强调自己是“幸运”的。“在那个特殊的年代，并不是成绩好就一定能上大学，更不要说是上北大。”伍席源因为父亲是工人，又是共产党员，政治条件还不错，如愿以偿地考上了北大。“时代环境很重要，每一个年轻人都只能面对环境。首先是面对，然后才谈得上适应和改变。”伍席源感叹道。

顺逆皆由心，学取事理人

1963年8月，17岁的伍席源怀揣北京大学经济系的录取通知书，踏上了前往北京的旅程。可以想见，当时的伍席源应该是豪情满怀、踌躇满志的。他憧憬着即将到来的大学生活，期待着前面未知的求知旅程。

伍席源坦承自己的一生从自己在北大的经历中获益匪浅。首先，这里毕竟是北大，很多老师的学问散发着特有的魅力。伍席源与同学们上过厉以宁老师的外国经济史、张友仁老师的政治经济学、沙健孙老师的中共党史……。那时文科一年级的学生，都要上一门汉语写作，上课的老师就是现在大名鼎鼎的乐黛云教授。所有这些，无疑使来自贵州山区的伍席源大开眼界。伍席源说：“能够进入北大学习的人，往往有一种‘以天下为己任’的家国情怀和‘放眼世界’的国际视野，对全中国乃至全世界的事情都比较关心。”

北大师长们敢讲真话、敢于坚持真理、任劳任怨的高风亮节也对伍席源产生了深远影响，并被他奉为自己的人生信条。伍席源也忘不了北大图书馆那些可敬的管理员们。“我们当学生的时候，其实并没有多少学问和知识，而图书馆的工作人员中有不少是四五十岁的老先生。不管你要找什么书，他们都很耐心地帮你去找，很不容易。”他在北大图书馆借过一本新中国成立前出版的《毛泽东印象记》，比较珍贵，当时一个五十岁的管理员很认真地帮他找到了。“尽管我是个毛头小伙子，只有十八九岁，但他仍然尽心尽力地满足我的要求。我觉得他们的工作精神特别令人尊敬和敬佩。”北大师长和员工们兼济天下、刚正不阿的情怀和严谨务实、任劳任怨的工作精神，深深地影响着年轻的伍席源，渗进了他的生活态度之中。

毕业分配的日子终于来临了。“那时候没有自由选择，更没有双向选择，当然也没有现在就业竞争的威胁和压力，时代不一样。当时，你就是一颗螺丝钉，把你放在哪里你就必须去。”伍席源回忆道。

伍席源所在的经济系一共有47人毕业，根据分配方案，统一分配，全都是“四个面向”（农村、工矿、基层、边疆）。伍席源被分配到遥远的新疆，报到后被分到距离乌鲁木齐两百多公里的奇台县8847部队农场劳动锻炼。忆及四十多年前的选择，伍席源十分坦然，“我们这一代人到西部工作的原因很复杂，工作时间也很长了，和西部关系确是比较紧密，也不必非要套个‘响应祖国号召’的帽子。当时思想上也有过犹豫、有过不愉快，但也觉得没什么大不了的。思想深处有一个基本的信念：别人都能待，我也能待！”

一年半后，劳动锻炼结束，1970年4月份，伍席源又被分配到地处祖国边陲、塔克拉玛干大沙漠北缘的阿克苏地区，到了农业局。

阿克苏距离乌鲁木齐1026公里，属于边疆地区，坐客车要走五天。面对无边无际的荒凉戈壁，伍席源没有抱怨、没有放弃，他踏踏实实地工作，认认真真地学习，从工作实践和周围的人群中吸取养分。

当时阿克苏地区农业局局长张功保，是一位来自湖南浏阳、参加过秋收起义的老红军。“他是王震将军的部下和旧识，也是一名很合格的军人。从他身上我学到了好多东西。”伍席源非常感激自己的第一位领导，回忆起第一次随他下乡时的情景，仍然历历在目：“当时我跟着他一起到乡下去检查生产。出差回来，结算伙食账和出差费，老局长随口说：‘小伍啊，该拿的钱一分钱不要客气，不该拿的一分钱都不要拿。’”

平平淡淡的一句话，蕴含着多少人生的至真之理。“这第一个上级说的话，成了我一辈子立身处世之道。”伍席源动情地说。

伍席源喜好读书，夜深人静，一盏孤灯之下，伍席源开始埋首于《资本论》、《马克思恩格斯选集》、俄文版《列宁传略》等书籍的阅读和钻研，并订阅了一份《中国建设》的俄文版杂志。以前，工作上的任务完成了，这一天也就结束了，而当读书又开始重新成为生活的一部分时，工作的间隙被书香所塞满。尽管只能用马灯代替经常停电的电灯，尽管狂沙起圈，寒风凛冽，但是伍席源仿佛又回到了大学时代，他想起那些在北大图书馆念书的日子，整个人也仿佛又恢复了活力。读书的快乐，填补了苦寒的西北生活，让他得到极大的慰藉。大概每个人在年轻的时候，或多或少都会有通过个人努力改变国家的愿望，伍席源也不例外。提到那个时候的一些想法，伍席源偶尔还是会为自己当初的少年激情所动容。“现在想来，我一个小人物对国家大事起不了什么作用，但那时抓紧时间学习，为后来考研究生打了底子。”

1972年秋天，经人介绍，伍席源结识了遵义县团溪小学的教师周朝容并与她结为伉俪。经过仔细的考虑，伍席源做出了人生中的又一个重要决定：回贵州老家。1975年11月，几经周折，伍席源回到了遵义。还算幸运，当时遵义县委办公室的王贵嘉主任需要几个文字能力强的人员做文字工作，一直想找几个大学毕业生，于是把伍席源要去那里做文秘工作。

到遵义县委办公室工作不久，伍席源就觉得工作比较顺手，领导对他也很满意。“这当然要得益于在北大的学习。”说到母校，伍席源又变得深情起来，“那时，视野比较开阔，受到了良好的文化理论教育。再乱嘛，也算在北大熏陶了五年，再加上自己努力，也够谦虚，工作后很快就把大学学到的东西派上了用场。”

在遵义县工作的这段经历也成为伍席源日后工作的起点。“在遵义县的几年有几个好处：第一是在基层摸爬滚打，了解了农村的情况，知道了老百姓生活的艰辛，也知道了他们的思想情绪；第二就是对党政机关的工作比较清楚了。”伍席源表示。

魂牵贵州情，心系改革业

躬逢盛世，枕戈待旦。

至今伍席源还清楚地记得那一天是1978年3月19日，春光明媚。在遵义县龙坑公社当农业学大寨工作队队员的他，与农民一起干了一阵农活之后，躺在草坡上看当天来的报纸，恰好看到了前一天全国科学大会开幕的消息。特别是郭沫若先生澎湃奔放、热情洋溢的致辞，引用的“日出江花红胜火，春来江水绿如蓝”的诗句，让伍席源激动了许久。年底，广播里反复宣传三中全会精神：“除非外敌入侵，全党全国的工作重点始终是经济建设。”他意识到，国家将大变，社会将大变，个人状况也将大变。

1977年恢复高考，1978年恢复研究生招生。自那时起，许多知识分子的命运也开始改变。历史给像伍席源这样的千万学子创造了一个可以重新回到学校继续攻读的机会。在做了充分准备后，1979年他报考了中国人民大学政治经济学系社会主义经济理论专业的研究生。全国有100多人报考该专业，录取7人，伍席源榜上有名。

而这份荣耀的背后，伍席源克服了多少困难，付出了多少努力，恐怕只有他自己知道。那是多少个深夜孤灯下的苦读，那是多少次妻儿入睡后的奋起……

研究生毕业，伍席源又一次站在人生的十字路口。时年已经36岁的伍席源心里很清楚，这时候的选择，很可能就决定了自己的后半生。考虑再三，伍席源还是回到了贵州。1982年9月，伍席源进入贵州省委办公厅工作，成为办公厅办公室文件起草科的一名工作人员。“绕了一圈还是回来了。”从此，贵州就成了永远的根。一辈子除了在北京两次上学八年，新疆工作八年，其余的时间基本上都在贵州。

1982到2008年的26年间，伍席源从贵州省委办公厅办公室文件起草科的“小干部”，历任省委副秘书长、省委政策研究室主任、省委统战部部长、省政协副主席，他把所有的精力都给了贵州。他亲历了贵州改革开放的辉煌成就，也见证了西部大开发十年来贵州取得的巨大成绩。而他本人也在这过程中有过艰辛的付出，做了该做的事情。

“我只想把自己所学的知识用到工作上。”抱着这样的工作态度，他兢兢业业工作，多次参与了贵州省委的重要文稿起草工作，成了贵州省委的“一支笔”。从省第五次党代会报告起草组“叨陪末座，侧身其间”的一般工作人员，到省第六、第七次党代会报告的起草组副组长、主要执笔人，并作为工作人员参加了党的十三大、十四大以及那十余年间历次中央全会、中央工作会议的秘书服务工作，其经历不可谓不繁复。

在办公厅工作期间，伍席源前后直接为五个省委书记服务过。他为领导起草过很多讲话和报告稿，也随同领导到很多基层做过调查研究，为促进贵州的发展和改革开放辛勤工作。

伍席源在办公厅工作期间，也是贵州改革开放如火如荼的时期。那一时期，贵州从农村改革转向城市改革，在大力发展商品生产、商品经济的问题上，在不断推进经济改革的步伐上，几任省委一把手的指导思想和工作思路，在全国是不落后的，许多还是在全国走在前列、叫得响的。在这一过程中，伍席源的工作始终与贵州改革开放的现实有着紧密的关联，并在较长时间里直接服务于贵州的核心决策层。几位具有远见卓识、作风淳朴的省委一把手的精神风貌，也在伍席源身上产生了潜移默化的影响，伍席源从他们身上学到了很多好作风、好习惯。最主要的，就是对“民情、民心、民意”的关切。受他们的影响，同时也在基层摸爬滚打过的伍席源在工作中，尤其是调研选题、政策研究中，特别注意体察民情、民心、民意，力求围绕人民最关心的问题到基层去做调查、搞研究，提出政策性建议。

回顾以往的岁月，伍席源说，在工作中从领导和同事们身上学到的好思想、好作风，是一笔宝贵的精神财富，让他受用终身。

总结在省委办公厅负责文稿期间的工作，伍席源认为那不过是与办公厅的同事们一道，协助领导同志调查、研究、记录、整理、提炼思想等，做一些参谋助手的工作罢了，从总体来上说是尽了点力，尽了点责任，领导对工作总的评价也是不错，但不能说有多大贡献，更不好说某个思想是自己提出的，某个政策是自己出的主意。“默默无闻，甘当无名英雄，是那个岗位的要求和特点。”伍席源谦虚地说道。

百炼大器局，千锤定浮沉

从1982年到1997年，伍席源在贵州省委办公厅一待就是15年，这个从西部边陲到西部高原的北大人，早就在跌宕沉浮的人生中千锤百炼，练就了过硬的本领，在日后的工作中也更得心应手了。

1997年8月，贵州省委调任搞了多年文字和研究工作的伍席源到省委统战部担任部长，负责全省的统战工作。伍席源在这个位子上一干又是10年。这期间，他与部里的同志们一起，认真贯彻中央、省委关于统战工作的方针政策，按照“凝聚人心，汇聚力量”的总要求，在贵州的民主党派工作、无党派人士和党外知识分子工作、民族宗教工作、海外联谊工作、非公有制经济代表人士工作、统战理论政策研究工作等方面，做了大量卓有成效的努力，为巩固和发展贵州省最广泛的爱国统一战线尽到了自己的职责。

2000年，西部大开发战略全面启动，给贵州的发展带来了千载难逢的历史机遇。伍席源尽管已到省委统战部工作，但同样要为这项巨大的开发工程出力。

伍席源时刻关注着西部大开发中存在的一些问题。按伍席源的看法，由于贵州“三不沿”———不沿江、不沿海、不沿边——的地理区位，贵州的开发发展本来就是一个世界性的难题。目前最大的问题就是能否实现可持续发展，既要开发，又要建设好的环境生态，不能够再重走先开发后治理的路子。“在贵州讲科学发展观，最重要的还是环境生态问题。”

贵州发展的另外一个关键则在于人才。“人才是全方位的，要根据贵州的发展需要，根据自己的产业发展制定相关的政策，有意识地引进人才。”2005年8月，伍席源和同事们成功组织了“海外留学人员为国服务团贵州行”活动，签署合作协议九十余项，引进了不少对贵州发展有帮助的人才。“其中一个已在以色列工作的四川学者，专门研究石漠化治理的。因为贵州石漠化比较严重，我们就邀请他回来工作，贵州大学也在政策上给予一定的优惠政策。”此外，他们还采取各种各样的培训方式，为贵州本地的干部进行培训，提高他们的执政能力。

2008年，适逢改革开放30周年，贵州省政协开始进行《亲历贵州改革开放30年》珍贵文史资料的编纂工作，已经退休的伍席源欣然担任主编（另一位主编是1968年毕业于北大历史系的李金顺副主席），全身心地投入到工作中。这部65万字的大部头已经按时出版，收录了不少亲历者的回忆文章，保存了贵州改革开放的重要史料。

眼底未名水，胸中校友情

“北大的学生有个特点，一说起北大，不管在北大经历什么遭遇，他身上的北大情结始终去不掉。每个人都把有机会到北大去学习作为一生的骄傲，这是永远在心里面起作用的东西。”

“在北大学习过的学生，他一辈子始终觉得北大的情结在他的精神里边，北大的光荣始终是和他联系在一起。他自己的潜意识里，做任何事都想体现北大的水平出来，至少不要让人议论‘北大的就这么个水平’。”在访谈过程中，伍席源不止一次地谈到作为北大人心中永远存在的燕园情结，让记者很感动。

1997年北大建校99周年庆之际，学校邀请各地校友代表返校，伍席源作为当时的贵州校友代表参加了校庆。会后回贵州，伍席源与几个校友商量后在报纸上登了一则通告，准备校友聚会，于是促成了规模最大的一次贵州北大校友聚会。“到了两百多人，也有地州市来的，年轻的很多。”

也就是在那次聚会上，大家一致同意贵州的校友给母校百年校庆精心置办了一份礼品：以黄果树大瀑布为背景的大屏风。“屏风用紫袍玉带石雕刻而成，外饰带有自然花纹的明式榉木——两样材料都是贵州特产。”遗憾的是，伍席源因故没能到北京参加母校的百年校庆，大家推举一位在广播电视部门工作的校友方必宏专程把礼品送到北京大学。“花费了很大力气，火车托运怕弄坏，方必宏就自己扛到车厢里。到了北京站，他又雇了个平板车，像镖师般小心翼翼地护送着礼品一直到北大。”

伍席源对曾经的师长更是推崇备至、尊敬有加。2004年，身兼全国政协常委、贵州毕节试验区专家顾问组组长的北大资深教授厉以宁到毕节试验区考察，伍席源听说老师来了，毫不犹豫地全程陪同厉先生考察，还请厉以宁教授为省委常委们作了一次讲座。说起在贵州的北大校友，伍席源也是眉飞色舞。“那个邓杰，法学院毕业的，在贵州改革开放以后做了很多事，他公司的股票在香港上市了，有一次被评为优秀校友。邓杰还有一个副手龙险锋，也是北大的——那个人原来在党政机关工作。还有贵阳市政协主席陈石，他为金阳新区开发出了不少力。关于北大贵州校友会的情况，你们可以去找陈石。他画马画得很好，香港杂志都报道过……”饱含深情的推介中，不仅包含同乡之谊，更包含同校之情。

也许是受伍席源的影响，他的儿子伍旋在大学毕业工作几年之后，于2004年考入北京大学光华管理学院攻读MBA，成就了父子同圆北大梦的佳话。“是孩子自己主动要考的，而且考了三年才考上，锲而不舍！”伍席源告诉记者。此时，距离伍席源进北大的1963年，时光过去了41年。

不管什么时候，对于母校北大，对于中国教育，伍席源一如既往地关注着。

这位老校友永志不忘母校对他的培养，衷心希望在有生之年，北大能够实现建设成世界一流大学的目标。“嗯。我相信，北大有这个能力。嗯。我相信！”

采访手记

伍席源是个很谦虚的人，采访前跟他联系时他就一再谦虚地表示自己的那点小事迹不值得宣传。采访时他也是平和地与我们交流。采访那天，我们还是比较紧张的。但是老校友一进门见到我们，就用贵州话挥手朗声招呼道：“小姚，小谢，坐嘛！坐下我们聊嘛！现在你们都是很新式的，我有什么不懂的，也可以跟你们请教、交流。”我们紧张的心情一下子就轻松下来。

伍席源很健谈，三个小时的采访时间里他洋洋洒洒，谈吐自如，也为我们深入了解他打开了窗口。他是一个胸怀天下的理想主义者，也是一个脚踏实地的实干家；他是一个学识渊博的智者，也是一位慈祥和蔼的老人……这样一个人生经历跌宕起伏、思想活跃、学识渊博的老人，我们知道用一支笔、几页纸、数千言不可能写得很完整，更不可能简简单单给他贴上一个标签。我们只是尽力去把他人生的精彩写出来，让他的事迹能够鼓励和鞭策更多人。同时，透过他的人生，我们也可以给自己一个参考，去学习、去审视、去思考、去感悟。

——关于人生：电影《阿甘正传》中有一句话：人生就像一盒巧克力，你永远也不知道下一个吃到的是什么味道。也许年过花甲的伍席源已经尝尽酸甜苦辣五味俱全，而我们才是刚刚开始，但是只要像伍席源那样做到“沉浮俯仰浑无觉，甘苦进退唯志坚”，我们就一定能够吃到最美味的“巧克力”。

——关于西部：西部是什么？对于我们生在西部、长在西部的学子，难道我们仅仅只能为西部贴上家乡的标签吗？在自由选择的市场经济时代，我们已经不需要服务从国家分配而回西部。但是，如果我们回去，就一定要顶着“支援西部、建设家乡”的高帽子吗？落后的西部需要发展，发展必然孕育着机遇，西部也可以成为我们放飞梦想、成就事业的地方。西部，可以是主动的选择！

——关于北大：北大给你留下最深的印象是什么？你在北大最大的收获是什么？在问老校友这些问题的时候，我也在心里问着自己。也许不久后，我们也会离开北大，而我们又可以从北大带走什么？“爱国、进步、民主、科学”的北大精神，“勤奋、严谨、求实、创新”的北大学风，“以天下为己任”的家国情怀，“振兴中华”的历史使命感…… 百年北大积淀下来的精神、思想和内涵，我们学到了多少，我们又能带走多少？但是不管怎么样，我们身上都刻上了“北大人”的烙印，所以，正如伍席源所说，当我们离开燕园，走向社会后，我们会始终与北大的光荣联系在一起。

注：文中部分资料参考、引自《甘苦遭逢映家国》（文/杨骏、顾海凇、张蓓，刊于《当代贵州》2008年第4期）一文。

（文/北京大学信息科学技术学院2008级硕士研究生　姚　斌
北京大学社会学系2007级本科生　谢正勇）

苟天林
“西藏十年，如我一生”
Xizang Shinian Ruwo Yisheng

苟天林，男，1948年1月出生于陕西省耀县，汉族，中共党员。1970年8月至1974年1月，就读于北京大学哲学系，获哲学学士学位。曾任中共中央宣传部《党建》杂志社副社长，西藏自治区党委常委、宣传部部长，《光明日报》出版社总编辑。中国共产党第十七次代表大会代表、第十一届全国人大代表、十一届全国人大常委会农业与农村委员会委员。

1968年3月至1970年2月，海军1205部队勤务连战士、团政治处新闻干事。1970年2月至1970年8月，任海军政治部宣传干事。1974年1月至1988年9月，历任海军政治部宣传处干事、干部教育处副处长、院校教育处处长。1988年9月至1990年9月，担任华夏出版社干部、综合编辑室负责人。1990年9月至1995年6月，历任中宣部《党建》杂志社办公室主任、二编室主任、副社长。1995年6月至2005年6月，历任西藏自治区党委宣传部副部长、常务副部长兼西藏自治区党委对外宣传局局长、西藏自治区党委常委、宣传部部长。2005年6月至2010年3月，担任《光明日报》总编辑。2008年3月至今，第十一届全国人大代表、全国人大农业与农村委员会委员。

曾荣获“全国先进工作者”称号，“全国民族团结进步先进个人”称号。

见面之前，对于这位援藏十年的北大校友、《光明日报》总编辑苟天林，我们心里充满来自雪域高原的神秘文化气息。

面前的苟天林，与我们的想象完全不同，朴实得让人动容。

慈祥的脸孔上依然保留着高原风吹日晒的痕迹，饱含笑意的眼睛清澈得如同纳木错的湖水，纯净仿佛天真孩童的双眸。

“北大出了很多名家、大家，对社会有突出贡献的人很多，要写他们，不要写我，我确实是个最普通的人，微不足道。”他的开场白出乎我们意料。

他出生于陕西省耀县，这是药王孙思邈的家乡。20岁时，他携笔从戎，成为一名光荣的解放军战士，在海军工作近二十年。他一直把能到北大读书看做人生一大幸事。从华夏出版社到中宣部《党建》杂志社，他辛勤耕耘在改革开放的春天。作为新时期第一批中央国家机关援藏干部中的一员，他的足迹遍及西藏的山山水水，全心全意为西藏人民服务。担任报社总编辑，他注重突出《光明日报》的文化特色，是“知识分子精神家园”的高尚园丁。作为领导干部，他曾先后荣获“全国先进工作者”、“全国民族团结进步先进个人”称号。而他对自己的评价却是“最普通”和“微不足道”。

求学北大

未名烟柳，博雅古韵。

1970年，北大在经历了四年停止招生的磨难后，终于迎来了她的新学生。夏末，苟天林来到了燕园，来到了这处对他一生影响深远的精神家园。

初识北大，他为北大浓厚的文化气息所深深吸引。40年后的今天，他依然这样认识北大：“北大恰似一位气质沉稳、学养深厚、品格高尚的智者。这个智者有深厚的根基、开阔的胸怀、卓越的见识、非凡的气度。其根基就是对科学、知识、文化的深刻认知。所以，不论风浪多大，北大自身的精神没有改变，对真知、真理的孜孜追求没有改变。”

他就读于哲学系，在他的回忆中，哲学系云集了大批学界泰斗和学术大家。冯友兰先生从容睿智、儒雅而有风度，在中国哲学史史料学的课堂上将知识娓娓道来，令人如醍醐灌顶，闻之悟之、畅快淋漓。他曾三次拜访冯友兰先生，在燕南园57号“三松堂”狭小而温暖的客厅里向冯老请教《道德经》，请教学习哲学的意义。老先生毫无“大家”的架子，声音缓慢却掷地有声，耐心地解答他的问题。有一次，老先生还指着钢琴，笑吟吟地说：“哲学无所不在，她是思想，也是方法，渗透在各个学科中，甚至渗透在这一个个琴键里。”汤一介老师和朱伯崑老师讲授的中国哲学史同样引人入胜。他们知识渊博、治学严谨，编写的讲义都是自己潜心研究所得的成果。为了启发大家主动思考，他们常常提前几天分发讲义。汤一介老师解答问题时平和耐心、鞭辟入里，令他至今记忆犹新。讲授马列经典著作课程的黄楠森、楼宇烈、张世英、施德福、朱德生、李清昆、杨克明等老师将《关于费尔巴哈的提纲》、《哥达纲领批判》、《反杜林论》、《唯物主义和经验批判主义》、《帝国主义论》等一系列经典著作条分缕析，让学生们联系中国实际把握普遍真理，富有真知灼见。讲授毛泽东哲学著作的赵光武、魏英敏、张文儒、宋一秀等老师逻辑严谨，丝丝入扣又不失生动活泼。讲授哲学原理的李中华、李国秀、魏常海老师才思敏捷、旁征博引。郑昕老师讲授的康德哲学、张世英老师讲授的黑格尔哲学、叶朗老师讲授的美学，见解独到，妙趣横生。李德良老师爱生如子，他实事求是、明辨是非，对学生言传身教、严格要求、耐心引导，更令他感念不忘，终生受益。

大学四年，他收获的师生之情真挚、深厚、隽永。“冯友兰、朱伯崑、张岱年、汤一介、黄楠森、李德良、赵光武、楼宇烈、魏常海、李中华、张世英、施德福、宋一秀、朱德生、叶朗、李清昆、杨克明、张翼星、魏英敏、冯国瑞、张文儒、李国秀、郭春英、许抗生、郭淑琴、陈战难……”他一口气提及20多位老师，不禁令人感慨：40年岁月荏苒，老师的名字他却至今记忆犹新。他在西藏工作期间，曾偶然在电视上看到汤一介老师在孔府讲学的现场直播。他连忙找来纸、笔，边听边记，仿佛又回到当年的北大课堂。后来，他又特意打电话到山东省委宣传部，请那边的同志向汤一介老师转达他的诚挚问候。

就读北大期间，他沉浸在哲学的境界里，发自内心地热爱智慧、追求真理。他仔细领悟老师们的学品、风范，努力养成研读原著的习惯，书页的空白处常写满批注，读书心得体会积累成几大本笔记。他回忆说：“当时学生自习一般在一教、二教，人多时常常找不到座位。”同学们珍惜时间，勤奋学习，认真学经典、读原著，热烈讨论、相互交流，努力掌握精神实质；同学之间互相帮助，互相勉励，书生意气与激扬青春化作兄弟姐妹般的同窗深情。这种纯真的同学之情也常常使他受感动，受教育。南阁是哲学系的图书馆，那一架架的书如磁石般深深地吸引着他，令他爱不释手，经常惬意地徜徉于书海中。经常是月亮爬上南阁时，他才合上书本，悄悄地从窗户爬出去。问及他是如何排除纷扰、静心学习时，他不假思索地回答：“学生、学生，以学为主，以学为生，不学则不得生。”

他还是哲学系的班长。组织同学出操、上课、参与社会实践，先后到北京特殊钢厂、京西煤矿了解工人的生产生活情况，到西单调查北京市的商业发展情况，到天津第二毛纺厂、第四棉纺织厂感受群众学哲学用哲学的热情和成果，到通州和知识青年交流学哲学用哲学的体会。谈及这些，他觉得特别充实、快乐。三十多年后的同学聚会上，大家共叙同学少年，燕园趣事。这份同窗之情，宛如昨日，历久弥香。

通过大学四年的学习，他的知识水平大幅提高，更重要的是培养和训练了思维方式，培养了观察、分析和解决问题的能力。他坦言自己对传统文化的学习积累是在北大打下的基础。北大重学术、重知识、重文化，尊重真理、崇尚真理的传统对他影响很深，使他养成了独立思考、严谨认真的习惯。他对问题的判断和把握，得益于在北大培养的精神、受到的教育，得益于唯物辩证法的指导。

听着苟天林的叙述，我们联想到在他担任《光明日报》总编辑期间，《光明日报》的报道注重突出文化特色，还开办了文化特色浓郁、知识品格、学术品格鲜明的“国学”、“光明讲坛”、“人物”、“作品”、“文化遗产”、“中华民族大家庭巡礼”等十多个新版面，开办了“走近大家”、“百城赋”、“母校礼赞”、“光明时评”等二十多个新栏目，其动因和形成都在情理之中了。

苟天林深情地说：“北大母校，她的养育之恩、培育之恩、护育之恩，我终生感念不尽。你们一定要珍惜在北大的时光。这么多年我不管走到哪里，一想起北大就觉得有了力量！”

奉献西藏

1994年，中央召开第三次西藏工作座谈会，进一步号召“全国支援西藏”。第二年，中央国家机关首批援藏干部踏上了西藏的土地，时任中宣部《党建》杂志社副社长的苟天林也在其中。按照规定，援藏干部的年龄应在45岁以下，他当时已经47岁，但仍毫不犹豫地报名。“我当时想，如果是到其他条件较好的地方，我可以不报名，可以不去。那时孩子上小学，家里确实有困难，但是西藏是边疆，虽然遥远，却是我们祖国的领土；虽然艰苦，却是我们同胞的家乡。西藏需要人，我就应该站出来，高高兴兴地去。”时隔15年，他对自己援藏的选择依旧不悔。“西藏十年，人之大幸，如我一生。”十年间，他历经援藏干部队伍四批、三次轮换，历任自治区党委宣传部副部长、常务副部长兼外宣局局长、自治区党委常委、宣传部长。高原、雪山、哈达已成为他一生挥之不去的情结，也几乎浓缩了他一生的感悟、感慨与感动。

“西藏自古就是伟大祖国不可分割的一部分，西藏的历史典型地体现了中华民族多元一体的发展过程。西藏的父老乡亲祖祖辈辈在这片土地上休养生息，创造生命，创造历史，创造文化。特别是上世纪五六十年代，在中国共产党的领导下，西藏实现了从封建农奴制到社会主义制度的历史跨越，创造了人类社会发展史上的奇迹。西藏各族人民作为中华民族的重要成员，为祖国大家庭的形成、发展作出了重要贡献。”苟天林对西藏的这些认识，体现了一个北大学子、一个党的宣传工作者政治上的清醒和学理上的自觉。

他去西藏赴任的第一项工作，就是揭露批判十四世达赖企图利用十世班禅转世进行分裂破坏活动的阴谋。根据分工，他负责新闻宣传工作，与有关同志迅速组织撰写了系列评论文章：《达赖的政治赌注必然要输得精光》、《坚持宗教仪轨、维护中央权威》、《爱国爱教是广大僧众的共同心愿》、《共产党员要做维护祖国统一的模范》、《沉舟侧畔千帆过》……这些文章以特约评论员的名义陆续在西藏报刊、广播电台、电视台发表，在西藏干部群众中产生了较大影响，发挥了良好的导向作用。

由于自然、历史、社会等原因，西藏宣传思想工作在西藏民主改革后才逐步开始形成系统，与其他省区相比，基础薄弱、条件艰苦、环境复杂、任务更艰巨、标准更高。身为自治区党委宣传部的干部，他深知，从西藏区情出发，把握方向、抓住重点、谋篇布局以做好工作是他面临的新课题。他边从事日常工作，边抓紧时间向领导请教、向同事学习，认真领会中央关于西藏工作的各项方针政策，认真学习自治区党委的各项重要指示，逐步懂得了西藏宣传思想工作的基本原则。

在自治区党委的领导下，他和同事们先后通过抓典型、搞试点，不断推进全区群众性爱国主义教育，在党员干部中深入开展“祖国观、民族观、宗教观、文化观”教育，以“脱贫致富奔小康”为目标，深入调查研究，先后总结了拉萨市堆龙德庆县、林芝地区工布江达县、日喀则地区江孜县和白朗县、那曲地区安多县、阿里地区噶尔县和日土县等一些县乡加强领导班子建设、精神文明建设、调整产业结构、倡导科学、破除迷信、发展生产、增加农牧民收入的先进经验。围绕草场改革，调整畜牧结构，提高牧区群众的生活水平，在五六个县对不同类型的牧区搞调研。还先后推出了“门巴将军”李素芝、优秀干部祁爱群、基层干部的好榜样觉拉、好乡长丹增多吉等十多位先进典型。这些典型和调研成果，有的受到了中央领导同志和自治区领导的表扬，有的在全国推广，受到群众好评。了解西藏工作的不少同志反映，苟天林在西藏工作的十年中，在中宣部和自治区党委的领导下，他和大家共同努力，西藏的宣传思想工作明显上了一个新台阶。

作为自治区党委常委、宣传部部长，苟天林始终保持着一个北大学子在学理上的自觉。互联网上，有一篇学术论文点击量很高，题目是《关于藏学和西藏文化的几个问题》，作者就是苟天林。这是他到西班牙访问时，应邀在巴塞罗那大学的演讲稿。这篇演讲在异国他乡的讲坛上，引起了热烈反响。他以西藏文化的历史发展为依据，通过深入的学理分析，批驳了达赖集团旨在分裂祖国的谬论。这篇文章以藏学的定义为逻辑起点，系统阐述了藏学研究的起源、藏学和西藏文化发展的阶段及结论，其结构之严谨，史料之丰富，分析之缜密，见解之独到，今天读来仍令人赞叹。

援藏十年，他的足迹遍布西藏所有区市和大多数县。西藏电视台《今日西藏》栏目曾记录他于2004年春节藏历新年下乡慰问老同志的片段和细节：一路风雪漫漫，车陷到雪地里，他与大家一起推车；遇到风雪中受阻的大巴客车，他多方联系安顿车上的乘客免于受冻挨饿；在老同志家中，他嘘寒问暖……朴素的黑大衣、被高原晒黑的脸膛、憨厚的笑容，倘若没有字幕注释，没人能够想到他就是自治区党委常委、宣传部部长。1997年初，他和自治区交通厅领导带队，组成新闻、文化、卫生采访慰问团，沿109国道青藏线采访慰问道班工人。在近十天的采访慰问活动中，他们两次翻越唐古拉山、昆仑山和申格里贡山。他既要做好协调组织工作，又要代表自治区党委政府走访职工家庭、看望老同志。同事休息了，他还要审阅修改记者稿件，安排发稿事宜和第二天的行程，每天仅能休息三四个小时，这在海拔4000多米的高原上几乎不可想象。“人间四月芳菲尽”，此时青藏线上却依然风雪交加。车到海拔5031米的唐古拉山山口时，正下大雪，他不顾高山反应，下车慰问在风雪中坚持清扫路面的“天下第一道班”职工，组织采访。最终，他们总结了109国道青藏线道班工人“养路为业，道班为家，人在路上，路在心上”的爱国奉献精神，深入了解了道班工人工作生活中需要解决的实际问题。听取他们的汇报之后，区党委作出了“向养路工人学习”的决定，提出了解决养路工人住房、医疗、子女上学等实际问题的指导意见。

西藏十年，他从四十不惑跨入半百之年，却从不知疲倦。“苟天林就是个工作狂。”这是很多熟识他的人最直截了当的评价。在他的工作日记本里，有一页他随手记下的1998年6月2日的工作日程。从审改区宣传部新老班子交接的简报、审签1997年西藏环境公告到接洽美国议员来藏参观访问事宜、主持区宣传部召开的座谈会、研究干部任用……大大小小竟达十六七件之多，时间精确到分。这是最为普通的一天，而他的早饭和午饭都是把前一天的剩饭加热。

其实，在西藏工作，他不仅要克服困难，有时还会面对危险。1997年冬天，他带领区宣传部工作组赴藏北安多县调研，这里海拔5200米，时温零下20多度，风力达到七八级，为了考察多玛乡网围栏及冬草储存试验点工作，他和同事乘车行进百余公里后步行上山，由于高寒、大风、缺氧，刚进入储草间他就晕了过去。他曾回到北京体检，心室已肥大1.5公分、早搏每分钟20多下，医生很惊讶，劝他住院，可他却悄悄地带着药回到西藏。他说："当心中装着崇高和责任，就有了神圣感。似乎面前的困难就变小了，甚至克服困难的过程也成了一种乐趣。"

或许，他的想法正是所有援藏干部的心声。在他看来，援藏干部是主人而非客人，要扑下身子好好工作。"党派我们去西藏，不是为了让我们吃苦，而是工作需要；不仅仅是因为身体可以适应那里的环境，而是因为我们是共产党员；不仅仅是因为西藏需要支援，而是因为那里的山山水水，是祖国的领土，生活在那里的人民，是我们的父老乡亲、同胞兄弟。我们不能因为艰苦，就降低工作标准，放松对自己的要求。"

在一次援藏干部会议上，他曾代表自治区党委讲话："朴朴实实做儿女，认认真真干工作；艰苦不能降标准，缺氧不能缺精神。"现在，这四句话已经成了新时期援藏干部的共识，成为一种精神，在一批批援藏干部中传承。

苟天林是这么说的，也是这么做的。他把对雪域高原的深情化作一篇篇真挚的散文、诗作，诉说着自己对这片土地的热爱。

"手捧圣洁的哈达，这是一条天上的白云，这是林中鲜花，湖边清泉，这是我们的真诚，这是新西藏的祝福，我们把哈达献给朋友，祝福朋友欢乐吉祥，我们把哈达献给母亲，祝福母亲幸福安康，我们把哈达献给祖国，祝福祖国繁荣富强，我们把哈达献给世界，让世界充满阳光……"

这首深受藏汉人民喜爱、广为流传的歌曲《多彩的哈达》，就是由他填词而成。他把心灵、情感甚至生命都和雪域高原联系在一起，和藏族同胞的血脉跳动在一起，像雪山一样圣洁，散发着久久酝酿后才具有的甘醇。

真诚做人

苟天林自幼在贫穷偏僻的山村长大，也许正是因为如此，对所有关爱他、帮助他、培养他的人，他都深怀感激、满怀真诚。

调任《光明日报》总编辑后，每逢节假日，他总不忘看望他在校时的老师和工作中的老领导。黄楠森、汤一介、赵光武、冯国瑞、魏英敏等老师对他工作的指导、关心，他总是念念不忘。平时，西藏的老同事进京，他总是热情接待。赴山东聊城、江苏无锡出差时，他专程到已去世的孔繁森、任国庆同志家中看望、慰问他们的家人。他是一个以诚待人的人、有情有义的人。

他三岁失去母亲，父亲一生含辛茹苦，艰辛地将四个孩子抚养成人。他深深爱着他的父亲，也继承了父亲吃苦耐劳、坚韧执著的品格。1992年，父亲去世，他为父亲写下挽联：“苦生苦劳苦撑苦熬，一世艰苦辛劳，苦命人留革命精神；为父为母为民为仆，终生克己为人，平凡人树非凡品德”。父亲去世18年来，无论走到哪里，他都随身带着父亲的照片。

由于工作在外地，他错过了女儿成长中的许多事情。每次回北京都只有短暂的停留，和女儿的交流时间很少，但他对女儿的爱却像当年父亲对他的爱一样，深沉、厚重。女儿考上初中，他从西藏打来电话，问孩子想要什么，懂事的女儿说，什么都不要，只要爸爸摘几片西藏的树叶。“女儿无所求，嘱父要树叶。为父平常人，凡枝山野外。采来叶枝枝，装扮千年业。”此后，他每到西藏的一个地方，总会摘几片树叶、拔几棵小草、采几朵小花，贴在本子上，注明时间、地点和海拔，还常常配上一首首小诗，表达对女儿的思念和期望。在喜马拉雅山泊山口的云石间，他在采集到的雪骨草旁边写道：“不骄不艳不染尘，幽石白云紧相随。放眼屡见冬春易，不求虚名做真人。”他在错那县勒布区娘母江畔采集到的一株小草旁边写道：“紫身紫叶捧黄花，枝叶千千花一扎。低头草丛仔细看，颗颗厚积而薄发。”他还曾以《苦示》为题，为女儿解读“苦”的含义：

“我们都是受苦人，苦不是命是精神。艰苦给我前进力，刻苦使我长本事，吃苦树我好品德，痛苦为我练意志。苦读才能得知识，苦思才能求真理，苦练才能有才干，苦干才能出创见。福中知苦虽不易，不知辛苦福流去，苦口坦言生活味，苦心盼您好自立。若要以后不受苦，从今开始多吃苦。”

采访手记

采访前紧张忐忑，采访中如坐春风。我们聆听着苟天林校友讲述他在北大求学、奉献西藏的心路历程，崇敬之情油然而生。他忘我工作、无私奉献的精神，他赤诚坦荡、光明磊落的品格，他对母校感念不忘的深情，都深深地感染了我们。我们仿佛经历了一次愉快的精神之旅，他至真至善至美的人格光辉净沐着我们的心灵。

对有志投身祖国西部建设的青年，他细心叮嘱："祖国西部有广阔的天地，但也可能意味着艰苦，所以投身西部，精神、智慧、勇气，缺一不可。大家怀着一颗真诚的心，带着在北大学习积累的知识，鼓起一股子干劲，脚踏实地，开拓创新，大有作为！"他欣赏印度圣雄甘地的一句名言："只有永不停息的信念才能换来真正的休息，拥有从不懈怠的激情才能最终抵达无法言说的平静。"多年来他一直践行"永怀信念、从不懈怠"这八个字，这八个字对于我们青年学子也是很好的人生座右铭。

青藏高原上聚集了众多赫赫有名的大山：世界屋脊的巅峰珠穆朗玛、"伸手把天抓"的唐古拉山，高耸绵亘的昆仑山……而他却对有"藏北草原"之称的羌塘小山情有独钟，他在《羌塘小山》一文中写道："小山平卧于草原之上。没有高峻，没有雄奇，甚至没有可以称呼的名分。它们与茫茫草原浑然一体，却又为草原带来了无限生机、勃勃活力。""羌塘小山最低的海拔也超过4500米。它们各以超越名山五岳2000多公尺的高度，隐匿云端；它们以自己的低矮、雄厚，守护着大山的挺拔和俊俏；它们以自己的默默无闻伴随着人类在地球之巅与大自然抗争。"

在羌塘小山上，生长着一种美丽却不知名的小花，它身高不盈寸，却枝枝挺立，金黄的花朵始终向着蓝天；它枝叶纤细，生命力却极强，顶着风雪严寒仍然开得灿烂；最特别的是，它的枝干是那样的赤红，犹如鲜血一般。他深情地赞美小花："纤枝金花赤骨，高山积雪寒风。"

我想，羌塘的小山、无名的小花不正是他的真实写照吗！羌塘小山虽小，却令人仰止；无名小花虽无名，却是铁骨红心！

这就是苟天林校友，用他自己的话语说，他是一个最普通、微不足道的人。而在我的眼里，他是一个热爱生活，不求名利、不浮躁、真性情的人，一个甘于奉献、从不懈怠、永怀一颗赤子心的高尚的人，一位杰出的北大人。

（文/北京大学法学院2008级硕士研究生　王宁琳）

潘传红

不刻意追求，不轻易放弃

Bukeyi Zhuiqiu Buqingyi Fangqi

潘传红，男，1948年出生于四川达县，汉族，中共党员。1972年至1976年，在北京大学物理系学习。现任中国核学会秘书长，中国国际核聚变能源计划执行中心技术总监，国家磁约束核聚变专家委员会副主任，博士生导师。

1955年至1961年，在四川达县马家乡东会小学、乡中心小学学习。1961年至1964年，在四川达县白马中学学习。1964年至1967年，在四川达县中学学习。1980年至1983年，在核工业西南物理研究院攻读硕士研究生。1969年至1971年，先后任四川达县马家乡电工、专职团委书记。1976年起至2008年，在核工业西南物理研究院工作，从一般研究员到副院长、院长。2008年8月至今，任中国核学会秘书长。

出版过《耗散气球模动力理论》、《非均匀等离子体中RF波电流驱动理论》、《非均匀介质中阿尔芬波孤立子动力理论》等著作。

2010年2月3日中午1点半左右，我们来到了事先与潘学长约定好的地点对其进行采访。得知我们到来，潘学长很是热情地大步从他的办公室里迎了出来。初见潘学长本人，就给我很深的印象：虽然已经62岁了，但潘学长依旧精神抖擞，看上去比实际年龄要小很多。一见面，潘学长就拉着我们的手说："两位年轻人，快请坐！你俩只能把我当成长辈，看成学长而已，我原本并不成功！怎么会把我列入采访名单，我不是什么成功人士，只是一个普通人而已。"这一席话，不仅打消了我们的顾虑和紧张，无形中也拉近了我们与潘学长的距离。一个从事核聚变研究的知名专家竟如此谦虚和朴实，让我感受到真正的大家风范，并从心底里产生了深深的敬佩之情。

情牵巴山

潘传红出生在达县大巴山区的一个普通农民家庭，老家的人很少有走出山区的，潘传红是一个例外。他身上有着山区农民特有的质朴和诚恳。在采访过程中，潘传红几次强调自己"就是从大山里走出来的，是真正的草根"。谈起自己的家乡时，潘传红记忆最深的是自己家后面的大山，他说直到如今还经常会梦见它。潘传红很动情地说道："那里有我太多美好的记忆、太多情感的连接，是情感割舍不掉的地方。亲朋好友、小时玩伴都是在这个地方长大的。"言谈话语之间流露着对家乡真挚的感恩之心和深深眷恋之情。

潘传红的老家偏僻而穷困，很多家庭的父母早早地就让孩子中途辍学，挣工分养家了。潘传红家条件尤其艰苦，父母一共生育了八个小孩，最后只养活了三个。但尽管家里穷得有时都揭不开锅了，父母还是执意要送他去读书，并坚持让他读完高中。现在回想起来，潘传红依然感慨不已，在那样艰苦的条件下父母仍坚持让自己读书，再苦再难也不忍心让他辍学，父母的深恩，使得潘传红顺利读到了高中，也为日后取得成就奠定了良好的基础。在潘传红的身上，我们很容易察觉到他骨子里所烙下的朴实和善良：他的真诚中带着腼腆，他的低调中渗透着朴实。

还在上小学时，潘传红就酷爱读报纸，当时常读的是《中国少年报》和《新少年报》。虽然人还小，但却被报纸上的家国大事所触动和吸引，内心中已然朦胧生发了一种"自己也应该为国家和民族做点事"的抱负和情怀。潘传红从小就爱学习，学习成绩也一直非常优秀，13岁时便离开家乡到外地上初中。他读高中的母校是达县地区（现达州市）最好的中学——达县中学（现达州市一中）。正是在读高中时，潘传红喜欢上了文学，尤其喜欢无拘无束的自由体诗和散文，更喜欢放荡不羁的大诗人李白。他不偏科，数学、物理很好，语文也很好。谈起如何想到要去北大学习时，潘传红很平淡地说："可以说完全是一种偶然，刚开始对于学习自己是懵懵懂懂的，直到上高中才逐渐地对未来有了一些想法，当然这也谈不上什么理想。"就在快进入高三年级的时候，青少年时代那个朦胧的念头变成了想上大学的强烈愿望，北大当然是他的首选大学。然而就在潘传红刚念完高二时，1966年"文革"开始了，正常地通过考试考取大学的渠道被阻断。于是，高中毕业后的潘传红只能无奈地回到老家务农。

从回家务农到再次有机会上大学的期间，潘传红也没有闲着，他尝试干过很多职业：当过农民，当过农村的记分员，当过有线广播员，做过水电站的电工等等，这期间每日的工作和生活是很平淡的。平淡本身也许并不可怕，可怕的是被平淡的生活所淹没，慢慢地在平淡中消磨掉原本心中已然萌发的理想。如果换作其他人，也许就这样成了普通农民或工人中的一员，平淡地过着日复一日的劳作生涯……然而骨子里的浪漫主义情怀和心中的报国之志让潘传红不甘顺从眼前的平淡，他时刻保持着清醒和激情，坚信有一天自己会像在蓝天中展翅翱翔的雄鹰一样冲破命运的平淡，释放追逐的激情。

梦圆燕园

就这样，凭借内心的激情和韧性，即使高中毕业回家做了一名普通的农民，潘传红在内心里仍然坚持着自己儿时朦胧的抱负："应该为国家贡献自己的一份力量。"他勤勤恳恳地做自己分内的每一件事，并不断地学习和接触新事物，通过自己的不懈努力逐渐地从一名名不见经传的农民、电工成为达县马家乡的专职团委书记。正是凭着自己的这股韧性，一个难得的机会终于降临到了时刻准备着的潘传红身上："文革"后期开始纠正"文革"的错误时，他以马家乡团委书记的身份参加了中共达县县委组织的整团建团工作队，从而得以被选为工农兵学员到北大物理系学习理论物理，终于圆了自己高中时代的北大梦想。当时去北大学习物理专业虽然没有选择的余地，但却正符合潘传红自己的兴趣，他确实很喜欢物理，喜欢自然科学。这正印证了一句老话：机遇只等待有准备的人。

当时虽然是一个是非颠倒的年代，但潘传红回忆，即使在那个年代，北大理论物理专业还是有着比较好的学术氛围的，人际关系、师生关系也很淳朴，师生之间甚至以朋友相处。在这样一个年代里，潘传红有幸听了很多当时国内顶级物理学家们亲自讲授的基础课程。当时北大的副校长、著名物理学家王竹溪教授曾经给他们讲过英语并辅导物理课程。黄昆院士的夫人李艾夫老师是个英国人，也曾经给他们讲过课。尽管当时的社会生活很不正常，但潘传红这一代大学生从某个方面来说也是幸运的——能够在上大学的时候接触到很多自己崇敬已久的一流科学家。很多给他们上过课的老师现在都已经是院士了。回忆昔日在燕园度过的时光，潘传红说："理论物理学的很多课程我都喜欢，比如电动力学，这方面的知识我工作后用得比较多。还有统计物理学、量子物理学。很难说我很喜欢哪一科，但是有一点：只要是我感兴趣的，我都会用心学。"

潘传红上北京大学时，正值周恩来总理强调加强基础教育，进校时理论物理专业的学制定为五年（实际读了四年就毕业了）。谈起北大带给他最大的精神财富是什么时，他很坚定地回答道："经过北大的熏陶，自己肩上和心中多了一份沉甸甸的社会责任感。"潘传红觉得，和更注重技术的理工科学校比起来，北大的学子更多一份深沉和社会责任感。当时北京大学的大学生业余探讨最多的话题就是政治时事和国际形势。大家普遍关注国家大事，思考着中国的现实和如何实现现代化。

和很多学生一样，潘传红在上大学时也有自己心中所崇拜和敬佩的人，那就是诺贝尔奖得主、美籍华人杨振宁先生。1972年杨振宁先生回国来到北京大学，潘传红很幸运地得到了宝贵的机会参与和杨振宁的座谈。而潘传红之所以把杨振宁看做心目中的英雄是由于他发自内心的民族自豪感：毕竟杨振宁是第一个拿到诺贝尔奖的华人。

当谈到在北大最大的收获时，言语之间，潘传红谈得最多的、不断重复的就是"社会责任感"。潘传红这一代人是与新中国一起成长起来的一代，作为这样的特殊一代，对祖国的感情是异常深厚的，祖国的一荣一辱都牵动着他们的心。

谈起毕业后又回到了四川老家，潘学长回忆说，当初到北京大学上学确实足足让他的父母美了好一阵子。然而后来毕业后，由于对当时的大学生实行的是"计划招生和定向培养"政策，潘传红又回到了老家所在地四川省，在位于乐山郊区的核工业部585所（核工业西南物理研究院的前身）从事科研工作。潘传红毕业后既没当大官也没发财，对于毕业后的这种结果，潘传红的父母心里肯定是有些失落的。搞科研是很清苦的，不能给家里带来任何经济上的好处；而且单位也在四川农村，工作和生活条件都很艰苦。

即使这样，潘传红内心依然很坦然，凭着自己对科研的浓厚兴趣和专业理论功底，执著地坚持着自己的判断和追求，刚到岗位不久就成了业务骨干。现如今这家单位的条件已经有了很大的改善：科研主体已经迁往成都，而单位的老基地也已经被规划为乐山市的新城区。对于今日的青年们去西部发展的问题，潘传红表示："其实中国的发展是非常不平衡的，主要表现为东西差距和城乡的二元结构，而中国现代化的标志其实就是农村繁荣和农业人口转移。所以当下的青年们应该去农村和西部，以带动那些落后地区的发展；同时政府也应该为青年下农村、去西部创造各种条件，搭建更好的硬件和软件的平台，包括实际物质生活条件以及晋升发展途径的畅通。"

心系社会

刚进单位时，单位的条件很苦，工作的办公点（称为"工号"）就散落在当时的农村中，潘传红从住地到办公室，中间的路是从农田的田埂上穿过的，而且有的科研场所甚至就是山洞，将山掏空就是科研的办公地了（三线单位靠山、分散和进洞的布局称为"山、散、洞"）。潘传红并没有被艰苦的外在物质生活条件吓住，他没有想要调到大城市或条件好点的单位去，而是兢兢业业地专心搞科研。在单位，他从不刻意追求外在的名誉和地位，而对于自己的科研业务则全身心地投入，力求做到最好。由于自己的努力和尽职尽责，潘传红于1987年被评为中级研究人员；1992年晋升为副高级研究员；很快，1993年又破格晋升为研究员。后来，又顺利当上了核工业西南物理研究院的副院长，直至院长。一路走来，潘传红对于自己能够到达今天的位置，其中的前因后果也并不太清楚。他只知道，自己在工作中从来没有刻意追求过外在的名利，而是一心扑在自己的科研上，专心干好自己的本职工作、做好自己的研究。潘传红说："现在回想我的经历，证明了一句话'其实不争就是最大的争'。"潘传红不追求外在的物质名利，追求的是对竞争的过程的享受；他不执著于结果，但也不会放弃任何机会，而是勇于和善于创造和抓住一切机会，不断追求，永不服输。

虽然潘传红是从北大毕业后分配到核工业西南物理研究院工作的，在单位兢兢业业，很受领导的重视，然而由于成长年代的特殊，潘传红当初进入北大读书是以工农兵学员的身份成为北大的一名学子，这样的一种身份和经历难免会让一些人看不起。潘传红自己心里也很清楚有些人对他的这种想法和态度，但面对困难他没有选择逃避或者调离，而是决定参加全国统一的研究生考试，他要通过实力证明自己。即使当时已经参加了工作、平常科研工作很繁忙，潘传红依旧对自己充满信心，最终经过努力，他于1980年通过了全国统一的研究生入学考试，以较好的成绩考上了著名等离子体理论物理学家丁厚昌先生的硕士研究生。这也让很多同事刮目相看，开始真正从心底佩服他。

一个人的人生其实很大程度上是可以由自己把握和决定的。成功的人之所以能成功，而大多数人之所以会被慢慢地淘汰而归于平淡，是因为前者不甘心自己的人生就这样一直重复下去而不断地挑战自己，并在这种挑战过程中升华自己。潘传红属于前者，他喜欢不断地追求、挑战和参与良性竞争，正是他的这种不满足于现状且不服输的精神使他最终取得了今天的成绩。

谈起从普通研究人员到一院之长，这中间的角色转换和领导者应该必备的素质，潘传红想了想，意味深长地说："做领导要临危不乱，并能驾驭全局。"

潘传红担任院长之后，在前任领导奠定的基础上，经过三年努力，完成了成都近郊新的实验基地的建设，全院科研条件得到极大改善。然而却出现了另一个很大的问题：随着科研重心向成都转移和内部服务职能的社会化，乐山基地部分留守人员出现就业困难甚至发不出工资的情况，使全院面临着一个很大的不稳定因素。这个难题困扰了潘传红好一阵子，他觉得自己应该切实关心和维护每一个员工的切身利益，困难再大也要为乐山基地的职工找到生存之路，这样才对得起在自己手下辛勤工作的所有员工。经过反复的斟酌和比较，一项敢为天下先的重大决策在潘传红的提议下经班子集体讨论后出台了，那就是在乐山基地闲置房地产的基础上创建一所大学，这所大学后来被定名为"成都理工大学工程技术学院"，是一所独立学院。这件事虽然出发点是好的，但上级领导却顾虑重重。因为这不仅需要大量的资金投入，而且新建的大学还存在师资队伍和教材体系建设问题，毕业生就业率也会直接影响以后的招生质量，尤其是学校和学生的安全管理责任重大。总之这肯定不是一件能一蹴而就的短期见效的事，甚至将面临很大的风险。然而潘传红并没有被这些困难吓倒，他还是坚持自己的初衷和想法。面对上级"不投一分钱也不收一分钱"的决定，如果换作其他人，或许早就放弃了。但潘传红身为一院之长，不愿意放弃，他想拼一拼，因为他肩上负有沉重的责任，他不想在其位不谋其政，不想得过且过。在没有上级资金支持的情况下，他决定先垫资进行校园基础设施建设。就像预料的那样，招生成了第一个大问题。第一届新生刚一进学校就有人拖着箱子离开了，留下来的学生后来还发生过一个班集体离校去成都的事件。但是潘传红并没有在困难面前乱了方寸，他很清楚地知道自己坚持要做的这件事不是急功近利的事情。为了稳定学生情绪，潘传红亲自给学生开讲座。潘传红明白：一定要带好首届学生，因为他们的未来就是工程技术学院的未来。这期间，潘传红还亲自出面邀请国内外著名专家来校参观并与学生们交流。功夫不负有心人，第一批毕业生就业情况良好：有的考上著名大学的研究生，有的进入了科研单位。就这样，在以潘传红为首的班子的坚持下，经过全体教职工的艰苦努力，新学校渐渐有了起色并发展了起来。如今工程技术学院已经是有在校生一万四千多人的学校了，在全国三百多所独立学院的综合排名中名列第四。创办工程技术学院的成功源于潘传红在最初最困难时的坚持和魄力。潘传红坚信自己的眼光。他之所以能成功地从普通研究人员当上院的领导者，正因为他具有一般人所没有的临危不乱的镇定和驾驭全局的魄力。

乐山基地在困境中前进，西南物理研究院的核聚变研究事业也蒸蒸日上。潘传红刚担任院长时，研究院还处于相对困难的时期。虽然科研人员已经迁往成都居住，但核聚变实验装置“环流器新一号”却仍然留在乐山基地，科研人员仍需要频繁往返于成都和乐山两地。科研人员收入偏低，实验装置运行参数和整体科研条件有限。潘传红知道，一个科研机构的命脉是培养一流人才和创造一流科研成果。为了拓展生存发展空间和提高单位的核心竞争力，西南物理研究院需要研制新一代受控核聚变实验装置和开展近堆芯实验研究。在担任院领导之前，潘传红曾经是环流器二号（规划中的堆芯模拟装置）物理组成员，参与引进德国ASDEX装置主机部件的工作。他担任院长后，立即着手组建项目部，利用前任领导引进的ASDEX主机部件建设环流器二号A装置。他心里非常清楚的是：只有具有先进的科研设备和一流的人才，才会促进和提高全院的科研水平，从根本上拓展未来的生存和发展空间；只有切实提高科研人员的待遇，才能吸引和造就更多的人才，为研究院注入新鲜血液。最终，在潘传红任期内，研究院顺利建成了环流器二号A装置及配套设施。另外，研究院的核技术应用开发及其产业化工作也取得了长足进展，离子注入机和多功能镀膜机的市场占有额进一步扩大；自主开发出卷绕式柔性基材镀膜机，可以批量生产高档汽车贴膜和建筑物玻璃隔热膜；坐落于双流县境内的高新技术产业园已经形成生产能力，具备规模化生产的条件。在乐山基地发展良好、学院科研能力不断增强以及民用技术产业化的带动下，西南物理研究院的财务状况明显好转，工作人员的待遇也得到了改善和提高，学院的核心竞争力得到了显著的提升。

潘传红在院长岗位上一干就是十年，在他的带领下，西南物理研究院有了较大发展。回忆起这段经历，潘传红非常感谢他的搭档和各级干部的配合与大力支持，感谢他们在各自的岗位上所作出的突出贡献；他也感谢全院科研人员和广大职工对他的理解、信任与支持。

如今潘传红已经从西南物理研究院的院长之职上退了下来，但西南物理研究院有他付出的心血，陪他度过了三十多年的人生风雨，正如他在院长换届典礼上讲的：“我会一直关注着西南物理研究院，西南物理研究院将会是我永远的心灵家园。”

从容进退

当问及潘传红他觉得自己在员工眼里会是怎样的一个领导者时，他稍顿了下然后很平和地讲了两个字：“实干。”的确，潘传红在任期间，通过创办成都理工大学工程技术学院解决了西南物理研究院乐山基地留守人员的生存问题，通过多渠道筹措资金建成环流器二号A装置，在航空港开发区建成高新技术产业园，为西南物理研究院的长远发展奠定了基础。他还成功地组织了两次大型国际盛会——2006年在成都召开的“第21届国际聚变能大会”和2009年在大连召开的“第9届国际聚变核工程大会”。两次会议他都是组委会主席。这两次会议不仅提高了西南物理研究院的国际知名度，也提升了中国核聚变研究在世界范围的认可度。谈及举行这两次大会最深的感触是什么，潘传红激动地说：“是捍卫国格、彰显国力、弘扬国威的自豪感。”潘传红不仅胸怀西南物理研究院，更是胸怀整个祖国。采访过程中，他经常情不自禁地谈及国家，跟他交谈会深深地被他的爱国情怀所触动和感染。

他满怀深情地对我们说道：“作为祖国培养起来的新的一代青年，你们要时刻胸怀祖国，到祖国最需要的地方去建功立业，发挥自己最大的价值；切记作为当代中国的新一代青年一定勿忘报国之志啊。”

现如今潘传红虽然已经卸去了西南物理研究院院长的职务，但仍然担任着中国核学会秘书长和中国国际核聚变能源计划（简称ITER计划）执行中心技术总监的重任，每天的工作依然很繁忙，常常会在不同的城市间穿梭。繁忙的工作之余，他也会想到退休后的生活。他说，自己退休后会老老实实地待在家里，帮忙带孙子孙女，尽享天伦之乐；也会抽时间带老伴游览祖国的名山大川，将祖国的无限风光尽收眼中；还计划每天悠然地心无杂念地专心读书。他说自己很喜欢南方的竹子，竹子的翠绿会让人感觉到无限的生机和希望，竹子笔直的身躯会让人精神振奋。他说：“自己在成都的住房的窗前已经种好了一片翠竹，自己退休后会回到那里，在种满竹子的窗前读书品竹。尤其是春季下雨时分更是可以眼观水绿缠绵，耳听竹雨淅沥，心品精神食粮。”听着潘传红的畅想，我情不自禁地感到一种生机和宁静。

竹子潇洒挺拔、清丽俊逸，象征着翩翩君子风度；它秀逸有神韵，长青不败，象征着青春永驻。潘传红人品如竹品，虚心淡泊而又不失凌云之志。

采访手记

潘学长的回忆和谈话没有丝毫的夸张和炫耀，他尽可能地实事求是地回答我的问题，让我无时无刻不感受到他的真诚以及他骨子里的淡定和厚道。回首潘学长的人生历程，从一个研究人员到承担行政事务的院长，角色成功转换的背后是潘学长做事做人的一种责任感，一种气魄，一种精益求精的风格，一种执著追求的精神。在潘学长看来要做的哪怕是微小的事、单调的事，也要代表自己的最高水平，体现自己的最好品质。担任行政工作后，他经常会遇到一些很繁琐的事情：单位职工房屋的维修，某一家管道的漏水以及单位职工邻里之间的纠纷等。对此潘学长也头疼过，但随着经验的积累和逐渐地对从搞科研到搞行政角色转换的适应，对于这些问题的处理也就越来越顺手。潘学长总结道："问题的解决就是靠严格依规章办事和大家对我的信任，大家都说我是个好人。"

与潘学长的交谈，使我受益颇多。在采访中潘学长觉得自己的经历很简单，用几句话就可以讲完了。潘学长的谦逊使我受益：一个懂得谦逊的人才是一个真正懂得积蓄力量的人。潘学长始终保持着低调做人的平淡心态，淡泊名利，无私奉献。潘学长的厚道也让我印象深刻，他待人真诚，实实在在，不夸张，表里如一。他的厚道使得他让人信赖，让人踏实并让人感动：作为朋友，可交；作为老师，可敬；作为领导，可从。与潘学长交谈犹如在洒满月光的湖面上泛舟，宁静而温馨。

（文/北京大学马克思主义学院2009级硕士研究生　张　华）

马　军

护法求真，矢志不渝

Hufa Qiuzhen Shizhi Buyu

马军，男，1951年12月出生于云南德宏州，汉族，中共党员。1977年至1980年在北京大学经济系学习，获经济学学士学位；1993年至1995年在北京大学法学院学习，获法学硕士学位。现任云南震序律师事务所主任。

1980年进入云南省司法厅工作，1983年任云南省司法厅律师工作管理处副处长，1984年兼任云南省律师协会第一届理事会秘书长，1986年4月任云南经济律师事务所主任，1988年通过二级律师审核，1992年6月辞去公职创办云南震序律师事务所并担任主任至今。

历任云南省律师协会秘书长、副会长，中华全国律师协会常务理事等职。担任云南省检察院专家咨询委员会委员、云南省委政法研究所研究员、昆明仲裁委仲裁员，云南大学法学院、中国人民解放军昆明陆军学院、昆明理工大学法学院客座教授。长期担任云南省人民政府、昆明市政府、云南省地方税务局、中国人民解放军十四集团军、云南红塔集团、云南官房集团、云南电力集团、云南内燃机股份有限公司、云南红河烟厂、《云南日报》报业集团、香格里拉藏秘酒业股份有限公司、《都市时报》、云南电视台、云南省第一人民医院、昆明医学院第一附属医院、成都军区昆明陆军总医院等大型企事业单位的法律顾问。

1987年办理在云南省有重大影响的张彩凤案件，引发全省范围内对张彩凤命运的大讨论；1994年代理台商与刘晓庆对簿公堂并胜诉；1998年在轰动全国的褚时健案件中为褚时健辩护；2000年办理在全国范围内有重大影响的牟其中案件。

1995年荣获首届“全国十佳律师”光荣称号，1999年因办理重大案件荣立二等功，2002年荣获“北京大学优秀校友”称号，2004年荣获“全国优秀仲裁员”称号，2005年荣获“全国优秀律师”称号。

“我希望人有来世，我再当一次您的兵”

在成为北大学生之前，马军先当了7年的兵。

1968年秋，马军16岁，这时“文革”已开始两年，父亲被打倒了，高中也没法上，马军找到父亲的老战友，进入部队，成了一名汽车兵。

部队与他有缘。马军的父母都是山西人，1949年随陈谢兵团南下解放云南，之后便留了下来。他出生在云南德宏，父母便给他取名马边疆。小时候这个名字给他带来了不少麻烦，同学们喜欢叫他马鞭子、马鞭革。到小学四年级时，他回家对父亲说：“我要改名。”父亲说：“改吧，给你重新起一个名字，叫马俊。”他回答：“不，我是军人的儿子，我叫马军。”后来进部队，他很自豪地告诉战友自己名字的特殊含义：马克思列宁主义毛泽东思想武装起来的中国人民解放军，自己名字分别是最先一个字和最后一个字。

在部队，他一待就是 7 年。对于兵，他有独到的见解。他说，什么是兵？“兵”字上“丘”下“人”，在战争年代，兵就是卒，是为了国家民族利益愿意付出自己生命的人；在和平年代，兵就是在国家民族最需要的时候能够顶起山梁的人。对这个注解他很得意，“有的人当一辈子兵也悟不到这一点”。但遗憾的是，他始终没有机会实践这一独特的注解。1979年，对越自卫反击战打响，他的两个弟弟上了战场，他原来的部队也上去了。正在北大读书的马军坐不住了，他立刻给中央军委写信，要求上前线，说如果不死，再回来接着上大学。不久，一封来自中央军委办公厅的信送到他的手上，信是用毛笔在竖排信笺上写的，信中说：“中央军委非常鼓励你这种精神，但考虑到你是个大学生，国家需要这种高级人才，需要你们现在好好学习，争取以后用知识报效祖国。当然，如果以后下达全国征召令，希望你带头参军作战。”读完这封信，马军心里又高兴又失望，中央军委办公厅居然给他一个毛头小伙子回信了。可惜，他最终还是不能上前线。

在他的办公室里，一幅“宁为玉碎，不为瓦全”的书法作品引起了我的注意。他告诉我，这是1995年他当年的团长送的。正是这个团长，让他离开了部队。当时团长的儿子在团里飞扬跋扈、为所欲为，很多战士被他欺负之后不得不忍气吞声。马军看不下去了，把他狠狠地修理了一顿。这惹火了团长，他要求连队指导员用党籍保证让马军退伍。无奈之下，马军不得不复员回家。20年后，他们再次相遇。此时，曾经的团长已经是白发苍苍的老人，而马军则风华正茂，是国内著名律师。说起当年的事情，老团长有些惭愧。不过，用这20年的时间，老团长经过观察，发现这个兵是一个合格的兵，是一个拥有军人铮铮铁骨的好兵，便写下了这个条幅送给马军。马军早已经忘掉了那时的不愉快，部队给了他太多的东西：精彩的回忆、面对困难百折不挠的意志、坚持原则追求公正的勇气和信念……面对老团长的礼物，他很是感慨，动情地说："如果说之前我在您手下当兵不是个好兵，我希望人有来世，我再当一次您的兵，您再当一次我的团长，我一定是个好兵。"那时候，老团长哭了，马军也湿了眼眶。

"三十年来我从没忘记北大"

1977年春，马军作为全国最后一批工农兵大学生进入北大经济系学习。到北大的第一天，他骑着用复员费买的自行车在校园里逛了一下午，第一个感觉是：北大真大，比部队大操场还要大！

同年秋，首届恢复高考后的大学生来到北大，在工农兵学员面前，他们自然很有优越感。一天，哲学系宿舍的墙报上贴出了1977级一位大学生的一首诗，写道："我来自黄土高原的山西，在过去的年代，我没有跨入高等学府的大门，是因为我头上没有长角，身上没有长刺，背上盖着白专的烙印。"这首诗触痛了工农兵学员们的神经，有人在大字报后边质问："难道你的意思是说工农兵大学生都是头上长角，身上长刺的人，都是坏人？"由此出发，1977级大学生与工农兵大学生开始写大字报互相攻击。马军起初保持着沉默，在他看来，1977级大学生无所谓优越，工农兵大学生也没必要自卑。然而，大字报不断升级，甚至互相谩骂、侮辱人格。马军开始思考这个问题。

不久，历史系和哲学系的工农兵大学生找到他，想让经济系的同学写一篇文章，从理论的角度系统地说一说这个问题。正中下怀，他一口答应，题目早就想好了，就叫《小题大做——十论工农兵上大学》。当时宿舍有个写毛笔字很好的同学，他们买来纸墨，马军写一张，那个同学抄一张，贴一张。最终一共抄了44张大白纸，一溜儿贴在哲学系宿舍墙面上。这篇逻辑严密、言辞激烈的大字报很快引起了轰动，很多外校的同学都跑来拍照、抄录。

一天晚上，正在宿舍楼电视房看电影《黑三角》的马军被叫到外边，原来是校党委、校学生工作部的老师，他们要马军写的大字报。马军说："我只有底稿了，你们自己去抄吧。"来人说："来不及了，国务院副总理方毅在中南海等着看。"于是，马军便把唯一的底稿拿给了他们（那时没有复印件）。两天后，校党委召开会议，马军作为代表参加。他记得很清楚，当时的校党委副书记魏明主持了会议。会议最后，他走到马军背后，用两只手扶着马军的肩膀对在场的双方代表说："你们无论是高考大学生还是工农兵大学生，都是党和国家民族未来发展的希望和栋梁之才。手心手背都是肉，你们不要再斗了，你们应该联合起来，一方面批判'四人帮'，另一方面搞好学习，学好知识，为国家民族服务。"白发苍苍的老领导一席话，让在场的同学们热泪盈眶，愧悔难当。后来大家果然都成了好同学、好朋友。"这就是北大的一种精神，"马军感慨道，"不管你是什么学生，只要你是北大人，主要任务就是好好学习，为国家为民族作贡献。"

1980年夏，马军开始准备毕业论文。当时，学院提供了两个题目：《论社会主义的必然》、《北大老师生活状况的调查》，马军选择了前者。他从马克思列宁主义基本观点出发，结合国家当时的实际情况，又考察了资本主义三大矛盾逐步消失的情况，得出了不符合主流研究结果的结论。这篇论文的论述引起了老师们的注意，有老师找到他，跟他讨论，但老师说服不了他，他也说服不了老师。不过，让马军深感自豪的是，虽然老师并不同意他的观点，但还是给了他98分的高分。"这就是北大，"马军说，"在学术上学生和老师是平等的。"

北大的"大"还包括丰富多彩的业余生活。讲到这点，马军不禁有些眉飞色舞。他说："我跟系主任陈岱孙老先生有过一段缘。"马军入校的时候未名湖里养鱼，那时大家的生活条件很艰苦，他便打起了鱼的主意。他用细塑料线做鱼线，把曲别针烧红磨尖做鱼钩，掰一小段扫帚把涂成红色做鱼漂，用吃剩的馒头屑做鱼饵。吃完午饭他就带上装备去未名湖，想不到收获颇丰，每天都有四五条鱼"入账"。一天他正在柳树下钓鱼，忽然发现远远地走过来一个老人，他慌了，赶紧低下头装作看书的样子。那老人慢慢走近，他用余光一瞟，是系主任陈岱孙老先生。这下他更不敢抬头，感觉老人在自己背后站了一会儿，忽然说："同学，鱼咬钩了。"他抬头一看，果然如此，连忙拉起鱼线。想不到老先生比他还急，一个劲地喊："抓好，抓好。"他利索地把鱼拉上来，用报纸包好，放在旁边。忽然发现这回惨了，被老先生抓了个"现行"。

果然，老先生问："同学，你哪个系的？"

"经济学系的。"

"叫什么名字啊？"

"马军。"

"哪里来的?"

"昆明。"

"昆明啊，好地方。"老先生激动了，他在西南联大上过学，在昆明住了很长一段时间，便跟马军聊了起来。老先生一边跟马军聊天，一边还说："同学，你钓你钓。”聊了很长一段时间，马军的鱼钓得差不多了，他把鱼装进书包，抬脚就要走。“同学你明天还来吗？”老先生似乎有些不舍。他忽然想起来，赶紧把鱼拿出来送给老先生。老先生没有过于推辞，最后把衣襟拉起来，包着鱼走了。第二天，马军没去，以后，他也再没去过。但老先生的平易近人却一直留在他的记忆里。

马军说他在北大抓过小偷。马军住37楼，对面38楼是女生宿舍。一天下午，他把洗好的衣服晒在38楼下，坐在37楼阳台上看书。没多久，他发现一个人骑着自行车看着他的衣服过去，一会儿又骑了回来。凭着在部队当侦察兵的经验，他知道，这回有戏。他叫来宿舍同学，让他在楼上盯好，自己下楼，躲在门缝里看。眼见那人胸前挂一个包，把自行车放在38楼旁边，没锁，顺着墙根溜到38楼门口，看看两边没人，转过身，抓了衣服就往包里塞。马军悄悄开门出去，直奔自行车，把车一锁，拿了钥匙，就在那气定神闲地站着等。小偷带着满满的一包衣服折回来一看，愣了。这时同学们也冲了下来，大家一起动手，把小偷送到了保卫部。后来学校在东操场开大会，特地表扬经济系的马军同学警惕性高。这以后，他就成了“抓小偷名人”，以后但凡学校哪里有小偷，同学们就来找他帮忙。

在北大，他还参加过中文系话剧《远方来客》的演出，在里边扮演海边老渔民；在北大，他还常常去听其他院系的课程，去听讲座……北大给他留下了太多的记忆，让他倾注了太多的感情，也给他打下了很深的“北大人”烙印。在采访中，他多次提到，打算把1995年他获评全国“首届十佳律师”第一名的奖状捐给北大校史馆，原因很简单，他说：“因为我是北大人。”

“我当时一边收拾东西，一边暗下决心：我要当律师”

1986年春，马军辞去云南省司法厅公证律师管理处副处长、云南省律师协会秘书长等行政职务，就任云南省经济律师事务所主任；1992年，他辞去公职，创办云南省震序律师事务所，变成了所谓的高级个体户。说到这一可能在某些人看来不那么明智的选择，他态度异常坚决，“其实我要当官，很容易，也有很多机会，不过，我就喜欢干律师。”做律师是他的兴趣所在、志向所在，这一意愿起步于北大，成就于云南司法厅。

促使他萌发当律师念头的第一个缘由是马克思。马克思是学法律的，还当过律师，但是他经手的第一个案子就办不下去。案情很简单：农民偷了地主山上的树木，被地主告上法庭，马克思为农民辩护。在辩护中，马克思发现有一道无法逾越的鸿沟——所有权的问题，山及山上的树木凭什么成了地主所有？这使得马克思很困惑，由此思考所有权的问题。这似乎让马军有了方向：经济问题和法律问题密切相关，经济是基础，法律是上层建筑，马克思先学法律，后来研究经济问题，自己身在经济系，为什么不可以以经济学为基础，去深入剖析法律问题呢？

第二个缘由是两部电影。那时候有部引进过来的印度电影叫《流浪者》。马军记忆犹新，他身子轻轻晃动，半眯着眼，为我们唱起了电影的片头曲："到处流浪，到处流浪，啊……"我笑了，他也笑了。他说，里边有个流浪汉拉兹，女朋友是一个非常美丽的律师丽达。丽达的父亲是法官，非常反对他们在一起。法官宣称：穷人的儿子永远是穷人，法官的女儿始终是法官。结果拉兹竟然是法官的私生子。电影展现了丽达这个美丽善良的律师的形象，给马军留下了很深刻的印象。另一部电影是《风暴》，施洋大律师面对敌人的大义凛然与面对工人兄弟的平易近人深深感染了马军。

就这样，做律师的念头在他心里扎下了根。一有时间，他就去海淀区法院、朝阳区法院旁听案件，他还跟法律系的同学交上了朋友，常常在一起讨论交流。而对法律的关注，对律师的憧憬更促使他毕业时选择了回云南。当时他并非没有留在北京的机会，留校、留北京对任何人都是一种诱惑，但他却坚定地选择回云南。当时"文革"结束未久，国家百废待兴，法制建设受到高度重视，云南的法律建设刚起步，他深信自己回到云南从事法律工作，肯定能发挥作用。于是，他回到了云南司法厅，成为一名司法工作者。

司法厅的工作给他接触律师行业提供了便利，他先后担任司法厅公证律师管理处副处长、云南省律师协会秘书长等职务，同时兼职做律师。但真正让他下定决心从事律师职业的，是一个特殊案件。一个年轻的女孩找到马军，请他为哥哥辩护。案情似乎很简单，她哥哥晚上驾驶吉普车撞到了一个骑自行车顺行的行人，行人被撞下车，颅骨骨折，抢救无效死亡。案件的复杂性在于她哥哥撞到人之后并没有停车，而是在第二天早晨，有人告诉他他驾驶的车与公安局所描述的肇事车辆一致，他才去公安机关自首。由此，检察院对其提起诉讼，控告他畏罪潜逃。马军接下了这个案子。他到看守所会见了当事人，仔细询问后发现，当事人始终说自己当晚并不知道已经撞死了人，否则他肯定会下车救人的。这引起了马军的注意。他先在公安机关的协助下找来十几个经验丰富的老驾驶员，大家一致认为吉普车即便是撞上了一块砖头，也很容易觉察到。因此，当事人的说法并不可信。但马军通过进一步调查得知，当事人的父亲刚去世不久，当晚肇事人又与母亲发生冲突，感到很委屈，于是开着车来到原来住的楼下，看着自家原来的房子，伤心难过，一直在流泪。两个小时后他开着车回去，便发生了撞车事件。马军深知，对于这个刚刚失去一个亲人的家庭来说，再失去一个亲人意味着什么？看着当事人一脸的真诚，看着当事人母亲、妹妹的痛苦，马军想，当事人会不会真的没有发现自己撞到人了呢？

他先到医院，一个教授告诉他从人体生理学的角度来看，当事人是有可能没有察觉到。在医学上有个术语叫神经性的下行性抑制，当人处在某种特殊状况下，兴奋点便会被抑制，向某个方面集中，从而忽视了其他的感觉。知道有这么一个理论，马军感到很高兴，他找到了科学依据，至少说明当事人的说法有可能是真的。他紧接着又从物理学的角度来考虑这个问题。在物理学上，两物相撞，震动率与物体质量成反比。吉普车质量是自行车的一百倍，感受到的震动自然只是自行车的百分之一，这么小的震动在神经性的下行性抑制情况下没有引起当事人的觉察是完全有可能的。另外，第二天当事人主动去公安局自首，这进一步排除了畏罪潜逃的可能。马军带着这份辩护词上了法庭，公诉人听完他的陈述，沉默了一下，说："我觉得辩护人的说法是有道理的，我同意他说的法律应该尊重科学这一观点。"法院最终判处当事人三年有期徒刑、缓期两年执行。听到判决，当事人的母亲和妹妹激动地与当事人抱在一起大哭。看到这一幕，马军很感动，同时也觉得很有成就感："我当时一边收拾东西，一边暗下决心：我要当律师。"

"我既然要追求公平正义，那我肯定不惜一切代价"

2009年秋，马军匆匆来到四川乐山，这里即将开庭审理当地最大的黑恶案。公诉机关指控陈景春等15名被告涉嫌参加黑社会性质组织罪、聚众扰乱社会秩序罪、敲诈勒索罪等多项重罪。陈景春的弟弟陈景龙专程赶到昆明，请马军出马，替陈景春辩护。

压力无处不在：云南律师远赴四川，马军代表着云南律师的整体形象；委托人对他寄予厚望；四川乐山的公检法部门对他虎视眈眈；而网络上更是骂声一片，有人说他是"替坏人辩护的坏律师"、"黑律师"……

不过，应付这些压力，他有自己的"法宝"，那就是坚守一名律师的底线：第一，不贪；第二，老实，真实、实实在在的老实。他说："我不多收谁一分钱，不暗示当事人，也绝对不夸口说有什么关系、一定能打赢官司。我出差就住一般宾馆，当事人安排的娱乐活动我一概不参加，不洗脚，不唱歌。”“我尊重的是事实真相。”他是这么说的，也是这么做的。

他先后13次到乐山，累计达两个月，但一直没有去看过有名的乐山大佛。当事人家属屡次要请他去参观，请他吃饭，都被他拒绝了。他说：“我是北方人，来碗面条就可以。”那年中秋节，马上就要开庭，他在宾馆待了整整五天，只有吃饭的时候出来吃碗面条，吃完继续回去看资料。有时候忙起来，就随便泡碗方便面。二审前，陈景春的朋友，一个很有钱的老板到昆明找到他，对他说，“你就说一句话，多少钱，我给。”他回答：“我跟你没有任何法律上的委托关系，我收你的钱没有法律根据。如果你真要帮当事人的忙，你去找当事人的亲属，把钱给他们，他们会按照合同关系付给我应得的律师费。”后来，当事人的亲属来到昆明，马军让律师事务所出纳收费、开票，一切都按照既定程序进行。

2009年底，震序律师事务所召开全体大会，马军在会上说：“我们所不是云南最大、业务量最多、收入最高的律师事务所，但绝对是最好的，好就好在我们所里都是正直的人、有责任心的人、不贪的人。”从业三十多年，他始终坚持着这一点。他为律师事务所取名震序，意思便是在震动中废除旧秩序，建立新秩序，但前提是尊重事实，尊重真相，追求社会的公平正义。

1982年，当他还是一个兼职律师的时候，便已经在尽力实践这一目标了。那是一个不大为人所知的案子。就在那年，中央发出严厉打击经济犯罪的通知。有人举报云南省测绘局副局长、曾经的解放军战斗英雄张长元与著名画家袁晓岑合伙诈骗巨额国家财产。有关部门上报中央后，某国家领导人批示要严肃查处。第二天，张长元被公开逮捕，袁晓岑因为年纪大了，又是著名画家，因此特许开除党籍，监视居住。鉴于这是个大案要案，云南省委、政法委牵头，公检法司各部门联合组成专案组调查此案。马军作为司法厅的代表参与调查。

该案的背景如下：1963年，云南省测绘局建造职工宿舍，看中了翠湖边上袁晓岑先生家的宅基地。主持宿舍楼修建的张长元找到袁先生，表示想要那块地。袁先生很爽快地同意了，于是测绘局写了个报告给市政府，审批后便在那片空地上盖起了宿舍楼。在此过程中，测绘局没有给袁先生任何土地补偿费。1980年，袁先生家老房子年久失修，到处漏雨，而且没有装自来水管，生活用水全靠门前的一口井，生活特别不方便。袁先生找到了时任测绘局副局长的张长元，说当年测绘局用地没有给土地补偿费，现在能否帮忙修缮一下房屋、接上水管。张长元完全同意，便拟了一份合同，声明当年征用袁家宅基地没有给土地补偿费，现经双方协商，由测绘局补偿房屋修缮费用，并作为附件上报国家测绘局。不久，国家测绘局划拨一万块钱，解决了袁先生家房屋修缮的费用。在当时，一万块钱可是一个大数目，普通工人每月只有几十元的工资，因此，中央发出严重打击经济犯罪的通知后，便有人告发了他们。

问题的焦点在于那片空地到底是不是袁家的宅基地，在有关部门给中央的报告中，他们认定那片空地属于城市空地，属国有土地，因此，张长元与袁晓岑属于合伙诈骗。不过，细心的马军很快发现事实并非如此。

他在档案馆查到了1965年昆明市人民政府批复征用袁家宅基地的底稿，上边用铅笔写着：同意征用袁晓岑家宅基地1.8亩，并按国家补偿标准进行补偿。看到这份材料，马军又兴奋又紧张，他需要回去找人来拍照，但又担心自己一走证据会被别人破坏掉。他找到档案保管员，一个老同志，对他说，这是份非常重要的文件，关乎两家人的命运，在他带人回来拍照前，请务必保管好。老同志听说后，马上找来张报纸，把文件一包，往抽屉里一锁，说："小伙子，你放心，谁来了我都不给看。"马军还是不放心，他骑着三轮摩托车一路狂奔回司法厅，拉上负责拍照的同事就跑。直到最后把照片冲洗出来，文字非常清晰，马军这才长出了一口气。

第二天，他向专案组领导汇报了他的发现，专案组向上级做了汇报。因为已经有国家领导人的批示，云南省委决定召开省委常委会，听取专案组汇报后集体研究决定。马军初生牛犊不怕虎，担任了汇报人。在会上，他把照片放得很大，说明之前对张长元、袁晓岑诈骗的定性是不正确的。当他提到在他之前已经有相关部门看到了这份文件但弃而不用时，相关部门的领导不高兴了。"啪"一声巨响，正全神贯注做汇报的马军一抬头，发现是那位领导拍了桌子，茶杯被打翻了。那位领导很生气，质问马军："你什么动机，必须交代清楚，你的意思是我们搞了冤假错案？"马军完全没有料到会这样，愣住了。

这时，现场的两位领导同志及时支持了马军。他们肯定了马军及专案组的工作，说："任何案件都要经得起事实的检验，我们办案必须本着对党、对法律、对人民、对个人负责的态度。""专案组能查到这么重要的证据，应该肯定表扬，说明他们工作认真细致。"正处于懵懂中的马军听到两位老同志的肯定，一股勇气从心底冒出来。"我并不孤立，我是对的。"他想。年轻人的怒火也开始烧起来，"啪"，他也拍了桌子，打翻了茶杯。坐在旁边的专案组组长在桌子底下拼命拉他的裤脚，让他冷静一下。他一把推开组长的手，大声喊道："你不要拉！"接着转向那位领导，说："我告诉你，虽然你是党的领导，但这是党的会议，每个人的权利都是平等的，我请你尊重党章、尊重党的会议！”这回轮到那位领导同志发愣了，趁着这个空儿，马军开始继续汇报。

最后，省委同意了专案组的意见，并上报中央。不久，张长元无罪释放，袁先生恢复党籍和名誉。据称，作批示的国家领导人也听说了马军拍桌子的事情，他说：“这个年轻人敢拍桌子，他的腰杆很硬，他的后台是法律。拍得好，让我避免了犯错误。”

不过，马军追求正义和事实的道路走得并不轻松，他也有困惑。在为日本人田代久登做辩护的时候，很多网民骂他是汉奸律师，他到网上去发帖阐明自己的观点，但网管不让贴，支持他的也贴不上去。他想不通：他爷爷就是被日本人杀掉的，他跟大家一样痛恨日本人的侵略；他为田代久登辩护，只是把他看成一名普通的当事人而已。他很郁闷，在加拿大留学的儿子上网发帖帮他表达了疑问：难道一个国家没有律师，一个国家当犯罪嫌疑人受审判时只有一种声音这才是好事吗？中国人到外国，无论遇到什么事，只要有律师帮忙，就会觉得很温暖，会感到这个国家法制很健全。但外国人到了中国，甚至没有律师帮他辩护，他们会觉得中国文明进步吗？他也很担心，在20世纪80年代，他为“四人帮”的笔杆子做辩护，没人骂他，反而认为这是中国民主和法制的进步，但现在不一样了，很多人甚至认为律师辩护制度应该取消。“这让我为中国法律制度今后的进一步健全发展感到担忧。”

讲到这里，他的语气沉重起来，不过依然能够感受到他昂扬的精神状态，“我既然要追究公平正义，那我肯定不惜一切代价。”别人的评价，在公平正义面前，自然只能退居其次了。看着眼前这个老律师一脸的坚定，我不禁肃然起敬。

“马军在中国的发展过程中是起到作用的”

1980年夏，马军从北大毕业。在毕业典礼上，系主任陈岱孙老先生说：“同学们，北大的小鸟儿们放飞了。当你们步入社会，有人问你们学到了什么，你们怎么回答？”同学们的回答五花八门。一会儿，老先生说：“你们没有学到什么。同学们，我告诉你们，你们在北大只是在雕琢未来成长的基石。北大给你们一个望远镜，让你看得更远；给你一个显微镜，让你更细致地分析。”

老先生的这段话马军一直没有忘记，而他也是老先生这段话最好的实践者。用他的话来说，他办案有个特点：从个案出发去追求个案背后的社会背景，去探讨更深层次的东西，不仅仅是由小见大，更是由大见小。而这也就是陈岱孙老先生所说的北大给他的显微镜和望远镜。

比如著名的褚时健案。褚时健，曾被誉为“中国烟草大王”，在他效力红塔集团的18年中，把原来名不见经传的玉溪卷烟厂打造成了一个巨型烟草王国，共为国家创造利税991亿多元。然而现实是无情的，1995年2月，一封匿名检举信指控玉溪卷烟厂厂长褚时健贪污受贿。1999年1月9日，褚时健被处无期徒刑、剥夺政治权利终身。作为褚时健的辩护人，马军在辩护中直指当时比较敏感的问题——国有经济市场化过程中分配制度的缺失，以及企业家激励机制与监督体制的不健全，这成了导致褚时健犯错的重要原因。马军的辩护引起了热烈反响，甚至直接推动了国家在理顺国有企业、国有经济分配关系上的改革。同年，马军因办理这个案件荣立二等功，而那篇辩护词，也成了他最得意的作品之一。还需要提到的是，褚时健案后第二年，红塔集团新任董事长年薪100万，比褚时健17年的总收入还多。

在2009年的云南阳宗海砷污染案中，马军提出了更多的问题。2009年，云南著名的湖泊阳宗海被检测出砷含量严重超标，云南澄江锦业工贸有限责任公司被确定为主要污染源，锦业公司3名高管被控有罪，锦业公司也面临着关闭的命运。马军作为辩护律师团首席代表，通过仔细调查，提出阳宗海污染可能跟四川大地震有关的论点，这一看法得到了相关地质专家的认可，但最终他还是败诉了，锦业公司被罚款，3名高管被判刑。他似乎早就习惯了这样的结果，相比之下，他更关注其他的东西：假如阳宗海受到污染的确是自然原因，那么投入巨额资金进行治理会不会是对纳税人的欺骗，是浪费纳税人的钱，甚至会成为新一轮腐败的温床？另外，他认为这里边存在着一个司法机关怎么落实科学发展观的问题。司法机关应该尊重科学、尊重事实，真正把科学观念、科学技术、科学手段应用到司法办案中来，提高办案的效率和质量。然而，现实情况却远非如此，这让他有些无奈。

在闲谈中，他表示以后要写一本自传，名字叫《一个失败律师的经验之谈》。看到我惊讶的表情，他解释说，他经手过很多类似的案件，但大部分都败诉了。我当下恍然，从这个角度来说，他也许的确算是一个失败的律师，但与此同时，这个律师却给我们普通人、给法律工作者、给我们国家的法制建设留下了很多值得说一说的东西，而这，也正是他的价值和魅力所在。也正是这样，马军才有充分的自信告诉我们：“马军在中国的发展过程中是起到作用的。”

除了做律师，他还随时关注身边百事，积极献言献策。1999年，刚开始公布的国庆口号是“热烈庆祝建国50周年”，马军看到了，觉得有问题，便写信给有关部门，表达了他的忧虑：我们说建国50年，如果台湾说“中华民国”建国88年，那便容易给人造成两个国家的印象，这样不太合适。不久，中宣部、全国宣传中心下发紧急通知，宣传口号改为“中华人民共和国成立50周年”、“新中国成立50周年”。这是马军的功劳。

现在的马军还开辟了另外一条推动社会进步的路子。他常常到部队、机关单位、学校去发表演讲，只要有人来请他去做讲座，他绝少推辞，只要时间合适就去。他说：“我不在乎那个大学好不好，会不会耽误我的时间。我只要他们能接受我的一些观点，引起一些思考，那就是对社会的贡献。”他又说：“我很喜欢跟青年人讲一些东西，‘少年强则国强’，那么青年强呢？”

看来，他打算一直这么贡献下去。

“马军是一个争议很大的人”

在采访中间，儿子有事来找他。于是，访谈里便有了很多关于他儿子的话题。说到自己的儿子，马军似乎变得柔和了许多。他给我们讲了两个关于儿子的故事。

儿子上小学时，有一天回来问他：“老爸，学校有人打我怎么办？”马军反问了一句：“你会怎么办？”儿子想了一会儿，说：“反正我不会告诉老师。”马军笑了：“对，就是要这样。如果有人打你，你就打回去。”这就是马军。儿子从加拿大的不列颠哥伦比亚大学毕业，征询老爸的意见，马军让他回国，回云南。他告诉儿子：“在国外学到了先进的管理经验，就应该回国为国家的发展作出自己的贡献。”这还是马军。

他有自己的做人准则：做人，不要求做一个高尚的人，但一定要做一个健全的人，一个对社会有责任感的人。他是这么做的，也是这么教育儿子的。而对于北大的毕业生，他认为那更要做有责任的北大人，这责任，是对国家、对民族、对社会、对未来的责任，每个北大人都应该勇敢地背负起这些责任。

他一直在努力，作为律师，他希望法律更完备，法制更健全，法治更好地落在实处，希望社会更加进步、人们的认识有所提高，希望尽自己所能去帮助需要帮助的人……不过，这并不容易。他办理涉黑案件，被人骂“黑心律师”；他办理涉外案件，被人骂“汉奸律师”；他办理一些敏感案件，被某些领导骂“不讲政治”——对于这一切，他并不在意。他说，“马军是一个争议很大的人”，但他问心无愧。他清楚地记得，1995年，时任司法部部长的肖扬在给“首届全国十佳律师”颁奖的时候对他说：“马军，你是全国律师的鳌头，你必须在执行法律、依法办案上带好头。”他当时回答：“谢谢，请您放心，肖部长。”他是这么说的，也是这么做的。

他开玩笑说：“在我百年之后的墓碑上，只要写这么一句话就可以了——请每位来的人给他再点支烟。”

他别无所求。

采访手记

在一个阳光明媚的早晨，我见到了马军律师。

他魁梧里透着儒雅，热情中带着睿智，与我之前所见照片的最大不同在于，两鬓没了雄武的毛胡子。这样一来，倒也多了一些平易与亲切。采访很顺利，第一天他滔滔不绝地给我讲了几个小时，觉得不过瘾，于是又约我第二天继续。于是，我又在他风趣而充满豪情的讲述中度过了整个周六上午。两天下来，我不仅领教了他身为大律师的风采，还触摸到了他的豪情所由，责任所由，个性所由。

上世纪60年代末，正赶上“文革”，风云变幻，他选择了部队，避去喧哗，磨炼成长；70年代末，“文革”结束，万象更新，他选择了北大，求取新知、锤炼人格；80年代初，百废待兴，规模初具，他选择了法律，护法求真，矢志不渝。每一次的选择都犹如新生，是个性的一次次磨砺，是人格的一次次锤炼，是人生的一次次飞跃。“罗马非一日而成”，马军正是在选择中完成了飞跃，也完成了积累。于是，在之后的数十年里，我们能够看到，他始终坚持自己的“本色”，坚持求真求实、维护公平正义，坚持为中国的法制建设添砖加瓦，坚持为社会的进步付出努力——在这期间，名不能让其骄，利不能让其挠，权不能让其屈，他用自己的行动完美地诠释了作为军人的骨鲠，诠释了作为律师的操守，诠释了作为北大人的追求。

时势造英雄，现在看来，马军律师的人生传奇已经再没有复制的可能了。不过，通过他的经历，我们更应该看到的，是如何在纷繁复杂的社会现实中找到自己的目标，如何抵制金钱、权力的诱惑而为目标奋斗，如何在张扬个性与坚守原则、在担负责任与成就自我之间架起桥梁。这，才是他给我们最大的教导和启示。

（文/北京大学中国语言文学系2008级硕士研究生　陈　蒙）

安尼瓦尔·阿木提

天山脚下赤子情

Tianshan Jiaoxia Chiziqing

安尼瓦尔·阿木提，男，1952年出生于新疆，维吾尔族，1973年至1977年就读于北京大学地球物理系。曾任新疆地震局分析科副主任、副局长、党委副书记、常务副局长，新疆工学院副书记、院长，现任新疆大学党委副书记、校长。

1979年至1980年，在北京大学地球物理系进修。1992年，在美国圣特尔纳瑞学院学习。1993年9月至1994年7月，在中央党校全国中青年干部培训班学习。1993年9月至1996年1月，在中央党校研究生部学习，宏观经济管理专业硕士研究生毕业。2002年3月至2004年12月，在大连理工大学研究生院学习，管理科学与工程专业博士研究生毕业。2002年3月至2003年1月，在中央党校全国中青班学习。2004年10月至2004年11月，在美国哥伦比亚大学学习。

1993年3月，任中国地震局副研究员。1998年起，任中国地震局自治区人事厅研究员、东哈萨克工业大学教授、俄罗斯阿尔泰边疆国立工业大学名誉博士。2002年，任国际亚太环境遥感学术大会名誉副主席。2004年11月，任西安交通大学研究生院新疆大学研究生分院管理科学与工程博士生导师。2004年12月，任新疆大学人口资源与经济学博士生导师。2005年11月，任新疆维吾尔自治区人事厅教授、中国教育国际交流协会理事、新疆国际经济文化发展中心理事、新疆管理学会理事。新疆维吾尔自治区第六届、七届党委委员，中共十六大、十七大代表。

曾主持领导了20世纪80年代新疆地震预报科学研究项目，成功预报了新疆乌恰地区6.8级地震，预报项目获国家省部科技进步二等奖、三等奖各一项，著有《石油与国家安全》、《领导科学简论》、《石油与新疆的经济发展》等3部著作，其中《石油与国家安全》于2006年获新疆第七届哲学社会科学优秀成果二等奖。在各类核心刊物发表《基于区域理论创新的新疆发展战略研究》、《使经济发展成果更多体现在改善民生上》、《构建少数民族高等教育体系》、《乌什6.4级地震的活动特征与强余震预测》、《断层总面积方法在新疆北天山地震带的应用》等37篇学术论文。

西部教育明珠——新疆大学，是目前新疆办学规模最大、办学历史最悠久、学科门类最齐全、科研水平最高的全国重点综合性大学，是新疆唯一一所“211工程”建设和“区部共建”大学。

走进新疆大学，映入眼帘的是树影婆娑、绿草茵茵、道路平整、繁灯点点。恢弘壮观的校大门，庄严雄伟的综合楼，现代气息浓郁的文科楼，典雅秀丽的和园，碧波荡漾的红湖，令人赏心悦目、心旷神怡。新疆大学有三个校区，校本部沉稳厚重，积淀着由新疆学院到新疆大学的历史传统；北校区古朴大方，满眼苏式建筑镌刻着历史的年轮；南校区恢弘雄旷，显示着无尽的活力和青春气息。

每当人们为新疆大学的校貌所陶醉，为新疆大学的变化而喝彩时，都会提及新疆大学党委副书记、校长安尼瓦尔·阿木提，是他带领全校师生员工，为学校的建设和发展呕心沥血，兢兢业业、勤勤恳恳地工作。他却很平静地说：“这几年的快速发展，首先要归功于大的宏观环境，国家和自治区对办好新疆大学给予了高度的重视和大力的支持，为学校的发展提供了巨大的动力。同时，也离不开校党委一班人和全体师生员工的共同努力。至于我自己，作为校长，可以问心无愧地说，我尽力了，这就是我对自己在新疆大学这几年工作的实事求是的评价。”只因对党的教育事业的执著追求、对学生的一片深情，他数年如一日地在校长这个岗位上辛勤耕耘、默默奉献。

“是北大选择了我”

安尼瓦尔·阿木提自小学起就接受汉语教育，是新疆第一代民考汉进入大学深造的少数民族学生。20世纪70年代初，他在新疆托克逊接受再教育，由于工作努力、劳动勤奋、身体强健，一个月后便成为小队最优秀的劳动者。出色的工作表现、踏实勤劳的工作作风使他获得领导群众的一致好评，很快就被调到大队，不久又调往公社。有一次，托克逊当地一家农户失火，他奋力救出农民的儿子，自己却当场晕倒。此事在当地被传为佳话，并由《新疆日报》报道，他被评为先进个人。

1973年的汉语招生考试，他位列少数民族第一。当时，后来出任北大校长的丁石孙赴新疆招生，看到他考试成绩优异、工作表现出色，在同龄人中出类拔萃，便毫不犹豫地录取他进入北大地球物理系学习。

安尼瓦尔·阿木提在北大的学习生活充实而愉快。学业上，他孜孜以求、勤奋刻苦，在地球物理的科学世界里徜徉；课余时间，他喜欢练武术。曾作为北大武术队队长代表北大为多位外国元首表演；生活中，他为人踏实、对人真诚，他的踏实和真心换来了同学们的认可和好评，是班中的“人气王”。谈及最难以忘怀的北大时光，他说：“是老师们无微不至的关心。特别是毕业于德国的王自昌教授（已经逝世）和地球物理专业的党委书记韩立国老师，对我的学习、生活等各个方面关怀备至，让我感受到家的温暖。”老师们的治学和为人，不断鞭策着他，培养着他求真求实、不断探索的科学态度和精神。

毕业后，他毅然决然地放弃了留在北京工作的机会，选择了回到家乡。“我是新疆人，又是少数民族，我的成长和发展离不开党的培养和关心，唯有回到家乡，为新疆的稳定和发展出一份力，才无愧于党、北大的培养，无愧于我自己。”

这份对家乡的赤子深情，坚定地建设家乡、发展家乡的情怀，离不开家人的影响和支持。他的父亲是新疆少数民族学堂第一人，时刻不忘要通过自己的学识和能力，为新疆的稳定和发展出一份力；他的舅舅是军区领导，曾自己讨论并形成“两个离不开”（汉族离不开少数民族，少数民族离不开汉族）的认识。他们心中惦念的是国家利益，是民族团结，是新疆的腾飞和发展。

以管理者的魄力谋事业

怀着建设家乡、发展家乡的理想，他从北大毕业后就长期在新疆地震局工作，经过十余年的锤炼，他逐渐从科学工作者成长为领导者，担任地震局副局长。1998年，他从新疆地震局副局长职位调至新疆工学院担任院长。2002年12月新疆工学院与新疆大学合并组建新的新疆大学，他担任新的新疆大学校长至今。

新的新疆大学组建之初，如何定位发展方向，实现学校格局以文理为主向以理工为主转变是他作为校长面对的首要问题。借助母校北京大学的校风、学风和“兼容并包”的优良学术传统，经过校长办公会多次研究讨论，大家进一步明确了学科交叉渗透的思想。他又带领学校一班人马奔赴北京高校咨询专家，邀请专家到校亲临指导，最终让这一思想得以贯彻延伸。“当时内地的气温最高达35摄氏度左右，他带了十几位新疆大学学科带头人到内地去介绍情况，15天跑了10多个城市，基本上每一天半跑一个城市。汗水浸透了他的衣衫，但他却坚持亲自去每一个地方学习经验，丝毫没有半分松懈。”新疆大学研究生院常务副院长贾殿赠教授介绍说。回校后，他又花费大量的时间，深入广大师生进行调查研究，并根据国家和自治区社会发展与经济建设的需要，制定《新疆大学总体发展战略规划》、《新疆大学学科专业与师资队伍建设规划》等，明确了办学指导思想和发展目标。

此后，他组织新疆大学狠抓学科专业调整工作，大力强化理工学科特别是工科建设，逐步形成特色鲜明、结构合理、布局优化的学科体系。新疆大学现有学科涉及文、理、工、经、管、法、史、哲等八大学科门类，涵盖了高级专门人才培养和科学研究的主要领域。

根据自治区新型工业化建设的需要，新疆大学采取措施努力加强工科建设力度。原工学院实验设备总值不到1000万元，近三年，学校对工科投入7000余万元，使工科在学科建设、队伍建设、人才培养、实验室建设等方面大为改观。在机械工程、电气工程等七个领域取得工程硕士专业学位授权资格。2005年，学校新增七个博士点，其中应用化学、电力系统及其自动化、机械制造及其自动化、计算机应用技术等四个博士点均为工科类，结束了新疆无工科博士点的历史。

作为校长，他令广大师生感到信服的，绝非仅是他的工作热情，更多的是管理能力和领导艺术。他说："领导不是劳动模范。如果大学是一艘船，那么校长就是船长，他要带领着学校全体教职员工，朝着提高管理水平和教学质量这个方向进发；校长就是指挥者，在重大决策面前要冷静清醒，做出最利于学校发展的决定；校长是协调者，知人善任，奖惩分明，协调学校的分工协作；校长是监督者，对重大项目心中有数，出现问题及时应对。"他的管理哲学，既融合了西方的思想，讲求制度与技术，又蕴含着中国传统思想，修道而保法。

以教育家的胸襟谋人才

"山不在高，有仙则名；水不在深，有龙则灵。建设一流大学，必须有一流的学科；建设一流学科，必须有一流队伍。加强师资队伍建设，始终是学科建设工作的核心。"这是他时常挂在嘴边的一句话。

为改变一流学术带头人和拔尖人才尤其是大师级学术带头人不足的现状，他带领学校及时更新师资队伍建设观念，打破人才单位所有制，实行固定编制和临时编制相结合、长期服务与短期服务相结合的办法，对高层次人才实行资源共享，不求所有、但求所用。新疆大学每年投入400万元作为"人才引进启动基金"，对特殊人才、紧缺人才采取特殊政策；每年投入150万元大力培养中青年教师。学校还以参与教育部"长江学者奖励计划"为契机，重点支持20名优秀的中青年学术带头人，设立"青年教师科研启动基金"，增加青年教师出国进修和培训的机会，为青年教师提供充分的发展空间。

目前，新疆大学具有硕士以上学位的教师占总数的50%以上，凝聚了一批具有一定水平的学科带头人和中青年学术骨干。在他和全体教师的共同努力下，新疆大学近年来先后获国家级教学成果奖两项、自治区级教学成果奖17项、全国多媒体教学课件大赛奖12项、省部级以上科研成果奖158项、专利17项。同时，主编国家“十一五”规划教材5种，建成国家和自治区级精品课程12门，实现新疆高校国家精品课程零的突破。2006年，新疆大学在国家“211工程”建设项目验收和教育部本科教学工作水平评估中，均获评优秀。

以学问家的眼光修自身

有人说，校长具备多种角色于一身。校长是领导者，引导师生不断向正确的目标前进；校长是管理者，要依据素质教育要求和学校发展规划，使学校科学地前进；校长是研究者，要适应素质教育的教育教学和管理理念，搞好教学研究。安尼瓦尔·阿木提常讲：“作为教育工作者，要有默默无闻甘作人梯的奉献精神、艰苦奋斗的进取拼搏精神、群体合作齐心育人的协作精神。”对他来说，永不停止的，是不断地学习和提高自己。

在他的办公室里，有块专供他平时记单词和公式用的黑板，尽管工作紧张，他却从未放弃学习，充分利用各种学习机会充实自己、提高自己，注重及时汲取不同学科的最新研究动态。同时，他采取多种方式为研究生开设专题讲座、扩大交流的范围，进一步拓宽学术视野。为提高自身的学术水平和科研实力，他系统地学习了博士研究生专业课程，这对他所从事的管理工作产生了巨大的理论指导作用，也为他的学术研究奠定了更为扎实的基础。

“应知学问难，在乎点滴勤。作为校长，我自身具有的学术实力对带动全校师生投身学术研究具有十分重要的影响，要想真正做好各项管理和服务工作，必须不断地提高、不断地进步，才能胜任校长一职，不辜负党和师生的期望。”他曾主持20世纪80年代新疆地震预报科学研究项目，1986年成功预报了乌恰县6.8级地震，1987年成功预报了乌什县6.4级余震，预报项目分别获得国家地震局科技进步二等奖、三等奖。他还著有《石油与国家安全》、《领导科学简论》、《石油与新疆的经济发展》等3部著作，其中《石油与国家安全》获2006年新疆第七届哲学社会科学优秀成果二等奖。他还在各类核心刊物发表了《基于区域理论创新的新疆发展战略研究》等37篇学术论文。

现在，他还指导着西安交通大学管理科学与工程、新疆大学区域经济学和自然地理学等三个专业的几名博士研究生。对新疆地区区域经济的发展，他也有着独特的见解。在他看来，新疆经济发展的关键是稳定，稳定之后迫切需要采取综合治理的发展战略。他提出在新疆发展集群产业，形成规模经济。只有依靠先进的仪器设备、技术水平和高水平管理，才能使新疆的资源优势尽快转化为产业优势，实现经济的腾飞。

满怀深情，心系母校

谈到母校，安尼瓦尔·阿木提总是满怀深情。在他眼中，北大是常为新的。北大人有思想，充满探索和创造精神。这样的一批人，只要能不断地学习和充实自己，不断发展自己，就会在相关的领域里有所建树。

“西部虽然条件艰苦，但大师级的人才少，空间广阔，正是有理想的年轻人锻炼自我，实践成才的广阔天地。温室只能培育花朵，唯有经过风雨的洗礼才能造就参天大树，经过烈火的焚烧和千万次锤炼才能成钢。北大人如能怀着积极向上的态度，到西部磨炼自己，定能成才。”

“良马不念秣，壮士不苟营。”他就像一个不知疲倦的“拓荒者”，有一片又一片绿洲在他的眼前延伸。当新疆大学这所天山脚下的学府再创辉煌时，他的笑容才会更加灿烂。

采访手记

几经周折，我们才有机会与安尼瓦尔·阿木提校友见面，听他细说往事。他为人亲和、平易近人、彬彬有礼。作为校长，他主持着学校的各项工作，谋划着学校的发展与未来；作为学者，他放不下区域经济学、管理科学与工程、地球物理学的相关研究；他是党的十七大代表，新疆大学又是新疆高校反分裂反斗争的最前沿，自治区的各种会议接连不断……

他曾准确预报新疆乌恰地区6.8级地震，我们访谈时，他却谈起了中国古代的哲学思想：孔子的以人为本，以德治国；老子的无为而治；法家韩非子的依法治国……他说知易行难，要在具体实践中将这些思想结合起来是不易的，却也是

2009年8月，前校长陈佳洱院士及夫人前往敦煌考察时和樊锦诗校友（右）在一起。

读了我校30位校友在我国西部广大地区不畏艰辛、奋力拼搏、献身祖国的一个个绚丽多彩的故事，我深深地受到教育，也为之骄傲！他们的丰功伟绩是几代北大人弘扬“爱国、进步、民主、科学”光荣传统和“勤奋、严谨、求实、创新”优良作风的壮丽诗篇！鲁迅先生曾经说过：“北大是常为新的，改进的运动的先锋，要使中国向着好的，往上的道路走。”我深信，新一代的青年学子一定会踏着他们的足迹，为中华民族的伟大复兴，再创新的辉煌！

陈佳洱

尤为重要的。他最欣赏孙武的“修道而保法”。说到这里，他异常喜悦、颇有心得，脸上洋溢着幸福的笑容。

整理安尼瓦尔·阿木提校友的材料时，我们不禁产生疑问：作为领导者、学者、教育家的他，是如何协调这几种角色的关系的？他又最看重哪一种角色？对话中，我们找到了答案。当我们把这几种角色统一在他的身上时，发现它们有着共同的目标——为了新疆的稳定和发展。

依然记得安尼瓦尔·阿木提校友的深情叙述：“作为北京大学的一名毕业生，我一直对母校怀有深深的感激之情，是母校奠定了我在多年实际工作中逐渐成才成长的坚实基础，奠定了我适应不同工作岗位和工作环境的能力。能够回到与母校一样的教育单位工作，这既是组织上对我工作能力的肯定和信任，更是党多年关怀和培养的结果。我将为办好新疆大学而竭尽全力，为新疆各族人民、为自治区的经济发展做一些力所能及的事情。”

在我们眼中，他被重重的光环围绕。但每一道光环，都是由他的心血、汗水和智慧凝结而成。任何成功都不会凭空而降，安尼瓦尔·阿木提校友的成功之光，是穿透夜的深沉才喷薄而出。

（文/北京大学中国语言文学系2008级硕士研究生　耿　葳
北京大学医学部2009级本科生　努尔比亚·艾孜孜）

贺利平

高原创业路，苦乐勇当先

Gaoyuan Chuangyelu Kule Yongdangxian

贺利平，女，1956年生，祖籍山西，汉族，中共党员。1975年9月至1978年8月，在北京大学国际政治系政治理论专业学习，获政治学学士学位。现任青海省商务厅处长。

1963年至1972年间，在青海省完成小学与中学教育。1972年参加工作，就职于青海昆仑机械厂。

1978年毕业至今，分别在青海省经济委员会、青海省财政经济贸易委员会、青海省经济贸易委员会、青海省对外贸易经济合作厅以及青海省商务厅从事宣传教育、企业管理培训、机电产品进出口、口岸开放等工作。

1984年共青团青海省委授予她“青海青年开拓者”荣誉称号，并颁发证书和奖章；2005年1月在青海省红十字会组织的援助印度洋地震及海啸受灾国灾民的募捐活动中，荣获红十字会组织颁发的荣誉证书；2006年荣获青海省商务厅“优秀共产党员”称号；2008年8月在四川汶川地震救灾工作中获中组部颁发的“特殊党费”荣誉证书。

曾多次发表文章，为青海的发展出谋划策。1987年10月至1996年，她结合从事外经贸和机电产品出口工作业务的实际，撰写并发表数了十篇文章。其中《调整出口结构，适应国际市场需要》和《合理引导外资投向》两篇被编入《计划市场与青海实践》一书第八章——对外贸易篇，并于1991年12月由青海省国际文化经济交流协会编辑出版发行。1996年，《青海机电产品出口势在必行》一文由跨世纪改革发展文献丛书编辑部编入《中国跨世纪改革发展文献》并出版发行。

在那遥远的地方，有一座城市——西宁。西宁市坐落在青藏高原西北部，是青海省的省会，被称为中国的“夏都”。贺利平的父亲在青海解放前夕来到了这里，此后便在青海工作，一待就是几十年。刚出生几个月，贺利平就随母亲来到青海。此后她在这里成长、学习、生活，大学毕业后在这里工作又是三十余年，与青海结下了不解之缘。

成长生活

从小在部队大院的生活，在贺利平的心中埋下了深深的军旅情结；寄宿式的上学经历，让她养成独立自主的生活习惯。成长过程中的点点滴滴，都给她今后的生活留下了不可磨灭的烙印。

贺利平的小学时代是在军区子弟小学度过的。那是一所寄宿式的学校，学校离家较远，一周只能回家一次，每次回家也只能待一天。于是她的周末生活总是：周六经历长时间的颠簸回到家，周日晚上必须赶回学校。那时的交通条件很差，虽然部队子弟学生可以享受到“专”车的接送，然而那不是通勤车，不是轿车，而是卡车。即便是卡车，只要能载她回到温暖的家，她就已经兴奋无比了。车上的时光是难忘的，条件虽然不好，但是一路上同学们的欢声笑语让她的童年充满了阳光，而从小住校养成的独立自主的习惯，让她比同龄人早熟一些。

1966年，十年“文革”开始。1969年全国开始“备战、备荒”，父亲因工作的需要调离西宁，她也随母亲被疏散到了民和军区农场。虽然到农场后一个月就解除了“战备”，但她和母亲、弟弟、妹妹还是在那里生活了很长一段时间。

在民和官亭中学学习时，学校离家有三十多里路，依然是每周回家一次。不同的是，在大院生活时，接送的车虽不是很好却能保证她每周按时回家，而在这里，回家坐的往往是顺路“车”：马拉炮车、拖拉机……难以想象的是，即使有这些“车”坐，对于她来说也是很幸福的了。大多时候，她是与同学结伴儿走过那三十几里路的。若是遇到下雨天，当她回到家时，已经变成一个泥人儿了。

这段生活同样给她留下宝贵的财富：活泼健康的性格、和谐友好的处事之道、成熟自立的性格。

在民和农场生活了两年后，她随母亲回到了西宁，最终在西宁市第十四中学完成了最后一年的中学教育。

那时正值上山下乡的高潮，当时的她觉得工人阶级十分伟大，于是选择做一名工人。她的第一份工作在青海省昆仑机械三厂，那时的昆仑机械厂是一个青海国防科工办的保密厂，但是却没有正式投产。厂房位于现在的湟中县多巴镇扎马隆，同样是离家很远，她与其他同事都住在厂中，还是一周回家一次。好在从小到大上学住校的她，此时早已习惯这样的生活。

1975年，她所工作的机械厂得到了三个上大学的名额，其中一个就是到北京大学国际政治系政治理论专业攻读学士学位。看到了上大学的希望，她很兴奋，就向厂领导申请，希望能获得这次机会。根据她平时的工作表现，领导决定把名额给她，希望她抓住这次学习机会，并在毕业后回厂里成为工作骨干。于是，贺利平参加了北大的面试。面试过后，她如愿以偿地获得了北大的录取通知。

她回忆说，那时只记得自己很高兴，或许是因为又能上学了，除了高兴之外没有更多的复杂情绪，所以对此记忆得特别深刻。

求学北大

特殊时期的求学经历也是特殊的。在北大，班级中年龄最小的贺利平过着半工半读的生活。那时的校园生活虽然不像现在这样多姿多彩，但那是一种能够磨炼人意志的生活，能够让人养成一种不怕困难、不甘落后的精神。

文化大革命时期，上大学是一件很不容易的事情。不同于现在，那时的大学生都是工农兵学员，上学需要组织、单位的推荐。正因为这样，那时的大学生的背景各种各样，年龄也是参差不齐。

1975年9月，贺利平来到北京大学，开始了她难忘的大学生活。当时的北京大学文科分为六个系，她就读于国际政治系政治理论专业。在他们班中，同学之间的年龄差别很大。贺利平那时19岁，是班里最小的三个人之一。她回忆道，那时班里的气氛非常融洽，大家相互之间多是以兄弟姐妹相称，班里当时有个年龄较大的女同学被大家称为“马大姐”，后来就连老师也这样称呼她。

那时很多人不了解青海，甚至不知道青海在哪里。即使知道的人，也是从书中了解到那是个只有古代充军发配边疆的人才会去的地方，所以在同学们的印象中青海人都很“野蛮”。虽然生活在青海，但是贺利平的普通话说得很标准，大家都误以为她是北京人。当周末家在北京的同学都回家了，她留在学校，有同学好奇地问她为什么不回家时，才知道她来自青海。更有意思的是，当同学们很好奇地问她青海人是否都很“野蛮”时，她总是笑着回答：“你们看我野蛮吗？”

和谐的班级气氛、友好相处的同学让她的大学生活不是那么的孤单与寂寞。贺利平年龄虽小，但是要强的她总是向大家看齐，还力争做到最好！

那时北大文科六个系的学生大一时要先到大兴校区进行半农半读，一年后才能回校本部学习生活。每当学农时，同学们都会挽起裤腿在水稻田里插秧。那时她的身体状况不是很好，然而她却从未因为自己的身体问题而离开队伍，总是默默地和大家一起在水稻田中劳动。每次干完农活，她都非常累。一次，贺利平插秧回来因为肚子太痛而晕倒了，好心的大姐们这才发现她身体不好，关心地问：怎么痛成这样还拼命地干活？她年龄小，身材也不高大，但是她依然和大家一样，两人合作一起扛装有两百斤稻子的麻袋。大家看到这个小姑娘居然有这么大劲时，都感到十分惊异。

学军是在陕西祁县。也许是因为从小生在部队大院而有着强烈的军人情结，所以她更加严格要求自己，仿佛自己是军人的代表。“不能给军人丢脸”的想法始终藏在她那颗“孩子”的心里。她不会因为自己年龄小就偷懒，更不会因为自己是女生就放松。小时候的生活经历使她能较快地掌握动作的要领与基本常识。那时在班级中还有退伍的军人，在打靶训练时，她表现得并不比那些当过兵的同学差。虽然每打一枪都会产生很强的后坐力，但是她却能保证连靶，一枪不失。

然而，拖着病怏怏的身体干农活，在烈日下学习，让她不得不带着药罐子上学，在大兴校区生活时，宿舍是平房并且离医务室很近，所以每天她都是边上课边熬药。第一年的生活就是在半病半好中度过的。可是，即使是这样，她在各种劳动、活动中却从不掉队，从不落后。

在北大的时光磨炼了她不服输、坚持不懈的毅力。在采访中贺利平说，北大人总有那么一种与众不同的气质，让人觉得干练、精神。我想这就是贺利平那种不甘示弱、不言放弃的精神。

在北大上学时，她穿的依然是以前工作时穿的蓝色工作服或者是绿色军便服。干净整洁的衣服加上行动敏捷、行事干练的作风让她显得精力充沛，很有精气神儿。

她还是一名运动爱好者。虽然不是拔尖的运动员，但是她积极参加每一届运动会，参加的项目很广泛：短跑、中长跑、投掷比赛、排球……喜欢运动的习惯一直保持到现在。在2004年5月她曾荣获青海省直属机关第三届职工运动会女子60米钓鱼跑第7名以及手榴弹掷准比赛的第4名，那时她已经48岁。在2005年的保龄球赛上她也取得了好成绩，她打保龄球时的飒爽英姿还登上了当地的报纸。

那个时期，上大学的同学年龄差距悬殊，有的年龄已经超过了正常就学年龄，并且大家是从不同的岗位上走来的，上大学前所受的教育程度参差不齐，所以同学们都很珍惜来之不易的上学机会。大学期间大家都非常刻苦，珍惜每一分、每一秒，认真做笔记，激烈地讨论……即使是很多人一起上的大课，大家也从不迟到或早退，总是在上课前就坐在教室等着老师来。大二时，回到校本部，课余时间大家基本都是用于自习，图书馆向来是满当当的。周末时，也是一大清早就赶去图书馆，去晚了就没有位置了。一代代的北大人从北京大学图书馆里汲取知识和养分，这其中也包括贺利平那一代特殊时期的北大人。

那时大学文科没有设外语课程，只有理工科的学生才有学习外语的机会。在西宁十四中时，一年的俄语学习经历让她对语言学习充满兴趣，于是在课余时间贺利平还抽出时间学习日语和德语。没有专门的教材，自己只能借助收音机，听广播学外语。这些不仅丰富了她的课余生活，提高了个人能力，更培养了她的自学能力，为后来更好地学习和工作打下了良好的基础。

未名湖畔，博雅塔下，那时的北大人勤奋、努力，他们对学习有着火一样的热情，对生活同样充满热情与信仰。学习在一起，生活在一起，让他们彼此情谊深厚。北大留给大家的不仅是彼此间美好的回忆，还有一种一生受用的气质，一种干练的气质。贺利平说，她在北大不仅学到了知识，更重要的是培养了一种人文素养，这让她在以后的工作中受益匪浅。

在青海的工作

1978年，贺利平从北大国际政治系政治理论专业毕业。当时国家对于工农兵学员的政策是："从哪来，回哪去。"于是毕业后她又回到了青海昆仑机械厂，任政治处干部。回厂初期，她曾在厂子弟学校代过课。1979年1月，青海省经济委员会点名借调她，之后她便在那里的宣传教育处工作。

1978年底，十一届三中全会召开，奏响了改革开放交响曲的前奏。自1979年始，全国开始抓企业管理。青海省经济委员会在什么基础与经验都没有的情况下开展县处级领导干部企业管理培训的工作，那时还年轻的贺利平参与了这次培训的筹备组织工作。

那时二十出头的她，虽然还年轻，几乎没有什么工作经验，但是她想既然要干就要尽力干到最好。一切都是从零开始，没有任何经验，没有经费的支持，也没有现成的培训教材，更不用说讲课的老师。在这样的情况下，她就自己到企业找人写教材。让别人帮忙写，没有报酬，难免会遇到不乐意提供帮助的人。虽然碰了很多次钉子，但是她从不放弃。为了凑齐教材，她一趟一趟地跑，一次一次地说服，有时甚至需要在人家工作的地方等到下班才能见到人。就这样，财务管理、企业管理、质量管理……种种材料从无到有。拿到手写的材料，需要先用铅字打字机叮叮当当地敲出来，然后再拿去油印。第一期的材料印好后，第一期的培训终于成功举办，她眼中含着欣慰的泪花，更加坚定了继续做下去的决心。就是在条件艰苦、底子薄弱的情况下，她组织办了七期培训班，每期为时两到三个月。度过了最艰难的开头后，企业管理培训逐渐步入正轨，国家有了企业管理的统一教材，录放机等一些较先进的设备开始陆续使用了。这时，她却离开了，又回到处里工作。

无论做什么都无所畏惧，这，或许是部队大院生活带给她的深刻影响，又或许就是她所说的那种北大人独有的气质——一种开拓进取的魄力，一种不怕困难的勇气。1984年，她荣获共青团青海省委授予的“青海青年开拓者”称号。后来每当提起此事，她总是笑道：“这个称号真是拿‘坏’了……”因为她在以后的工作中总是充当着“开拓者”的角色，总是接手很多在青海没有先例、没有经验与基础的工作，但是她从不畏惧，总是不怕任何困难地接下任务，并尽全力去完成。

1983年，青海省各行业开始搞职业道德教育宣传工作。此时，贺利平在青海省财政经济委员会宣传处工作，负责经济战线的职业道德宣传工作。有了上次出色的工作经历，领导放心地把工作交给她，她再次接受了这项“前无古人”的工作。

1985年她分别参加了筹备“青海省经济战线职工思想政治工作研究会”、“青海省职工思想政治工作研究会”的成立工作，并分别任研究会秘书处副秘书长和理事职务。

在做思想政治工作研究会的工作和县处级领导干部企业管理培训工作的开始阶段，她遇到了同样的状况——没有工作经验，也没有经济基础。她和大家再一次从零开始，在白纸一张的基础上筹备、组织，一步一步地慢慢上路。到1987年，研究会慢慢成熟了，有了一定的基础，并且开始有经费的支持时，她又因工作的需要调离了。

鲁迅曾自比中间人，在黑暗中，点着灯将灯交给下一个人，自己却消失在黑暗中。在青海发展的路上，贺利平就如同这样一位掌灯者：点亮灯，再将灯交给下一个人。

在此期间，她不单单是一名职工，她还是一位母亲。那时女儿还小，家里又没有人可以照顾孩子，她只能每天先带着女儿到幼儿园，然后再上班。

开始时，单位没有通勤车，不论烈日寒冬，她都是骑着自行车载着孩子往返于家、幼儿园与单位之间。她每天先要把女儿送到幼儿园然后再来上班，虽然不迟到，但还是有个别挑剔的领导略显不满。于是，她每天就先到办公室打扫完卫生，然后再送女儿上幼儿园。有时工作量大，忙不过来，当晚上下了班再赶到幼儿园时，就剩女儿一个人了。每当看到女儿急切盼望的眼神和那孤零零地站在幼儿园大门口等妈妈来接的样子，她总是感到很愧疚。连幼儿园的老师也经常不忍心地对她说：下了班早点来，别总是让孩子等……当说到女儿看到别的小朋友的爸爸妈妈早早地接他们回家时，她的眼眶也是红红的、潮潮的。

为了能按时接女儿放学，她决定中午饭后不休息（青海午休是两个半小时），用午休的时间来工作，为的是下午能提前走20分钟好接孩子。这样女儿中午也回不了家，只能待在她的办公室里，办公室里没有沙发，她就将两把椅子靠到墙边，椅子把手朝外当做护栏，形成一个简易的床铺让女儿在上面休息。

1987年是贺利平工作中具有转折性的一年。贺利平性格好强，常有自己独特的思维方式。鉴于自己的性格，她决定从事业务工作，希望自己的工作能更加充实。她回忆道，当时她对领导说：只要是从事业务工作，无论让她干什么工作都可以。那时财贸办老同志多，需要一个出材料快的工作人员，于是她被调去那里。自1987年10月起，她开始在青海省财政经济贸易委员会工作。

当时，青海省没有进口机电设备的招标机构。为了使本省的机电设备招标业务尽快开展起来，1998年她参加了筹备成立“青海省机电设备招标中心”的工作，从机构设置的批复、开展业务的资格认定审批开始，自下而上地在省内、国家有关部门协调。在不到一年的时间里，终于获得了国家有关部门批准的国际招标资质。从第一份标书开始，去邻省参观学习，看别人的国际招标是怎么进行的，回来再一步一步地从头做起。1999年元月，贺利平成功组织了青海省第一项机电设备国际招标项目——青海省路桥公司筑路机械设备进口采购项目，为青海省高速公路建设进口了第一批大中型摊铺机等筑路机械设备。2000年6月，因政府机构改革，她所从事的工作机构整体划转青海省对外贸易经济合作厅。她再一次将国际招标工作交给了后来人。

对于之前的工作，她就像是每次都跑第一棒的接力运动员，在枪声响起后奋力向前，在冲到前方时再把棒交给下一个运动员，自己便退出跑道。

虽然离开了招标中心，但是贺利平一直从事着青海省机电产品进出口方面的相关工作。关于青海机电产业发展的情况，她介绍道：青海是一个资源大省，在青海发展机电工业本身就是“两头在外”——原材料在外，市场在外。这样，由于运输成本高，青海的机电产品相对沿海省市没有价格竞争优势。若要扩大机电、高新技术产品出口，那就更加困难。尽管如此，她不畏困难，经常带领同事下企业、做调研，急企业所急、想企业所想、帮企业所需，组织企业到省外或者国外参展、考察学习，帮助企业积极寻找合作伙伴，等等。因此，在战斗于青海高原的机电企业广大干部职工的艰苦奋斗和努力下，在她的辛勤工作和培育下，目前虽然青海机电产品在进出口总量上无法与其他省市相比，但是纵向看发展很快，已实现了重大飞跃。

2001年，国家提出西部大开发与对外开放战略。这对位于祖国西部的青海来说是一个很好的机会，但那时青海没有开放口岸，是当时全国没有开放口岸的两个省份之一。这与实施西部大开发与对外开放战略极不相称，也成为青海进一步扩大对外开放、青海经济迅速融入世界经济的“瓶颈”。由于青海地理位置特殊，没有陆上邻国，也不临近较大的水域，只能开放航空口岸。

党中央、国务院十分重视西部经济发展，鼓励、引导外资更多地投向西部地区，国家口岸办也把发展内陆口岸作为侧重点。为了促进青海省进一步对外开放，省委、省政府提出要把口岸建设作为扩大开放和振兴经济的当务之急，将之纳入青海国民经济和社会发展的总体规划。

从2001年筹备口岸建设到2008年青海正式开放直飞香港的航空口岸，这是青海口岸发展史上的一次“八年抗战”。这期间贺利平兼任青海省政府口岸领导小组办公室副主任、省政府口岸管理办公室主任，展开了八年的艰苦奋战。

“没有口岸就没有对外开放”，但建立口岸对于青海而言又是一项新事物。当时各省的口岸办多数挂在经委，按照部门职能划分，口岸工作不应由贺利平所在的部门承担。但是由于贺利平刚从省经委调入，领导考虑这项工作由她接手较为合适。隔行如隔山，万事开头难。青海没有建设口岸的经验，首先需要到外地学习。出发前主管领导因事耽误，而做事细致的她在单位中早有口碑，于是就由她带队外出考察。

2001年春节前，她和三位同事连同司机五人一同开车去西安考察。寒冬腊月还下着雪，当车刚驶出兰州还未到定西时，她嘱咐司机说：天气不好，要小心开车，开慢些没关系。话说出不到40分钟，车行到车道岭隧道快到出口时，迎面开来一辆卡车在冰地上打滑迅速向他们撞了过来。坐在前排的她顺着惯性一头就撞到前车玻璃上，玻璃顿时由中心向四周开裂。好在玻璃没有迸溅，她的头部也没有被划破，但是手腕因身体向前冲而扭伤。此时的她，顾不上手伤，第一反应就是回头看同事有没有受伤，并安慰司机师傅。为了不使西安的同行领导和同事担心，她没有将交通事故通知他们，而是自行妥善处理后，先返回离那里较近的兰州学习，之后才到了西安，并圆满完成了此行的学习考察任务。为此，他的主管领导经常说：贺利平为青海的口岸开放流过血、负过伤。

这次事故似乎预示着青海的口岸开放并不是一帆风顺的，八年口岸建设困难重重。

首先，在这八年间，省级主管领导人员换了五任，由于政府领导的频繁变动，加之各个时期的工作重点有所侧重，于是口岸开放建设工作也随之经历了抓抓停停的八年历程。

其次，关于口岸开放，国家有在一定的范围内不能重叠建设的要求。那时青海周边的各个省市已有了口岸，并且都离西宁较近，于是青海的口岸开放就更加困难。

为了青海的发展，贺利平一次次向上级主管部门反映、递材料，与一个个与口岸相关的联系单位协调，不辞辛劳地为口岸开放建设奔波。当时邮件往来的形式还不时兴，所有的协调意见材料都需要手写之后用传真发送，那一封封的传真奠定和见证了青海口岸开放和建设的发展。

口岸的开放与建设涉及很多相关部门，诸如开放的基础条件、查验单位的设置及设备、边防部队的建设、土地问题、资金问题、航线航路乃至承运航空公司等，都需要从国家到地方，从省里到市里，一个部门一个单位地去协调，有时遇上哪个部门的主管领导或是具体经办人不在的时候，就需要往返跑许多趟。凭着执著的性格和敬业的精神，贺利平每到一个部门不仅能顺利谈妥工作，而且后来与各部门人员都成了很好的朋友。难怪国家验收组在来青海验收口岸开放工作时，有位处长开玩笑地对青海的相关领导笑着说：我们这次是被贺处长“绑架”来的……

2005年11月再次上报国务院，2006年10月获国务院批准同意，2007年3月青海省政府口岸管理机构成立，2008年3月国家主管机关协同相关部门共同验收通过西宁曹家堡机场为一类口岸，2008年9月30日青海省的口岸正式开放，第一班飞机直飞香港……青海口岸建设的每一步，无不倾注了贺利平的心血。

当她坐在青海第一班飞往香港的飞机上时，就像是看着自己的孩子长大了，羽翼丰满、展翅飞翔了，心中很是欣慰。

从此青海结束了没有口岸的历史。虽然是全国最后一个拥有口岸的省份，但是青海省现在每年举办高原夏都郁金香节、环青海湖国际公路自行车赛、黄河抢渡、国际藏毯会等大型活动，无数的中外游客来这里参观游玩都可以搭乘航班。这是青海历史发展上的一座里程碑，是青海对外开放的助推器。

改革开放三十年多年，贺利平在青海工作近四十年。在这三十多年中她秉持低调做人、埋头苦干、以苦为乐、坚持不懈、奉献高原的信念，满怀着精益求精、勇于进取的精神信念，以宽以待人、洁身自好的处事原则在工作岗位中兢兢业业、不断创新，为青海的经济建设和社会发展作出了贡献。近四十年的春秋岁月，近四十载的无私奉献，这种可敬的精神值得我们学习与传承。

采访手记

刚过19岁的我采访年已54岁的贺利平校友，这是我大学第一年寒假中最有意义的事情之一。她乐意我称她为“贺师姐”或“贺阿姨”，这样的称呼让我们的每一次通话与采访都能在愉快轻松的氛围中进行。

1月29号我们第一次见面，首次和她见面，她给我的第一印象是：虽然身材比较瘦小，但是精气神十足，行事干练。她工作很忙，在第一次见面后，她出差七天，采访因此暂时中断。但是为了不耽误采访工作，生着病并且输着液的她答应在出差回来后的第二天就进行正式的采访工作。

在正式采访的那天，她的右手还贴着输液后留下的胶布，我们的采访在咖啡厅中进行，那是一次聊天式的采访，脱离了一问一答式的严肃。时间随着贺师姐还稍带嘶哑的声音流过，不知不觉中我们竟聊了三个小时，此时门外已暮色降临，这次采访最终在一起回家的路上结束。

初稿写完后，我带着稿件又一次找到贺师姐，那是我回北京的前一晚，她仔细阅读了初稿并热心地帮我修改。看着我写的文笔还很稚嫩的初稿她回忆起许多从前有趣的经历，时间眨眼即逝，华灯下我们告别，这是我对她的最后一次采访，临走前她祝我回京旅途愉快……

对贺师姐的采访气氛温暖和谐。采访中的她就像是一位和蔼的长者，包容着一个年少不经世事的孩子，这才使得我的采访得以顺利进行。

对贺师姐的采访也是令人增长见识的采访，交谈中让我领略了人生的智慧。从她的身上我看到了：做事要有敢打敢拼的勇气，凡事没有做不到，只有想不到；做事要脚踏实地，只有一步一个脚印，才能走得更稳、走得更远。

对贺师姐的采访更是意义深远的采访，它向我们传达了祖国西部的召唤。此时正值西部大开发十年，十年沧桑巨变。今后的十年、二十年、一百年……祖国的发展、西部的发展需要一代又一代像贺利平校友那样的开拓者去开拓，去奉献。

（文/北京大学政府管理学院2009级本科生　张梦梦）

赵乐际

青海情结，刻骨铭心

Qinghai Qingjie Kegu Mingxin

2008年7月4日，第一棒火炬手田亮从陕西省委书记赵乐际同志（右）手中接过火炬。当日，北京奥运会圣火在陕西西安传递。新华社记者焦卫平摄

赵乐际，男，1957年3月生，陕西西安人，中共党员，1977年至1980年在北京大学哲学系学习。现任中共陕西省委书记，陕西省人大常委会主任。

1980年1月至1984年12月，任青海省商业厅政治处干事，省商业学校教师、教务科副科长，省商业厅政治处副主任兼厅团委书记；1984年12月至1986年4月，任青海省五金交电化工公司党委书记、经理；1986年4月至1991年2月，任青海省商业厅副厅长、党委副书记；1991年2月至1993年2月，任青海省商业厅厅长、党委书记；1993年2月至1994年7月，任青海省省长助理、省财政厅厅长；1994年7月至1997年3月，任青海省副省长；1997年3月至1997年12月，任青海省副省长、西宁市委书记；1997年12月至1999年8月，任青海省委副书记、西宁市委书记；1999年8月至2000年1月，任青海省委副书记、代省长；2000年1月至2003年8月，任青海省委副书记、省长；2003年8月至2003年10月，任青海省委书记、省长；2003年10月至2004年1月，任青海省委书记；2004年1月至2007年3月，任青海省委书记、省人大常委会主任；2007年3月，中共中央决定赵乐际任陕西省委委员、常委、书记。同年4月，青海省第十届人大常委会第二十九次会议接受赵乐际辞去青海省第十届人大常委会主任职务的请求。2007年5月25日，在中共陕西省第十一届委员会第一次全体会议上当选为省委书记。2008年1月23日，在陕西省第十一届人民代表大会第一次全体会议上当选为省人大常委会主任。中共第十六届、十七届中央委员。

各位领导、各位同志：

我自三天前知道自己调动的事情，心情一直难以平静。白天，思绪万千；晚上，彻夜难眠。这是一种什么样的情节、感受和心情呢？

一是难舍之情。我的父母十七八岁来到青海，在这块高原大地上生活、奋斗了三十多年。我也是十七岁到的青海，成为这块高原热土上的一分子，与各族干部群众一起生活、工作、奋斗了三十多年。一家人、两代人，伴随着青海一同走过半个多世纪的历程。青海烙印，深深打下；青海情结，刻骨铭心；深情眷恋，难于释怀。一旦真的要离开这熟悉的地方，离开这魂牵梦绕的青海，离开养育我的青海，要与我深爱的各族群众道别，要与我深爱的各族干部道别，要与我深爱的青海大地道别，真是难以割舍。这几天，我充分感悟着这种依恋情怀，正如我钟爱的歌曲《青海人》中唱的那样："因为我在这里掏出过心，洒下过泪。"

二是感恩之情。大家知道，我是从一名普通的知识青年成长为党的一名高级干部的。回想自己的成长历程，我深深感受到，这是党组织悉心抚育、精心培养，不断压担子、放手使用的过程，是各族干部指导、帮助、关心、支持，共同奋斗的过程，是各族群众滋养、理解、支持、关心的过程。几天来，一幕幕党组织培养呵护我的情节，一幕幕老领导、同事关心帮助我的情节，一幕幕各族群众给予我支持和力量的情节，不断在我脑际闪现、萦绕。在此，我要深深感谢党组织的恩情，深深感谢各族干部的恩情，深深感谢各族群众的恩情。我给大家鞠个躬。与此同时，由于自己工作中有时比较急躁，批评过一些同志，有时甚至比较严厉，伤害了同志。想到这些，我也很难受。借此机会，我向这些同志表示歉意，也感谢大家对我的理解和宽容。

三是思念之情。思念什么呢？思念三十多年来一起共事的人们，他们有的已经离退休，有的已经过世，有的调离了青海，更多的同志正在不同地区不同岗位上为青海忘我工作、默默奉献。思念青海的各族干部群众，不畏高寒缺氧的自然环境，不畏贫困落后的现实条件，正在青海高原上进行着全面建设小康社会、构建社会主义和谐社会的生动实践。思念三十多年来我走过的青海大地，这里的山山水水、一草一木、大漠戈壁、蓝天白云，神秘的三江源、巍巍的昆仑山、美丽的青海湖、辽阔的大草原，丰富的宝藏，多姿多彩的民族歌舞，悠久灿烂的历史文化，纯朴善良、吃苦耐劳、团结奋斗的各族干部群众，这一切的一切，令我留恋、思念、神往。这种情结、这种记忆对于我是永远挥不掉、抹不去的。我在想，在离开青海后，我一定会时常梦游青海大地。青海各族干部群众特别能吃苦、特别能忍耐、特别能战斗、特别能团结、特别能奉献的精神，是激励我在新的岗位上做好工作的宝贵财富和不竭动力，我将毕生秉承和发扬。

我坚信，在以胡锦涛同志为总书记的党中央的正确领导和亲切关怀下，在中共青海省委的坚强领导下，青海一定能够实现经济又好又快发展，社会和谐稳定，各项事业欣欣向荣，各族人民的日子一定会越过越好。

再一次感谢大家！

注：本文为赵乐际同志于2007年3月26日在青海省领导干部大会上的讲话节选，标题为编者所拟。

孙凤鸣

奉献源自热爱

Fengxian Yuanzi Reai

孙凤鸣，男，1962年出生于内蒙古乌兰察布，汉族，中共党员。1979年9月至1983年7月就读于北京大学法学院，获法学学士学位。现任内蒙古自治区公安厅副厅长。

1983年至2007年，在西藏自治区公安厅工作，历任研究科科长、办公室主任、副厅长。2003年，在宾夕法尼亚大学MBA进修班学习。2007年至2009年任内蒙古自治区公安厅副巡视员。

孙凤鸣祖籍河北深泽，1962年3月出生于内蒙古。父亲是一名兽医，母亲是普通劳动妇女，孙凤鸣有一兄一姊和三个弟弟妹妹。一家人依靠父亲微薄的收入艰难度日，六个年幼的孩子嗷嗷待哺，生活常常捉襟见肘。草原上的童年没有缤纷烂漫的色彩，他的回忆里唯有父亲劳碌地奔波、母亲辛勤地耕耘的身影。

孜孜求学北大

孙凤鸣从小便酷爱读书。文字似乎与他有着天然的契合力，字里行间汩汩流出的优美与灵性令他心驰神往、如痴如醉。在他的家乡，牧民的衣食住行尚难以维持，教育的匮乏自是不言而喻。对正处在读书年纪的孩子们而言，拿到一本书都十分困难。于是，他把能够拿到的每一本书都奉为至宝，爱不释手。《高玉宝》对底层劳动者苦难的刻画、《钢铁是怎样炼成的》对百炼成钢的理想诠释都曾给他带来强烈的思想触动。书为少年时代的孙凤鸣打开了一扇窗，带给他心灵最初的启蒙，也让他看到了茫茫草原之外缤纷多彩的大千世界。

他从未因为生活的艰苦而放弃求学的信念。可是，学校的教育条件不容乐观，小学教师由村里略有文化的长者充任；初中课程没有历史、地理，只有物理、化学课；物理老师不讲公式，而是带着学生们组装柴油机。这样的教育条件虽不正规，却培养出他快乐积极、自我独立的学习精神。受益于多年读书的素材积累，他的语文成绩尤其突出，1979年高考时语文作文达到满分。幸运只青睐有准备的人，他在课外给自己开了“小灶”，制定了硬性的规定，每天都要撰写一篇作文。持之以恒，方能厚积而薄发。

1978年夏，他参加了人生中的第一次高考，成绩不尽如人意，仅达到中专分数线，但激发了他的学习热情与自信：自己没有受过正规的教育，也未曾专心致志于学业，还能考上中专，可见有天赋。只要肯下功夫，一定会有更好的回报。于是，他毅然选择复读，并由理科转入了文科。当时，刚刚恢复高考，课本比较稀缺，而他家乡的中学根本没有历史、地理课程，文科复习材料更为稀缺。一本泛黄的历史词典，竟成为争相传阅的宝物，而他也只能偶尔借用、迅速抄写。三更睡，五更起；昼夜伏案，奋笔疾书。煤油灯下寒窗苦读，颇有古之贤士囊萤照读、凿壁借光之风。虽然每天学习艰苦，只有三四个小时的睡眠时间，他却徜徉其中而不知疲倦。日积月累，竟抄写出一份三百多页、一寸多厚的字典手抄本，内容已是烂熟于心。迎着朝霞、踏着斜阳，煤油灯下的学习照亮了他的成功之路，1979年高考，孙凤鸣信心满怀，立志报考全国最好的大学。他喜欢法律专业，便填报了开设法律专业的所有名牌大学：北京大学、中国人民大学、北京政法学院……八月的草原花海成群，风光旖旎，当印着烫金大字的北京大学录取通知书传来之时，快意之余，他感受到更多的是天道酬勤的欣慰。

怀着美好的梦想、背着单薄的行囊，他从内蒙古来到了首都北京，来到了他心中向往的北京大学。此前，他最远到达的地方是临近的县城，此番南下，以后的人生之路尽属未知。家庭条件窘困，几乎不能给他提供任何经济帮助，虽然有每月22元的学校一等助学金，但他在衣食住行方面依然是精打细算。他清楚地记得：一天有六毛钱的花销，两毛钱买一斤主食，早晨吃豆腐，中午的肉菜三毛多钱，晚饭一毛钱。当时的同学中有很多老三届，孙凤鸣觉得他们更有底蕴，总能侃侃而谈；而自己则比较内向，不善言辞，知识面也相对狭窄。大学期间，他每天都泡在图书馆，以学习为追求。唯一的休闲就是和同学们一起踢足球，多年的草原生活让他奔跑迅速，驰骋在绿茵场上肆意挥洒汗水，他被同学们称为“跑不死的野马”。

毕业时，他唯一的想法就是赶紧投入工作，挣钱以补贴家用、减轻父母的负担。他是个孝顺的孩子，不忍心看到年迈的父母仍然为孩子们操劳辛苦。谈及父母的艰辛不易，他不禁盈满热泪：上世纪90年代，父亲积劳成疾，患了食道癌。医院里，病床上孱弱的老父亲拿出自己一生的积蓄分给儿子，竟然只有六十元钱，厚厚的毛票记录了父亲的风雨沧桑。

选择去西藏

1983年，他从北京大学法律系毕业，被分配到中国政法大学工作。然而，他希望可以从事与社会联系更加紧密的实际工作，便找到当时主管分配的老师，表达了回到内蒙古工作的想法。由于没有内蒙古的名额，他便主动提出到西藏去工作，支援西藏建设。

经过长达22天的漫长旅程，他到达拉萨。当时的拉萨十分落后，没有一丝现代化城市气息：楼房、街道陈旧简陋，几乎没有汽车，物质资源极度匮乏，人民生活水平低下。然而，在亲眼见到西藏萧条落后的景象之后，他没有灰心丧气，而是更加踌躇满志、意气风发。他在给父母的家书中写道：“现在的青年学生都勤奋好学、善于思考，也有理想，可是有些人缺少五六十年代年轻人的那种热情、单纯和献身精神，正是这些才是我们年轻人最珍贵的品格，我们不是贪图安逸之辈，为何要被环境的艰苦吓倒？”“祖国是我们更神圣的故乡，更伟大的母亲，为她献身就是对家乡、对母亲最好的孝敬和最忠诚的热爱。”正是怀着青年学生的“热情、单纯和献身精神”以及对祖国母亲深深的热爱，他来到海拔5000米的青藏高原，为西藏的发展建设贡献自己宝贵的青春年华，谱写出属于他的奉献之歌。

他本希望进入人大法工委工作，却被组织安排到西藏自治区公安厅研究科。他在生活上遇到了饮水和取暖的困难，这里既没有开水也没有暖气，每天，他在单位食堂买一大碗稀饭，放到办公桌上充当“饮用水”，自己在房间里生煤油炉子取暖。

除了生活上的艰苦，他还要忍受精神上的孤独。在公安厅研究科，完成日常工作后，他总有大段的空闲时间，但办公室里只有他自己，除了工作文件没有其他任何可供阅读的材料。凭借从小培养的深厚文学功底，他通过创作诗歌、散文来抒发情怀。他写过花、写过草，甚至还曾为一只苍蝇写诗，只因那只与他同处一室的苍蝇让他认识到了生命存在的意义与价值。工作之余，他与同事们一起踢足球，在球场上尽情释放工作的压力和生活的苦闷。在高原踢球是令职业球员都头疼不已的事情，孙凤鸣和同事们却凭借着蓬勃的朝气和顽强的毅力在高原上释放着青春的激情和生命的活力。正是这些年轻人在西藏奉献青春、努力奋斗，带来了今日西藏翻天覆地的变化。

生活中的困难并没有影响他勤勉认真地工作，这位高考作文满分的北大才子在研究科撰写公文自然得心应手，很快就成为闻名遐迩的笔杆子。1985年，他和同事创办《西藏公安报》，在没有丝毫办报经验的条件下，几位年轻人凭借着热情与责任感尝试着为西藏的公安系统办报，并最终成功了。二十多年后的今天，《西藏公安报》已改为《西藏公安》杂志。

安家西藏

由于对工作认真负责、对同事热情诚恳，他在周围的干部群众中树立了良好的口碑，当时他已二十多岁，正值谈婚论嫁的年龄，他的个人问题成为同事关心的问题。经同事介绍，他与一位门巴族女孩相识，相处一段时间之后便被这位门巴族女孩纯洁善良的心灵所深深吸引，而女孩也因他蓬勃的朝气与过人的才气而倾心，两颗年轻的心在青藏高原上紧紧地贴在一起。征得双方父母同意后，他与那位门巴族女孩喜结连理，在寒冷的青藏高原上建立了温暖幸福的家庭。

八年时光在青春激情中流过，当年支援西藏建设的青年与当地政府部门签订的合同正是八年期限，绝大多数援藏青年离开了西藏，他却选择了留下来，这里有他温馨的家庭，还有他热爱的公安事业。

有了家庭的温暖，他把更多的精力投入到工作当中，逐渐从一名负责文书工作的研究科科员成长为一名深入基层调查研究、为百姓排忧解难的公安干部。在西藏工作二十多年，他跑遍了西藏的大城小县，在西藏73个县区中的63个区县留下足迹。有时，工作任务要求奔赴比较偏僻的村庄，他要和同事们驱车几十天才能赶到，崎岖的山间道路、恶劣的环境气候阻碍他们行进。他们时常因没有旅馆而在车内睡觉，方便面是他们的主要干粮，因缺水而只能干啃。到达目的地后，他们稍事休息便投入工作。完成公务后，他们又踏上归途，再一次经历艰苦漫长的行程。有一次，刚刚做完痔疮手术的孙凤鸣因为公务需要马上到阿里地区出差，公安厅的领导、医院的主治医生以及他的妻子都一致反对他去，要求他好好休息，身体痊愈后再回到工作岗位。但是，他坚持要求出差完成公务，不想因为自己的事情而耽误工作。最终，在他的强烈坚持下，领导同意由他出差完成公务，医生也为他开好出院后的用药，妻子也由反对转变为支持，他坐上了开往阿里的汽车。此次行程2000多公里，山路崎岖颠簸，他刚做过手术的屁股流出血来，他却坚持到达阿里地区并圆满完成工作。正是凭借这种顽强的毅力、敬业的精神和负责的态度，他认认真真替百姓办事、勤勤恳恳为人民服务，在辽阔的青藏高原上演绎着动人的传奇故事。

在西藏工作二十多年，他亲眼见证了西藏自治区改革开放以来日新月异的发展和翻天覆地的变化。公安系统改善了他刚进西藏时简陋的环境条件，更换了更加先进的装备，公安队伍也不断发展壮大，人员素质整体提升，整个公安系统的综合实力显著增强，得以更好地维护西藏社会稳定、保障西藏人民安居乐业，这一切都与孙凤鸣的辛勤工作密切相关。现在他已经步入不惑之年，工作之余，他将自己的实践上升为理论，相继发表了《警民关系的社会心理探讨》、《试论公安队伍的正规化建设》等文章，从理论的高度探讨我国公安系统的发展道路。二十多年的辛勤工作，他得到了领导的赏识、同事们的认可和群众的拥护，历任公安厅研究科科员、科长、办公室主任、副厅长。

他把青春年华献给西藏，西藏也给他留下了深刻的印记——一颗典型的西藏高原心脏。由于长年在海拔5000米的西藏高原上奔波，高原寒冷、缺氧的恶劣气候使他的心脏逐渐变得肥大、心率变得缓慢，平均每分钟仅跳动四十多下，使得他不能再适应东部海拔较低地区的平原生活。有一次，他从西藏到北京开会，由于无法适应北京的环境气候，他一下飞机就被送往医院治疗，躺在彩超机中，他听到医生给身边的实习生们讲解道："这就是一颗典型的西藏高原心脏。"二十多年来，他就是靠着这颗西藏高原心脏喷薄出来的热血与激情，在西藏高原上奔波劳碌，为西藏的公安事业和人民的安定生活奉献自己的青春年华。

调任内蒙古

2007年，他调到内蒙古自治区公安厅任副巡视员，开启了全新的生活。内蒙古的经济建设水平优于西藏，物质生活水平相对较高，但内蒙古的情况更为复杂，时有突发社会事件需要公安系统迅速适当处理以维持社会稳定。他分管的自治区公安系统科技强警工作，则是新时期公安系统应对各种复杂事件的重要保证。

他的第一项工作就是参与内蒙古自治区视频监控报警联网系统的建设，担任领导小组办公室副主任。这项工程的建设目的在于通过进一步发挥视频监控报警技术在"平安城市"建设中的重要作用，尽快实现全区视频监控报警联网系统规模化、标准化、规范化，以加强内蒙古自治区公安系统对预防和应急处置自然灾害、事故灾难、社会安全等突发公共事件的防控能力。他像在西藏工作那样全身心地投入到新工作当中，迅速了解新环境下的新情况，将新的因素添加到自己的工作思路当中，结合以往的工作经验完成组织领导工作，协调各部门、各单位的沟通与配合，推动自治区联网建设工作顺利进行。

2009年5月，公安厅和教育厅联合牵头开展内蒙古"科技防范进百校"活动。在活动的考察论证阶段，他带领公安厅科技处的相关人员前往河北、广东等地，考察了解当地的校园监控报警系统，借鉴其他地区相关经验后，他和同事们结合内蒙古自治区中小学校园建设实际情况，向自治区政府提交了内蒙古中小学校园监控防范体系的工程方案，经自治区政府论证通过。在活动的开展推进阶段，他担任"科技防范进百校"活动捐赠领导小组副组长，负责与参与捐赠的企业进行洽谈。他积极组织协调，最终，二十多家安防企业参与无偿捐助活动，约有一百多万的安防设备器材用于中小学建设，另有一百万的安放设备器材用于监控平台建设。

2009年11月，他带领内蒙古公安厅的相关工作人员前往深圳参加第十二届中国国际公共安全博览大会（CPSE），这是全球最大的公共安全博览会，每两年举办一届，是集中向世界展示最新安防产品和技术的平台。本届论坛中，他结合内蒙古公安系统信息化、科技化的实践经验，作了题为"强化普及推广、推进高端应用，构建以视频监控报警技术为支撑的新型社会治安打防控体系”的演讲，重点探讨了视频监控报警技术在治安防控中的发展和应用，有力地推动了本届安博会在网络化和信息化方面的探讨研究。

从西藏到内蒙古，变化的是工作和生活环境，他为人民服务的奉献精神从没有改变。从调任那天起，他就带着在西藏工作时的那种认真负责、无私奉献的精神在内蒙古大草原上奔波驰骋，在草原上谱写着新的奉献之歌。由于工作出色，目前，他已被正式任命为内蒙古自治区公安厅副厅长。

从一个勤奋上进、爱好文学的少年到朝气蓬勃、意气风发的燕园才子，从支援西藏的热血青年到献身西部的领导干部，孙凤鸣将他的青春年华毫无保留地献给了我国的西部建设事业。雪域高原上的足印记载着他为西藏公安事业的奔波劳碌，手头上的老茧见证了他在我国公安系统发展理论方面的辛勤探索，胸膛里的高原心脏涌动着为祖国公安事业的发展和人民生活的安定而不懈奋斗的一腔热血——这就是孙凤鸣，一个把美好年华奉献给国家和人民的北大人。如今，他在辽阔的内蒙古大草原上，继续谱写着荡气回肠的奋斗诗篇。

采访手记

在采访过程中，孙凤鸣校友谦逊、儒雅的气质给我们留下了深刻的印象，谈及他在西藏的工作经历，他总是说：“这些事情没什么可说的，都是我应该做的。”我们真切地体会到了他在西藏高原上拼搏奋斗的那份青春激情。

虽然已经走出燕园二十余载，说起母校，他却依然保持着赤子般的虔敬之情。“考入北京大学才是我一生的骄傲。”他说，自己最为珍视和引以为豪的还是作为一名北大学生的荣誉与骄傲。在母校面前他永远是一个学子，赐予他智慧、追求与灵性的母校在他心中的地位是神圣不可动摇的。她是酝酿智慧与灵性的沃土、孕育梦想和希望的圣地，从这里走出的每一朵桃李都将为社会播撒出他们最为芬芳的热情；每一个青年都将怀抱崇高理想奔赴五湖四海，成为中华的脊梁。北大人的发展，是与国家和民族的命运紧紧相连的。今日东风桃李，明天巨木成林。这些优秀的校友们也是母校最珍贵的资源，他们犹如一颗颗蒲公英种子，不断传承和发扬北大精神与北大文化；亦如连接北大与社会的一座座桥梁，将北大赋予他们的知识和才能传播到各地。

曾经听人说，西藏的天，是最澄净的蓝色。站在离天空最近的地方，干净得让你能触摸到自己的灵魂。多年高原生活的艰苦沧桑、公安行业的紧张操劳并没有洗去他胸中的豪情和浪漫。西藏，这个让人产生无限遐想的圣地，这个他曾经工作、生活二十多年的地方，是孙凤鸣校友心中最柔软的字眼。谈及西藏，他为之动情，面庞的曲线变得柔和，坚毅的目光里闪烁着温情，“到西藏去吧，西藏绝对是个值得一去的地方！”当我们袒露内心的无限神往却又为当地的艰苦条件和高原反应而惴惴不安时，他笑了，热情地鼓励我们去完成这次探险式的旅行。在他的目光中，我们读到了一种发自灵魂的热爱。或许正是因为这份感情太过浓烈，他才对自己经历的种种艰难都报以淡然一笑，似乎不值得我们用丝毫笔墨去描绘。这份常人不能理解与企及的奉献之情，源自他对那片土地的热爱。

（文/北京大学信息科学技术学院2009级硕士研究生　张　楠

北京大学社会学系2007级本科生　张好雨）

胡春华

把青春献给西藏

Ba Qingchun Xiangei Xizang

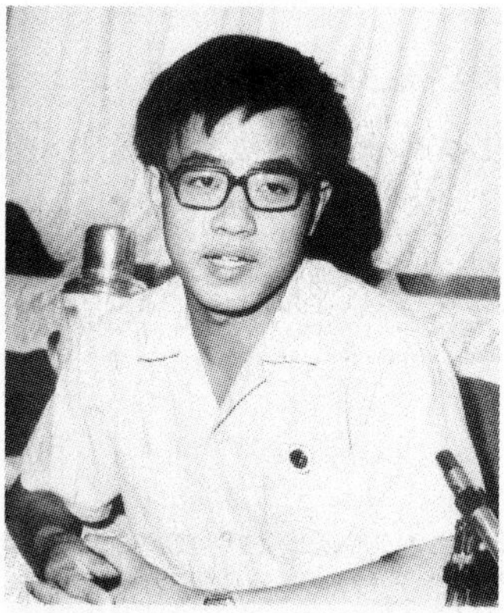

1983年7月22日，团中央召开北京部分大学应届毕业生“志在四方，献身四化”座谈会，即将前往西藏工作的胡春华作代表发言。新华社记者段文华摄

胡春华，男，1963年4月生，湖北五峰人，汉族，中共党员，1979年至1983年在北京大学中文系学习。现任中共内蒙古自治区党委书记，内蒙古自治区人大常委会主任。

1983年至1985年，任共青团西藏自治区委员会组织部干部。1985年1月至1985年11月在《西藏青年报》报社工作。1985年至1987年先后任西藏饭店党委委员、人事部副主任、党委副书记、人事部经理。1987年至1990年任共青团西藏自治区委员会副书记（正处级）。1990年2月至1992年3月任共青团西藏自治区委员会副书记（副厅级）。1992年3月至1992年12月任西藏自治区林芝地区行署副专员。1992年12月至1995年7月任共青团西藏自治区委员会书记。1995年7月至1997年11月任西藏自治区山南地委副书记、行署专员（其间：1996年9月至1997年7月在中央党校培训部一年制中青班学习）。1997年11月至1997年12月任西藏自治区山南地委副书记（正地级，主持地委工作）。1997年12月至2001年7月任共青团中央书记处书记，兼全国青联副主席。2001年7月至2003年11月任西藏自治区党委常委、秘书长兼自治区直属机关工委书记。2003年11月至2005年3月任西藏自治区党委副书记、自治区常务副主席。2005年3月至2005年7月任西藏自治区党委常务副书记、自治区常务副主席。2005年7月至2005年11月任西藏自治区党委常务副书记、自治区常务副主席，区党委党校校长。2005年11月至2008年3月任共青团中央书记处第一书记。2008年3月任河北省委委员、常委、副书记；同年4月，任河北省人民政府副省长、代理省长；2009年1月当选河北省省长。2009年11月，中共中央决定，胡春华任内蒙古自治区党委委员、常委、书记，不再担任河北省委副书记、常委、委员职务。同年12月，河北省第十一届人大常委会第十三次会议决定接受胡春华辞去河北省人民政府省长职务的请求。2010年1月24日，内蒙古自治区第十一届人民代表大会第三次会议选举胡春华为内蒙古自治区人大常委会主任。第十七届中央委员。

2009年11月30日，46岁的胡春华被中共中央任命为内蒙古自治区党委书记，这与他离开西藏自治区回京出任团中央书记处第一书记差不多时隔4年。这次调动让胡春华再次回到西部地区。曾自称是“半个西藏人”的他与西部的缘分仍在延续。

北大一跃：永远的“汉79班”

胡春华1963年4月出生于湖北五峰土家族自治县马岩墩村的一户普通农家。读初中时离家8里、读高中时离家13里，胡春华一直都是走读。他脚板上的茧有铜钱厚，穿烂的草鞋有一大堆。生活磨砺出胡春华顽强的意志，也培育出他坚毅的品格。1979年，胡春华在高考中获得全县文科第一名，考取了北京大学，也成为五峰历史上第一个考入北大的学生。

走入燕园，胡春华开始了一种全新的生活。如果说在故乡时艰苦的生活环境给予他人格、品行方面基本的锻造的话，那么北大则为他展示了一个空前广阔的天地，让他真正见识到山外面的世界，教会他如何去思考，如何去构拟出自己的梦想。

说起在北大的生活、与同学间的情谊，胡春华至今还饱含深情：“大学时代最令我难忘的是我们‘汉79’班，全班同学互相关心，互相帮助，在四年中结下了深厚的友谊。”作为全班最小的一名学生，胡春华得到了更多的关怀和帮助，大家都亲热地把他叫做“小不点儿”。从连笔记也记不全到以全部优良的成绩毕业，从“小不点儿”到支部书记，从不会说普通话到与别人一起创办中文系学生刊物《启明星》，胡春华在“汉79”班全班同学的关怀和帮助下，实现了人生成长历程中的飞跃。而且这种关怀一直延伸到了西藏，胡春华进藏时，因为无法买到新书，留校的几位同学为他购书达五六年之久。

谈起自己所在的“汉79”班，胡春华有很多美好的回忆：“我们班那时候是北京市先进集体。我们举办过一次调查联产承包在农村实行情况的团日活动，有一份报告我现在还保存着。”“我在西藏时，每次回内地都要和同学们聚一聚。西藏虽然远，但同学们和我的交往却一点儿也没有减少。”胡春华觉得，北大特有的文化氛围给了他很大的影响，但如果没有“汉79”班同学的关怀爱护，自己在北大的所得恐怕要大打折扣。胡春华给我们看了一张他一直珍藏着的照片，是“汉79”班的一张合影。稚气未脱的胡春华就坐在他们中间，笑得很腼腆。

毕业进藏：为理想而奋斗

1983年，对胡春华而言是不平常的一年。早在一年前，他就向学校提出了毕业后赴西藏工作的请求。这一年的7月，刚满20岁的胡春华就一个人奔赴了距北京万里之遥的雪域高原。与此同时，全国各地数千名像胡春华一样的大学毕业生也纷纷进藏工作，从而在西藏形成了一个“进藏大学生”群体。

在回忆如何做出进藏的选择时，胡春华说：“从感情上讲，我从落后地区来，也愿意到落后地区去工作。从理想上说，我，也不只是我，应该说我们这一批人都是抱着建设边疆的理想和信念而进藏工作的。”胡春华他们义无反顾地奔赴了西藏。

“那个时候理想主义是很可贵的，但也有一定的空想成分。”谈到理想问题时，胡春华特别告诫说：“现在的大学生，开始变得现实，但也不能没有理想。如果能将理想建立在现实的基础之上，那就是最可贵的了。”

从谈话中，我们可以看出，这位“理想主义者”从来也都是脚踏实地的。此后的15年里，胡春华用自己默默的工作真真切切地追求着当初的理想。关于平凡与伟大，胡春华深有体会：“在西藏由于诸多条件的限制，很难做出惊天动地的事。悲观者说是慢性消耗，乐观者说是于平凡中见伟大，实际上全在你自己的感觉。人生一世，能按自己的选择过日子，本身已是一种满足，更何况在西藏这样一个特殊的地区去实践自己的人生理想。”岁月无情，青春自不能永驻，我们很难说当时进西藏使胡春华失去了什么，也很难说在西藏的经历将给胡春华带来了什么。我们只能从他的言辞、他的行动中感受到，对过去的为理想而奋斗的岁月，他无怨无悔。

雪域春华：需要忘怀的是你自己

胡春华向我们描述的西藏是那样美好：永远的蓝天白云，永远清新的空气，清澈见底、一望无际的圣湖，高耸的雪山，没有破坏的原始森林，一切都透出一种宏大的自然美。而作为一名汉族干部，他自进藏以来一直在努力地了解西藏，融入西藏。当他再也不说“你们西藏”而说“我们西藏”的时候，他已经由一个内地人变成了半个西藏人。他在谈到藏民族时所流露出的情感，更加证实了这一点：“藏民族是一个勤劳、勇敢、智慧的民族，在雪域高原创造出了灿烂的文明，单就他们选择这片高原作为自己民族的生存摇篮，就已足够令世人钦佩。藏族有句民歌：哪里有雪山，哪里就是我的家乡。在藏民族身上，你可以看到人类征服自然的最顽强的意志。面对淳朴、热情、豪放的藏族人民，面对蓝天、白云、雪山、草地、神山、圣湖，你需要忘怀的是你自己。”

恐怕正是这种对藏族人民强烈的情感和对西藏的热爱，使得胡春华前后两次进藏，一干就是二十多年。其间，他与把生命献给了西藏的孔繁森之间的友谊成为一段佳话。

谈起孔繁森，胡春华忆起了那富有诀别意味的送行。那一次，孔繁森又要去阿里了，胡春华前去送行。孔繁森却因为工作很晚才回家。而就在这匆匆告别之后不久，孔繁森就因公殉职了。谈到此事时，胡春华保持着一贯的平静。在他看来，在西藏这类事太平凡，生与死只在须臾之间。但令他终生不能忘却的是那些永远留在西藏的英灵。魂兮归来，天地苍茫。胡春华对那些曾经一起奋战在雪域高原的战友们的思念与感怀已经化为永恒。

胡春华曾深情回忆他在西藏印象最深刻的墨脱之行：“墨脱是全国唯一不通公路的县，挂在喜马拉雅山的那一边，每年只有6至11月可以通行，一座座雪山将之仅仅封闭，成为名副其实的陆上孤岛。1992年我在林芝行署担任副专员，去墨脱检查指导工作。我们从西南翻越多雄拉雪山进入墨脱，到县政府驻地必须起早贪黑地不停地走三至四天。头两天没有人烟，只能喝泉水，吃压缩干粮，住岩洞，或是用芭蕉叶搭个临时小屋。我们一行四人，前后行程半个月，全凭两条腿徒步走，除县政府驻地外，还去了三个乡，对该县的经济发展、教育状况、墨脱公路的修建等工作作了详细考察。特殊的环境使墨脱实行严格的供售制，从粮食到火柴，一应物品均如此，在山的那边没有市场经济。悠悠墨脱路是墨脱永远的期盼和话题。多雄拉平均每年有一名解放军战士长眠在雪山脚下。在老虎口，骡马过时必须蒙住眼睛，绝壁和急流令任何生灵都胆寒心惊。这里已有八百匹马失足葬身崖下。回来时我们从东北面翻越雪山，雪已齐腰，同行的一位同志已面呈紫色，只是因为看见山顶带来的希望，才鼓舞他爬完最后30米。我们几年才能去一次墨脱，对我来说甚或只此一次，但对那里的人们来讲，这路，则是他们世代生活中的永恒旋律。祖国山河的壮美，人类生命力的顽强，让你永远不可能忘怀。”

我们都知道援藏艰苦，但我们没有切身的经历。因此，我们的确很难真切体会一位在日常工作中就曾面对诸多生命危险的援藏者的那份复杂感情。

对于长期援藏与归返内地的选择问题，胡春华认为，要承认西藏各方面的条件都比内地差，在西藏工作一段时间后调回内地是应该的，可以理解的，也是政策允许的。他提起曾经有一段时间自己也想回去，但终于还是留了下来。我们看到，到20世纪90年代中期的时候，80年代初自愿进藏的大学生已经有一半以上返回内地。北大1983、1984年进藏的8名同学中，也有6名调回了内地。对此，胡春华认为不管大家在藏工作时间是长是短，能有勇气来，并在这里踏踏实实地做事，本身就已经是一种奉献了，不能苛求大家来了就必须长期干下去。

寄望后学：做一个踏踏实实于社会的人

胡春华提到，临赴藏时有位朋友送给他一本书，在扉页上题词“心比天高，脚踏实地”，而他在此后的生活、工作中一直引以为戒。他也总是强调，每一项工作都有其特点，而且有的东西必须亲身经历才能体会到。比如谈到创办《西藏青年报》的那段日子，他记得整个班子就几个人，从组稿、编辑到排版，都是这几个人干，甚至印出后还要亲自上街卖。结果，报纸卖得不错，第一期一天就卖了好几百份。说到这里，胡春华语调一扬：“现在如果让我去办一份报纸，我立刻就可以办出来。这没有实际的锻炼是不行的。”那种在艰辛实践中淬炼出的自信在此刻显露了出来。

多少年来，胡春华接受了一个又一个他熟悉或不熟悉的工作。但他时刻保持着一个人生信条，那就是：人只有把两条腿牢牢实实地扎在这片土地上才是实在的，人应该像“人”字一样既脚踏实地又力争上游。这个道理他不是在书斋中玄想出来的，而是在最初进藏的路途中突然悟到的。胡春华记得自己刚离开学校时也有“舍我其谁”的豪气。之后他坐汽车进藏，从离开家到拉萨，共计走了23天。坐火车到西宁后，坐两天汽车到格尔木，再坐四天汽车到拉萨。佛教讲究“悟”，当他穿过半个中国，从江南水乡到西北的黄土高坡，到柴达木的戈壁沙滩，到青藏高原腹地的荒原，越过鸟迹不至的生命禁区唐古拉时，在滚动的汽车轮子上，胡春华悟出了这个看似简单但却给他此后的人生带来深远影响的道理。

对一个大学生而言，要做到脚踏实地，胡春华认为就是既要学好专业知识又要培养综合素质，特别是要与社会协调。当一部分大学生坠入了不是游离于社会之外而自以为清高，就是吸纳社会中的一切而变得市侩的怪圈中时，我们的教育要思考，我们受教育的人也要思考。胡春华语调凝重地指出：“北大确实以自己培养人才方面的成就不断地证明着自己在中国高校中的重要地位。但同时我们也必须看到，并不是每一个北大学子都能成就北大精神，更不是你一进北大就成了‘京都大学士’。大学生活仅仅是你走入社会的最后的准备，远不是你事业的本身。跟社会的需要比，我们拥有的很少，学校只能培养你基本的素质，给你一个良好的基础。社会不是学校，更不是教科书上理论的设定。我们可以自以为是精英，但究竟是骡子是马要遛过以后才知道。你可以不安于不伟大，但你不可以蔑视平凡。即使你真的能够伟大，你也得先耐住寂寞。还是老话，我们必须有傲骨，但却不可以有傲气。当你走入社会之后，你仍然是一个学生，远不是你期望的‘救世主’。你必须正视和找准这个位置。”胡春华还特别讲了他对机遇的理解。机遇的核心就是找到干活的机会。不干活有再大的本事也没有用。而且尤其要注意从小事做起，认认真真做好小事情，才能慢慢体现大能力。而总是等着做大事，其他发挥的机会都错过了，就没有人会了解你，就会失去更多的机遇。因此，胡春华特别鼓励大学生们下基层，在那里做事的机会多，锻炼也多，有利于个人发展。

最后，胡春华也特别鼓励青年学生到西部地区、到民族地区去实现自己的理想：“在全国，尽管少数民族人口仅仅占百分之十左右，但论面积，全国有百分之六十是少数民族聚居区，陆上边疆几乎都是民族自治地区。治边一直是历代中央政府施政的重要内容。新中国成立之后，党和国家对边疆、对民族地区采取了一系列特殊的政策，促进了边疆的稳定和各民族的发展。但是我们也必须清醒地看到，边疆迫切需要进一步加强建设。内地建设、沿海的发展需要人才，而万里边疆也同样需要人才，甚或可以说更需要人才。”

注：本文在《雪域春华——西藏自治区团委书记胡春华访谈录》（文/张菁，刊于《北京大学校报》1995年3月30日第4版）和《燕园·雪域·春华——访胡春华学长》（文/郭凯，载于《共青团在北大》，人民出版社，2004年）两文的基础上修改而成，标题为编者所拟。

李焱

星空的守望者

Xingkong de Shouwangzhe

李焱，男，1963年6月生于云南，汉族，中共党员。1979年至1983年，在北京大学地球物理系学习，获学士学位。现任中国科学院云南天文台台长、学术委员会主任、学位委员会主任，云南省天文学会理事长，中国科学院知识创新工程云南天文台“南方基地”首席科学家、博士生导师。

1983年至1989年，在中国科学院云南天文台任实习研究员。1987年至1989年，在中国科学院云南天文台学习，获硕士学位。1989年至1992年，在中国科学院云南天文台学习，获博士学位。1989年至1993年，任中国科学院云南天文台助理研究员。1993年至1994年在德国Kiepenheuer太阳物理研究所担任访问学者。1993年至1996年，任中国科学院云南天文台副研究员。

1993年获昆明市“十杰青年”称号，1996年获“国家杰出青年科学基金”资助，1997年获首届“中国科学院优秀青年”称号，1997年获国家教委与人事部联合评选的“全国优秀留学回国人员”奖，1998年获云南省“十大杰出青年”称号，1998年入选“国家百千万人才工程”第一、二层次，2003年荣获第八届“全国职工职业道德建设先进个人”称号。

中国科学院云南天文台位于昆明市东郊的凤凰山上，距离市区十多公里。出租车载着我们一路盘山而上，渐渐远离城市的拥堵和喧嚣，举目苍绿，入耳尽是自然之声。位于山顶的天文台，真是一处难得的幽静之所，我们将要在这里采访云南天文台的首席研究员——李焱。

李焱是云南天文台培养的天文学家。多年来，他在恒星物理研究领域进行了不懈的努力，成绩显著。在大家的想象中，这样一位学者，必定在童年就显示出天资的聪颖，赢得“神童”之称；这样一位学者，必定在考试中一路过关斩将，鲜有败绩；这样一位学者，必定埋首于科研，以一堵学术之墙阻隔开世情冷暖。然而，事实却不是这些“必定”的证明。

牛棚中走出的北大生

李焱的父亲是河北人，解放后随着南下服务团来到云南，同其他成员一起进入《云南日报》社工作。“文革”前，李焱的父亲是报社的骨干，在“打倒一切牛鬼蛇神”的口号声中，他被关到了牛棚里。李焱五岁的那一年是陪着父亲在牛棚里度过的，父亲放牛，他放羊。小李焱跟随父亲放牧报社的几十只牛羊，早上把羊群赶到山坡上，下午的时候，等羊群吃饱了，再把它们一只不落地赶回来。瘦小的李焱得紧紧地跟着羊群，哪怕只是走丢了一只羊，也是集体财产的损失，是绝对不能原谅的错误。羊群总是四处走动寻觅食物，小李焱每天都得跟着羊群走很长的山路。这对一个五岁的孩子来说，是一件多累的差事啊。每次放完羊回家，他只想倒在床上好好睡一觉。

李焱到了该上小学的年纪，就读于西坝小学。西坝小学是一所农村小学，周围都是农田，教学环境并不好。学校老师的教学水平也不高，他们还要为自家生计奔忙，对学生的管理十分松散。另外，时值“文化大革命”，整个社会充斥着不上课是革命行为，上课则是走“白专”道路的观念。于是，逃学成了学生的集体行为。和小伙伴到处疯玩几乎是李焱整个小学生涯的全部记忆，他回忆说：“我们上小学时，每天都背着书包去，但基本不在学校活动，在学校也基本不在课堂上活动。”李焱的初中在昆明市第二十二中学度过，情况也和上小学时一样，混乱的学校秩序难以保证学生的正常学习。

这个时候，李焱从零星半点的课堂所学中，渐渐感受到了知识所带来的乐趣。出于这个年龄段的男孩子贪玩的天性，李焱仍然跟着小伙伴们到处疯跑，但知识所带来的乐趣吸引着他，于是他把越来越多的时间花在了课堂上和书本上。

李淼喜欢上课，尤其对数学产生了浓厚的兴趣，这份兴趣激发起了他强烈的求知欲望。数学老师也注意到了这个瘦瘦小小的孩子，在空阔的教室里，总有他那双充满好奇的眼睛。老师的喜爱更激发了李淼学习数学的热情。他不再一天到晚疯玩了，他会拿出课本来认真地阅读，认真地完成课本后面的习题。也许这是科学在李淼心中最早的星星之火。

初三下学期，李淼转学到了昆明市第八中学。由于李淼的父亲在“文革”刚开始的时候就被打倒了，他也被划归为出身不好的孩子，整个院子里只有很少的几个小朋友愿意跟他一起玩。初三的时候，这些小朋友都转学到了八中。八中是当时昆明最好的几所中学之一。院子里一个小朋友的外公是八中工人宣传队的队长，掌管中学的一切校务，李淼托小朋友去找他帮忙，转学到了八中。

刚到八中的时候，李淼的成绩十分糟糕。当时八中的学生分两大类：一大类是喜欢学习和认真学习的学生；另一大类是不务正业、成天打架的学生。但八中毕竟是昆明城里一所很好的中学，教学秩序和质量都比较有保证。但是李淼来自近郊的农村学校，虽然初中也听了一些课，但毕竟没有在学习上花太多工夫。所以，转学到八中的时候，李淼的成绩甚至比第二类学生的成绩还要差。李淼第一次意识到自己和别人的巨大差距，下决心要赶上他们。也就是在这个时候，李淼遇到了在整个中学时代对他影响最大的人。

李淼所在的班级有一位叫柴本立的班长，他学习成绩特别好，组织能力也很强。“可能是有缘吧，”李淼说，“不止是学习成绩差距大，我们的性格也不是一种类型，但他就是很愿意帮助我，我们的关系非常好。”李淼受柴班长的影响很深。他说，他的英语完全是跟柴班长学的，这么说一点儿也不过分。当时，中学的英语学习没有正规的课本，用的是中央广播英语电视大学的播音稿，既可以听，也可以读。柴班长教给李淼最重要的英语学习方法就是“大声读”。每天上课之前的早自习，还有课间操时间，只要有空闲，李淼都拿出英语教材来大声朗读。日复一日的坚持，使得李淼的英语成绩飞速提高。柴班长对李淼还有另一个很重要的影响。柴班长很喜欢物理，李淼每天跟着他学习，也发现了学习物理的乐趣。可以说，柴班长为李淼打开了物理王国的大门，激发他努力去探求里面的奇妙世界。从这时起，物理成了李淼一生的兴趣所在。

初三下学期的努力，使得李淼在初中毕业时得到了一个不错的成绩。但在李淼看来，初三下学期他只是出于兴趣在学习，而真正下工夫学习，则是在高二。为什么呢?

这应该可以称做“一个问号的力量”。有一天，李淼妈妈单位的一位阿姨问他："李淼，你高中毕业以后想上什么大学？"这句话顿时让李淼傻眼了："上大学？还要上大学？"由于"文革"时，国家的秩序被打乱，整个社会对于学习并不重视，上大学更被看做是少数人的事情，所以很多人头脑中并没有"上大学"这个概念。阿姨这一问，本来是一句普通的寒暄，却投石起漪，让李淼第一次明白：考大学是一个更高的目标。另外，班上别的同学都在为考大学而奋斗，李淼也绝不愿意落在他们后头，于是，李淼开始认真对待学习，为了考大学的理想而努力。

这个时候，八中为了提高教学质量，实行了一个非常措施——划分快班和慢班。当时八中一个年级有22个班，理科18个班，文科4个班，在理科的18个班中要分出3个快班。理科分班考试只考数学、物理、化学3个科目，每科100分，总分是300分，260分是快班的录取线。李淼当时考了264分，勉勉强强挤进了快班。但面对快班的如云高手，他又回到了初三刚转到八中时候的情形——全班倒数前几名。虽然如此，但快班浓厚的学习氛围对李淼的学习起到了重要的促进作用。"要是我当时少考5分，你们今天也就不用采访我了。"李淼笑着说。当时高中是二年制的，高二结束就要参加高考了，时间非常宝贵，李淼只能更加刻苦和高效地学习。当时有一套《数理化自学丛书》，是当时少有的参考书之一，李淼除了上课听讲和完成老师布置的作业之外，课余时间全花在这套书上。看题、做题，希望从这套书中揉出更多的知识来。每天深夜1点多，他房间的灯还亮着，还有一个小小的身影坐在桌边，或托腮冥想，或埋头演算。除了自学参考书，李淼还参加了学校组织的各种辅导班，其中给他帮助最大的是英语辅导班。开英语辅导班的老师是燕京大学毕业的，当时已经是白发苍苍的老先生了，他非常喜欢给学生上课，每个周日他都很认真地给自愿来上辅导课的同学讲授英语。李淼很喜欢这位老师，老师也对这个学生钟爱有加。在师生良好的互动下，李淼的英语水平不断提高，为后来的学习和工作奠定了很好的基础。

高二刚进快班时，李淼的成绩排在班级的倒数前几名，但高考时，他的成绩已经是全校数一数二的了，最终以高分被北京大学录取。就像李淼自己说的："我是一名冲刺型的选手，冲刺时是很有爆发力的。"

从全班倒数到满分学生

初次离开家乡来到北京求学的李淼，首先遇到了一个大问题——吃饭。李淼的祖籍是河北，可能出于这个原因，李淼对北方的气候有天生的适应性，对面食也颇为喜爱，但毕竟生长于南方，饮食上还是更习惯米饭，这样就出现了问题。

在20世纪70年代和80年代前期，中国实行的是物资凭票供应的制度。李焱的大学时代，每一个学生的粮食供应量是固定的——男生每个月36斤，女生每个月33斤。到了北方，每个月供应给男生的粮食是20斤面粉，9斤玉米，7斤大米。于是问题就出来了，对于吃惯了米饭的南方人，而且是长身体的十七八岁的男孩子，7斤大米怎么能够支持着熬过1个月呢？许多时候不到3天就被吃完了。玉米，许多南方人都是不吃的；面粉，也难以下咽。当时北方的面食是这样做的，一半是发面，另一半面粉作为干面揉进去，蒸出来的馒头可以看出是一层一层的，掰开来，有时干面粉还“扑扑”地往外掉。这样的馒头，吃的时候肚子很快就胀了，但过不了多久却又饿得慌。吃不饱是李焱在北大遇到的一个大问题。

但比起来，另一个问题对于李焱来说更严重。普通物理有一门课是力学。第一节课，老师并没有讲课，而是发了一张卷子给学生做。那张卷子有5道题，难度都很大。李焱当时只能勉勉强强地做完其中一道，其他的就只能写出公式摆着，有的题甚至连题目的意思也很难理解清楚。一起来的其他云南的同学也做得十分吃力，比起来，做出一道题的李焱已属高手。云南的同学都觉得，这5道题目的难度都大大超过了他们的所学，是老师想给学生一个下马威，解不出来是很正常的。但是，和别的省份的同学一比，他们发现情况并不是这样。后来的几次考试，云南的同学很努力也很难及格，而北京、福建这些地方来的同学却很容易就及格了。李焱意识到，云南的教育水平同其他省份相比存在巨大的差距，辛苦考进北大的自己又成了班级的倒数前几名。怎么办？赶！

回忆起那时的大学生活，李焱总结了一个字——累，特别是大一那年，简直比高二还累。早上6点，李焱就起床去背诵英语。6点，正是年轻人睡眠最好的时候。隆冬时节，北地寒风刺骨，但是他依然坚持着早起的习惯，积累了一个又一个单词。吃过早饭，等待李焱的是从早到晚一天的课程。地球物理系的课程内容广泛，涉及数学、物理、天文等多个领域，课程排得很满，课业负担也很重。忙完了一天的课堂学习，匆匆忙忙地吃过晚饭，李焱却没有留给自己太多的休息时间，又开始自习。

当时学校在晚上10点的时候准时熄灯，关掉总闸。而物理楼在学校东门外面，虽然晚上也熄灯，但并不拉下电力闸门，于是那里成了晚自习的学生最好的去处。李焱下午在学校的教室自习，抓紧一分一秒的时间，翻看课本和笔记，做课后的练习题。因为熄灯制度，连光亮这种学习资源也变得如此的宝贵，对于正在奋力追赶的李焱来说，丝毫不能浪费。晚上快到熄灯时间，李焱就赶紧收拾书包，奔向东门外的物理楼。物理楼的教室到了晚上也是上锁的，但有开着的窗户，晚自习的学生们就是通过那些开着的窗户进到教室里的。可是没有灯光也看不了书啊。物理楼的管理员通常在下班的时候把教室里日光灯的启辉器拿走，没有了启辉器，日光灯就不能发光。这也是一种专业优势吧，小小启辉器岂能难倒学物理的学生？只要把剪刀或者其他细长的硬物插到日光灯的相应位置轻轻一绞，充当启辉器的作用，电灯就亮起来了。在物理楼的教室里，李淼要待到午夜以后。教室外，夜色如墨，昏黄的路灯下有疏疏落落的影子，一切都在深夜里沉沉睡去。教室里，灯光却在黑夜的映衬下照得一切亮如白昼，这些身影，正在专心致志地阅读思考，埋头演算。睡意袭来，李淼抬起头，揉揉眼睛，让头脑保持清醒，看看其他专心读书的同学，又低头演算起来。

经过多少个这样日日夜夜的坚持，李淼得到了回报。从刚入学时候的全班倒数前几名，到电动力学课一百多名学生里四个满分学生中的一个，从刚入学时不敢向北京、上海、福建的同学请教问题，怕被笑话，到同省外的同学一起交流学习心得，讨论学习中的难点和题目，李淼又一次实现了飞跃。

李淼说，自己取得这样的进步，也得益于北大良好的环境。师资环境就是其中重要的方面。“谈到在北大对我帮助最大的老师，有三个。”李淼喝了一口茶，开始给我们讲述这三位老师。第一位是教授理论力学的岳增元老师。理论力学是一门非常抽象的学科，需要有较强的空间思维能力。岳老师的讲课独辟蹊径，他先分析物理图像，在学生把物理原理弄清楚了之后，再带领学生用数学的方式来进行描述，这样就使得学生把物理概念弄得十分清楚，数学技巧应用有的放矢。第二位是教授电动力学的钱尚武老师。同岳增元老师不同，钱老师着重培养学生扎实的数学功底。虽然概念清楚是学习物理的基础，但数学解题的能力同样重要。如果数学能力不过关，就算弄懂了物理的原理，也无法进行计算和处理。钱老师的课教导学生如何用数学方法来解决物理问题。这两门课，为李淼今后的学习和研究奠定了坚实的基础。第三位老师是一位英语老师。这位英语老师当时刚从国外学习回来，一口纯正的美式英语使李淼马上对她产生了尊敬和喜爱。她上课不用英语课本，用的是自己编的教材。每堂课讲解一篇英语小短文，课堂气氛既轻松又紧凑。讲完之后，学生就很好地掌握了相关的知识和语法，也不断增强了学习英语的热情。李淼很感谢这位老师，因为他刚上大学的时候英语并不好，学习全靠“死记硬背”，这对于记性不好的李淼来说，实在是吃力。而这位老师却教会李淼轻松学习英语，更重要的是，重新燃起了李淼对学习英语的信心和热情。

除了课堂学习，李淼也感受到北大不一样的气氛。在他大二、大三的时候，北大的校园气氛十分活跃。那个时候，中国正处在一个思想转型的关键时期，北大作为各种先进思想的汇集之地，在“兼容并包”的校风指引之下，许多学生都奋起直言，发表自己对时事的看法，大有“书生意气，挥斥方遒”之势。北大这场“指点江山，激扬文字”的思想浪潮，冲击着李焱的心灵。“什么都敢说”，思想解放，思想自由，这是我们的权利，更是科学发展的重要条件！李焱学到的，是学术上的不盲从，是敢于探索和坚持真理。

从考研失利到首席科学家

“到哪儿都是为国作贡献”

李焱就读于地球物理系天体物理专业，但当时他对天文学的兴趣并不算浓厚，他更喜欢应用性的学科。他听说中国科学院声学所有一门学问叫语言声学，可以让机器人发声，他觉得很有兴趣，于是就去报考声学所的研究生。研究生考试总共考五门，持续三天。考完前四门，他感觉很不错，算了一下分数，只要第五门达到中科院的及格分，他就能以高分被中科院录取了。而第五门恰恰是李焱最擅长的电动力学，这应该是毫无悬念的一次考试了。但是，李焱却在最后那门考试中发挥失常，昏昏沉沉地做完题目、交卷、走出考场，结果是分数远低于中科院的及格分。当然，考研的愿望化为泡影。这对李焱是一个巨大的打击，他说：“到现在为止，这是我所有考试中最失败的一次。”看着自己的同学一个个地接到研究生的录取通知书，想到自己在最得意的一门课上失败，李焱的心里很不好受。他在乎自己能否考上研究生，他也很在乎自己是否发挥了真正的水平。

但他并没有因此而消沉，也没有执拗于考研。当接到毕业分配的通知——去中科院云南天文台之后，他很快收拾行装，奔赴新的征程。李焱的生源地是云南，按照当时的政策，毕业生是依据生源地来分配的。作为家中独子的李焱，持守的是“父母在，不远游”的传统孝道，也很愿意回到云南工作，在父母的身边尽孝。但当时的他之所以愿意回来，更主要的还是受到当时整个社会思潮的影响。当时的政策倡导的是学生毕业服从国家分配，到祖国需要的地方去作贡献。社会上流行一支歌，歌名就叫做《做一颗党的螺丝钉》，拧到哪儿就是哪儿。虽然北京比昆明经济繁荣得多，各方面条件也好得多，但李焱仍然愿意回到云南，他笑着说：“到哪儿都是为国作贡献嘛。”就这样，李焱回到云南工作，开始了自己大半生的天文研究事业。

李焱到云南天文台工作的时候是研究实习员。当时国家正在大力推动经济发展，把绝大部分人力物力都投入到经济上，对科研的支持比较薄弱，全国的科研条件都很艰苦。在李焱来到天文台工作的最初六年里，天文台都没有进行职称评定，他一直拿的是最低标准的工资，加上做幼儿园教师的妻子工资也不高，他们一家生活很拮据，家庭的各项支出都要精打细算。但李焱告诉我们，虽然生活清苦，但当时云南天文台的科研条件并不差，甚至可以说是全国天文台中条件最好的一个。云南天文台是1976年经国家批准建设的，整个建设工程历时三年，1979年完工。当时全国绝大部分科研系统的建筑和设施都比较老旧，所以李焱1983年来到云南天文台的时候，这个刚建成四年的科研基地使他兴奋：占地几百亩的天文台，高耸的科研大楼，全新的办公设施，还有比较齐全的各种科研设备……这一切优厚的硬件设施，让李焱感到了一种巨大的动力。

"最不听话的学生"

李焱来到云南天文台以后跟随的导师就是现在云南天文台唯一的一名中国科学院院士——黄润乾研究员。学生时代的黄老师就曾到德国留学，是天文学科班出身。这样的学术背景，在当时的天文台里是很少的，能跟着这样的老师做研究，李焱感到自己十分幸运。上世纪80年代，许多科研领域的老师都到国外去进修，学习国外先进的知识。所以李焱1983年来到天文台工作的时候，黄老师正在德国进修，直到几个月之后，他才第一次见到自己的导师。

黄老师从德国一回来，就召集他的三个学生开会，接着分配了各自的任务，大家开始忙起来。李焱刚到天文台的时候，因为没有见到导师，就没有明确的科研任务，时间都是自己支配，可以任意安排，做自己喜欢的事情。但导师回来之后，这种信马由缰的日子就结束了。黄老师是一个要求很严格的老师，他带出的许多学生都具有很强的学习和研究能力。黄老师在科研上最大的特点是物理直觉十分敏锐，他能在平常的现象中发现和挖掘物理原理，找出研究的突破口。对于科研工作来说，这一点非常重要。李焱说到这里，引用了天文台一位老师的话："上大学学的是有问题有答案的学问，上研究生学的是有问题没答案的学问，上博士学的是没问题没答案的学问。"做研究需要自己去寻找问题，在寻常事件中发现不寻常之处，发现疑问所在。只有首先确定一个有价值的研究题目，接下来的工作才是有意义的，得出的研究结论也才能补充或者发展已有的研究成果。黄老师教给李焱的正是这种敏锐的发现问题的眼光。

除此之外，李焱还从黄老师那里学到了国际化的视角。作为一名留学归国的学者，黄老师紧紧把握国际天文学领域科研的动态，也很注重培养学生同国际接轨、进行国际交流的理念。李焱开始明白，做研究不能靠一国的力量单打独斗，应该注意吸收国际上先进的东西来充实自己。特别是在当时，中国的天文学研究还比较薄弱，同国际领先水平相比还具有较大差距，更是要虚心向国外学习。此外，我们的研究成果也应该拿出去，进行国际交流和共享。要做到这点，最基本的要求是用英文来写作研究论文。中文写作的文章，只能在国内交流，英文写作的文章才能得到世界的关注。把科研论文刊载到国际权威的刊物上，中国天文学研究的成果才能得到世界的认可。

当时，国际上许多天文学研究都用到计算机，黄老师也运用计算机进行数值模拟。数值模拟，通俗地说就是利用计算机进行数学运算。这在当时的中国天文学界，甚至整个学术界，都是十分少有的，对于刚接触的学生来说，要熟练掌握它具有难度。而李焱在大学时就接触过数值模拟。李焱在北大的时候，中国自主研制成功的第一台计算机——DJS100，就安放在北阁。大四作毕业论文的时候，李焱就开始学习使用计算机进行数值模拟。这台计算机的体积十分庞大，几乎占据了整个房间。它没有屏幕，只有三层的打字机，按照指令来进行操作。有了之前的经验，李焱跟着黄老师做数值模拟就轻松多了。后来，李焱研究的重点也在数值模拟方面。他颇为自豪地告诉我们，他应该算是中国天文学界最早使用计算机的人之一，各种储存信息的介质他都用过，从早先的纸带，到卡片，再到软盘，磁带……

参加工作四年之后，李焱报考了黄老师的研究生。当时他已经在天文台工作，可以参加天文台自己组织的考试，这样考试的难度会降低很多。但他没有选择这样做，他参加的是全国统一的研究生入学考试。“为什么呢？”我不禁问道，许多人都会很自然地选择前一种方式吧，自己组织的考试毕竟是很容易通过的。他笑笑说：“没必要吧。”这轻轻吐出的几个字，透出的是一份自信，也是一份谦虚。结果，李焱顺利通过全国统一考试，成为云南天文台的一名研究生。

李焱很感谢黄老师在科研之路上给过他很多帮助，但他们也经常会发生激烈的争论。李焱戏称自己是“最不听话的学生”，这“不听话”正是在北大学到的。当时在北大，学生们之间流行一种观念，认为听老师的话肯定培养不出很强的能力，在课堂上，非要找出几个问题来问得老师瞠目结舌才是真本事，也才能赢得其他同学的尊敬。李焱经常提出一些与黄老师不同的意见，师生间不免发生讨论和争执。但是，随着师生的交流越来越多，相互理解逐渐加深，黄老师认真考虑李焱的想法，李焱也深入理解黄老师的意见，教学相长，他们的关系一直不错。

“高效地完成一些事情”

1993年，李焱得到公派出国进修的名额，到德国学习一年。李焱的家庭并不富裕，在购置完出国所需的所有物品之后，家中积蓄总共只剩下两百多元了。看着家中操劳的妻子，李焱感到了辛酸。平时一心扑在科研上，到了这个时候才真正感受到生活的压力。提着简单的行李踏上西去的飞机，李焱告诉自己出国一定要好好学，把时间高效运用起来，为以后的学习和工作打下基础。

到了德国，李焱一天也没有荒废，穿梭于教室、图书馆和各种学术报告厅之间，如饥似渴地吸收国外先进的天文学知识。德国是一个天文大国，Kiepenheuer太阳物理研究所优越的软、硬件设施也为李焱高效利用时间创造了条件。上世纪90年代，互联网刚刚兴起，并在发达国家的天文界得到重视和应用。而当时的中国，计算机数目不多，而且只能实现单机运算。Kiepenheuer太阳物理研究所的计算机是连接互联网的，可以通过网络实现国际信息的交流。对于第一次出国的李焱来说，这简直是到了另一个世界。李焱在那里学会了发E-mail，学会了网上投稿，这在国内当时都是很少听到的事情。在国内调试程序，需要花许多时间，有的甚至是不能实现的。但在德国，许多程序都能很轻松地调试完成。国内的计算机运算速度非常慢，输入一个运算指令，往往要等很长时间才能得到运算结果，遇到复杂的方程，等的时间就更长了。但在德国，输入指令之后马上就能得到运算结果，这样的速度令李焱十分惊奇。由于技术限制，在国内花很长时间才能做出的结果，在德国一天甚至几个小时就能得到。利器在手，他更是埋首于科研，不愿浪费哪怕是分秒的时间。我们问他，面对国外如此优越的科研条件，又对比国内的落后，有没有什么想法，他说：“在那样的一个环境中，可能没有一个非常明确的想法，但是你确实会想要高效地完成一些事情。”这就是一位真正的学者，没有高喊出“为国争光”的口号，有的是蕴藏于心间的朴实想法——“高效地完成一些事情”。

回忆在德国留学的一年，李焱对研究所中活跃的学术氛围记忆犹新。德国是天文学研究的强国，研究所中学术交流和讨论十分活跃。研究所每天都有学术报告，大型的、小型的、组内的……有时甚至一天就有好几场。频繁的学术报告，大大开阔了李焱的视野，使他能够最大限度地吸收国际上天文研究的最新成果，掌握国际天文学研究的动态。学术空气的活跃是研究的重要手段，许多思想都是在学术交流中讨论出来的，也就是在与其他学者交流的过程中迸发出新的问题、新的疑惑，或者解决问题的新思路，指导自己的研究。另一方面，有的知识在听的时候并没有显出实际的用处，但听进耳里，记在心间，过一段时间、甚至几年之后，过去听到的知识很可能会对现在的研究产生启发，推动研究的进展，这就是积累知识的重要性。

令李淼记忆深刻的，还有他在德国学习时候的导师Stix教授。这位德国教授在国际上非常有名气，他做研究最注重的是学风的严谨。这是德国人共同的特点。因为过于严谨，德国人往往给人们留下呆板的印象，但也正是因为严谨，他们的研究成果经得起时间的检验。李淼在国内的时候开始做的一个研究课题，出国前就花了将近一年的时间来研究，到德国后又用了半年多的时间整理和完善。他做完了这个课题后，拿去和Stix教授讨论，教授在看过研究报告之后，督促着李淼又做了进一步的工作。Stix教授的要求是，看见或意识到一个东西并不算完，要有非常详细的论证，有翔实的论据，说明它究竟是什么原因造成的。论证是两方面的，不但要在物理上弄清，还要在数学上说明，数学计算的结果要和物理原理导出的结果完全吻合。李淼的研究采用的是用数值模拟的方法得出结果。他向我们解释的时候，把数值模拟比喻成一个黑匣子，这边输进去条件，那边输出来结果。Stix教授要求李淼把其间的物理原理和发生的物理过程搞清楚。为了揭示数值模拟中的物理原理和物理过程，李淼查阅了大量书籍，进行了多次推导和演算，反复论证，又花了几个月时间。但回想起来，李淼觉得那几个月的时间很有价值。虽然最后的研究结论同先前是一样的，但对于这个问题的理解却不同了。他认为，物理就在中间的那个过程，就在“理解”之上。物理本身是不需要数学的，它有自身的一套逻辑体系。研究自然现象的时候，我们完全可以依靠物理原理来说清这个问题。数学的意义在于使表述更加清楚，结果更加准确。德国导师严谨的学风影响了李淼，使他努力在科研的道路上走得更加扎实，对于学问一丝不苟，唯实求真。

李淼1983年到天文台工作的时候任研究实习员，1989年任助理研究员，1996年升任研究员，1997年开始受聘担任博士生导师。科研道路漫长而艰辛，但他已经在这条路上留下了自己的脚印：在国际国内著名刊物上发表文章三十多篇，与导师黄润乾院士合著出版专著《恒星振动理论》一本，所发表的研究论文受到国际上同行的重视，被包括ARAA等国际著名刊物上的文章引用；与其他研究人员合作主持和参加十多项国家自然科学基金的重点和面上项目、国家基础研究发展规划973项目，以及中国科学院重大项目等；获得1996年度“国家杰出青年科学基金”的资助、1997年度全国优秀留学回国人员奖和“中国科学院优秀青年”称号、1998年入选“国家百千万人才工程”第一、二层次；曾任中国科学院知识创新工程中“恒星振动与恒星内部结构”研究团组的首席研究员、中国科学院知识创新工程中"南方基地"首席科学家……

李焱用27年的时间书写了一份如此辉煌的履历。1963年出生的他取得这样多的成绩，证明着他的聪颖。但我们绝不能用一颗聪明的大脑来解释一切，掩盖他这么多年的不懈努力。一路攀登，一路前行，从不悲观，从不放弃，这是对这份辉煌履历的最好说明。在李焱的言辞中，我们从没听到"勤奋"、"坚韧"的自我评价。也许在他看来，这是对待科研工作的一种基本态度，无须言明。他并没有刻意去想，但却一直这样去做。蕴藏于内心的勤奋和进取精神促使李焱一路逐星而去，守望璀璨星河。

学者之外，护航天文

李焱是一位学者，但他在行政工作领域也同样优秀，担任云南天文台台长长达七年。2001年，天文台的原台长调到省里工作，李焱开始担任起台长的职务。其实在这之前领导部门就曾动员他担任台长，但他婉言拒绝了。他当时带着台里的研究生，从事着自己最喜欢的工作——教书育人，行政管理并不是他所关心的。但这一年，台里的情况比较特殊，李焱最终决定接受台长的职务。"我想为大家忙活忙活，服务服务，也挺好。无论我干什么，只要能让大家高兴，我也就很高兴。"李焱笑着说。他从来没有把行政管理看做一种权力，他一直认为这是一种义务，是为大家服务的。既然这时候天文台需要，他就选择了牺牲科研时间，尽一尽自己的义务。

总结做台长这7年的工作，李焱给自己的分数是60分。李焱刚就任台长的时候，并不明白怎样做行政工作，他只想着自己尽心尽力为台里的每一个人创造条件，让大家都得到福利。但等到自己真正开始处理了一些事情，李焱才发现这个想法很难实现。社会中人与人之间的福利是相互冲突的，小到一个单位的同事之间同样如此，不论做怎样的选择，总是会维护一部分人的利益，伤害另一部分人的利益，不可能让每一个人都得到相同的福利。加上国家处在转型期，制度转型所带来的问题也不可避免地影响到天文台，总会有人受到伤害而产生不满情绪。这些问题是李焱所不能改变的，他只能选择尽力去做，朝着正确的想法去努力，即使知道它不可能实现。虽然在工作中遇到许多困难，但李焱一直这样坚持着。

7年来，作为台长，李焱积极推动天文台科研设施的建设，包括丽江高美古2.4米光学望远镜的建设、凤凰山本部探月工程40米射电望远镜的建设等；积极组织各类学术活动，召开学术委员会议，与全台科技人员共同研究和探讨云南天文台的学科布局、重点发展方向、人才队伍建设等重大问题；重视天文台的科普宣传教育活动，推进科普工作的创新。

行政工作必然会占用许多科研时间，我们很好奇他是怎样协调行政和科研工作的，想不到李焱的回答是“二者不可能协调”。想要认真做好行政工作，就必然要花费大量时间，留给科研的时间就少了。担任台长之后，李焱就没有再新招研究生，因为他知道自己没有足够的时间来指导他们。没有时间开新的课题，没有时间经常关注研究的前沿动态，所以对学生的指导只能是辅助性的。抱着这种对学生负责、对学术负责的想法，李焱做台长的几年都没有再招研究生，只是完善了一些之前的研究，发表的学术论文也很少，自己的整个科研工作并没有多少实质性进展。

2008年，他卸任台长之职，终于回到自己最喜欢的教学科研岗位，重新开始教书育人的工作。又看到簇拥在身旁的学生，又看到他们那一双双渴望探索未知的眼睛，李焱心中满是愉悦，他兴奋地牵引着他们，遨游在灿烂的星空。

从1983年分配到云南天文台起，李焱在云南做天文学研究已经有27年了，对于在云南做科研，特别是进行天文学研究，他认为有利有弊。从利的方面来说，从事天文学研究要进行天文观测，而天文观测需要一定的气象条件，首先是晴天要多，其次是大气要稳定，云南刚好具备了这两个条件，所以云南天文台被定位为南方天文观测的基地。天文学的发展对硬件设施有很强的依赖性，具有完善的硬件设施才能充分收集和处理所需信息，为数据分析奠定基础。自成立以来，云南天文台相继配备了口径1米的反射望远镜 、1.2米的激光测距望远镜，特别是国家制定西部大开发战略以来，加大了对西部科研工作的支持力度，从政策上进行倾斜，在科研基金中专门设立了西部项目基金，云南天文台也先后建成了2.4米天文望远镜和40米射电望远镜等先进观测设备，目前正在建设1米红外太阳望远镜，将为我国的天文学研究提供大量数据。从弊的方面来说，天文学是需要进行密切的国际交流的学科，而云南地理位置比较偏僻，人员交流不便，虽然现在利用互联网也可以进行国际交流，但比起东部沿海地区来，还是缺少人员交流的机会。另外，云南天文台缺少人才。分析处理科学数据，提取有用的科学信息，创新和发展科学思想，都需要高素质人才。人才缺乏是制约云南和整个西部地区天文学发展的重要因素。随着西部的经济发展，特别是推动西部交通网的建设，这些条件的改善吸引了越来越多的人才到西部来，促进了西部科研的发展。

采访完之后，李焱带我们参观天文台，特别向我们介绍了一架天文望远镜。这架直径40米的射电望远镜是中国第二大望远镜，是为“嫦娥探月工程”而建设的。我们在这架望远镜下停住脚步，想象它全方位地转动，接收着来自遥远太空的信息。

春城东郊的凤凰山，在冬季仍然呈现出一派勃勃的生机，微风轻抚过林海。放眼这500亩的天文台，熟悉的科研大楼、望远镜和控制台，还有蜿蜒而上的林间小道，道旁的杂花深树……这是李焱工作了快三十年的地方。李焱笑了笑，缓缓地说："人无非是生活在一段时间里，能有很大贡献的人是极少数的。对于大多数普通的人来说，我们做的工作就是在前人工作的基础上增加一点点内容。可能做了一辈子回过头来看看，你也只是在非常有限的范围内做了非常有限的一点点事情而已。生活在我们这个时代，感受到这个社会的发展和国家的进步，还是很让人高兴的。我们的父辈，他们在人生的黄金时间遭受了太多的磨难，跟他们比我们太幸运了。我就想好好享受生活，包括工作和家庭带给我的乐趣。"

此时站在我身旁的，是一名学者，一名天文学家。李焱在天文学领域的研究成果令人瞩目。但是，他的人生旅程说明，他也是一个普通人——有挫折，但努力克服；有失败，但努力奋起。在高中和大学期间，他在每一个深夜用跃动的笔尖书写下从全班倒数到名列前茅的飞跃；在27年的云南科研路上，他又用一点一滴的努力取得了显著的成绩；他没有高喊出鸿鹄之志，也从不把自己看做一个佼佼者，他只是实实在在地做着一些事情；在他身上，还凝聚着一位科学家的社会情怀，一种服务他人、奉献他人的美好心愿。这就是李焱，一位星空的守望者！

采访手记

李焱校友在办公室接待了我。他身材高大，长着络腮胡子，笑声爽朗。很快，他温和的态度就缓解了我最初的紧张情绪，在普洱茶香中，我们开始了访谈。他给我讲他的小学、中学、大学，每一次从倒数到前列的飞跃，飞跃背后必定包含了许多艰辛，但他对此只是轻描淡写。说到大学生涯，他特别提到了每天坚持的1小时长跑。让他对自己的大学生涯做个总结，他笑着说："别的没什么太大成就，就身高长得快。"我们聊到他在天文台的科研工作，留学德国的生活，他的关注点始终聚集在研究方面，心无旁骛。聊到台长工作，他表示愿意牺牲科研，全心全意服务大家。他的语言很质朴，似乎一切的荣耀都来得很自然，但停下来细细思量，才发现这背后的勤奋、进取和拼搏，才发现这背后的默默奉献。

我问起他的爱好，他说喜欢看英文小说：“休闲，还可以学习英语，反正学英语也要看书。”一本《达·芬奇密码》，690多页，他坐在单位的交通车上，上下班各一个小时，两个月把它看完了。这是一种勤奋，但李焱校友更愿意把它当做一种娱乐。正是这样，做着自己喜欢的事情，一分一秒也不荒废，我在他身上读到了一种简单却有意义的人生。充实、快乐、温馨，这是李焱校友对自己经历的总结，也是他努力的方向。我想，这六个字也是我的希望。

（文/北京大学社会学系2008级本科生　师瑞阳）

李进增

踏实扮演自己的角色

Tashi Banyan Ziji de Juese

李进增，男，汉族，1964年1月出生于宁夏，祖籍山东。1981年至1985年在北京大学考古专业学习。现任宁夏回族自治区博物馆馆长。

1990年至1991年，在山东兖州从事田野考古实践；1994年4月至1994年9月，在美国西部从事田野与实验考古；1995年11月至1995年12月，在宁夏自治区党校学习政策法规；1999年至2001年，在陕西师范大学学习哲学与管理研究；2004年7月至2004年10月，在四川大学全国省级博物馆馆长培训班进行学习。

1985年7月至1995年8月在宁夏考古所工作。1995年8月至1996年1月在宁夏自治区组织部工作。1996年1月至2000年11月在宁夏文物局任副局长。1997年8月至2000年11月在宁夏考古所任所长、书记。2000年11月至今在宁夏博物馆任馆长。期间，他出访美国进行学习研究，并参与或主持了菜园新时期遗址和杨郎、新营东周墓地等的发掘、整理和报告的编写工作，先后出版专著2部，参与编写或编辑的专著5部，发表在国际、国内的专业文章40多篇，总字数逾百万。

他两次被评为文化系统优秀团员，多次被评为单位优秀工作者，年度考核多次优秀。1995年被自治区组织部、宣传部等部门授予宁夏回族自治区区首届“优秀跨世纪”人才称号，入选《中国专家人才库》和《中国社会科学专家学者大辞典》；2000年，被香港中国国际交流出版社选入《世界优秀专家人才名典》，并被世界文化艺术研究中心聘为研究员；同年又被《人民日报》评为全国“百位知名基层领导”。

眼前这位40岁出头的男子，个子不高，戴着眼镜，身着黄灰色夹克，若不知情，单看这文质彬彬的形象倒让人联想到苏杭人氏。然而，若进一步接触，他身上那种西北汉子特有的豪气和干练就显露无遗——说话声音不高，词句中却透露着豪爽；步伐飞快，我这个20岁出头的小伙子都要加紧步伐才能跟上；仅仅一个握手，就能让人体味到宁夏人的朴实和热情。

短短三天的宁夏之行，让我了解了这个宁夏汉子，李进增。他曾经在北大的校园中憧憬美好的未来，图书馆和未名湖畔留下了他求学思索的足迹；他也曾经在分配工作报到的第四天就奔赴野外，开始了他热爱的考古工作，乡亲们还依稀记得这位“长毛考古队”队长；他还曾经几次临危受命接手陷入困境的单位，宁夏考古所、博物馆的复兴背后，有他四处奔波、彻夜工作的身影。

当一个个故事从他的口中娓娓道来时，我愈来愈强烈地感到，这位师兄身上有着一种北大人特有的社会责任感，这种责任感让我感到亲切。此外，他身上还有一份因多年来在田野工作而产生的坚韧乐观，和身为单位“一把手”所具有的胸襟。

漫漫求学路

“遇上了这么一位老师”

1981年，李进增以全省文科第二名的优异成绩，被北京大学考古系录取。说到专业选择，还要从他的高中历史老师说起。

这位老师做事总是“自成一派”：他不常备课，却将全年级好几个班的授课进度、甚至每个人的名字和性格特点记得清清楚楚；上课从来不带课本，出口成章又妙语连珠；从不体罚学生，却总能用一两句“刻薄”的话把你说得无地自容，赶紧认错。

“他对付我们学生，有两大法宝。”往事依稀，李进增饶有趣味地说，“这两大法宝之一就是像‘洲际导弹’般准确的粉笔头，用来对付上课调皮的学生；另一个，便是肚子里渊博的知识、讲不完的故事。”

李进增上课做小动作，被粉笔头“精确制导”过，但真正将李进增“征服”的，却是历史老师的另一个法宝——“煌煌中华五千年，尽在先生心间”。秦皇汉武，唐宗宋祖，那一个个千古英雄人物，还有一幕幕精彩的历史瞬间，从老师口中娓娓道来。老师还经常讲一些考古中的逸闻趣事。在他口中，那一场场社会变革，有形的抑或无形的斗争，都是那么惊心动魄；一个个鲜为人知的故事，一个个栩栩如生的细节，都是那么引人入胜。老师的魅力深深吸引了李进增，让他如痴如醉地喜欢上了历史，喜欢上了考古。

“那时候十六七岁，一想天下还有这么好的专业，寻幽探古，走山访水。越接触考古，我越喜欢这门专业。我喜欢考古到了如痴如醉的程度。”谈到自己对考古热爱的初衷，二十余年过去了，李进增的声音里仍充满着热情。20世纪80年代的书很少，有关考古文物的书更是稀缺。从图书馆找，向老师借，李进增想方设法四处搜寻，把当年能够接触到的有关考古和历史的书，通通拿来如饥似渴地看，看过了又去找老师请教讨论；而历史老师也很喜欢这名学生，常常闲暇时一道“圣旨”把李进增“召”过去，两人兴奋地聊些历史和考古方面的逸闻趣事，就历史事件发表自己的观点。就这样，李进增既是老师的得意门生，同时两人也成了“忘年交”。就这样，在老师的影响下，李进增与考古结缘了。

“考古是聪明人不干，傻子也干不了的”

1981年的夏天，李进增毫不犹豫地在高考报志愿上填写了考古专业。学子跨过重山，带着美丽的梦想，来到了未名湖畔。

“我记得刚来北大的时候，考古系还属于历史系的一个专业。我们的一位老教授上课时候调侃‘考古这个东西，是聪明人不干，傻子也干不了的’。”

考古是一门实证科学，对人的要求比较高。一方面，需要掌握大量的历史知识，这样才能对工作对象有所了解，工作时才能有的放矢，这需要出色的学习能力和深厚的研究功底；另一方面，考古中有一个极重要的环节——田野挖掘，这又对一个人的吃苦耐劳等意志品质提出了考验。太笨的人搞不好研究，做不好技术。聪明人又觉得考古是个费力不讨好的专业——很难产生经济效益，对个人仕途发展的作用也几乎为零。

了解到真正的考古为何物之后，懵懂的学子心生疑惑。“有时候想，我是不是更应该学法学或者经济等热门专业？后来，我还是选择坚持下来，继续学自己喜欢的考古专业。”李进增说道，“北大那时候思想极自由，学风很淳朴，是学习的天堂。大家身上都有北大人特有的社会责任感，却毫无追名逐利的想法。加上当时调换专业有诸多不便，我就坚持下来学习考古。”

就这样，李进增开始了自己的考古学研究之旅。他沉醉在图书馆、自习室里，沉醉在教授如沐春风的讲座中，沉浸在和同学激烈的讨论里，也沉浸于汗流浃背的田野实习中。他越来越发现，相对于学习中国史、世界史来说，考古总有一些引人入胜的东西。比起纯粹的从历史书中研究历史，考古更讲求实物证明，因此考古更加客观；考古中的每次挖掘过程都是一次全新的尝试，其结果充满了未知性。

大四下半学期的野外实习更让李进增发现了考古的乐趣。“用看书来比喻，考古的发掘过程是倒着翻书，是由晚到早的过程；而历史的堆积是由始至终的过程，像是正着翻书。考古实际是个逆历史而动的过程。发掘的过程，就像是寻幽探宝，永远不知道一手铲下去，会有怎样的发现。发掘的过程中的那种乐趣，是从书本上永远体会不到的。大四实习时，每天起来第一眼看见的就是黄土，相伴一天的是看似残破的古物，单调又劳累，有几个女同学受不了了，担心以后的工作要怎么才能忍耐下来，我却觉得还挺有意思。”

“现在回想起来，我毫不后悔选择了考古。”岁月不曾磨灭李进增的执著，“历史是一门很有用的科学，学习历史对一个人非常重要。从历史中，可以找到做人做事的榜样，可以总结经验教训，更可以从历史文献优美的文字中学会如何使用语言的艺术。”与自己喜欢的专业相伴一生，还有什么比这更快乐的呢？李进增真诚的笑容是对自己的执著最好的印证。

“去得最多的地方是大讲堂”

李进增在北大的四年，正是“文革”结束不久，改革开放刚刚开始的时期，中国处于一个思想大转折、大冲撞的时代。北大崇尚自由民主的风气，这就使得社会上的各种思潮都可以在北大得到响应，找到根据地。

“那时候北大的物质条件是比较差的。一个宿舍六七个人，一个楼道只有一个厕所。但是，那个时候的思想却是非常活跃的。大讲堂就是各种思想交汇的中心，也是我除了上课的教室，去得最多的地方。”

李进增最喜欢去的地方便是大讲堂。当时，北大的百年讲堂仍是个大食堂，同时也是学生活动的中心，很多讲座和社团活动在那里举行。李进增常常和同学们在讲堂激烈地讨论，有时候甚至因为一些问题争得面红耳赤。“三角地的大食堂让我们可以了解不同的专业、不同的信息、不同的风格。一个人要是天天只想着自己的专业，也不见得是好事。”就这样，李进增常常和同学一道，来到这个“长见识”的地方，或参与，或聆听。大家讨论的时候，往往分为几种不同的角色：有的是慷慨激昂的演讲者和讨论发起者，有的是聆听者，有的是讨论的参与者。李进增并不经常说话，一般是聆听者，可是当他要发表自己的看法时，却总是说得头头是道，成为大家注意的焦点。“有时候还有点固执，甚至会因为一个问题和好朋友争个面红耳赤，几天不说话。”回忆起年少时的疏狂，李进增的脸

2006年8月5日，西藏拉萨，时任校长许智宏院士到北京大学外国语学院2005级本科生四朗曲珍同学家做客。

担任北大校长九年，访问考察过西部不少边远地区，每每见到在那里工作的校友和支教的青年学子，我总是为他们的精神所深深感动。据不完全统计，"985"高校中，北大在西藏工作的校友最多，这让我倍感自豪。北大人是理想主义者，他们胸怀天下、志存高远，为追求理想不畏艰苦，甘愿放弃大城市舒适的生活；与此同时，北大人又脚踏实地、勤奋务实，牢固扎根祖国和人民最需要的地方。

许智宏

上写满了幸福，在三角地，在大食堂，他真正体味到什么是兼容并包，体味到北大之大。

想起当时的情景，李进增颇多感触：“大学应该是一个思想和意识比较自由的地方，任何东西，只要不是违法的，在大学里都应该有其存在的空间。大学应该提倡发散式思维，而不是禁锢型思维。我很庆幸在北大学习、生活过，能够有大讲堂这么个好的地方让我开阔眼界。”

十年踪迹

大学毕业，李进增主动要求到西北，被分配到了宁夏考古队。他还作为支援边疆的学生代表，在北京民族宫受到国家领导人的接见和表扬。“主要是三方面的考虑。”谈到当初的选择，李进增说，“一个是亲人都在西部，父母需要照顾；另一个原因是自己从小在西部长大，对宁夏也有了感情；最后，当时工作分配一般是‘哪来的哪去’，我也就很高兴地回来了。”李进增在去考古队报到的第四天，就奔赴野外工作。随后，在宁夏这片他从小长大的地方，度过了长达十年的田野考古生涯。

“搞考古是需要点精神的。我大学毕业第二年就来到了菜园，一待就是四年。”李进增说道，“四年的时光说长不长，说短不短，其中的酸、甜、苦、辣真是一言难尽。”

“长毛考古队”

1985年到1995年，李进增在考古队一待就是十年。

20世纪80年代，宁夏有的地方农家还没有通电，用煤油灯照明。“工作站里条件稍好点，晚上整理资料时可以一次点上三四根蜡烛，村民们见了都觉得心疼，因为这一晚上的蜡烛钱，都能抵了他们一天的生活费。在城里用惯了电灯，总觉得烛光不亮堂，看书和资料时只好凑到火苗跟前，稍不留神就烧焦了头发，弄得人人看起来头发都有点怪模怪样。”

村里更没有自来水，吃水要到山沟里去挑，人畜都喝同一条沟里的水，水面上常漂着一层羊屎蛋子，闻起来腥味刺鼻，可是也得硬着头皮喝，实在不行就澄清之后再用。吃菜也困难。一次买多了，没几天就烂掉；买少了，又是吃了上顿没下顿。有时遇上下雨，菜吃光了，每人就只能发几根腌韭菜，所以每逢送给养的车来到工地，大家就跟过节一样，可以放开肚皮吃两天新鲜水果、蔬菜，然后就盼望下次车来。由于长期吃不上新鲜菜，很多人患上了肠胃病，要么便秘，要么拉稀，折腾得人面黄肌瘦，有时还莫名其妙地流鼻血，一流就止不住，整盆清水都染得通红。体质稍差的，很难坚持下来，与李进增同行的队友，就有三个病倒在工地上，被人抬上汽车回城治疗。

田野工作，也是个看老天爷眼色的活儿。黄土高原上，干旱少雨，风大沙多，日照长，辐射强，工地又多开在山坡上，无遮无拦，夏日里骄阳似火，刚挖开的地层立刻就被烤干了，被一片灰白覆盖，很难分辨地层和遗迹，眼睛也被刺得红肿流泪，只好一遍又一遍地挑水喷洒。辛苦一天，工作不见多少进展，人却口干舌燥，疲惫不堪。遇到下雨天，又要提心吊胆，唯恐辛辛苦苦挖好的工地、清理的墓葬被雨水冲塌，那样一切就都前功尽弃了。最讨厌的是刮风，不止扬得尘土漫天，还把沙土往头发里洒，往脖子里灌，傍晚收工，个个都是蓬头垢面、狼狈不堪。

“村民们给我们起了个绰号，叫‘长毛考古队’，因为田野工作是不能中途停止的，开了头就只能干到底，很难抽时间去城里理发，只好任其疯长，披散到肩上，天热出汗再加上尘土，奇痒难熬。大家就想了个办法，自己买来推子、剪子互相帮忙，起初剪得长短不一，后来次数多了，有了经验，也长了手艺，居然都剪得有模有样。考古队员们又成了村里的义务理发员，特别是村里的娃娃，都以考古队理的发为荣呢！”

田间诗意

物质条件虽然匮乏，但在工地生活也有在城里享受不到的乐趣。至今李进增回想起工地生活来，仍然非常怀念，当时他写的日记中的诗句，正是他心情的写照。清晨，晓雾朦胧，远山近树如织如幕，不用闹钟，邻家的大公鸡按时把你从梦中叫醒。晚饭后，坐在水池边，但见“落霞浸没小池凝，风掠涟漪摇碎金”[①]，使人颇有“独羡池中忘情鱼，不愁冬雪染双鬓”的感慨。偶尔也可邀几人趁夜凉，沿村边散散步，或索性找块平地躺下，看看天上的繁星，听听田野里的蛙鸣，这是止烦去躁的灵丹妙药。深夜，可以重温古人挑灯看剑，秉烛夜读的意境。下雨时，又可细品“山路覆青苔，荷担挑细雨。独坐山溪边，诗思石缝出”的滋味。

① 本文中引用的诗句，都出自李进增当时的日记。

更让李进增难以忘怀的，是那里的村民。山里人特有的憨厚和朴实，像陈年的老白干，入口辛辣，约喝越觉得醇厚绵长。李进增在一次离开借住的农家时写道："沙枣枝头挂，豆角芦架悬。白眉扶杖立，黄口逐鸡犬。忽闻客远来，相邀炕头见。促膝话农桑，不觉夜已阑。夜风如絮语，抱月枕书眠。曙光关不住，越窗抚睡眼。匆忙整行装，唯恐时将晚。执手长相送，揖别在村前。真情醇逾酒，未饮人已酣。"

对李进增来说，最美好的回忆，还是田野考古的乐趣。搞考古常遇到意想不到的惊喜，因为世界上没有两个完全相同的遗址，也没有两个完全相同的墓葬。每一次挖掘都是一次新的探索，新的猎奇。对整个发掘过程，李进增打了个比喻："如同等候在产房外的父亲，任你心里多么忐忑不安，满怀期冀，也只有等到母亲分娩的那一刻，才知道自己将是儿子的爸爸，还是女儿的爸爸，所以不到出土，谁都说不准手铲底下会出现怎样的奇迹。每次发掘，都希望产生震惊中外的新发现，怀揣着这样的希望，哪个考古工作者能不怦然心动呢？"

十载春秋在田野间滑过，留不住岁月，却留得住梦想。"长毛考古队队长"李进增参加或主持了菜园新石器遗址、杨郎、新营东周墓地、倒墩子汉代墓地、瓦亭宋代城址、横城汉墓、青铜峡清墓地发掘、整理和报告的编写工作。其中，菜园遗址发掘了遗迹190余座，出土文物5000件，证实了"菜园文化"的存在；而杨郎、新营东周墓地的发掘研究，则在国内率先从考古学的角度，将戎、狄这两个历史上的少数民族从物质文化上区分开来。

"那十年，我成熟了一些"

"田野工作是个很锻炼人的行当。吃苦耐劳是肯定的，还有别的一些需要和人打交道的工作。有个电视剧叫《不要和陌生人说话》，我们却永远是和陌生人打交道。刚来考古队时，我还是个小孩，有些事不用操心。后来我当了考古队队长，就必须得面对一些之前没有遇到过的问题。"李进增回忆道。

考古队不仅是田野挖掘，还需要与人联络、接洽、协调、协商，甚至还要解决一些纠纷。考古队每到一处，为了更好地开展工作，就要和当地的老百姓和乡村干部打成一团，合成一伙。最棘手的就是处理赔产回田等直接涉及老百姓利益的事情，既要保证工作顺利开展，老百姓的利益得到维护，又不能花钱没谱。"农民兄弟们是最好打交道的，又是最难协商的。"此外，还有考古队内部的种种杂事，这个队员今天偷懒了，那个队员明天装病了，种种之前从来没有遇到的却又是实实在在需要迫切解决的问题，摆在了这个刚从学校出来没几年的大学生面前。

“当时一度想不通。为什么有的人就是只顾自己的利益，不能够顾全大局，从全局利益出发呢？开始经常和人红脸。后来慢慢才知道，这些正是我们在社会中天天要遇到的问题。适应社会是一个艰苦的过程。”在处理这些事情的过程中，李进增渐渐学会了如何去在保证大局、保证集体利益的前提下，处理人与人之间的矛盾，正确对待不同的思想和意见。

“我也正是在考古队的十年里，算是从一个大学生过渡到了一个社会人，价值观也发生了转变，从‘学院派’逐渐社会化。”

经过十年的田野考古生涯的磨炼，李进增告别了北大那个“盲目乐观，满腔热血”的大学生，变得更加成熟、稳重，事业也进入了平稳发展的时期。

艰难的工作

1995年，李进增离开了考古队，先后在宁夏回族自治区组织部、宁夏文物局、宁夏考古所、宁夏博物馆担任单位领导，从当年那个整天泡在田野里，满心期待“震惊世界”大发现的考古队队员，成为独当一面、带领大伙创业的单位领导。

“组织部工作枯燥，乏味，没有挑战性，没有乐趣可言，实在把我憋坏了”

1996年，在区文化厅的推荐下，李进增参加了区党委的招干考试，经初赛、复赛、决赛的层层筛选，又经组织部门的严格考查，最终被录取到区党委组织部工作。“在组织部待了三个多月，天天考查干部，写考查报告，问的问题、写的汇报材料的格式都是一样的。”李进增回忆道，“论政治上取得进步，组织部应该是最好的地方。可是那个工作枯燥，乏味，没有挑战性，没有乐趣可言，实在把我憋坏了。”由于李进增对于考古文博的热爱和骨子里那份“闲不住”的性格，他在人人羡慕的组织部干了三个月之后，就申请回到了文物局，干起了老本行。

然而，三个多月的组织部工作，也让李进增在政治素质、业务能力和领导方法等方面有了很大的进步。他清楚地认识到，组织工作不同于在考古队的业务训练，作为一个单位的领导，既是带着大家做事的人，也是员工的榜样，一个称职的干部，不仅在业务上要过硬，在思想以及言谈举止方面也要有一定的自我克制能力，而不能由着自己的想法做事。

回到了文物局，他如鱼得水，很快就初步完成了由专业干部到管理干部的转变，并带领职工们一起努力，工作得到了各方面的一致好评。后来，李进增又在宁夏博物馆取得了成功。然而，很少有人知道，在这些“政绩”背后，他又遇到了怎样的难题。

“咱来到了这个岗位，那硬着头皮也得上”

1997年8月，李进增受组织委派，接任宁夏考古所党支部书记、所长职务。这正是考古所发展遇到困难的时期，所内党组织涣散，群众矛盾不断，对外又欠了将近三十万元的债务。上任后，李进增马不停蹄地走访干部职工，了解和掌握真实情况，很快重组了党支部，健全了机构，选配了中层干部，建立健全各项规章制度，恢复了党员组织生活。通过耐心细致的思想工作和以身作则的工作作风，逐渐化解了群众积怨和矛盾。在他在任期间，单位不仅还清了债务，还更新了办公设备，完成了三个大型基建项目的文物调查和勘探工作，制定了相应的文物保护方案，各项工作走上了健康发展的轨道。由于李进增显著的工作业绩和优秀的综合工作能力，2000年2月，李进增被《人民日报》评为全国“百位知名基层领导”。

2000年，李进增被任命为宁夏博物馆馆长。摆在他面前的，是又一个“烂摊子”，博物馆多年没有好的学术成果和有影响力的展览，甚至有一年还因为内部矛盾不断，单位被一群和尚“占领”了去。

李进增面临着三个颇为棘手的问题。首先，是人才的问题。面对博物馆骨干人员年龄老化、员工专业素质欠缺的现状，李进增清醒地认识到，博物馆要发展，就必须保证人员的素质。于是，他开始大刀阔斧地干起来，采用了当时还非常新鲜的“公开竞聘”制度，任命了一批年轻的大学毕业生作为中坚力量。这个举措遭到了一些人的反对，工作阻力很大。成摞的告状信出现在了自治区文化局，指责他“扶植亲信，排除异己”。部分老员工对他冷眼相向，文物局的“调查组”也来调查，内外的压力让李进增透不过气来。但他清楚地知道，博物馆最关键的问题，就是“人”的问题，这个问题解决了，其他的困难才有解决的希望。在重重阻力面前，李进增咬牙坚持了下来。

其次，是财务的问题。“我到博物馆上任时，一个70人的单位，账面上只有1083块钱，有时候甚至连电费都交不起，随时都有可能关门。”李进增回忆道。再加上博物馆之前办的公司由于经营不善，亏了本。“钱不是咱借的，更不是咱花的，但是作为单位的领导人，遇到这样的事情就得咬牙扛下来！”李进增通过出租博物馆的商品房和鼓励员工在合理范围内创造收益，使财政困难问题得到了缓解。然而，李进增知道，博物馆要盈利，就必须解决好博物馆面临的最后一个问题，也是最根本的问题，那就是博物馆的发展方向问题。

关于博物馆的发展方向问题，李进增知道，只有这个问题解决了，人方能尽其才，财政收入方能扭亏为盈。在分析了具体情况后，李进增意识到，博物馆要发展必须搞好两个方面：陈列展览和文物研究。当时的宁夏博物馆是很闭塞的，“关起门来做生意”，与其他博物馆的合作和联合比较少，学术交流也不多。然而，李进增提出通过“合作办展览”来拯救博物馆的想法后，很多人想不通，甚至有人觉得，搞博物馆本来就没啥钱可以赚，更别说要通过办展览还清巨额的债务了。面对质疑，李进增找到了一个突破口，他带着博物馆骨干，举办了“西夏文物展览”，在北京、上海、广州、深圳、浙江等地巡回展览。这次展览之后，博物馆的馆员们见识了外省兄弟单位的经营方式，看到了办展览的益处，之前有不服李进增、认为他在“瞎闹腾”的，都渐渐地佩服起了这位新上任的馆长，对他的工作开始理解和支持。这样，通过举办这次展览，一方面提高了博物馆人员的素质，开阔了他们的眼界，另一方面这是一次“破冰之旅”，为博物馆之后的展览和学术交流打下了基础。

经过两三年艰辛的努力，博物馆走上了健康发展的道路。目前，宁夏博物馆人才济济，办展览的次数越来越多，质量越来越高，还取得了可观的经济效益。回忆起这段历程，李进增颇有感慨：“有时候我会想，从考古所到博物馆，我都成了‘专业还款人了’，可是既然咱来到了这个岗位，那硬着头皮也得上！”

被写过告状信，当过法庭被告

“被写过告状信，上法庭当过被告，还成天被人催讨债务，当时的压力的确很大。还好最后大家一块挺过来了，博物馆打了个漂亮的翻身仗。”谈起在博物馆一开始的那段艰难岁月，李进增说得很是平静。看似轻描淡写的一句“挺过来了”，却包含着他的苦衷。

“最让我难受的，是博物馆的老职工们把我告上了法庭。”在李进增上任之前，博物馆办了个公司，由于经营不善，破产了。公司成立的时候，曾经向博物馆的工作人员集资。李进增上任后，博物馆开始扭亏为盈，职工们就开始“络绎不绝”地敲他办公室的门，催要集资款。后来，甚至有人把他这个法人代表告上了法庭。“最多的一年，我打了六场官司，被告就当了八九次。”因为集资款的问题，当时博物馆的矛盾已经非常严重了。李进增知道，若是把博物馆经营的收入都还了旧账，势必会影响为了博物馆的发展出尽心力的在职员工的情绪，影响博物馆的长远发展。若是不还，又会影响参与集资的离退休员工的情绪。“当时，还钱要被骂，不还也得被骂。”面对两难的处境，李进增采取了折中的方法：员工的欠款，由公司财产冲抵30%，博物馆从收入中支付40%，其余的当做员工的正常投资损失，不再赔偿。有几个退休老职工不同意这个方案，就把李进增告上了法庭。

“当别的被告心情还会好些，但当自己职工的被告，心里的确很不是滋味。”有的职工甚至把单位的遗留问题转变成了对李进增的个人看法，说话很难听。“当时的滋味，既尴尬，又很委屈，还有些气愤。”李进增摇着头说道，“但是现在对离退休职工把我告上法庭的事，我已近看淡。从他们的角度出发，也能理解。”

现在，逢年过节，李进增都要把离退休职工组织起来吃个团圆饭，其中就有骂过他的，告过他的。“虽说经历了那些事，但他们毕竟是为博物馆作出过贡献的人，作为馆长，这也是我应该尽的义务。”

“一砖一瓦，一草一木都倾注了我能力所及的心血。博物馆就像我的孩子”

2009年，在宁夏博物馆50岁这年，迎来了一个里程碑式的事件——在西部大开发文化事业蓬勃发展的背景下，博物馆告别了位于承天寺的旧馆，搬迁至新馆。实际上，从2006年开始，李进增就开始着手筹备搬迁事宜。先后的陈列方案修改了七稿，汇集了博物馆员工、全国兄弟博物馆专家、省文化厅领导和其他社会各界人士的意见。一直到施工之前，方案仍在研究之中。工程采用的是代建制，当工程完工时，离新馆开馆仅剩下17天了。这意味着，从装修、打扫到文物的入馆都要在这些天内完成，而这些工作每个都是庞大的工程。李进增立马甩开膀子干起来。每天都能看到他带着安全帽，穿着半截袖，楼上楼下奔波的情景。“可以说，从方案编写，到陈列展览的评选，到施工的招投标，每一个步骤我都倾注了心血。展厅哪里用什么砖、什么石头，用什么花纹、什么色彩，都是我亲自审查的。”搬迁的过程正体现了李进增的性格：只要条件允许就要做到最完美。

“装新馆的那段时间里，儿子经常开玩笑说，爸爸把他和妈妈都给忘了。不过看到博物馆现在的样子，就像看到自己的孩子成才一样，心里说不出的高兴。”李进增欣慰地说。新馆总面积30258平方米，全高21.2米，馆藏文物更是达到了150000件。博物馆搬迁一年来，就举办了12次大型展览，实现了多个宁夏文博事业上的突破。其中，“盛世回乡——中国（宁夏）回族精品文物展”，是历年来展示文物最多、文物最为集中、规模最大的回族精品文物展；“刘国松绘画一甲子特展”，是宁夏博物馆引进的第一个海外展览；“阿拉伯文书法艺术展”，在为阿拉伯文书法家提供交流平台的同时，引导形成和确立了阿拉伯书法“正确性、艺术性、观赏性”的评判标准……

“现在，文博事业面临着一个难得的发展机遇期，文化发展的重要性被提到了相当的高度。以前，文化还是有钱人玩的东西，是花钱的事儿。现在，文化成了民族核心竞争力的体现、民族创造力的体现。”谈到文博事业的发展，李进增的眼中放着光。看着自己的“孩子”一天天长大，李进增心中有快乐，有欣慰。

采访手记

在和李校友相处的短短三天中，时时刻刻能够感受到他的热情。一开始的时候，我们尊敬地称呼他为“李老师”，但无论是在谈话中，还是在向同事介绍我们的时候，他却总称我们几个为“小师弟”，后来和他慢慢地熟悉了，我们也称他为“师兄”了。“看到你们的时候，就总能想到自己当年的样子——年轻，意气风发。”

虽然离开北大已经25年了，但李进增总想着那个自己曾经学习过的地方，想起那段难忘的时光。他也时常趁着来北大看望读大一的儿子的机会，到未名湖、三角地转转，看着校园中忙碌的莘莘学子，仿佛能依稀看到自己当年的影子。回头看自己走过的岁月，他对北大的学子们有着殷切的期望。整理如下：

历史有三重境界。说到历史，李进增总有着一股子热情，他将历史分为三重境界，也是读历史的三个好处。他说：“第一，读历史能让人找到成功的捷径，人类历史千变万化，时代在不断变迁，但人性总是同一的。时代不同，但人的一些基本价值观是一致的。我们现在认为不对的，古代的价值观往往也认为不对。我们觉得要发扬继承的，古代往往也在大力提倡。这就给了我们从历史中学会判断是非的根据，我们往往能从历史的经验，判断出一个事物的走向。第二，历史教会我们做人做事和说话的本领，给我们树立榜样。一个人的成功，真正属于专业技术层面的因素，往往只占25%，归根结底还是做人的成功。从历史上，我们可以找到成功人士的范例，也能找到失败者的教训。另外，古人对于汉语的使用，其精致、精巧、用心，比我们现代人要好得多。历史上，‘一言兴邦，一言丧邦'的事情不胜枚举。古代人能够凭着三寸不烂之舌，纵横天下。现代人也需要好的语言，好的语言往往是给人良好的第一印象的关键因素。我们需要从历史中学习语言艺术。第三，历史能教会我们更深刻地了解社会、人性。人是由环境决定的，人会在不同的环境中表现出善或者恶。人应该把握和判断不同环境下人性的善和恶。历史可以告诉你这样的规律，会让你正确地把握人的善和恶，客观地看待一个人、一件事。"

"北大人要做骨干，但不要觉得自己是这个社会唯一的一根柱子，要学会尽快地适应环境。"北大人身上总有一种神圣的社会责任感，但北大人往往又容易理想主义。作为一名曾经浑身充满"理想主义"情结的老北大人，李进增说出了自己对于北大人"责任感"的看法："现在我们必须要弄清楚，北大需要依托于社会，这个社会是需要一代人共同建设的。就像一个民族，不是只靠几个精英就能支撑的。然而，社会又少不了精英。北大人不能把自己孤立出来，脱离时代，脱离社会，而必须和时代同步发展，同时进步。除了要有做'振臂高呼'的组织者和领导者的理想，也要尽快融入社会，融入环境，从现实出发。"

接着，他给北大学子提出了几点建议："第一，要有宽广的心胸，有包容心。'宰相肚里能撑船'不是一句空话。要学会用不同的价值观理解、接纳和包容不同的人，不能用一把尺子衡量所有的人，甚至要学会和同自己价值观完全不同的人相处、共事，要学会与处于不同环境中、不同层次的人交往。第二，做事要与人为善。公道自在人心，只要自己做事公道，就会得到大家的认可。第三，'艺不压身'。我们需要在有核心知识的基础上，尽量多地接触不同的知识、不同的思想，才能更好地适应环境。"

（文/北京大学信息科学技术学院2009级硕士研究生　王帅其）

艾尔肯·阿西木

梦想成就赤子心

Mengxiang Chengjiu Chizixin

艾尔肯·阿西木，男，1964年出生于新疆维吾尔自治区库车县，维吾尔族，1985年至1991年在北京医科大学（现北京大学医学部）临床专业学习，获医学学士学位。现任新疆宝科达医院董事长。

1983年9月至1985年7月，在西北民族学院预科部学习。1991年9月至1997年1月在新疆计生科研究所从事男科科研与临床工作。1997年，辞职创办宝科达门诊部，并在南疆几个地级市成立分部，任主任。

2003年至2004年，在新疆医科大学卫生事业管理研究生班学习。2004年至2006年，在长江商学院EMBA研究生班学习，获硕士学位。2004年至今，组建新疆宝科达医院有限公司，任董事长。

中国医院协会民营医院分会常务委员，中华医学会男科分会青年专家委员会委员，新疆医院管理学会民营医院管理专业委员会副主任委员，新疆性医学会理事，乌鲁木齐市政协委员，自治区工商联直属商会副会长，乌鲁木齐市天山区医学会副会长。

2004年获评“自治区百名青年创业之星”、“共青团贡献奖”，第六届“新疆十大杰出青年”；2005年被评为“双爱双评优秀院长”；2006年因研制“男性阴茎勃起模拟仪”获国家《实用新型专利证书》。

进入大学前基本不会汉语的他完成了临床专业的学习。毕业后放弃在自治区人民医院工作机会的他成为新疆少数民族家喻户晓的医疗品牌的创建者。

他既是医生，又是学者，还是企业家，在众多的身份中变换自如。

他因自己的乐善好施而成为“新疆十大杰出青年”，同时也是“自治区百名创业之星”等许多殊荣的获得者。他一手创办的宝科达医院有限公司，对整个新疆地区医疗体制的完善作出了贡献，为成千上万人的健康提供了坚实的保障。“大医医国”，这个医药工作者最高的理想在他的身上得到了新的诠释。

有梦终能飞翔

“我小的时候，想做普希金，这是我最早的一个梦想。”谈到梦想，艾尔肯校友这样说。我一愣，我很难从一身白大褂的他想到俄国的诗人普希金。

艾尔肯·阿西木出生在南疆库车县亚哈乡一个教师家庭。入学前，在其他同龄孩子还在漫无目的地玩耍时，他已在父母的教导下学习了基本的读写，这让艾尔肯一入学就在成绩上显得很突出。再加上其他方面优异的表现，老师任命他做班长。在那个年纪，这份认可让他获得了无比珍贵的自信，让他把心放得更高，看到了更广阔的天空。当同龄人还不知道梦想为何物时，年少的艾尔肯却早已定下成为俄国普希金那样伟大诗人的梦想。为了实现梦想，他拜乡里有名的诗人为师，从背诵开始，一边学习前人的诗词，一边开始尝试着自己独立创作。“当时我写了很多赞颂毛主席和周总理的诗歌，还在学校里当着全校师生朗诵。老师们认可我，同学们也觉得我很了不起。”艾尔肯用自己的执著一步一步走在自己构筑的梦的诗篇中。

后来，因为父亲工作调动的关系，艾尔肯全家搬到了县城，父亲成为当地一所中学的校长，这给酷爱读书的艾尔肯提供了更好的机会。“只要是当时能找到的用维吾尔语出版的书，我都会读。这个时候，我读到了一本书，这本书改变了我的梦想。”这本书就是华罗庚的传记。

当时，中国正在火热地进行国家建设。工业，是一个国家的命脉，而当时的理科人才是中国稀缺的人才。以华罗庚为代表的理科人才成为整个知识界瞩目的焦点。随着一点点走入华罗庚的世界，艾尔肯年轻的心和他年轻的梦想产生了微妙的改变。“对于那个年代的中国来说，文学起到的作用有限。在个人的理想与国家的需求之间取舍，我决定改变自己的理想。”从这一刻开始，原本就有很好的数学功底的艾尔肯更加用心地钻研数学，钻研理科知识，他梦想着成为一名数学家。

正当艾尔肯向着数学家这一目标而努力奋进时，父亲的一句话再次转变了他人生的航向。高中最后一年，他一向最敬重的父亲说了一段极其朴实的话："在整个县里，最受人尊敬的除了县长，就是我们那个著名的眼科医生。医生一个人却可以帮助千千万万的人。"那个时代的中国，人民的生活水平很低，健康问题始终是困扰着广大人民群众的重大问题。看着各种传染病在中国横行，艾尔肯的心产生了触动。"我为什么不想当数学家了呢？因为我知道诺贝尔奖没有数学奖。"艾尔肯校友笑着说，脸上带着一丝顽皮，"我想，如果我学医的话，说不定还能有一天站在诺贝尔奖的领奖台上呢。"现在回首看来，当医生只是一个孩子单纯的梦，而且他后来学习的临床专业和诺贝尔奖没有任何关系。可是如若心中装着北极星，就算不能真的有机会触摸到它，至少不会让自己迷失方向。心中有了方向，艾尔肯坚定地在志愿书上只填下当时自己认定的最好的医学院校——北京医科大学，并用"即使考10次、11次，我也一定要考上"来回答别人对他这种冒险做法的担忧。为了达到自己的目标，他开始更加刻苦地学习，一头扎进书海中。

终于，皇天不负苦心人，艾尔肯成了当年当地的维吾尔语状元，梦想的北京医科大学的通知书来到了他的手中。在亲朋好友的祝贺声中，他背起行囊，开始了自己的寻梦之路。

学涯漫漫其修远兮

来到北京医科大学校本部学习之前，艾尔肯按照学校规定先到北京医科大学的预科基地即西北民族学院完成两年的预科学习，学习汉语。艾尔肯坦然说道，从小用维吾尔语学习的自己，高中毕业时连汉语中的"你我他"都分不清。面对浩瀚的医学知识，别说没有一点汉语基础的他，即便是语言没有障碍的学生，学起来都会感觉很吃力，更何况是临床专业。艾尔肯却靠自己的努力，用那份执著与坚持，一步一步走到了今天。

对于从未离开过家乡的的艾尔肯而言，第一次离家就选择走出新疆到内地求学，这是一件很需要勇气的事情。单单是吃饭，对于穆斯林学生来说都是一个大问题，更别说其他因为生活环境的巨大差异而带来的种种不便。和所有的大学新生一样，他也同样经历过强烈的思乡之苦。可是比起这些，现在让他记忆犹新的，却是在入学第一天就受到的那次打击。

“去西北民族学院以后，我记得非常清楚，我们45个来自新疆各地的学生坐在一起，全是维吾尔族和哈萨克族。我们班主任是一个维吾尔族老师，系主任是一位汉族老师。系主任进来后开始给我们讲话，大概讲了半个小时，全是汉语，我一句都没听懂，我当时还等着呢，等着班主任给我们翻译，可是当老师问‘需要我翻译么，大家听懂了么’时，大家异口同声地回答‘听懂了’，我当时就蒙了，这是我第一次感觉到自己不如别人，于是开始拼命地学习……”现在，艾尔肯谈起这次的打击时面带微笑，但我们不难想象他当时的辛酸。离开自己熟悉的环境，来到一个全新的地方，站在更高的台阶上，面对更优秀的竞争者，类似的打击应该是每个人都会经历的。是从此一蹶不振，还是重新定位自己，然后一点一点向目标迈进呢？艾尔肯选择了后者。

在预科阶段，周围有的同学开始渐渐松懈，迷失了自我，但怀揣着梦想的艾尔肯又怎么会让一时的失意阻碍自己的寻梦路呢？阻挡在自己面前的那座山，就是语言。无论付出多少，都要跨过它实现自己的梦想。他来到空无一人的山坡上，对着湛蓝的天空，一遍一遍地练习，从早到晚，嗓子不知喊哑了多少遍。凭借着这样的毅力和扎实的数理化功底，艾尔肯在第二年又找回了那久违的自信，也更好地定位了自己。正是这份信念与坚持，陪伴着他渡过了之后的许多难关，站在今天这样的高度。

1985年，完成了两年预科学习的艾尔肯正式来到北京医科大学，继续自己的寻梦之路。刚刚来到北医时，学校连一个清真食堂都没有，只是在普通食堂内有一个小小的清真窗口，而且所有做饭的地方都是连通的，这对于穆斯林来说是很难接受的。艾尔肯和同伴们一起向校方提出了建议，在他们的努力下，校方采纳了他们的意见，单独开了一个很小的清真餐厅。虽然每天只有两三个菜，根本没有选择的余地，但是对于他们来说这已经是天大的喜事了。到现在，只要有机会到北京，即使有再多正宗的新疆饭馆可以挑选，学校的这家食堂都是艾尔肯的首选。

因为他们是第一批从新疆到北医就读的少数民族学生，校方考虑到民族习惯等问题，决定将他们单独组班，并把宿舍安排在一起。但是艾尔肯想到自己和同伴们虽然经过这两年的学习，但是汉语口语还很差，为了能更快地适应这里，他决定克服所有生活上的不便，向学校提出希望将他们打散的想法。艾尔肯回忆起自己刚走入宿舍时连一句“请拿一下这个暖水瓶”都需要在心中一个词、一个词地用维吾尔语组织起来并翻译成汉语，默念数次后才能说出来的情景，以及当时以这种汉语水平面对一张张讲义，无法记录老师要求记录的笔记时的沮丧与痛苦，他用“我遇到了人生最大的一次挫折”来总结那段刚到北医时的学习生活。当面对第一份成绩单时，“60分”虽然已经算是那些一起从预科走过来的同学中最好的成绩了，可是这是无论如何都不能让艾尔肯满意的。他深知一切的困难只能靠自己一点一点克服，所有的压力也只能自己去排解，埋头继续努力是最好的选择。于是他更加刻苦地学习，慢慢地迈过了语言这道难关。那段痛苦的时光虽只是短短的一年，却浸渍着艰辛的汗水。

像所有的大学生一样，想到自己的明天，艾尔肯也曾迷茫过，开始看到梦想和现实之间的差距。临床专业，对很多人来说也许意味着安定，因为未来的那条路几乎已经规划好。可是，始终在心中装载着的医学梦想奠定了他做出一番大事业的想法。他考虑到如果自己选择口腔专业，也许能更快地自办诊所，可转专业的可能性很快就被老师否决，然后他开始考虑一些如皮肤科之类的小科室。在此期间，一个偶然的机会，艾尔肯结识了一些男科方面的专家，其中一位是当时北医著名的薛兆英教授。薛教授经常带着他参加一些学术会议，并让他独立完成很多任务。随着对男科方面了解的加深，他似乎模模糊糊地看到了自己所期待的明天。当时世界上男科这个领域刚刚起步，在新疆这个领域的人才更是少之又少，再加上在北京他看到很多从新疆前来求治男科方面疾病的人，这些让他感觉到投身男科是他理想与现实之间最好的平衡点：既能帮助他人，又能实现自己的理想。他在大学毕业之前确定了自己的方向——男科。

身为新疆北大校友会副会长的艾尔肯·阿西木，在北大校友会上曾说：“感谢我的老师，感谢培育我的学校，从毕业到现在，碰到每一个北医人、每一个北大人，不管是老的校友还是年轻的校友，都感到他们对北大的情节是非常重的。一听说北医人、北大人，大家就好像是老朋友似的。”他总说自己有很深的北医情节，总是借着各种机会到北医转转，感受一下这里不同于外界喧哗的宁静。在这里的一条条小道上，走过懵懂年少的自己，走过至今与自己为伴的友人，走过给予自己教诲的老师。这里是教会自己如何为人处世的地方，是需要自己怀着一颗感恩的心来永远铭记的地方。在这里学到的很多书本知识早已在脑海中模糊了，可是那份让自己终身获益的踏实严谨的作风却是在这里一点一滴磨炼出来的，也正是在这里受到的教育，让艾尔肯在毕业时心中充满对党、对祖国的感激之情，让他有回到家乡、报答祖国的想法。虽然当时也有过留京的念头，也有如北大校医院等岗位向他抛出橄榄枝，可是他意识到最需要自己、同时最能发挥自己才干的地方是家乡，于是他选择回到了家乡。

1991年从北医毕业，并不意味着艾尔肯学习生涯的终止。学习上，他始终保持着在北医时孜孜不倦、不断进取的精神。回到新疆后，他一方面按部就班地发展自己的事业，另一方面继续学习和深造。2004年，他在新疆医科大学攻读了公共卫生事业管理专业的研究生，随后又前往北京等地深造学习。2006年，他又从长江商学院EMBA研究生班毕业，获得双硕士学位。现在他又在学习心理学相关课程。他说，自己永远会留一点空余的时间不安排任何工作。这段时间，他可以更好地思考一些问题，抑或继续学习，补充自己的知识和拓宽自己的眼界。这些年来，艾尔肯依据多年的临床经验，经过潜心研究，花费了大量心血和精力，终于成功地研制出“男性阴茎勃起模拟仪”，并于2006年获得了国家知识产权局颁发的《实用新型专利证书》，该仪器广泛应用于相关疾病的康复治疗以及教学和研究当中。他多次参加国内外学术研讨会，工作以来，已有三十余篇论文在《中华医学》等权威刊物上发表。此外他利用自己丰富的专业知识撰写了数部著作。这其中既有专业性很强的专著《男性病防治》，又有充满人文关怀的《性与心灵》，还有他自己亲身实践和理论钻研的成果，如和别人合作编写的《市场经济与现代医院经营管理》一书，以期加快提升医院管理水平，更加周到完满地为广大患者服务。这些著作涉猎范围之广，让人叹服。

从那个怀着诗人梦想背诵诗篇的时刻起到现在，艾尔肯不断地追寻着自己的梦想，其中的苦与累当然不会少。眼前这个谈吐幽默风趣而又不失儒雅的人，在漫漫长路上不断地探索着自己的人生价值和目标。

只顾攀登不问高

1991年，艾尔肯·阿西木怀揣着梦想回到了新疆。他被分配到自治区人民医院。刚从北医学成归来的他，无论是从理论还是实践能力上都比较适合泌尿科的工作，可是意外却发生了。

在公布部门分配结果的前一天，艾尔肯得知自己被分配到了放射科。这对于雄心勃勃、准备在男科方面大展身手的他而言当然是一个无法接受的结果。他随即找到医院相关人员表达自己的不满，甚至还找到院长，提出可以单独考试，如果不合格他无话可说。可是，谁会听一个刚毕业的毛头小孩的呢，他得到的只有一句话：“听说你业务能力很强，去放射科你也会发挥作用。”后来当他得知在放射科工作以后根本没有机会转入与男科相关的科室时，他毫不犹豫地放弃了这个众人眼中的铁饭碗，转身离开了医院。回到家，他闭门思考了一周，经过激烈的思想斗争，发现自己无法放弃理想。于是，他骑着单车，一个人走遍乌鲁木齐的大街小巷，连路边的小诊所都不放过，立志找到一个跟男科相关的工作地点，可是这个世界的门似乎都对他关闭了。那时的他心中充满了愤怒，也正是在这个时候，一位大夫的话让他在黑暗中找到了一丝亮光："计划生育指导所似乎有男科。"

艾尔肯立刻找到了自治区计划生育研究所，当看到"男性疾病研究室"的挂牌时，他眼前一亮，感觉这里就是自己的舞台，是他真正应该待下去的地方。他毫不犹豫地走了进去。经过前段时间的磨炼，他早已没有了刚毕业时的锐气，对人更加谦卑，这让他很快得到了研究所负责人的好感，并最终成为这里的一员。虽然有不少人觉得他选择到这里工作是一个很不明智的行为，可是艾尔肯早已认定了自己的方向，坚定地上路了。

回忆起刚上班的那段日子，他说："报到后，我发现计划生育研究所很小，整个单位三十多个人，在所里也没人理我，不知道该干什么。于是就开始看男科方面的书，有时有人让我送茶，我就送过去。后来，我就开始学习检验。一年下来，我把男科方面的理论书籍都系统地看了一遍。为了练习实际操作，我提出到医院学习半年。"在这个所有人打发着上班时间、基本没什么活儿的地方，他却闯出了一条路。在医院学习归来后，他提议能否增加研究所的一些诊治内容，并得到批准。于是，每遇到一个问题，他就带着病人寻找专家，一边诊治一边学习。在艾尔肯等四人的努力下，1996年，研究所在门口增设了一家门诊。

看着这个门诊有了很好的发展，艾尔肯想着自己能否承包下来，独立发展。可是在那最关键的时刻，单位派遣他到外地巡诊。归来时，他发现门诊早已由别人负责。万般无奈之下，经过两个月的思考，他向领导提议单位再开一家诊所，并让他承包下来。最终他的提议得到了领导的同意，在朋友的帮助下，艾尔肯借了五万块钱，借期为一年，其中的三万用来租下一个不到两百平方米的餐厅。艾尔肯亲手将餐厅改装成了诊所，他说："这家餐厅的灶台我都没拆，如果半年内诊所的生意没有起色，我就改行开间饭馆。"最后在五名员工和部分从研究所借出来的简陋的医疗设备的基础上，诊所终于在1997年元月开业了。

回忆起刚开业时的情景，艾尔肯说："开始几天，最低的时候一天只赚四块钱，晚上我就住在那里。有时，深更半夜有人敲门买去痛片，那时一片一毛钱，我就一片一片地卖。"虽然开始时很辛苦，可是将近一个月之后，诊所就步入了正轨。他们对患者的热情服务与当时的国营医疗单位形成了鲜明对比，建立了很好的口碑，生意也越来越好。半年之后，员工增加到十余名，还租下楼后面一家招待所的空房作为病房。这时，艾尔肯想到，诊所今后应该往企业化方向发展，于是认真考虑起管理构架问题——自己任主任，还有副主任、办公室主任、护士长……这种做法却被外人取笑："你们怎么一个个都喜欢当领导啊？"可是艾尔肯知道，自己的脚步绝不会只停留在一家诊所，他说："我当时也没有什么管理知识，也不知道哪里来的灵感。一个企业要想发展，必须要具备两个条件：一是必须有自己的特色，所以宝科达医院到现在都没有离开性和生殖这一领域；二是必须有相当的规模，所以我们进入了快速扩张的道路，这始终贯穿着宝科达的发展过程。"

在艾尔肯·阿西木的带领下，这个技术精湛、服务热情、收费合理的小诊所很快赢得了众多患者的信赖，在激烈的竞争中不断发展壮大。艾尔肯于1998年在阿克苏、1999年在喀什分别建立了门诊部。虽然这三家门诊部依然是自治区计划生育指导所下属的部门，但艾尔肯清楚地知道自己需要一个品牌，于是就挂上了"宝科达"（BOGHDA）的牌号。这也导致领导的不满，最终宝科达脱离了与指导所的关系，成为一个独立的医疗机构。2000年至2002年间，艾尔肯相继成立了乌鲁木齐宝科达医院、阿克苏地区宝科达医院、喀什地区宝科达医院、和田地区宝科达医院。2004年四家分院组成新疆宝科达医院。2005年又正式启动了"申请著名商标"工作，进一步将"宝科达"这一品牌发扬光大。

此时的宝科达，已经有一套非常完整的管理体系，即总院、分院、科室三级管理体系。它实行总院长负责制，管理层设有集团总部，下设总院办公室、人力资源部等许多部门，还设有医院管理委员会作为最高领导机构，并建立了党支部、团支部、工会等党团和群众组织。早在2001年，医院管理委员会就决定扩大业务范围，增设了内科、外科，使宝科达医院走向以生殖生育为龙头的"大专科、小综合"的临床服务发展道路。

一年新建一个医疗机构的发展速度让整个团队都十分兴奋。这时，艾尔肯敏锐地察觉到了问题。这种高速的发展带来的是管理上的漏洞以及人才不足，他用"身体大脑袋小"来形容这种状况。最早与自己一同创业的同学也给他敲响了警钟。于是，他及时改变战略，提出要分步走："一是形成期，回顾过去的六年，这一阶段追求规模；二是2003初到2007年底，要停止扩大，重点建设三个基本工程即'人才工程、机制工程、形象工程'。"通过这些举措，现在的宝科达已经拥有了一批自己的人才，在全疆建立了六家综合医疗单位，成为全疆少数民族群众几乎家喻户晓的医疗品牌。宝科达医院在促进这些地区医疗水平的提高上也起到了一定作用。

而现在，艾尔肯和他的团队又敏锐地察觉到政策和环境的变化，做好了再一次起飞的准备。相信在他的带领下，宝科达会走得越来越好，越来越远。

付出终有回报

走进任何一家宝科达医院，最显眼的是六个大字——一切为了患者。这也是从宝科达建立之初起就一直贯彻实施的最高准则。艾尔肯很早就在乌鲁木齐开设了“空中医院”，利用媒体为边远少数民族群众推广健康保健知识，帮助患者解除病痛。同时他每年多次到南疆，深入乡村进行调研和免费巡回治病。仅2003年6月18日，宝科达就在喀什疏附县布拉克苏乡，一次性出动医护人员12人，发放防病健康教育宣传单5000余张，为1万多名咨询的群众进行了检查、诊断。看到新疆日趋严重的艾滋病蔓延趋势，艾尔肯十分重视艾滋病防治工作，经常义务讲解防艾知识并组织相关讲座。2003年，新疆维吾尔自治区卫生厅批准宝科达医院为首家拥有“HIV（艾滋病）抗体检测初筛实验室”的新疆民营医疗单位。

这些年来，艾尔肯为家庭贫困的患者减免医疗费用近20万元，为贫困地区、灾区群众提供价值3万元的医疗设备和药品，并深入边远贫困乡村为群众免费提供咨询、医疗诊治1.4万余次。他还常年资助SOS儿童村的孩子（SOS是新疆孤儿收容组织），同乌鲁木齐市、南疆三地区的团委订立了参加该地区“希望工程”的协议，并分别为乌鲁木齐、阿克苏、喀什、和田的贫困儿童承担学杂费，保证他们正常上学。目前，接受此项援助的孩子已经达到300余名。当被问及走上慈善这条道路的缘由时，他很坦率地说：“说实话，刚开始做这些就是为了提升医院的品牌价值和影响力。可是到后来，就真的喜欢上这种帮助他人的感觉，就像你在路上看到一个人推车推不动，你上去帮了一把。这时从内心感觉最愉悦的是你，而不是被帮助的人。”

2004年底，艾尔肯被自治区就业领导小组办公室、自治区劳动厅等四家单位联合评为“自治区百名青年创业之星”。同年，他被自治区团委等单位联合评为“新疆十大杰出青年”。2004年12月，宝科达医院被共青团中央、劳动和社会保障局等单位联合评为“2004年中国青年创业行动优秀组织单位”。2005年2月，他被乌鲁木齐市总工会评为“双爱双评优秀院长”。

艾尔肯是一名成功的企业家，又是一位对医疗事业孜孜不倦的追求者。他多次参加国内外的学术研讨会。2001年9月，中华医学会男科分会考察了宝科达医院的业绩和资质，将年度专业会议选定在该院召开，全国男科方面150多名知名专家、学者参加了会议。与此同时，他到美国、埃及、德国、巴基斯坦等国实地考察调研，受到了很多外国专家、同行的高度评价和支持。2003年去美国参观和艺术交流一个月之后，他同美国一家医院签订了友好合作协议。2006年，新疆宝科达医院与有关医院合作，成功召开了国际性学术会议。

宝科达医院是企业化管理的医疗机构，艾尔肯每天在众多身份中变换自如，他的人身阅历就像一本书，一本散发着浓浓情义而又非常有分量的好书。他扮演的每一种角色都如此优秀，在西部，在家乡，他用20载艰苦奋斗追逐着自己的梦想。

理想成就赤子心

谈及现在的大学生，他说有两件事，他希望现在的大学生应该认真地考虑一下。第一件事，是人活一辈子，人生主要的动力来自哪里？为什么一个人会在困难面前继续坚持，不离不弃？最重要的，就是有理想，有目标。在很小的时候，理想越大越好，就像艾尔肯一样，在小的时候梦想成为诗人与数学家。虽然那些理想现在听起来很讽刺很可笑，但是当时他确实能从中真实地感觉到一种动力。艾尔肯说："除了上大学最初几年的意外，我的目标始终很明确、很实在。"但是，目标也并不能永远只停留在儿时不切实际的幻想阶段。所以，大学生应该认真考虑的第二件事，就是学会调整自己的目标，并把自己的目标付诸实际行动。随着我们的成长，目标越现实越好，即要定一个使尽全力能够达到的目标。在他的人生规划里，一个人要在20岁到30岁之间有一个人生的设计，在这个10年要找到你是何许人，知道你这一生活着是为了什么。

他说道："如果你觉得成为农民就满足了，那也很好。关键是在这10年里你一定要笃定一个方向，给自己一个身份的定位。要用这10年找到自己身上的优势和劣势。你一生当中都是在和别人竞争，应该学会如何找到自己的长处，并通过长期的训练使它越来越突出。你必须用好自己的优势，然后找到一个合适的途径，所以大学毕业前后两年都很重要。而且你内心对未来的不确定、心中的挣扎，一定要在30岁之前结束。"他的这段话，他的人生阅历，告诉我们的只有两个字，那就是"理想"。人的一生中一定要有理想、有目标，然后要做的就是坚持、坚持、再坚持。

说到去西部创业或者发展，他说："对于一个毕业生，关键不是你在哪里毕业，最重要的还是自己的努力。如果拥有一份赤子之心，愿意到祖国最需要的地方，那从现在起就定好自己的方向。现在社会的游戏规则也越来越透明化，一切都得靠真本事，无论你是在多么好的学校毕业的，去西部也不意味着你就会一切顺利。你也一样会碰壁，一样需要和社会磨合，所以要做好充分的心理准备。”

他，在不断钻研中努力创新，在不断创新中努力创业，在不断创业中努力创值，在不断创值中努力奉献，勇于攀登、追求卓越的他早已在天山脚下拥有了自己的一片天地，而这里依旧广阔，依旧等待着有理想的青年学子到此一展宏图。

采访手记

从拿到艾尔肯学长的资料到准备采访提纲，整个过程中我们始终怀着一种敬仰的心情。因为从上初中以来，艾尔肯这个名字对我们来说就一点都不陌生，经常在各种媒体上听到与他有关的新闻。或许因为太过熟悉他的经历，所以反而有一种担忧：他会愿意抽出时间来接受我们的采访么？

可是，当给他打电话确定采访时间时，电话那头传来的却是一个温和的声音。从采访地点到采访时间，处处替我们考虑，每一项都安排得合理恰当，给我们吃下了一颗定心丸。

整个的采访，并不是原本想象的一问一答。艾尔肯校友早已根据之前的提纲，准备好了一切，把他的经历串成了一个个激动人心的故事。近三个小时的采访，好像生动而又深刻的人生哲理课。当采访结束时，看到他写下“这里是我生命的源泉，能为这里的繁荣与富强多洒几滴汗水，是我这一生的荣幸”来总结西部工作的体会时，我们不禁开始思考：我们的根在哪里？我们要把汗水抛洒在哪里？

并不是每一个人都能有幸在北大学习，也不是北大的毕业生都能够有他这样的成就，但是每个人都可以选择一个更有价值的人生，这个价值更多地是体现在“无悔”二字上。那么，怎么样才能无悔呢？通过这次采访，我们觉得应该真正把自己的所学用在最需要的地方。现在西部广阔的土地，正等待我们去一试身手，何不挽起双袖，迈开脚步，为自己无悔的人生大干一场呢？

（文/北京大学医学部2009级本科生　努尔比亚·艾孜孜

北京大学中国语言文学系2008级硕士研究生　耿　葳）

李 郁

北大游子心，长安书生情

Beida Youzixin Changan Shushengqing

李郁，原名李稳信，男，1965年出生于陕西富平，汉族，中共党员。1982年9月至1986年7月在北京大学历史系学习，获学士学位。现任三秦出版社编辑，高级广告师。

1986年7月分配至三秦出版社工作至今。1986年7月至1988年1月任助理编辑，1988年11月至1999年12月任编辑，1999年12月至2005年12月任副编审，2005年至今任编审。2009年7月兼任陕西省文史研究馆长安学研究中心副秘书长。

从上学直到工作，多次被评为三好学生、优秀干部、先进工作者。1986年至今所编图书数百部，十数部分别被评为全国古籍优秀图书奖或省部级优秀图书奖，主要有：《三国人物评传》、《论语秘义》分别获1988—1991年全国古籍优秀图书奖二、三等奖；《左传纪事精选》获1992—1993年全国古籍优秀图书奖三等奖；《秦俑专题研究》获1998年陕西省哲学社会科学优秀图书一等奖；《秦物质文化史》获中国社科院夏鼐鼓励奖；《古文笔法百篇》获陕西省第三届优秀双效书二等奖；《富平县志》获陕西省新编地方志优秀成果二等奖；《唐高宗文集辑校编年》获陕西省高校优秀成果一等奖；《全北齐北周文补遗》获2009年中国古籍图书优秀奖二等奖。散文《石家陵的变迁》获2000年“新竹杯”百年中国征文优秀作品奖；《杜令·汉武帝·上林苑》获2007年“富力杯少陵原之风”有奖征文三等奖；2003年10月李郁作为首届“金庸华山论剑”原创策划人被授予特殊贡献奖。

他编辑过的图书有数百部，许多经典图书上都会写有四个字——李郁编辑。

他喜欢文字，坚信文章清贵，每个星期会在自己的博客上写下两篇文章，在喧嚣的闹市细细体味人生安静的滋味。

但是，他更喜欢说，自己是北大人，承担着北大人的责任、北大人的使命。再多头衔，也比不上这三个字在他生命里的地位。“北大人”，因为这三个字，他在西部将自己的使命勾勒；也因为这三个字，他在一切荣誉之前，都写下两个字：责任。

老师说他是最优秀的学生，他选择了“北京大学”

故事应从一纸录取通知书说起。

李郁谦虚地说自己考取北京大学是得益于运气好。上世纪80年代初的中国学生，没有信息高速公路、没有网络作支持，有的，是一支笔、几本书，和一颗求知的心。“那时候信息很闭塞，我在乡下读书，老师说，陕西的教育质量在全国是很高的，我们富平的教育质量在全省是最好的，我是富平学习最好的，照这样类推，我想我就应该是陕西学习最好的了。”简单的推理，推断出了上“北京大学”的自信。李郁自信地在高考报名志愿栏中填上了“北京大学”。其余几所学校，他写的是复旦大学、南开大学、武汉大学、陕西师范大学。“那时候不讲究本一、本二的问题，当时谁都不懂，随便就报名了，现在想想这几个志愿相当于都是一本学校，多危险啊。”笑谈运气的背后，是许久以来因为自己优秀酝酿而成的自信和稳重。

那个时代，老师不希望自己的学生学文科。他的老师告诉李郁“学好数理化，走遍天下都不怕”。可是少年李郁偏偏对文科情有独钟，他告诉老师，“我想学考古”，回想着高中时的往事，李郁缓缓诉说着当初老师对自己的忠告——“安心做自己的事，不要涉及政治”。一方面，老师让学生尽量少地涉及政治；另一方面，陕西的考古条件很好，李郁便在自己的志愿中填上了北京大学考古专业。阴错阳差，那年考古专业没有在陕西招生，而那时考古专业是属于历史系的，所以李郁便成了历史系的一名学生。

初入燕园，北大让他明白什么是“天地”

岁月倒退至28年前的秋天，翻过山又跨过水，李郁来到了心仪已久的北京大学。走入燕园，第一次看见未名清波映博雅，第一次走进图书馆，第一次看见那么多和自己一样渴求知识的学子。“一塔湖图”，开启了这个来自西北偏僻的小村庄的学子的梦。

在陕西农村长大的李郁，高中之前甚至没有去过县城，对于外面的世界，充满了好奇，也夹杂着青年人特有的担心。看着录取通知书，站在大学旅途的起点，李郁想到自己看过的电影《青春之歌》，五四时期的北大学生，或夹着书，或上街呐喊。“总感觉他们很高大，可我们还是一帮孩子啊！”迷惑尚未消散，北京大学的校徽已然挂在了胸前，校徽上纯白底色映衬下的是红色大字“北京大学”，看着简单却庄重的校徽，忽然之间，李郁发觉：“我也是大学生了！”

离开农村，首都满目繁华。走过未名湖，就是历史课本中的圆明园；向南走，越走越繁华，车水马龙。初入燕园，校园是博大的，蓝天碧水荡漾着学子的心。

只有进入北大，才知道何为天——高中以前，在农村连县城都没去过，火车也没见过，突然进了城，所有的东西都是新鲜的，完全是另一个世界。虽然那时候没有摩天大楼，但四五层的楼房依旧让这个来自西北的学子充满了惊叹：“那时所见的一切，都是新的，完全是进入了另外一个世界，一个我做梦都梦不到的世界。”走在燕园，才明白何为读书、学习、感悟。李郁说：“母校以大地一般的胸襟包容了我，包容着我的天真和无知，教会我成长。”

天地广阔，却也让从西北农村走出来的孩子看见了差距，从西北到燕园，他说：“虽然是考上了北大，但是和同班同学在一起，很明显地感觉到和其他同学的差距。”农村长大的李郁说，上大学之前自己几乎没有读过什么课外书籍。和城市同学聊天的时候，听着别人就社会问题、国际形势侃侃而谈，李郁真切地明白了何为差异。他用“补”来概括自己的大学生活。

“20世纪80年代初的大学生，那时候学习风气真的很好，大家大都是‘三点一线’，安心读书。”李郁说。他自己也是“三点一线”大军中的一员，在教室、图书馆、宿舍之间品味读书的乐趣。因为担心自己会跟不上同学的脚步，李郁“用四年时间在补”，假期的时候他不回家，而是留在学校学习，早晨起床到图书馆借一本书，拿回宿舍看。整个假期，李郁一天读一本书，历史理论、文学经典滋润着学子的心。看似简单的读书生活，而今想来，另有一份说不尽的珍贵。“读书真的非常有用，”在工作中无数次因为大学时代博览群书而受益的李郁由衷感慨，“过去读的书，不知道什么时候就可以用上了！当时读的书对我现在的编辑工作非常有用。”

他说北大圆了自己太多的梦想

三点一线的日子，而今想来，也充满了回忆。知识的滋养让这个来自西北农村的少年逐渐成熟，而北大大气磅礴的熏陶，更是让李郁受益终身。

“当时是见讲座就听。”提到讲座，李郁异常兴奋，仿佛又回到了那个疯狂地汲取知识的年代。关于“亚洲四小龙”、关于交响乐……“北大的讲座好像都是最新的，给我们开眼看世界的感觉”。

“有一个美国的汉学家（李郁的同班同学北大历史系张帆教授回忆说是中文名叫田浩的美国人），名字我已经忘了，给我们讲历史结构研究，对我的影响太大了！”李郁如此感慨，“他研究的是陈亮，我们都是用历史唯物主义分析历史，可是他讲的是西方很新的结构分析法，这又为我们开启了一个新的思维模式。”汲取之后是思考，新的知识让学子在思考中思维渐渐走向完善，“社会很是复杂，统治阶级和被统治阶级的确是对立的，抛开这些，同一阶级的不同阶层，也有矛盾和利益冲突，和谐还需要重新考量。这种思维模式影响了我几十年！”

“读万卷书，行万里路。”社团活动是北大人的一个不变的主题。

上世纪80年代初的燕园，有许多小咖啡厅，学生经常在那里组织沙龙活动，很是活跃。青年人喜欢尝试，那个年代的大学生被社会上的人们称为“天之骄子”，天之骄子自然怀揣着创造美好世界的宏愿。书生意气，挥斥方遒，李郁也绝不例外。“从东南门进去，靠墙向西走一点，有一家很小的咖啡厅，”李郁在回忆中携带着激昂，“里面的人不需要互相认识，一个人说出自己的观点，底下如果有人同意，就声援，能批判的就批判。”李郁自然也不甘寂寞，年轻人的冲动和信仰让他融入其中，他参加了“关于改革的讨论”。改革开放之初的北大学生模仿西方中世纪的沙龙，进行着自由辩论，既有西方中世纪的悠然，又有北大人所特有的自由。他们在讨论中享受着“指点江山”的书生意气——尽情挥洒的，是年轻人的热情；不容忘却的，是北大人的责任。

读书和讨论之外，自然也有轻松的娱乐让学子记忆终生。“我从小就想学武术，可一直没有机会。”北大的武术社团圆了从小就对武术情有独钟的李郁的武术梦。李郁之前一直没有机会真正“比试比试”，北大的武术社团活动让他从对武术一窍不通到一点点学会劈腿、散打……“小时候的愿望实现了！”

那时候的大学生，不考虑就业也从不怀疑自己的前程。迎接了知识的春天，他们真心地相信自己就是“天之骄子”。在这样的环境下，李郁在大学生活的第三个年头，迎来了又一件大事——35周年国庆。1984年秋天，李郁刚刚升入大三，经过一个暑假的苦练，他和同学们一起参加了国庆35周年群众方队游行。“记得当时有好多个方队，有些同学参加的是大学生方队，其他的参加的是群众方队。”平时练习的时候走得特别整齐，怎么踏着节奏，怎么起步，怎么挥手，李郁和同学们一样，练习时一丝不苟，绝无怨言，绝无逃脱。他说：“我们那时候是真心地为之激动。”不过真的到了国庆节当天，之前的方队都很整齐。“我们前面的好像是昌平农民群众的方阵，可是到了我们的方阵，到了天安门城楼前，看见邓小平向我们挥手，就突然乱了，大家都太激动了，都开始奔跑。”在他们的激动和奔跑中，北大方阵中的学生打出了“小平您好”的标语，那一届的北大学子体验了这个历史的时刻。

这也许是李郁体会最深的一次经历。这一次，他彻底“见识”到了北大学子的不同寻常，当然，一切的不寻常，皆因为他们相信自己是“天之骄子”，为自己肩膀上的责任而自豪。体验“小平您好”的激情瞬间，他也许没有意识到自己见证了一个时代的壮举，只缘身在其中，只缘心在其间，年轻的他，和所有北大学子一样，勾勒着年轻的精彩，创造着北大人的记忆。相信年轻，相信希望，那个时候的他，相信自己的兴奋与祖国的进步同在，青春中国也相信他们。

一次次尝试，而今变成了说也说不完的回忆，就像美酒，逾久逾香，化不开，散不尽。在燕园，渐渐地，李郁的生活变得立体，他也一点点成熟，不再是那个从小村庄走来的满脸青涩的孩子，不再自卑。走在未名湖畔，抬头是广阔的蓝天，向远方瞭望，是和天空一样广阔的未来。

一本油印小册子，让他与文字结缘

冰消雪化的日子里，学校组织学生去昌平校区参加植树活动，李郁也是其中一员。植树活动结束之后，中文系和历史系进行了足球比赛，当时身为大学二年级学生的李郁也参加了比赛，挥汗球场，热情地奔跑，同学们加油呐喊，激昂荡漾在每一个年轻人的心中。回到学校，年轻人的心久久不能平静，李郁学着电视上足球比赛解说员孙正平的口吻写了一篇小文章，介绍这次足球比赛，而这也正是李郁在班刊《足音》上的处女作。看着自己的名字大大方方地出现在这份油印报纸上，李郁很是激动：“大家都觉得写得不错，我也第一次发觉，自己也还是可以写的。”

不过那时候的李郁，看着班上的同学写诗，写当时流行的意识流的文字，依旧觉得自己和同班同学相比有差距。他写的不是很多，他说，自己的文字就是给班刊加些点缀。

几个月后，圆明园的白桦林下，1982级历史系的同学去野炊。野炊之后，李郁写了一首散文诗《白桦林》投稿给班刊《足音》。这首散文诗是一个深谙中国历史的学生发自内心深处的心灵独白，他不要争那中心的热闹，只是用真心，为这一片白桦林做出最美的旁白。

慢慢地，文字开始走入他的生活，没有刻意雕琢，甚至不曾“精心打扮”。与文字的缘分，那么突然、那么无声无息地开始了，却又因为图书馆借出又还回去的万卷书，因为长期的积淀，包含了些许命中注定的成分。然而，那个时候的李郁，没有梦想过要做诗人或者作家，只是“突然发觉自己也还能写”，他没有想过要从事和文字有关的职业，也没有像那个时代的许多青年学生那样有过成为诗人的梦想。他还是像刚进学校时那样，“觉得我们同学都比我强”，他偶尔写写，投稿给《足音》，“点缀一下”，却不想，渐渐地，竟把文字变成了生活的点缀。

距离他的名字刊登在班刊《足音》上已经27年，27年后的今天，自己享受着文字的绚烂之美又为别人编辑着文字梦想的李郁说：“文章重在清贵。”在这个纷繁的世界，他坚守着自己“文章清贵”的信念，安静地写着自己的文章，认真地为别人编辑文字。难怪李郁的挚友、北京大学哲学系1983级校友文军说，他们一起喝茶的时候，李郁感慨“深山之中远离尘嚣不叫清净，真正的清净是在闹市中有心赏月，有情成文”。风行水上，自然成文。二十多年过去了，没有刻意雕琢，一如他最初写的文字一样，他的文章是他心底最真的呼唤，是他内心最真的感情。

办公室环境：左边是齐腰高的稻草，右边是太平间

1986年，李郁毕业了，携带着四年北大生活给予他的知识和经验，他选择了回到自己的家乡陕西。“当时毕业志愿里有一栏是选择是否愿意去边疆或者偏远地区，陕西也属于西部了，而且我也是陕西人，所以就回到了陕西。”李郁如此回忆自己当时的选择。

西安，这个积淀了千年帝王灵气的城市，收容了游子的心。

幼时农村贫苦的生活，让李郁深知缺少书本的痛苦。还记得小时候新学期开学发新书时的快乐，打开新书，抚摸着崭新的纸张，陶醉在那淡淡的油墨香气之中。“真的是有书香的！这个你得相信。”而今想来，那股淡淡的书香，李郁仍

旧无法忘怀。也许正是对书本最淳朴的挚爱，让李郁选择了去出版社工作，出版书籍，一定可以将生命投入在书海之中，沉醉于书香之中，夫复何求。如此，李郁便开始了自己在三秦出版社的工作，开始了自己的西部新生活。

然而，事情并非如想象中那般顺利。20世纪80年代的三秦出版社工作条件很差，办公室就设在一个农村小院里，背后是齐腰高的蒿草，旁边紧挨着的就是西安铁路医院的太平间。

从未名湖到这样的农村小院，其中味道恐怕只有经历过的人才能真正明白。是绝望，抑或迷惘，恐怕李郁自己也不是很清楚。自小在物质条件并不富裕的农村长大，如果说对于生活上的艰苦，李郁尚可以忍耐，但是精神上的孤独却是他最大的折磨。李郁回忆说："虽然也有朋友，可是那都是一起喝酒、一起玩的朋友，没有可以聊天的知交。"最初的日子里，李郁每天晚上想着燕园里的知交，看着四下的荒凉，听着"阴森"的哭声，其中辛酸，自不必多言。

那时候，李郁每年要回许多次北京，只是为了去找原来的同学聊天，奔波千里，煮酒论天下尤显得珍贵。然而，这毕竟不是长久之计，抱怨不能改变生活，生活在这片略显荒凉的土地上，就注定了他要付出更多。生活中的磨炼，也许正是在不知不觉的反思中，让人成长。

李郁想到了先生的教诲。临近毕业，李郁去找教中国通史的祝总斌先生，听先生说教，其时，先生谈到科举取士。当时的大环境是批判科举，然而先生却说科举自隋朝开始存在千年，肯定有其合理之处。那时候听惯了社会上对科举的批判，这样的观点让李郁兴奋，更给他留下了思索，"别人都在批判科举的时候，先生坚持存在即有合理性，人才选拔总要有一种模式，他认为这是封建社会形成的很成熟的一种制度。"

许多年过去了，先生的话早已超越了知识本身，对学生造成了潜移默化的影响，让学生思索，也更让学生明白知识的力量。"如果没有能力去改变，那就应该去接受，逆着潮流走，终究会被潮流抛弃，只有顺应潮流，才能发挥自己的亮点。"还记得先生的话，李郁开始学着适应，努力将自己融入环境之中。

适应是一个漫长的过程。几年之后，李郁对来陕西从事社会实践活动的北大后辈说："因为你们是北大人，所以一定要把事情做好，心里记住自己是北大人，但是不能总是把北大挂在嘴边。"这大概也正是李郁一遍遍告诉自己的话，"心里记住自己是北大人"，行动上要向最优秀努力。几年间，抱怨少了，李郁开始努力做好本职工作，利用专业优势，以及自己大学时博览群书的所得，向每一位作者认真提出自己的意见，编辑不同领域的书籍。在李郁看来，编辑本身就是学习的过程，只有不停地学习，才有可能不被时代甩下，才能永远保持旺盛的生命力。正因为此，李郁利用每一次编辑新书的机会，努力拓展自己的知识面，让知识常为新。与此同时，李郁还在《陕西日报》开设了专栏。下班后，李郁写好评论文章，骑上车子就往报社冲，把文稿交给报社的编辑。那时候还没有私家车，也没有电脑或者电子邮件。虽然日子有些清贫，工作也许寂寞，然而正是这份困境中的坚守，让李郁在工作中一点点寻找到新的光亮。

他说好书一定要有自己的风格

做了许多年的编辑工作，李郁甚至数不清自己一共编辑出版过多少本书，不过，回头看的时候，他说，好书是一定会被记住的，一个编辑，一辈子可能碰不到几本好书。

作为作者的李郁，可以随意地写下自己的喜怒哀乐，可以在乘车的途中拍下家乡的云，然后将照片发在自己的博客上，为心情配画，不用去过多考虑自己的心情对社会的影响，对读者的意义。然而，编辑与作者不同，作者只需要对自己负责，而作为编辑，既要对自己负责，更要对作者、对读者负责任。他说，找到一本好书不容易，负责出版一本书，就必须考虑这本书的影响力。一本书，要对读者有影响，还要在社会上形成影响力。然而，一年工作下来，可能百分之八十的书都是平平常常的书，“没有自己的性格”，影响力又从何谈起？

“上学的时候，先生做学问是很负责任的，学术研究要的就是严谨，即使是引用了一句话，也要注明出处。”大学时代先生对李郁的影响渗透在他日后生活、工作的每一个细节之中。然而，编辑过程中，有很多书却是“拼的”，李郁告诉我们，一本好书一定要有原创性，翻过整本书稿，如果读不出书的风格，那一定是抄的。而独创性，正是一本好书应该有的第一个品格。

从事编辑工作的最初几年，李郁负责编辑的大都是古典文献类的书籍，这对于他也算是学以致用，而大学时博览群书，更让他在编辑过程中可以为读者提出有益的建议，更能帮助他找寻作品的精髓。慢慢地，李郁不能满足于仅仅是校注古籍，出版经典——推广经典固然重要，但是，他更希望编辑也可以编出自己的风格。

“每个人都有自己的风格，书也一样。”这大概就是李郁作为一个编辑的风格吧。就像一个人的成长，肯定是由不成熟到成熟，由不那么优秀，到足够优秀、足够稳重。“无论成熟与否，无论作品优劣，只要是有自己的风格，我们就都应该去扶持和推崇。因为终归会有那么一天，不成熟会变得成熟。”书稿如此，人亦然。李郁的编辑工作大概也正是如此，从初到西安时感叹环境的恶劣和孤独，到认真地投入到编辑工作之中。

“您觉得是责任心让您这么多年来始终坚持找寻原创的吗？”对于这个问题，李郁的回答很是坚定，他说，这不是他的责任，这是北大人的责任。作为北大人之一，有时候，他也觉得很难，因为做事一定要尽百分之百的努力，为了自己，为了母校……也许更为简单的，只是为了这一份舍我其谁的使命感。

他说扶持学术是编辑的责任

陕西省博物馆的馆刊创刊号的封底上写着四个字——李郁编辑。李郁是学历史的，而西安无处不书写着历史，这是不是也可以算作一种天时地利人和呢？

李郁加入了长安学研究。长安学，顾名思义，是研究长安文化的学科。作为长安学研究中心副秘书长的李郁，将精力、热情倾注其中。“和先生们坐在一起，聊一聊陕西的历史文化、地理政治，什么都可以谈，真的很好。”李郁如此看待关于长安学的每一次会议。是的，他们是在研究，他们要建立这个新兴学科，并为其在学术上开辟一条路。李郁在自己的博客上说“不要将长安学嫁接在别的学术体系上”，他要为他们大家共同的果实谋求真正的“学术功用”。他们也是在交流，所谓君子之交淡如水，他们为了长安学相聚。君子相聚，不怕争辩，要的就是在讨论中，为他们共同的事业开辟新的天地。

倘若他只是将专业知识用在编辑工作上，也就罢了，这只是让他在工作中拥有一点点特长；倘若他只是在故纸堆中研究研究历史，也就罢了，这只能称得上学以致用，算作是尽义务。然而，李郁既没有只把自己局限于编辑工作里，也没有在故纸堆中一心只读圣贤书。“扶持学术”，李郁用简单而又掷地有声的四个字“轻轻”地“喊”出了自己的使命。在李郁看来，做编辑是为了给那些潜心学术的人搭桥，让学术者的研究真正转化为成果，进而创造社会价值。

正因为此，他会负责编辑出版“长安学丛书”，也正因为对学术的崇尚，他从编辑长安学图书，到成为长安学的开创者之一，为长安学这一新建立的学科贡献自己的全力。

2009年11月2日，陕西省人民政府与中央文史研究馆主办的“长安学丛书”出版发行座谈会在西安举办，李郁作为“催生长安学”的学者之一，出席了会议，看着大家为之倾注热情的长安学从学者之间的讨论到真正做到了“成一家之言”，李郁深感欣慰。

大编辑的小策划勾勒长安的色彩

查看“2003年中国文化热点”，不难发现，位列第四的文化事件的名字尤为吸引人——“金庸华山论剑”！

2003年10月8日，华山北峰热闹非常，金庸先生和着西安的濛濛细雨，来到了华山，站在1561米的高峰，体验自己小说中的场景。陕西方面和全国各地的强势媒体联手挑选出南帝、北丐、东邪、西毒、中神通五大高手与金庸先生在华山“过招”。

昔日华山论剑，今日华山论天下。而这一大手笔，最初源自一位编辑的创意，他就是李郁。而又有谁能想到，这一切的热闹非凡其实仅仅起源于饭桌上的闲聊。李郁回忆着八年前的旧事，一次吃饭的时候和华山管理局的朋友闲聊，他们要做《华山志》宣传的系列活动。深谙中国历史又热衷武侠小说的李郁自然就想到了华山论剑，“为什么不把金庸先生请到西安，来一场现代版的华山论剑呢？”李郁这样建议着。回到家，简单完善思路之后，他就写下了整个活动的策划方案。想起在北大咖啡厅里和同学们开的小型沙龙，李郁笑称这次是在华山北峰开了一次“大沙龙”。于是，“华山论剑”就这样由小说变成了现实。

想想李郁这“首届金庸华山论剑特别贡献奖”有多神气！从此，他的名字后面多了这样一个颇具侠客风采的“荣耀”——特许高级广告师。

这是李郁的第一个文化策划，从此以后，西安的文化策划便在李郁的脑海中一个个形成，一发而不可收。私家车刚刚兴起的时候，周末李郁会和家人朋友一起去南山玩一玩，享受大自然的美丽，山河壮阔。“文人会题诗作赋，而我想的是可以进行南山旅游开发的策划。”在李郁看来，这是文人和文化人的差别。文化人，不仅仅是要满足个人的喜怒哀乐，更要有利于一方的发展，李郁说自己应做泽被一方的大策划。

从南山旅游，到浐灞文化发展和“北大人人生系列丛书”，一系列的策划让人们看见西安文化的魅力，在文化的渲染下，谁还能说陕西是荒凉的或是贫困的?

李郁说，编辑就是最好的策划师。当年的小编辑，利用自己的专业知识，编辑出版了许多经典名著，让经典名著引领人们重温圣贤风采。“改改错别字、语病错误、知识性的错误，这是技术活”，李郁想要做的是“行业文化编辑”。生活处处是文化，而策划一个个文化课题的过程，本身就是一种编辑过程，将文化课题编辑成大家能直观感受到的景致，编辑生活，也编辑文化，让家乡在这份浓郁的古典文化的环绕间更加富饶。

李郁在自己的博客里写过一篇文章《李郁文心的烦恼》，他说："我觉得我的知识人的成就只不过是勾勾画画而已，没什么可对得起人们对母校的期望的。后来我终于明白了，我的大学给了我对生活的热爱和敬业精神以及责任感，这也就够了。我所追求的一切荣誉都从此而来。"离开北大扎根西部的24年来，他努力让自己做到最好，他说这是一种安慰，为他自己，也为母校。母校始终牵挂着远在西部的游子，而他取得的成绩，是从祖国西部寄给未名湖的最闪耀的星光。

采访手记

机缘巧合，采访安排在了陕西省历史博物馆，也许是心理作用，想着那些古董穿越千年见证了历史的轮回，心中自多了几分深邃。我就是怀着这样的心情见到了1982级校友李郁。

来西安之前读他的博客，看他近乎传奇的简历，猜想着他是怎样的人。正在此时，有一个人从门口进来，不高，不张扬，也不慌张。啊，原来这就是李郁——一如他的文字，一如他喜欢的故乡的云。

为李郁博客里的那些文字所感动，便自作聪明地问他，他认为自己算不算做文人？出乎意料的是，他说自己应该称做文化人。说来惭愧，当时的我，应该是没有听懂吧，只是在尽全力地挖掘着他文化创意里的小故事。现在想来，他在乎的也许根本不是几个创意或者是写下了多少文章，他之所以告诉我们"文化人"这个我们看似熟悉其实忽略了其中精髓的概念，是因为他看中的，是知识人应该有的责任感。在采访后的一个星期，我再一次妄自猜测，李郁看中的，也许不是因为身处文化中而肆意释放个人的喜怒，而是生活在西部，始终将自己的责任构建在西安的文化之上的使命感。

采访之前，我准备过一个问题："编辑、广告策划师、作家，您更喜欢哪个称号？"采访结束，我偷偷划掉了这个问题，现在想来，李郁最喜欢的称号应该是"北大人"。写文章的时候，他会想起燕园里最珍贵的记忆；做事情的时候，他会想起作为北大人应该有的责任感。但是他说生活中，他是讳言自己是北大人的，告别了年少轻狂，经历了岁月风霜，“北大人”已然从一种荣耀变成了一个符号，这个符号刻印在心间，便永久不能褪去。正是因为这样一个符号，让李郁坚持着，奋斗着，不为鲜花掌声，只为最初的诺言。李郁说，大学给予他“对生活的热爱和敬业精神以及责任感”，这对于他来说已然足够，也许这才是我此次采访收获的最大财富。

（文/北京大学外国语学院2008级本科生　赵晓航）

李　宁

当创造性体验成为一种力量

Dang Chuangzaoxing Tiyan Chengwei Yizhong Liliang

李宁，男，1965年出生于重庆万州，汉族，中共党员。1983年9月至1987年7月，在北京大学经济学院学习，获经济学学士学位。现任重庆高科集团公司董事长，重庆市第一届、二届青联委员。

1998年3月至2001年1月，在重庆大学工商管理学院学习，获工商管理硕士学位。2004年5月至2004年7月，在美国加利福尼亚大学洛杉矶分校进行“公共管理、工商管理课程培训”。2007年11月至2009年5月，在新加坡国立大学管理学院、重庆大学建设管理与房地产学院“中国房地产国际EMBA研修班”学习。

1987年7月至1992年10月，在重庆市工商行政管理局从事经济检查案件查办、审理、复议、应诉工作，任科员、副主任科员。1992年10月至1999年4月，在重庆市人民政府政策研究室从事政策调研工作，负责为市政府主要领导起草重要文字材料，任主任科员、副处级研究员、副处长。1999年5月至2005年3月，在重庆高新技术产业开发区管委会从事科技孵化、科技管理、产业发展、招商引资、外经外贸外事管理、园区开发建设等工作，任产业发展局副局长、局长，招商引资办公室副主任、主任，创新服务中心常务副主任，中小企业信用担保分中心主任，二郎科技新城开发建设指挥部副指挥长，北部新区高新园开发建设指挥部副指挥长。2005年4月至2008年3月，任重庆高科集团公司董事长、总经理，兼任渝高公司、渝兴公司、渝高物业公司、星图广告公司董事长。2008年4月至今，任重庆高科集团公司、重庆渝高公司董事长。

曾获北京大学“学习优秀奖”、“社会工作奖”，重庆大学“优秀毕业生、优秀学位论文奖”，获重庆市工商行政管理局“先进个人”、“优秀党员”，重庆市人民政府政策研究室“优秀公务员”、“优秀党员”，重庆高新技术产业开发区管委会“优秀公务员”，国家科技部“全国火炬计划先进个人”，重庆北部新区“职工信赖的好厂长（经理）”，北京大学校友会“北京大学优秀校友工作者”等称号。

冬日温暖的阳光，照在重庆北部新区照母山腰的“览星台”上，照在一张普普通通却洋溢着这个年龄的中年男子少有的充满激情的脸上。

顺着李宁校友快速变动的手势，我们初识了照母山下以太阳系几大行星命名的产业楼宇，看见重庆软件园、重庆动漫基地、国家生物产业基地、霍尼韦尔、微软、中兴通讯等企业的标识在阳光下熠熠生辉。“你们看，在中间那块空地上，我们将建设太阳座双塔楼，这将是“太阳星系”百万平方米产业楼宇的收官之作和点睛之笔！”他的自豪感与成就感就这样直白地写在脸上，深深感染了我们。

根据李宁校友的提议，首次采访安排在照母山民俗文化村的一座古色古香的阁楼里进行。这是一座巴渝风格的院落，收集陈列了当地原居民的若干劳动工具和生活用具，体现了开发区对转非农民的尊重和对民俗文化的重视，是平日里用来接待宾客、洽谈合作的地方。精美的雕花窗户外，是郁郁葱葱方圆五千多亩的照母山植物园和带状分布的社区公园，是视野通透、错落有致的现代产业楼群。高耸笔直的方尖碑，绿树掩映中的塔、坛、亭，时尚与传统、科技与民俗，就这样自然完美地融合在一起。

和煦的阳光下，呼吸着山林间清新的空气，我们开始了对学长的心灵访谈。

“其实，一个人的财富地位，最终都会成空。只有自我最真切的人生‘体验’，才是真正属于我们自己的东西，不可复制，不可替代，并将一直陪伴我们走向生命的尽头。”

一个人，一个企业，一座新城，因为一种被他称做“创造性体验”的力量而受到影响，得到改变。

北大梦圆

李宁的家乡，位于三峡库区的万州。那是一个比山城重庆更加陡峭、更加富有立体感的小城。在那里，他度过了人生的十八个春秋。

对儿时的李宁来说，北大，仿佛是矗立在高高云端的一座缥缈的梦幻之塔，只能抬头仰望，投之以敬羡的一瞥。

16岁那年，他参加了第一次高考，目标是当时颇受男生青睐的一所国防性质的重点工科院校。进入这所院校一方面可以走出夔门开阔眼界，另一方面，也可为伟大祖国的国防事业贡献七尺男儿的青春和力量。

但命运给了这个满怀雄心壮志的少年当头一棒。他在优势学科物理考试中发挥失常，化学不尽如人意，高考总成绩在重点线以下。曾经的憧憬和希望，顿时化为泡影。

面对人生第一次重大挫折，李宁没有过多的沮丧。这个每天上学都要爬坡上坎的大山里长大的孩子，毫不犹豫地选择了复读。

在如慈父慈母般关爱他的老师们的指导下，根据自己语文、数学成绩突出的特点，他作出了一个对自己一生都很重要的决定：转读对数学要求较高的文科类专业——经济。第一次，他把目光投向了拥有国内一流经济学科的一流学府——北大。

第二年高考，他以优异的成绩成为万县市文科状元。曾经那么遥不可及的北大，似乎已经张开双臂，准备拥抱这个投向自己怀抱的历经十年寒窗苦读的幸福学子。

犹如一声惊雷，更好似晴空霹雳。这个在老师同学亲属朋友的无数祝贺赞扬声中，正喜悦地等待手握录取通知书启程远行的年轻人，再次受到命运的无情打击。由于健康透支，他体检时查出患有肺结核。一双展翅欲飞的稚嫩翅膀，被硬生生地折断。

死一般的寂静。之后的近一个月，这个曾经被欢声笑语包围起来的幸福家庭没有了一丁点笑声，只有深感内疚时常以泪洗面的母亲和面色凝重的父亲不时发出的压抑的叹息。周围好心的人们，甚至都不知道该怎样来安慰这个苦命的孩子。

令人难以置信的是，这个瘦弱的高中学生，竟然没有流下一滴眼泪。每每回想起当时的情形，李宁也对自己当初所表现出来的异乎寻常的坚强感到不可思议。“我只是觉得，如果我撑不住的话，全家人都会垮了，特别是面对极度自责、精神濒临崩溃边缘的深爱我的母亲。”李宁深沉地回忆说。

于是，二十多天后，李宁清瘦的脸上重新露出了笑容，这带给家人些许的轻松。他沉静地进入肺科医院，不折不扣地执行医生的治疗要求。不看书，多休息，拼命地补充营养。医院里多了一个懂事听话的小病人。

然而，这个倔强少年的心中，仍然有一团火在燃烧。次年春季，他再次走进复读班的教室。边巩固治疗，边抓紧复习，重新寻找那些曾经熟悉的感觉和记忆。这一年的七月，病愈后的李宁参加了自己的第三次高考。第一志愿，仍然是他梦中神圣的殿堂——北京大学。

这一次，倔强的李宁更上一层楼，以万县地区文科第一名的成绩，如愿领到了北大金灿灿的录取通知书。这个身穿父亲留下的洗得发白的旧军服、来自大山深处、肩膀瘦削的大男孩，独自扛着自己沉重的行李，经过四十多个小时的长途跋涉，终于跨进了梦寐以求的北大校园。

“那个年代，我们都是文学青年，常常被一些精辟的名言所感动所激励。记得当时有一位诗人写道：即使有100次的失败，我仍会有第101次的追求。而追求本身，就是生活给予我的最好的报酬。在我人生最低迷的那段时间里，这一励志警句成为我的座右铭，给我以力量，带给我信心和希望。”回忆往事中的李宁，神情庄重而平静。

燕园情深

“我在北大接受的第一次震撼教育，其实不是在教室，而是在上课的路上。”

原来，初入北大的李宁，带着高考状元良好的自我感觉，和一帮同样感觉良好的同学一起，傲然穿梭于北大校园的各个角落。住在28楼的李宁，每天上课、放学都要经过旁边的燕南园，经常会碰到几个衣着陈旧、步履蹒跚的老人。李宁和同学们每次昂首挺胸地从他们面前经过时，并没有把这些相貌平平的老人放在眼里。而这些老人似乎也并不在意，总是面带笑容地望着这帮疾步如飞的孩子，经常主动为他们让开一条通道。一次，他与一位师兄结伴而行，当经过一位老人后，师兄问李宁：“你知道刚才那位穿着旧棉袄的老先生是谁吗？”李宁茫然地摇了摇头，那个师兄说：“呵，真不知道啊！那就是大名鼎鼎的语言学大师王力老先生啊！这里还住着冯友兰、朱光潜、周培源、侯仁之……嗨，多了去了。”那一刻，李宁深感无地自容，心灵受到极大震撼。自己不自量力的傲气，与这些学界泰斗们的谦和与包容相比，显得多么浅薄多么可笑啊！从那以后，面对纷纷扰扰的人和事，他始终保持着一种谦逊包容的心态：“大师们的大智大慧所沉淀出来的那份宽和与微笑，让我终身都难以忘怀。”

同样属于北大德高望重的泰斗级人物，李宁就读的经济学院的老前辈陈岱孙教授，则以自己的言传身教，传授给了他终身受用的另外两字箴言——严谨。

20世纪80年代初，已是八十多岁高龄的陈岱孙老先生，仍然坚持亲自带研究生，亲自为本科生举办专题讲座。虽然已是耄耋之年，虽然只是给一帮乳臭未干的小孩子上课，老先生却一点也不马虎。每次讲课，他总是挺着笔直的腰板，迈着沉稳的步伐，提前走进教室。开始前两分钟，陈老笔挺地走到黑板前。铃声一响，转身在黑板上写下关键词，然后娓娓道来。他的讲稿经过精心准备，反复推敲，讲解深入浅出，言简意赅。一百多人的大教室，异常安静。大家全神贯注地聆听大师精妙的讲解，认真地做着笔记。两个小时一到，老先生的演讲也戛然而止。同学们无不为陈岱孙老先生渊博的学识、儒雅的风度和精准的掌控能力所折服。

停顿片刻，话锋一转，李宁以轻松的语调谈到了他在北大四年所经历过的一些大大小小的事件。比如有幸参加国庆35周年大阅兵群众游行，作为蓝色方阵的一员正步走过天安门广场；组织同学自发到颐和园，为大兴安岭森林大火中受难的灾民演讲募捐；比如第一届北大艺术节上北岛、顾城与北大学生的朦胧诗座谈会，以及两位涂鸦上身的学生爬上学三食堂南屋顶，在墙上刷上“长城长江黄河中国”的行为艺术表演秀；又比如听摇滚偶像崔健在他的专场演唱会上声嘶力竭地高唱《让我在雪地上撒点野》，听崭露头角的张艺谋煽情推销他的新片《红高粱》，听每天晚饭时间29楼取名“氨基酸”、“维生素”的男生用扩音器定时播出的原创诙谐自由之声“笑林广播电台”……更有每天必去的由学三食堂、邮局、书店、教师宿舍楼合围起来的著名的“三角地”，看关于改革开放、诗歌、音乐、气功、太极等形形色色的专题讲座通知，以及标新立异的理论探讨、交友邀请、爱情宣言、电影广告和泣血大甩卖声明，林林总总，数不胜数。

李宁校友语调和缓却又饱含深情地说：“在北大的四年，奠定了我对世界的基本看法和做人做事的基本准则。这么多年过去了，其实并没有什么本质上的改变。比如说人不可以有傲气，但不可以没有傲骨；认认真真做人，踏踏实实做事；健全心智，陶冶情操，丰富知识，提升境界，学以致用，拥抱生活，宽以待人，笑纳成败。这些，都是北大给我的终身受用的精神财富。在人生的旅途中，北大不断给予我思想的滋润、心灵的抚慰，带给我不断前进的动力。我时常真切地感觉到，她时时刻刻与我同在，是我真正的精神家园。”

融入社会

1987年的夏天，李宁面临又一次关键的人生选择：毕业分配何去何从？

还在大三的时候，他就已经决定暂时放弃考研。因为他牢牢记住了陈岱孙老先生及其他师长的教诲：经济学是经世济民的致用之学，如果不深入实际学以致用，学到的知识就不过是一堆苍白无力的文字，没有生命力。毕业分配时留给李宁的留京指标，只有一家著名的经济类出版单位。

“当时，我尤其不想成天做一些在故纸堆里编编纂纂的事情。”他迅速把目光转向家乡四川，投向城市综合改革搞得热火朝天的计划单列市重庆。由于同样的原因，他放弃了党校、讲师团、出版社这样的单位，一头扎向了离经济生活更近的重庆市工商行政管理局，从事查处制售假冒伪劣商品、走私物资、钢材平转议等“投机倒把”案件的工作。

李宁回忆说“那是一段反差强烈需要被迫进行重大心理调整的时期”。当时，从“文革”时期“市管会”发展起来的工商管理部门，人员素质参差不齐。少数人对几个分配来的大学生很不感冒，甚至带有敌意。个别主要领导在员工大会上公开宣称“我看大学生也没有什么了不起，不过如此嘛，还赶不上我们这些大老粗”。羞辱感、挫折感，使刚刚踏入社会的李宁遭受沉重的心理打击。

经过痛苦的思考，李宁告诫自己：不能退缩，不能消沉，更不能趴下。不是瞧不起我们大学生吗？最好的回答，就是用我们出色的工作业绩让你们闭嘴，让你们的怀疑和偏见见鬼去吧！

于是，每天清晨，办公室里多了一个来得最早、手脚最勤快的年轻人。清扫卫生，烧好开水，拟好每日的工作计划，主动争取跟老同志跑区县搞调研，主动要求参与具体案件的查办、审理，主动申请草拟各类公文稿件。不到三个月，他就跟随各位老师搭乘长途客车，在小商小贩箩兜扁担的夹缝中，颠簸往返，跑遍了重庆所辖21个区县，向领导递交了一份份内容翔实、层次清晰的工作报告。

慢慢地，他发现周围同事们的目光变得柔和了，越来越多的人对他笑脸相迎甚至主动打招呼了，一些重要的事情，领导也直接交给他去处理了。他知道，自己开始站稳脚跟了。他用自己的辛劳、汗水和能力，赢得了同事们的理解和尊重。

在与同事们越来越深入的交往中，他惊奇地发现，尽管他们都有各自的局限和不足，其实多数人都还是心地善良的好人。过去的疏远，一是由于相处时间不长，彼此陌生；二是由于自己自视清高，不善交往，疏于沟通，人为地在自己与他人之间筑起了一堵无形的墙。只要平等真诚地对待别人，就能换来别人的真心与友情。被一些人描述得极其复杂、难以处理的人际关系，其实也可以处理得比较简单、比较自然。

渐渐地，他经历了经济案件查办、审理、复议、应诉的全过程，见到了形形色色的作案人员和千奇百怪的作案手法，看到了五彩缤纷的社会万花筒。1989年他被委以重任，参加市委组织的由市纪委、公安、法院、工商局组成的联合调查组，调查一起引起社会广泛关注的垄断企业重大汽车走私案，他的工作表现受到好评。他结合工作实际撰写的《不正当竞争、投机倒把浅析》一文，被收入首届四川省工商行政管理经济检查理论研讨会优秀论文集。此时的李宁已经成长为一名名副其实的业务骨干，成为大家公认的有希望有前途的后起之秀。

乐在其中

1992年的一天，李宁被组织上告知已经通过了市政府政策研究室的考察，如果本人愿意的话，将很快被调到新单位工作。面对这突如其来的消息，他没有花太多的时间犹豫。是继续在已经打下较好基础的地方深度耕耘，乘胜进击？还是到离自己专业更近、可以经受新的更大考验的市政府核心参谋部门接受新的锤炼？这对毕业分配时就抱有遗憾的李宁来说，答案不言自明。

然而在一般人眼里，工商局是一个“好”单位，直白地讲是一个很实惠、有油水的地方。而研究室则是一个地地道道的清水衙门，没有任何的收费权、罚款权、审批权，说白了就是一天到晚为领导服务、为他人作嫁衣裳。除了辛苦，剩下的似乎也只有清苦了。甚至有人觉得从工商局到研究室，好比是从“米箩兜掉到了糠箩兜”。

但李宁喜欢这样的角色转换。他说，行为管理学的研究发现，一个人如果长期在一个变化相对较小的环境中工作，将因来自外界的刺激减少和工作内容的单一重复而变得越来越迟钝、麻木，并将逐渐失去创新意愿和工作活力。当时，他还只是朦胧地意识到，自己需要感受全新的压力，接受全新的挑战。这样的机会，当然不可以放过。

到政策研究室工作以后，李宁没有丝毫的后悔，因为繁忙而有挑战性的工作使他兴奋和快乐。研究室作为市政府的核心参谋部门，作为市领导的文秘班子，承担着繁重的市领导重要讲话、向中央领导汇报工作的工作汇报材料的起草工作，以及重大事项的专题调研任务。这既是一项十分辛苦的脑力劳动，也是一个需要付出巨大精力和超长耐力的体力活。但李宁和他的同事们乐在其中。看到自己的归纳提炼、自己的思想创意，能够变为一个时期内指导一座拥有千万人口的城市的政府工作的行动纲要，再苦再累，他们也感到心满意足。1993年，全国面临严重的通货膨胀。李宁结合重庆经济实际撰写的《通货膨胀的现状走势及对策建议》，获重庆市第五次社会科学优秀科研成果奖。其中的若干建议，直接被市领导采用，成为政府应对物价上涨的及时有效的措施。

“在研究室工作期间，我觉得最大的收获是建立起了系统的宏观思维和全局意识。为市长写材料，就意味着你必须要试图站到市长的高度，像市长一样去思考问题。这就要求你必须熟悉这一时期党和国家的方针政策，准确把握宏观形势，大量收集占有基本素材，深入透彻地了解市情，并对如何解决存在的问题成竹在胸。最后，你还要熟悉不同市长的不同思维习惯和语言风格。”先后为重庆市前后四位市长服务过的李宁，一边喝着茶，一边深有感触地说。

1996年，李宁作为研究室的优秀年轻干部被抽调到市政府办公厅“代管衔接工作小组”，参与重庆成为直辖市之前代管的“两市一地”与四川省政府和万县、涪陵、黔江地区政府的协调联络工作。作为直接参与直辖市筹备的研究室后备干部，在原单位静待提升或被外派重用，似乎也只是时间早晚的问题。

急流勇退

1998年10月，新上任的研究室主任正式上班的第一天，就接待了一位不速之客。他就是前来递交工作调动申请的李宁。新主任诧异地望着这个刚刚认识的年轻人，不解地问：“你是对我有意见吗？”

这一次，李宁得到了新主任带有愠意的直截了当的回绝。第二次，第三次，……直到四十多天后的第十二次，主任终于心软了，无奈地摇了摇头，苦笑着签下了“同意”两个字。半年后的一个晚上，已经与李宁成为私人朋友的为人宽厚的主任笑着对他说：“当时我真的没想到你这个年轻人会那么执著，简直是固执。我刚来，你又是室里的骨干，还是后备干部，大家对你评价很高，我没有放你走的理由。”“谢谢老领导。要是换成另外一个领导，估计我也就走不成了。其实，当时我是鼓足勇气最后一次找您了。如果您还不同意，我也只好打退堂鼓了。”

这一次，感到诧异的远远不止新来的主任。很多好心的同事、朋友包括上级领导都为李宁惋惜，劝他一定要三思而后行。事情的发展，似乎也确如他们所料。12年后的今天，身为北部新区高科集团公司董事长的李宁，如果套用行政级别，不过算是个正处级。当初与他同为筹备小组成员的另外三位同事，现在则分别担任市政府副秘书长、市委组织部副部长和某百万人口大县的县委书记。就连当初他当副处长时处里的几个年轻人，也都已经成长为要害部门的副厅局级干部。“所以，我是名副其实的不思进取，不求上进。”李宁微笑着，以调侃自嘲的语气说。

其实，李宁又何尝不知道留在市政府核心部门会有怎么样顺捷的仕途？但他仍然坚定地一次又一次地上交请调报告，直到最终如愿。

“那到底是为什么呢？”我们终于按捺不住，抛出憋了半天早就想提出的疑问。

“其实这一切，都源于一次偶然的经历。”

原来，1998年上半年的一天，老主任带着李宁和另外几位同事到重庆国家级高新区搞调研，研究如何解决好开发区加快发展需要解决的管理体制问题和发展空间问题。在深入调查的过程中，李宁的内心遭受到一次次的“电闪雷击”，不由自主地发出由衷的感慨：“这是一个多么朝气蓬勃的年轻团队呀！一个多么有事业成就感的地方呀！一个多么好的施展才华实现抱负的广阔舞台呀！高新区，我一定要争取加入你的行列，投入你的怀抱！”

这是热血的李宁，与同样热血的开发区人不经意间发生的一次心灵碰撞。一经相遇，就摩擦出炽热的火花，经久不息。

李宁说，偶然之中其实蕴涵着必然。在研究室辛勤工作六年之后，他越来越明显地感觉到，自己正在严重透支着脑力。由于文字材料一个接着一个，他穷于应付，疲于奔命，已经很少有时间到区县、部门，到工厂、农村调研，很少能够亲自体验到来自基层、来自第一线实践的鲜活的感受，获取新鲜的经验。更多时候，只能闭门造车，对下面提供的素材进行文字处理加工。嚼别人嚼过的东西，常常感到嚼之无味。

于是，高新区的科技企业家们，开始认识一个从市政府“下来”的直接为他们服务的产业发展局“李局长”。

激情体验

关于产业发展局是干什么的，不能简单地望文生义。由于开发区实行精简高效的管理体制，因而机构极少，人员极少。管辖23平方公里范围内经济社会事务的开发区管委会，机关干部仅43人。作为主要业务部门的产业局，6名干部（包括正副局长）要干的事情，大致相当于一般区县经委、计委、外经贸委、外办、科委、商委、乡镇企业局等十多个机构几百上千号人在做的事。人太少，当然不能面面俱到。乡镇企业管理，委托给街镇代理；风险投资、信用担保和历史遗留下来的13家老集体企业的改制，具体事务性工作交给政府背景的中介机构去协调落实。但科技企业孵化、重点企业扶持、招商引资、外经外贸外事管理、科技管理、商业管理，却是必须要明确分工一件一件亲自去处理的。

于是，繁忙的李宁常常要在一天之内变换好几个角色：清晨一上班，可能要花上一个多小时时间，向堵在办公室门口的集体企业的大妈大婶们耐心宣传改制的必要性，讲解改制的政策、方案，做深入细致的思想工作；随后，又要西装革履地接待前来投资考察的外宾，向他们介绍开发区优越的投资环境和招商政策。午饭后，走访科技企业了解情况，与海归企业家交流沟通，帮助他们尽快熟悉环境，避免长时间的水土不服；而后到会展中心，检查即将开幕的投资贸易洽谈会上高新区展台的搭建情况，查看展板是否安装到位，企业提供的展品是否齐全；最后，还要与餐饮企业老板们座谈，商讨如何进一步联合打造“特色餐饮一条街”。这样的工作节奏，这样的办事效率，这样的角色变换，都是他以前从来没有想到过和经历过的。

如果说在市政府研究室工作增强了李宁系统性的宏观思维的话，那么在高新区工作则为他提供了放眼全国、走向世界、培养开放性国际视野的机会。作为招商引资办公室主任，李宁几年来往返奔波于厦门商洽会，深圳、北京高交会，广州广交会，成都、杜塞尔多夫医疗器械产品博览会，昆山台资企业招商说明会，到新加坡、大阪、广岛、洛杉矶、西雅图、圣地亚哥、圣塔巴巴拉、伦敦、巴黎举办小型招商引智会，招募境外企业和海外留学生到重庆高新区发展。在美国硅谷、新加坡裕廊工业园、欧洲大学科技园，他感受到了世界一流科技园区发展的最新脉动，了解了当代高科技产业发展的最新趋势。2004年5月至7月，李宁被重庆市委组织部选派参加“重庆市领导干部赴美高级研修班”，赴美国加利福尼亚大学洛杉矶分校进行为期三个月的“公共管理、工商管理课程培训”，对美国的政治体制、法律体系、选举文化、教育体制、宏观管理、区域发展、城市规划、市政交通管理、工商企业运作管理有了更加全面系统的了解。

作为高新区创新服务中心常务副主任和中小企业信用担保中心主任，李宁还有一项重要的工作，就是如何千方百计为科技创新型中小企业提供优良的“产房、保育箱和加速器”。从招商推介到场地提供，从帮助注册到协调装修，从项目申报到高新技术企业评定，从组织举办银企见面会、科技项目风险投资对接会，到筛选项目给予政府创业投资、贷款担保扶持，李宁快捷的身影，穿行在高新区标准厂房、生物园、软件园、光电园、留学回国人员创业园之间，急促的脚步，留在了一个个科技企业的车间、展厅里。正是因为有了这么多的亲身经历和切身体会，所以他的硕士论文《重庆高新技术产业开发区风险投资研究》不但获得重庆大学优秀学位论文奖，而且得到管委会领导和同志们的充分肯定。多年后的今天，不管是已经成长起来的上市公司，如西部第一个中小企业板企业华邦制药、第一批创业板企业莱美药业，还是仍在努力做大做强的科技企业，如研发艾滋病疫苗的前沿生物、生产聚焦超声刀的海扶科技，他们的老总见到李宁的第一反应，仍然是亲切地叫他“李局”。

赴美学习归来后，李宁被抽调到开发建设领域，先后担任二郎科技新城、北部新区高新园开发建设指挥部常务副指挥长，全面负责组织协调两个区域的征地拆迁、土地出让、场地平整、道路基础设施建设、农转非安置房建设、标准厂房修建和公园体育场建设，组织实施依法强拆违章建筑、扬尘污染集中整治、重点建设项目“300天攻坚行动计划”等大型专项行动。日晒雨淋，李宁的脚印，留在了建筑工地，留在了弃土渣场，留在了农转非房屋安置的现场。

“一次，在与三百多名转非农民的政策宣讲对话即将结束时，一位不理解政策、情绪激动的老大娘跑上讲台，坐到我和土地储备中心主任中间，紧紧抓住我们的胳膊不放，从上午十点一直拉到晚上十一点，不让吃饭，不让上厕所。”李宁深有感触地回忆说，“当时，我们饿饿肚子，憋憋尿倒是小事，就怕老太太急火攻心，万一有个三长两短，麻烦可就大了。所以我们只好笑容满面一遍又一遍地向她讲解政策，说明在国家大的政策没有变动之前，作为基层干部，我们只能严格执行现有规定，不能随意突破征地补偿标准，希望老人家予以谅解。为避免发生意外，我还掏出50元钱，让周围围观的群众帮忙买些充饥的食物和饮料。当然，东西买回来后，是不会有我们俩的份的。”说到这里，李宁平和地笑了。这一时期的特殊经历，使他得以有机会组织调研，写成了《重庆高新区征地农转非问题及对策研究》一文。翔实的数据，准确的分析，中肯的建议，这篇文章得到市级有关部门的高度关注，为市政府相关政策的调整出台起到了积极的促进作用。

“净身”下海

2004年下半年，重庆市纪委下发的一条纪律规定，让高新区党工委的各位领导陷入焦虑之中。规定要求年底前党政机关领导干部必须全部与所属企业脱钩，不得在企业兼任任何领导职务。而客观情况是，考虑到开发区的独特体制，以及为了提高整体运作的有效性，管委会领导及相关部门领导，长期兼任几家直属国有企业的董事长、总经理、监事会主席和董事、监事。现在要求脱钩，程序上倒容易办到，关键是全部脱出来以后，四十多亿资产的国有企业由谁来领衔负责？

节骨眼上，李宁主动向领导表达了愿意辞去行政职务和公务员身份，“净身”下海的愿望。班子成员闻讯都不约而同长长地舒了一口气，一致决定让李宁担任高科集团公司董事长兼总经理，同时兼任旗下渝高公司、渝兴公司、物业公司董事长，担负起国有资产管理和园区开发建设的重任。

其实，很多领导一开始不是没有想到过李宁，但随即又迅速把他排除在考虑人选之外。因为他们觉得，作为高新区重点培养的年轻干部，李宁本人肯定不会愿意放弃仕途上已经比较明朗的光明前程，走进企业经营这充满风险的未知旅途。

李宁的举动，又一次引发好友和同事们的广泛关注。许多人真诚相劝，有的老同志甚至直言“是不是读书读傻了哟！”惋惜之情溢于言表。

已近不惑之年的李宁平静如初。因为他做出这样的决定不是因为头脑发热，一时冲动。毕业以来，辗转于不同性质的行政机关，虽然经历了很多，实现了很多想法，但心中仍抱有隐隐的遗憾——自己虽是北京大学经济系本科、重庆大学工商管理硕士科班出身，却从来没有直接运作过企业。学到的那些理论和方法，自己长期以来的一些想法，都没有机会在实践中得到运用和检验。套用重庆的民间语言，叫做“只说不练假把势”。

于是，李宁很快受命搭建起高科集团的核心班子，在管委会领导的信任与支持下，把以前与管委会“两块牌子一套人马”的徒有其名的集团公司重组，逐步夯实渝高、渝兴两大开发企业的发展基础，对快速扩张的物业公司增资扩股，新组建统筹运营高新区政府广告位资源的星图广告公司，着力构建重庆乃至西部一流的产业楼宇开发运营、园区综合开发运营和产业投资综合运营平台。集团在发展中成长壮大。截至2007年底，集团已拥有150多万平方米的产业楼宇，总资产由2004年的47亿元增加到83亿元，净资产由18亿元增至36亿元，分别增长76%和100%。

2007年底，重庆市委、市政府做出北部新区、高新区、经开区“三区合一”的战略决策，李宁和他的同事们进入了160平方公里更为广阔的空间。眼下，他们正在加快实施新区确定的1000万平方米产业楼宇开发建设任务，为现代服务业、先进制造业提供优良的硬件环境和充足的发展空间，努力再创新的辉煌。

感悟人生

每当驾车驶入错落有致、绿树成荫的产业园区，李宁说他总会有一种莫名的激动。看着眼前的一草一木，常常会不由自主地回想起当年发生在这里的那些大大小小的故事。昔日农家屋顶冒出的缕缕炊烟，仿佛历历在目；踏勘现场穿越院落时惊起的阵阵犬吠，仍在耳边回响。更有平整土地的爆破声、挖掘声、碾压声，房屋建设的鸣哨声、浇注声、轰鸣声，工程庆典上的礼炮声、鼓掌声、欢笑声，汇聚成气势磅礴的交响乐，使人鼓舞，催人奋进。

尽管有些时候，李宁并不是其中某些故事的主人公，但他觉得那并不重要。重要的是，他把自己最宝贵的青春年华献给了一项有意义的事业，亲自参与到为自己的家乡奉献一座又一座时代新城的壮举之中。“对许多人来说，这是他们暗藏在心底的也许终身都没有机会去实现的梦想。幸运的是，我是一名中奖者。”此时此刻，李宁的自豪感和幸福感溢于言表，真切感人。

望着李宁充满成就感的表情生动的脸，我知道现在再去问他是否后悔当初做出的一个个出人意料的决定，既显多余，又显傻气和幼稚。这是一个善于把工作中的心得体会，提炼为具体的政策建议和理论，把生活中的点滴感受，升华为人生感悟生活哲理的闪耀着理性光芒的人；这是一个骨子里追求一种诗化的生活，一种多样性的生活，一种自觉的散淡的从容的充满韵律感的生活的感性生动的人；这是一个注意把握时代脉搏，善于捕捉有效信息，集思广益，重视发挥团队作用的敏锐思考者和有效组织者。

李宁是一个谦和的人，他说这源于当年北大的熏陶。他把自己比喻为开发区高速运转的机器里的一个零部件，一幅宏伟巨作的一处细节或是一抹色彩。看得出来，他诚恳的表述不像我们时常会听到的那种虚伪的客套和言不由衷。他的谦和，像是发自骨髓，有一种深切感人的力量。他就像一块海绵，贪婪地吸吮着来自方方面面新的知识，体验着头脑风暴带给自己的快乐。他有些沉醉于他所称之为“创造性体验”的那种快感当中。他认为新的环境会带来新的压力，新的压力会带来新的挑战。只有在压力和挑战中，一个人才会知道自己到底具有多大的潜能，才能不断地超越自己过去的经验和成绩。

“置身这样火热的时代，如果不全身心地去体验创业的冲动、对事业的执著、对幸福的憧憬、失败的沮丧和胜利的喜悦，不去感知高速发展兴旺繁荣背后的无序和浮躁，体察利益背后的冷酷、谎言背后的贪婪，不用心去享受家人的亲情、朋友的友谊，其实是人生一种无法挽回的遗憾。”我很喜欢他的这段话，这种品味人生的“体验态度”背后实际上是一种兼容并包的大度。误解算什么？失落算什么？吃苦算什么？压力算什么？失败算什么？一切的一切，只要源于自己当初的决断，源于自己主动的选择，只要是自己尽力而为之后的结果，都是可以接受的，都是难得的、有益的、有趣的人生体验！

在高科集团的官方网站上，有一部拍摄精美、引人入胜的北部新区宣传片，片名叫做《大城崛起》。有人说重庆的版图像一只浴火的凤凰，而北部新区就像烙印在凤凰胸口的一只蝴蝶，影响着重庆——这个西部最发达城市——的经济脉搏。在这里，我们可以感受到一种蓬勃向上的生命力正破茧而出！这里不断延伸的道路和快速建设的高楼让人有奔跑的冲动！在这里，传统与现代共生，时尚与古朴并存，以和谐的笔触书写着现代城市之美。

那天采访完毕，已是晚上六点多钟，李宁校友开车送我们下山。此时的北部新区，已是华灯初放。夜的光影，让这个白日里美丽、清新的新区，更添灵动而诱人的魅力。

“我们这代人，置身改革开放蓬勃展开的年代，带有浓厚的理想主义色彩。指点江山，激扬文字，以社会责任、历史使命为己任。从那个时候的校园照片上，可以强烈地感受到洋溢在一张张青春笑脸上的理想主义光辉。我们不盲从，勇于批判反省，开始重视个人价值的实现，设计自己的成才之路。但我们并不过分自我，更多关注的还是社会正义和民族大义。”

我再次打量身旁这个亲自驾车穿梭于自己用汗水和智慧参与打造出的美丽新区的人：他有一双很勤快的手、两条很忙碌的腿，和一种自由平和的心境。他的脚下，是他深爱着的用心体验着的多情的土地……

采访手记

一开始电话联系采访时，李宁校友表现出明显的回避与顾虑：西部干得比我出色的校友太多了，采访我恐怕不合适吧？在得知我们需要一位优秀国企的代表，而且采访的目的是为将要走入社会的学弟学妹们提些过来人的中肯建议，使他们尽量在现实生活中少走弯路时，李宁勉强答应了。

尽管如此，一旦应允下来，李宁又是一个守时、配合而又充满热情的被访者。首次采访那天，天气很好，多雾的山城迎来深冬季节一个难得的艳阳天。我正收拾着采访的用具，电话那头传来李宁校友兴奋的声音——“小张，今天天气多好啊，不如上照母山，采访时还可以享受难得的阳光！”未曾谋面的他，就这样用充满朝气的声音和他的激情给我留下了极为深刻的印象。

三个多小时的采访，从这位充满活力的董事长嘴里出现频率最多的，就是同样充满朝气与激情的两个字——体验（为有别于被动接受的“被经历”，他把这种通过自己主动选择而取得的生活经验称之为“创造性体验”）。由此，我看到了一个不断更新自我的学长，炽热而乐此不疲地追求挑战，并在追求的过程中始终用心体会生命中的美好，以及与这种美好相生相伴的阴暗面的博大心胸。我惊奇于在财富地位的诱惑下，在无序浮躁的夹击中，在冷酷贪婪的渗透里，他仍能保持这样一份如初入世事的孩童一样对世上万物充满好奇的童真之心，同时又拥有着如历经人生百味的老者一样品味人生的逍遥心态。

我想：

——正是这份“体验之心”，赐予了他不断学习的动力，以此体会到新的思维充斥大脑的快感。

——正是这份“体验之心”，赐予了他敢于主动放弃、在不同领域从零开始的勇气，以此体验新环境下的压力、挑战、冲动与强大而未知的潜能。

——正是这份“体验之心”，赐予了他包容一切虚伪、冷酷、贪婪、黑暗的大气，以此体验最完整而真实的人生。

更令人惊奇的是，他的这份“体验之心”，深深浸入了他所从事的事业——追求创新，不断开拓，充满活力。以昂扬而不失理智的姿态，“体验”着与西部腾飞相伴而来的机遇和挑战淋漓尽致的洗礼……。

就这样，我平生第一次真切地体会到：体验，也能成为一种力量。

我想：北大带给了他们——也将会带给我们——很多很多相伴终身的东西。或是思维的训练，或是人格的塑造，或是意志的锤炼……最珍贵的是赐予我们这样一颗能将生活中的一切——无论成功失败，无论喜悦沮丧，无论美好黑暗——都看做一次奇妙旅行和独特体验的自由之心。也许在我们人生旅途的某一个阶段，会为追求梦想而心情焦灼，会为人事纷争而迷茫困惑，但只要有这样一份体验之心，我们就能充满激情与好奇地生活，会迸发出超乎于常人的能量，拥有取之不尽用之不竭的快乐源泉。

经历了这次采访后再次想起北大，我有了很不一样的感觉。这是一种非常温馨非常柔软的感觉。原来，北大作为我们的母亲，跟天下所有母亲一样，最想也最能给予她的孩子们的，并不是功名、财富等物质化的东西，而是一份热爱生活、主动感知生活的快乐心情。在这样一份简简单单的“体验之心”背后，有着强大无比的力量，支撑着我们在离开她之后的漫漫岁月里，快乐地奔跑，快乐地享受……

（文/北京大学法学院2008级本科生　张　涵）

伍　皓

推窗，从高原到高原

Tuichuang Conggaoyuan Daogaoyuan

伍皓，男，1970年4月出生于四川达县，汉族，中共党员。1988年9月至1992年7月在北京大学中文系学习。现任中共云南省委宣传部副部长。

1992年毕业后，伍皓自愿申请赴西藏工作。历任新华社西藏分社记者、拉萨记者站站长、政文采访室主任。1998年3月起任西藏自治区党委政策研究室副主任。1999年10月调入新华社云南分社，任政文采访部主任。2002年6月主持创办《云南内参》，任新华社云南分社内刊编辑室主任、《云南内参》主编。2003年4月起任新华社云南分社副总编辑。2005年9月起任新华社云南分社常务副总编辑。2008年10月起任云南省委宣传部副部长。

在校期间，作为优秀大学生代表两次在中南海怀仁堂受到时任总书记江泽民同志的亲切接见。在西藏工作期间，荣获西藏自治区首届“十佳新闻工作者”称号，两次受到新华社总社社长通令嘉奖。任云南省委宣传部副部长后，入选国家行政学院、清华大学、北京大学等联合评选的2009年度“中国十大地方决策新锐人物”，《领导者》评选的2009年度“中国十大改革官员”，凤凰卫视评选的“影响时代的力量”“2009年度沸点人物”，人民网评选的“2009十张中国面孔”，《新周刊》2009大盘点“十大猛人”，《南风窗》评选的“2009为了公共利益年度人物榜”等，还被《时尚先生》新中国60周年新锐榜评为“政界新希望”。

2009年3月10日，全国人大常委会副委员长、北大医学部主任韩启德院士出席医学部“爱·责任·成长”主题教育活动启动仪式，并为同学做“漫谈人生”主题讲座 。

《西部放歌》以30位在西部工作的校友的鲜活形象，彰显了北大人的风骨、情操和精神，帮助人们深入理解北大“爱国”、“进步”、“民主”、“科学”的优秀传统，激励当今北大学子追随学长们的足迹，报效祖国，追求崇高，拒绝平庸，不畏艰难，独立思考，敢为人先。如果北大的毕业生都这样去做了，北大能不是世界一流大学吗？

韩启德

个子不高，一张圆圆的脸，皮肤黝黑，说起话来慢条斯理，笑起来显得有些腼腆——这不禁让我们疑惑：这就是那个在云南省委宣传部雷厉风行大胆创新的副部长伍皓吗？这就是那个在论坛上同网友激烈辩论的“网瘾厅长”伍皓吗？这就是那个站在舆论风口浪尖的伍皓吗？

普洱茶香萦绕。在他的娓娓道来中，我们慢慢了解到了一个完整的伍皓，一个深深地打着北大烙印的伍皓，一个感恩西部、奉献西部的伍皓，一个开拓创新、奋力前行的伍皓。

山区来的孩子

伍皓的家乡在四川达县，地理位置偏僻，对外交通很不方便。18岁时，伍皓接到北京大学的录取通知书，收拾行李北上求学，那是他第一次走出大山。

伍皓从家乡坐火车到北京。第一次走出家门，他既兴奋又担忧。虽然买的是卧铺，但他愣是没敢睡觉，只是紧张地抱着行李，尤其小心包里的那份录取通知书。就这样，伍皓坐在过道的小凳子上整整两天两夜，坚持着到了北京。

第一次来到首都，从大山深处直接来到繁华的城市，伍皓觉得一切都那么新鲜。高楼大厦、车水马龙，这些都是他不曾感受过的。说起那时的情形，他给我们讲了一个小插曲：“我一路寻着走到北大校园旁边，但不知道路对面就是北大。我问了一个过路的人，他告诉我过了人行横道就是大门。”伍皓解释说：“但我当时都不知道什么是人行横道。”

不仅如此，伍皓还遇到了其他尴尬。他从小就在四川生活，讲一口四川话，几乎不会讲普通话。到宿舍的第一天，他遇到一名黑龙江来的舍友，那位舍友很热心地帮助他安顿下来。但他们的交流却很困难。伍皓问那位舍友：“板凳在哪儿？”浓重的四川口音让那位舍友根本就听不懂他的话，舍友连问了几次：“什么？”刚开始伍皓在心里想：这个同学是不是听力有问题？后来他才发现是自己普通话不标准。

晚上宿舍里的同学开卧谈会，谈论的都是黑格尔的辩证法、弗洛伊德的精神分析理论等“高深学问”，对于从山区走出来的伍皓，别说是理论，就连黑格尔、弗洛伊德的名字他都没有听说过，每次他都只能听同学们高谈阔论，不仅插不了话，甚至连理解都显得困难。于是他决定恶补，赶上同学。刚到北大的半年，伍皓天天泡在图书馆里，查阅各种书籍，发奋苦读。“后来，卧谈会上就变成我侃侃而谈了。”伍皓颇为自豪地说。

伍皓就读于中国语言文学系，专业是古典文献。这个专业是学校调配的，但能坚持下来并且做出成绩却更多地依靠他一种难得的品质——耐得住寂寞。

有一次，老师让他考证一位宋代诗人的出生年份。那是一位很不起眼的诗人，流传下来的诗作很少，文献中很少有对他的记载。伍皓解释说："我现在都忘了他的名字了，可见他并不是一位重要的诗人。"为了完成老师布置的任务，伍皓在图书馆一待就是3个多月。他翻阅了一份又一份文献资料，仔细查找其中有用的记载，做了100多万字的笔记。伍皓说："那些资料堆起来比我的身高还要高。"经过艰苦的工作，伍皓终于确定了那位诗人的出生年份。文章发表出来，他得到了25元稿费。确定该位诗人出生年份的3个简简单单的阿拉伯数字，使伍皓花了3个多月的时间，写下100多万字的笔记，这岂是25元稿费可以回报的？伍皓当然不在乎那些稿费，他说，他在这个过程中培养了严谨治学的学风，这才是最宝贵的。

3个多月，3个阿拉伯数字，是伍皓做学问耐得住寂寞的生动例证。承袭北大优秀的治学传统，他扎扎实实做研究、写论文。大三的时候，他花了很长时间，查阅大量资料，仔细思考后，写出了论文《释"三昧"》。这篇论文论据翔实、逻辑缜密，获得"中国古文献学奖学金"的二等奖（一等奖空缺）。另外，这篇论文还被发表在《文史知识》上，伍皓也成为中文系同级同学中第一个在专业期刊上发表论文的学生。

伍皓不仅学习成绩优异，还参加了很多学生活动。他是北京大学首届学生记者团的团长、山鹰社的创立人员之一，还参与组织马克思主义研究会、燕园新闻社、中外学生友好交流协会等。参加这些学生活动不仅使伍皓结识了许多来自不同院系的朋友，而且让他积累了丰富的社会活动经验，为以后的工作打下了良好的基础。

说起北大留给自己的财富，伍皓把它概括为简单的12个字：尊重历史、尊重国情、尊重现实。他诚恳地说，大胆革新，"潮头冲浪"，一定要以这三个"尊重"为基础。这是他始终坚持的原则，也是北大留给他的最宝贵的财富。

"在地球之巅迎接新世纪的到来"

1990年，许多青年人的思想仍然处在迷茫中，对于国家的前途和个人的发展有许多困惑。为了寻求答案，由北大校刊牵头，组织了大二年级的11名学生，给时任总书记的江泽民同志写了一封信，希望得到国家领导人的指点。作为校刊记者团的团长，伍皓承担了信件的起草工作。信写好之后，11名同学签上自己的名字，一起把信寄了出去，耐心等待中央领导人的回复。令他们惊喜的是，他们等到的不是江泽民同志的回信，而是接见的邀请！原来，江泽民同志在收到这封信后，对信里反映的情况高度重视，决定在中南海接见他们。

在接见中，江泽民同志谈起了自己的经历，讲了他如何从一名工厂技术员一步一步走到国家领导人的职位上，这其中的每一步都饱含了艰辛、饱含了奋斗。“他告诉我们，青年人要有爱国热情，要有报国志向。但同时一定要脚踏实地，扎实地走好每一步。”伍皓接着说，“总书记鼓励我们到西部区，到贫困地方去，同那里的人民群众一道，改变那里贫穷落后的面貌。”说到江泽民同志这些激励人心的话语，伍皓仿佛又回到了那一天，回到了那个“书生意气、挥斥方遒”的学生时代，他说：“这些话对我触动很大，改变了我一生的志向。”

那次接见本来只安排一个小时，后来却延长到四个小时。江泽民同志和北大的青年学子畅谈人生理想，报国志向，他的话在大二学生伍皓的心中种下了到西部工作的种子。

大四的时候，学校安排他们到敦煌研究院实习。敦煌洞窟中丰富而精美的吐蕃壁画、雕塑深深吸引了学习古文献的伍皓，让他对吐蕃文化产生了极大的兴趣。而西藏刚好保留了比较完整的吐蕃文化。这时候，两年前江泽民同志的话再次回响在他的脑海：“到西部去，到贫困的地方去，去改变那里的贫穷落后面貌。”就这样，伍皓确立了毕业后到西藏工作的信念。

大四下学期，伍皓以突出的表现被北京某家很有发展前景的单位录取。但他提出要到西藏工作。于是，他被分到了新华社西藏分社。这一年，1992年，5月20日，作为全国高校优秀毕业生代表，伍皓又一次受到江泽民同志的接见，第二次走进中南海怀仁堂。这一次，他又被选为发言人。伍皓在发言中说，青年学生要到西部去，到艰苦的地方去，西部需要发展，需要更多的人才。最后，他怀着青年人的满腔报国热忱，激动地表态：“我要在世界之巅，迎接新世纪的到来！”

伍皓的发言说出了一代青年学子的报国热情。江泽民同志听了他的发言十分高兴，当即给他起了一个藏族名字——扎西。“扎西”在藏语里是吉祥如意的意思。但伍皓明白，这个名字中更包含着国家领导人对他、对青年学子的殷切希望——扎根西部。

1992年，伍皓本科毕业，收拾行装踏上了西去的路途。

他怀着一腔建设西部的热情来到西藏，想不到刚到西藏，西藏就给了他一个“下马威”。伍皓之前一直生活在低海拔地区，所以一踏上青藏高原的土地，就产生了严重的高原反应。他一个人躺在宿舍的床上，头疼、发烧、全身无力。没有什么通信工具，他只能去找隔壁的同事帮忙。四肢像铅一样沉，他凭着顽强的意志从床上翻下来，艰难地爬到门边，用尽全力抬起手，摸到插销，打开了门。他的宿舍与其他同事的宿舍同在一层楼，中间相隔并不远，但这段短短的路程在这时的伍皓看来却是如此漫长。他挣扎着，手脚并用，沿着走廊吃力地向前爬……终于，他敲响了一位同事的门。同事们把他搀到车上，送到了医院。伍皓在医院里住了四五天，身体才渐渐恢复。

这次高原反应让他受了不少罪，健康状况一度恶化。“你想过放弃吗？”我们问道。他缓缓地回答：“当时的想法，也觉得高原很苦，但是自己应该坚持下来。”短短的一句话，透出的是伍皓扎根西部的坚强决心。后来，伍皓在西藏待的时间长了，也就慢慢适应了那里的水土。满怀豪情壮志，他开始了自己崭新的西部征程。

严谨的执笔人，敏锐的谏言者

伍皓在西藏历任新华社西藏分社记者、拉萨记者站站长。在做记者的几年里，他几乎跑遍了西藏所有地方。为了采访孔繁森的事迹，他去西藏条件最艰苦的阿里地区。因为他认为，只有亲身体会那个情境，当面接触那个人的生活环境，才能写出最真实、最有感染力的文章。他以十分认真的态度对待每一次采访，尽力克服困难，深入实地。正是因为这样，他写出的文章才有骨有魂。

伍皓两次受到新华社总社社长的通令嘉奖，这是作为一名记者的巨大荣耀。第一次受到嘉奖是因为对昌都的气象干部陈金水的采访报道。陈金水的先进事迹被西藏分社知道后，分社领导决定把他当做先进典型推出。伍皓为了深入了解和报道陈金水的事迹，走遍了他曾经工作过的地方。每到一地，伍皓都找到认识陈金水的老百姓，去采访他们，记录他们眼中的陈金水。这些老百姓的语言很朴实，却更真实和生动地勾勒出一个不畏艰难、默默奉献的气象干部的形象。伍皓还去了陈金水长期工作过的安多气象站。安多气象站是世界上海拔最高的气象站，那里的自然条件十分恶劣。伍皓冒着刺骨的严寒，一点一滴地寻觅陈金水当年的足迹。这些实地采访为写作积累了生动、翔实的材料。

经过半年多的精心准备，陈金水的先进事迹终于被推出，在全国引起极大的反响。陈金水被看做气象人的榜样，他的精神也被归纳为“气象精神”。成功的报道背后，是伍皓认真、求实的工作作风，是他吃苦耐劳、不畏险阻的敬业精神。伍皓被国家气象局评为宣传气象人的楷模，并受到新华社社长的通令嘉奖。

伍皓第二次受到嘉奖是因为对藏北雪灾的报道。1998年底，藏北发生了百年不遇的特大雪灾。当时那里积雪没膝，天寒地冻，气温达到零下20多度。为了报道雪灾的情况，伍皓带领一批记者深入灾区，实地采访。由于牛粪——西藏地区主要的取火工具——也被大雪掩埋了，那里的严寒简直令人无法忍受。他们住在一个旅店里，但室内的气温和室外相比似乎没什么差别，寒气袭上每个人的心头。“我们把旅店里所有的被子都搬出来，身上盖二十多床被子也不够。”伍皓回忆起那时的情景，不由得皱了皱眉。面对如此恶劣的环境，回去还是留下？这时候回去，草草交差，也算是完成了任务。但是，作为一名严谨认真的新闻工作者，伍皓不容许自己这样做。当他看到当地藏民在严寒中艰难求生的境况时，他更是迈不出回去的脚步。一定要让中央更全面地了解这里的受灾情况，一定要让当地的百姓更及时地获得援助！持守这样的信念，伍皓领导着采访团队在藏北坚持了十多天，对雪灾进行了深入报道。回到拉萨，伍皓的脚已经完全冻僵了，不能动弹。虽然后来有所好转，但冻伤却难以完全恢复了。这一次的采访报道，使伍皓第二次获得新华社社长的通令嘉奖。这是一份荣誉，更是一种肯定。

作为记者，伍皓在西藏采写了一系列有影响的报道。另外，他带领的工作小组为中央在西藏制定新政策进行调查研究，并提出政策建议。新华社的内参调研，直接推动了中央第三次西藏工作会议的召开。通过实地调查研究，伍皓和其他同事一起提出了“对口支援”的政策建议。内地每两个省负责西藏的一个地区，参与当地的发展建设，直接派干部进行管理。这个政策建议得到中央的采纳，1995年政策实施后，西藏发生了巨大变化。

伍皓用了一个词——改天换地，来形容这个变化。他说：“作为记者，我们当时经历了整个西藏的时代变迁——拉萨街头出现第一辆出租车，最后一部摇把式电话机退役……我们都是写了稿子的，我们是看着西藏一点一点发展的。”

“是藏族老百姓救了我”

伍皓刚到西藏的时候，西藏还十分落后，特别是交通设施很落后。拉萨没有公共汽车，只有人力的三轮车。整个西藏甚至没有一寸高等级公路。伍皓几乎每次下乡都要穿越西藏的高山险路。“我曾经遇到过很多险境，但每次都从死亡线上回来了。”他幽默地说。

1997年，伍皓遇到一次车祸，这是他在西藏几次遇险中最严重的一次。那一年，民政部的工作组到日喀则地区萨迦县看望贫困群众，伍皓作为记者随行采访。当时到萨迦县的路还是砂石路，不好走。路边是一条几米宽的大沟，沟的对岸是一大片青稞地。可能是车行的速度稍微快了一些，他们乘坐的车辆在路面上失去平衡，整个车翻到沟里，司机当即死亡。当时车上坐着五个人，另外三人也都受伤了。

伍皓坐在副驾驶座上。"我当时就昏过去了，醒来的时候就躺在青稞田里，"他说，"飞出去将近五十米，那很不得了啊。"伍皓接着说："醒来后，没有外伤，连擦伤都没有，就是脖子扭了一下。"说这话的时候，他表现出小小的庆幸。他接着打趣道："当时后面很远的地方跟着日喀则地区人民法院的一辆车。车上的人说当时看到一件白衬衣，悠悠地飘到青稞田里去了，其实那就是我。我当时很瘦，可以说是身轻如燕。"

还有一次，伍皓到藏北无人区采访，在路途中碰上泥石流。泥石流堵住了前后的道路，却刚好在车的周围留出大约一百米的距离，整个车上的人就陷在那一百米的路段里，困了好多天。车上本来预备了一些青稞、干粮和酥油茶，一起去的很多都是藏族同事，依靠这些食物能勉强支撑几天。但伍皓是汉族，虽然平时也吃这些藏族食物，但毕竟体质不同，不能仅仅依靠这些食物提供身体所需的营养。到第三天，他整个人就虚脱了，上吐下泻，一点力气都没有。藏族同事看他实在不行了，前后又没有路，只剩道路一侧的山崖有出去的希望，于是决定背起他，向着山崖顶攀登，希望能翻过山去，带他离开这里。高耸而陡峭的山崖本来就不易攀登，再背着一个人就更难了。藏族同事的手和脚都磨出了水泡，但他们咬紧牙关，正在山上放牧的藏族群众也赶来帮忙，背不动了就又有一个藏族同胞接过去，终于背着他从山顶翻了过去，找到附近的一个村庄，把他送到放牧的群众家里，救了他一命。伍皓十分感激地说："我的命还是藏族同胞救回来的，所以我对少数民族群众、对西部有很深的感情。没有藏族群众，也就没有我。"

八年的西藏生涯，伍皓踏遍了西藏的山山水水，也同藏族人民结下了深厚的友谊。他深爱着这片土地。但是，由于车祸和雪灾对他的身体造成了难以恢复的影响，他的健康状况已经不允许他继续留在西藏工作了。1999年，他调离了西藏。

从高原到高原

从22岁到29岁，伍皓在西藏一干就是8个年头。近8年里，他由一个初出校门的大学生变成一名出色的记者，对于人生，对于未来，对于自己的坚守，他有了更多的思考，也有了更加坚定的选择。于是，当选择内地工作单位的时候，他选择了去云南，用他的话说，这是“从高原到高原，从边疆到边疆，从民族地区到民族地区”。

1999年，虽然他对西藏充满了热爱之情，虽然他已经被借调到西藏自治区党委办公厅，并担任政策研究室副主任，但身体已经向他发出强烈“抗议”，他只能选择离开。知道他要回内地，一些内地的新华社分社纷纷主动跟他联系，表示欢迎他去工作。这里不乏沿海一些经济发达地区的分社，但他最终还是选择了云南分社。看到我们疑惑的表情，他解释说，在西藏工作八年之后，自己对民族地区，对西部产生了深厚的感情。而且，八年的工作让自己更清醒地认识到，西部的发展更需要人才，自己在西部广阔的天地里有更大的舞台。于是，他谢绝了那些分社的邀请，从青藏高原来到云贵高原，在这里重新开始他的追求与探索，继续书写他人生的坚定与执著，而他的辉煌，再次从这里起步。

一切从零开始

这样的选择不是没有代价。来到新华社云南分社，他成了没有任何级别、职务的“小兵”，只能踏踏实实地从普通记者做起。交到自己手上的采写任务，他总是按时按量认真完成，丝毫没有半点马虎。当然，是金子总要发光，他在西藏的工作经验和超强的采写能力很快发挥了作用，不久他就对新工作驾轻就熟，对云南的情况了然于胸。

2002年，云南分社决定成立内刊编辑室，创办《云南内参》，他被任命为编辑室主任、《云南内参》主编，负责主持创刊工作。这成了他个人的转折点，也是他实现成功飞跃的起点。他对《云南内参》倾注了很多心血，当时的老同事回忆说，他那时候话很少，即便是对前来探亲的夫人也很少说话，常常熬夜加班，烟抽得很多，文风却异常犀利。《云南内参》办得很成功，多次受到领导表扬。而他，一个其貌不扬的小个子，也开始进入云南省委高层领导的视野。

第二年，分社实行竞争上岗，这给了他另一个展示自己的机会。通过竞岗，他成为云南分社的副总编，“在其位，谋其政”，利用这个舞台，他大刀阔斧地实施了一系列改革，让分社的整体面貌大为改观。他实施改革的举措之一是大量挖人。为进一步提高采写速度，提升稿件质量，更深入地进行采访报道，他改变了以往招新人的办法，直接招募云南地方媒体中比较资深的记者加入新华社。这样一来，既节约了培训成本，又获得了更多的新闻线索、采写渠道，从而提高了稿件质量，增加了稿件来源。他实施改革的另一项重大举措是实行稿件任务量考核及行踪管理制度，使稿件的数量大幅提高。在这之前，老记者一年发稿最多的也不过300条，但自从他实施改革后，不少记者一个季度的发稿量就超过了这个数。在此期间，他还组织推出了很多有分量的文章，挖掘报道了很多先进典型和重大事件，比如在全国产生广泛影响的道德模范罗映珍、罗金勇夫妇，丽江文化体制改革等。很快，他便晋升为云南分社常务副总编。

时隔不久，一个突发事件再次改变了他的命运。2008年7月19日上午，云南省普洱市孟连县公安民警在强制传唤涉嫌违法犯罪的人员时，受到500多名胶农围攻，41名民警受伤，8辆警车被砸坏，15名群众在混乱中受伤，2名胶农被防爆枪橡皮子弹击中致死。事件发生后，云南省委书记立刻做出批示，要求积极抢救伤者，安抚好死者家属，做好善后工作和群众工作，尽早平息事态，防止事态升级扩大；要尽快查明事件原因，及时公布事实真相。时任新华社云南分社常务副总编的伍皓，被点名去报道孟连事件。

这是一个挑战。报道既要反映事实真相，又要避免刺激群众，还要对当地乃至全省的政府官员起到警示作用；既要表达出自己的观点和看法，又要使这些观点和看法被人接受。凭着多年来从事新闻报道的经验，伍皓很快找到了突破点。他告诉后来采访他的记者："孟连事件刚发生时也就是一个小事，但是当地党委政府把它定性为'一小撮农村恶势力操纵的事件'，引发了大规模的聚集和对抗。"因此，在报道中他采用了比较中性的措辞，尽量做到公开、透明，最终整件事情得到妥善解决，这其中他的新闻报道功不可没。也正是这次报道，成了他调入省委宣传部的直接原因。

从记者到新闻官

报道"孟连事件"后三个月，一纸调令把伍皓从新华社云南分社调进了云南省委宣传部。从记者一下子成了官员，而且还是管记者的官员，伍皓对这一身份的变化并不感到有什么不习惯，原因很简单：记者的工作经历使他更加了解新闻传播的规律，也就更加适应管理者的角色。更何况，已经有更重要的事情在等着他了——震荡云南官场的一系列"新政"即将拉开序幕，而他便是主角。

就任宣传部副部长没几天，伍皓便让宣传部的同事们"大吃一惊"：他提出，向外国媒体开放即将开始的云南"两会"。这个提议非常大胆，在他之前，没有任何地方对国外媒体开放"两会"，伍皓把云南推到了风口浪尖。不过，令更多同事吃惊的是，他的提议被通过了。不久，巴基斯坦联合通讯社驻北京记者马苏德成为见证云南“两会”的第一位国外媒体记者，云南成了第一个吃螃蟹的省份，而伍皓也初步展示了他敢为天下先的勇气。

不过，真正展示伍皓勇气和魄力的还是国内首个“网友调查团”。这也是他的“成名之作”。2009年2月12日，云南“两会”刚刚闭幕，伍皓还没来得及好好休息，晋宁县看守所发生的事情又把他拖回了工作中。因盗伐森林被拘押的24岁男青年李荞明在晋宁县看守所非正常死亡，看守所对外公布死亡原因是“与狱友在天井里玩‘躲猫猫’游戏”发生意外死亡。这一解释迅速引来铺天盖地的质疑声，“躲猫猫”一词也迅速蹿升为“第一网络热词”。

伍皓感到很不好办。如果还在新华社，他肯定会第一时间派人下去调查，然后发布事情真相。但现在不同了，作为宣传部副部长，他首先应该想办法缓解公众的不满情绪，引导网上舆论的正确方向。与此同时，作为一个普通公民，一名网友，他很能理解网民们的质疑。于是，他想到了一个办法——组建一个“网友调查团”，宣传部可以为他们提供便利条件，但绝不干涉他们，调查出什么结论，就发布什么结论，以这种方式来满足网民对事实真相的诉求。

这种做法很有风险，让一帮网友去干公检法机关的“工作”，未免会引起很多人的不满，这种不满很难说会引起怎么样的反应。不过伍皓没有犹豫，为了不给领导造成麻烦，2月19日上午，他未经请示就找来了公检法等相关部门的代表，费了好一番口舌，终于说服他们让网民参与事件调查。下午，他在自己的网络聊天工具上发布“召集令”，邀请网民参加“躲猫猫事件调查委员会”。当晚，由4名政法界人士、3名媒体记者和8名网友组成的民间调查团正式成立，并顺利进入晋宁看守所展开调查。他深知，任何结果都不可能让所有的网民们都满意，但他知道应该尽可能地得到大部分人的认同。慢慢地，“网友调查团”被大众所接受，不断在各种事件中出现；各地政府也开始效仿由伍皓开创的“第三方调查机制”，伍皓的这一尝试最终还是获得了公众的肯定。对于伍皓这种做法评价的转变，他显得比较“淡定”，他说：“我觉得不要怕争议、争论，我们固有的思维以为有争议是坏事，但恰恰我们每一次思想解放、每一次社会进步，都是伴随着争议的。”

给民众真相

“躲猫猫”事件有惊无险地过去了，但伍皓的思考并没有停止。随后在全国“两会”接受媒体采访时，他发表了有名的“揭盖子”理论：一壶水烧开了，如果你还使劲地捂盖子，最后只能是将壶底烧坏；而你一揭开盖子，水汽就出来了，正如沸腾的民意，再热也会慢慢地随风消散。作为一个资深甚至有些上瘾的铁杆网民，作为一个从事新闻工作十几年的老媒体人，伍皓深知在信息化社会，特别是在互联网普及的时代，任何事件都是需要真相的。所以，如果说在"躲猫猫"事件中伍皓是采取了"第三方调查"的策略，那么在以后的工作中，他想采取更直接的方式，不过，他的路走得很不轻松。

2009年7月，云南发生了"小学生卖淫案"事件，伍皓以宣传部官员的身份，一口气在论坛上了发布了四篇帖子，同网友争论。随着争论升级，网上出现大量谩骂的帖子。面对如此大的压力，伍皓不得不选择了沉默。事后他自己做出总结："我以宣传部官员的身份公开在网上发表观点，是我的一次尝试，但效果并不理想，所以只好放弃，这也让我意识到这种做法还是行不通，以后不能再这样做了。"

不用说，这是一次失败的尝试，却也是经验的积累，到稍后的"陆良事件"，他不再"插手"公检法等机关的工作，而是很本分地从宣传角度着眼，以省委宣传部的名义发布通知：要求各级党委政府一定要多从自身找原因，真心正视、回应和解决群众的诉求，以此为中心工作，不能一味指责群众，新闻媒体不能给上访群众乱贴"刁民"、"恶势力"、"不明真相"、"别有用心"、"一小撮"等标签。这篇通知获得了极大的成功，网络上一片叫好声，对整个事件的解决也起到了很好的推动作用，成为宣传报道突发事件的经典案例。

微博的"生"与"死"

2009年11月，在伍皓的主持下，云南省委宣传部面向社会招募了100名"媒体义务监督员"，他们可直接向媒体提出意见和建议。不久，他又主导建立了假新闻追踪制度，对故意发布假新闻的行为坚决追究到底。两项制度的出台再次引起争议，有些网民认为这是"借公众之手给媒体戴紧箍咒"。但伍皓不这么看，他认为这正是"老百姓参政议政的重要渠道"。不仅仅政府要对自己的行为负责，记者也一样，这样可以让政府、民众、媒体之间形成"平等话语权的气场"。这算是第一步。

时隔不久，另一个突发事件让他就势迈出了第二步。2009年11月21日，昆明螺蛳湾上万名商户因政府强行搬迁而未给予合理补偿，愤而上街游行，造成交通拥堵和打砸抢事件。伍皓在网上看到这则消息，迅速在新浪网上注册了一个微博，取名“微博云南”，把账号交给了云南省政府新闻发布中心。在充分了解事情始末后，他通过“微博云南”发布了共111个字的新闻，向民众公布了整个事件的基本情况。

这开了政府机构开微博的先河，更让伍皓跟“流言”赛跑有了最好的“坐骑”。他告诉我们，在未来的一年里，他想推动地方政府开设自己的微博，建立网络发言人制度，最终形成工作沟通的微博平台。他对此充满信心。

跟“微博云南”一起开通的还有他自己的微博。他在网络上谈风月，谈感悟，晒工资，晒老婆女儿的照片，与网友们交流讨论，充分享受着微博的乐趣。

然而后来，伍皓的微博消失了。消失之前的一篇日志说：“今天是我‘试用期’一年满，组织部来考察。不知道组织的考察能不能‘过关’，倒是学习会后，媒体的朋友赠诗。能得到所管媒体这样的评价，足矣。”他所说的赠诗来自《生活新报》评论员温星，原文是：“履职一周年，烧了几把火。有人很焦灼，阴违诅咒多；我辈颇鼓舞，监督死水活。变革有奇志，新锐亦如昨。”这首诗表达了对他的支持和肯定。但这显然解决不了问题，尤其是面临转正“大考”，能不能过关，伍皓心里没底——这一年里，他惹的“祸”不少，得罪的人也很多。“有争议，但最终还是通过了。”他说，语气里透出一股子疲倦。他告诉我们，有很多领导很坚定地支持他，这让他很感动。

经过这次“转正”后，他打算告别个人的“单打独斗”，把更多的精力放在制度建设上。考虑再三，决定个人还是低调一些，“个人改个普通的网名，真正恢复到个人的角色。”他说。在新浪微博里，“伍家有女初长成”取代了原来的“云南伍皓”。

显然，微博“转正”的来之不易让他有了更多的感悟。他曾经写道：有改革冲动的官员很多，但改革有三种前途。一曰不能被复制，完全个性化施政，轰轰烈烈但无明确的价值取向，往往人去政息。二曰可能被复辟，超越现实国情，人一走一切恢复原样。三曰推窗效应，瞅准方向，轻轻推开一扇窗，让清风习习，渐成风尚，再不可逆转。春风化雨，桃李不言，下自成蹊。而现在，他更加强调改革需要把握好度，首先自己不能被“牺牲”掉，用他的话来说：“一棍子就先把你敲死了，这样其实什么事也做不成。”

虽然一路行来遇到过很多艰辛，但领导的理解、网友的支持让伍皓看到了继续推进改革的希望。更重要的是，他渴望轰轰烈烈，渴望不断向前，渴望在时代的潮头冲浪。这也是北大给他的财富之一，他说：“开拓创新是北大的一个传统，北大总是站在时代最前沿，推动着时代的前进。每个北大学子心里都会有一种‘负担’——尽我们所能推动社会的发展进步，个人的力量很小，但我从来没有放弃过。”所以，相信他，不会放弃。

采访手记

自2008年底就任云南省委宣传部副部长起，伍皓的名字就与云南的各种热门话题紧密相连，在2009年底成为各媒体评选榜上的“最大赢家”，他是铁杆网民，也是绝对的网络红人——这就是伍皓，一个个头不高，轻声慢语，做起事来却雷厉风行，敢开风气之先的“北大人”。

一年的副部长“试用期”下来，他显得稍微有些谨慎。但一边喝茶，一边嗑瓜子的他还是给我们大谈他之前的人生经历。

学生时代的伍皓已经显露出杰出的才华。他成绩优异，社会活动丰富，还两次受到时任总书记江泽民的接见。他的记者工作也做得非常出色，推出孔繁森、陈金水等先进人物，提出草场承包责任制、对口支援等政策建议，受到中央高度重视。来到云南，他又甘心从一名普通记者做起，采写了罗金勇、罗映珍等人物的先进事迹、推出丽江文化体制改革等典型，短短几年间由一个普通记者成为新华社云南分社常务副总编。

但取得这样的成就并非自然而然，顺理成章。他来自四川山区，刚入大学时连人行横道都不知道；他在西藏多次遇险，好几次都差点丢掉了性命；在云南推行改革，他又承受着来自多个方面的压力。伍皓坦言，面对别人的不理解，有的时候他也会有很深的失落感。但坚持不懈的奋斗使他走到了今天。他坚信是金子总会发光。

采访结束之后，伍皓让司机送我们回去。他的司机不善言辞，但谈到伍皓时的一个个“好”字和他诚挚的表情为我们勾勒出一个尊重、关心他人，可亲可敬的伍皓的形象。伍皓曾经说过，“应该以人格的力量赢得公众、以坦荡的力量赢得网络、以求真的力量赢得信任”，在现实生活中，这三条使伍皓赢得了人们的尊重。

（文/北京大学中国语言文学系2008级硕士研究生　陈　蒙
北京大学社会学系2008级本科生　师瑞阳）

莫 锋
草原之子
Caoyuan Zhizi

莫锋，男，1979年出生于广东省清远县，汉族，中共党员。1998年9月至2003年7月，在北京大学医学部预防医学专业学习，获医学学士学位。现任共青团赤峰市委副书记。

2003年9月毕业后志愿支援西部建设，任内蒙古自治区巴林右旗防疫站站长助理。2006年至2009年，任巴林右旗卫生局副局长兼大板镇党委副书记。2010年3月至今为北京大学政府管理学院MPA在读研究生。

作为大学生志愿服务西部的杰出代表，2004年被授予“中国十大杰出青年志愿者”称号。2003年11月和2005年7月，先后两次受到原中共中央政治局委员、中组部部长贺国强的亲切接见。2005年8月受到全国人大副委员长韩启德和国务委员陈至立的接见。2007年5月莫锋作为支援西部的代表和张海迪、杨利伟等226名建国以来各个时期的青年英模出席了“中国青年群英会”。

从杏花春雨江南，到白马秋风塞北，莫锋用他的青春与智慧谱写了一曲草原传奇。他在“非典”肆虐之际来到疫情严重的内蒙草原，至今已经在内蒙古科尔沁草原上扎根七年。如今的莫锋，已从一个土生土长的广东男儿，成为一个地地道道的草原之子。

跨世纪的天之骄子

少年时代的莫锋心底一直有个梦想，就是当一名优秀的医生，救死扶伤，服务人民。高中时代他就读于华南师范大学附属中学，是全省最好的高中。高中时期他曾经参加过数理化竞赛，化学成绩尤其好。凭借优秀的竞赛成绩，尚未毕业的他可以保送到广东省的任何一所大学。但是由于心中坚定的从医理想，他怀着对首都北京的神往，报考了北京医科大学，也就是后来的北大医学部。

回味起充实而难忘的五年大学生活，莫锋校友脸上浮起浅浅的微笑。他的专业是预防医学，一开始他对这个领域并不了解，在后来的学习与探索中，才渐渐发现了它的独特魅力。与临床医学不同的是，预防医学的研究对象不限于个体，是以人群为研究对象。它针对的不是疾病发生后的治疗，而是发生前的预防。莫锋渐渐觉得，预防医学的宏观与微观并重的研究方法，高瞻远瞩的对策方法更加积极，更具人群健康效益，从某个方面来说意义更大，也更加符合他从医救死扶伤的理想。“这些年来，‘非典’、禽流感、甲型流感等新流行病疫情接连发生，人们更加重视环境与人群健康之间的关系，而这些都是我们预防医学的领域范畴。”虽然现在从事的工作和医学关系不大，但莫锋对自己的专业发展情况依然十分关注。在学习上，凭借中学打下的竞赛基础，大学功课对于莫锋来说并不困难，化学老师还时常拿莫锋的实验作为样板。在莫锋看来，医学这门学科虽然相对比较沉闷，但在学习的过程中还是有许多乐趣。在他的印象中，最有趣的就是解剖课了，比如第一次抬死尸时和同学们互相壮胆，以及看到死人时的不寒而栗。一开始男生们还拿着骨头吓唬女生，后来女生们胆子越来越大，竟然拿着骨头吓唬胆小的男生。

除了学业上日渐精进，大学阶段的诸多经历也让莫锋终身难忘。

1999年5月4日，“五四运动八十周年纪念大会”在人民大会堂举行。春天的北京微风和煦，莫锋作为一名大学生代表，到人民大会堂参加了这场纪念大会。时任党和国家领导人的江泽民、李鹏、朱镕基等同志出席了大会，时任国家副主席的胡锦涛同志在大会上发表了重要讲话，并对当代青年提出了殷切期望。这场大会让20岁的莫锋心潮澎湃，他深深感受到北大作为五四运动发源地的光荣，也切实体会到身为一名北大学生的光荣与使命。同年的10月1日是中华人民共和国成立50周年大庆，作为大阅兵方阵中的一员，他斗志昂扬、意气风发地走过天安门广场。这些宝贵的经历，给莫锋留下了热血沸腾的青春记忆。

1999年的中国发生了许多大事，也经受过打击与悲痛。当驻南联盟大使馆惨遭美国轰炸时，学生的愤怒如火焰般燃烧开来，学校组织了一场声势浩大的示威游行活动。了解到美帝国主义的野蛮行径，震惊、愤怒、悲伤、焦虑，种种思绪齐聚心头，莫锋随着愤怒的同学们一起走上街头，高举毕加索反战名画《格尔尼卡》，高呼“反对战争，呼唤和平”的口号，以这样的方式展现出中国青年的爱国热情与无限力量。

难忘的事情还有许多。2000年北大与北医的合并让莫锋感到自己真正成了一名北大学生；2001年的申奥成功，他曾现场聆听时任总书记的江泽民同志在中华世纪坛的演讲……这些不平凡的经历对大学时代的莫锋产生了许多触动，在激发他的爱国热情与时代责任感的同时，也使这个有志青年不断地思考着自己的前程与价值。

敢为天下先：到祖国最需要的地方去

2003年春，莫锋大学毕业前夕，即将离校的他面临着许多选择。莫锋的父母一直希望儿子回到广东工作，延续当地人求学北方、供职南方的传统。他顺应父母的意愿，乘车南下，第一次来到深圳，在明媚温暖的阳光中，他准备开始追求一种新的生活。

他参加了深圳疾病防控中心的招聘考试，成绩优秀的他一路过关斩将，以笔试第一名的成绩被录取。面试那天，深圳市发生了第一例“非典”。拿到录取通知书的莫锋回到北京边准备毕业论文，边整理档案，准备一毕业就回到深圳工作。

4月份的北京，随着病例的不断增多，对SARS疫情的恐慌和焦虑逐渐蔓延开来。学校组织师生进行“非典”知识预防宣传活动，号召大家做志愿者，深入社区去提供力所能及的帮助。作为毕业生的莫锋也参与到了志愿活动中来，并在活动中对于志愿者的理念有了初步了解。当时，医学部有位老师应卫生部调遣赴内蒙、山西等疫情严重的地区参与防疫工作，回来后就给学生们讲实践课。听到疫区人才的匮乏，条件的落后，莫锋不禁对疫区人民充满了同情。作为一名科班出身的预防医学人才，他希望能用自己的知识去传播希望与健康，帮助那里的人们摆脱恐惧与痛苦。

那年的五四青年节，温家宝来北大座谈，到宿舍、食堂慰问青年学生，他寄语青年："在祖国危难的时候，大学生应该挺身而出。"温总理还讲述了自身的经历，勉励大学生到西部去，到祖国最需要的地方去为祖国贡献力量。总理的话对莫锋产生了很大的触动，他连续三天夜不能寐，辗转反侧，心中充满了矛盾与斗争。当时大学生到西部的志愿活动主要是短期支教，为期一两年，人数也较少。但是莫锋觉得西部还有很多其他的事情可以做，很多岗位，特别是卫生防疫、公路建设岗位十分需要人才。另外，就当时的情况来看，引导大学生赴西部就业的口号和措施都比较少。5月18日，经过反复斗争，他终于提笔向温总理致信，表达了大学毕业后愿意到西部支援当地卫生防疫建设工作的诚挚愿望。"当时国家已经投入大量物力、设备，但西部急需的是人才。当时又是在那样一个"非典"的特殊时期，我很希望国家采取更多有效措施引导大学生到西部去。况且，团中央当时已形成大学生服务西部计划的雏形，我的想法可以说和他们不谋而合。"5月30日，温家宝总理对莫锋的来信作出了重要批示并鼓励他到西部去。6月13日，团中央和教育部正式启动大学生志愿服务西部计划项目，莫锋则成了这个项目中首位报名赴西部的志愿者。

选择了西部，就意味着放弃了深圳的疾病防控中心那份令人艳羡的工作和优厚的待遇。"父母在，不远游"，亲人的不解，世俗眼光的质疑，使莫锋内心经历了许多起伏波折。许多昔日的同窗都拿到了待遇优厚的offer，满心欢喜地奔赴工作岗位；赴茫茫草原探索未知前程，意味着那张来自深圳的录取通知书也将逾期作废……这一切困难，却没有动摇莫锋的信念，没有阻挡他奔赴西部的坚定步伐。

南雁北飞，初入草原

2003年8月，作为"大学生志愿服务西部计划"的第一个报名大学生，莫锋怀着对草原的无限神往来到了内蒙古自治区巴林右旗，在卫生防疫站担任站长助理。巴林右旗是国家级贫困县，那里地广人稀，百姓们大多以放牧为生。来到巴林右旗后，莫锋看到这里有辽阔的草原、洁白的云朵和湛蓝的天空，但是旗里的经济发展程度处于较低的水平。当时，莫锋将是否有可口可乐作为衡量地区经济发展程度的一个指标，他在巴林右旗转了一下，没有找到"可口可乐"，但是却看到了"非常可乐"。这也正符合当时莫锋对巴林右旗的印象：没有想象当中的那么落后，但确实比较贫困，开放程度较低。

巴林右旗的卫生防疫站已经十几年没有大学生来工作，身为北京大学医学部预防医学本科毕业的莫锋到了卫生防疫站，受到了全站热烈的欢迎。莫锋回想起来，当他到达防疫站的那一天，卫生防疫站的站长已经早早地带领全站工作人员站在门口迎接他。当天晚上，站长和同事们用当地最传统、最尊贵的饭菜——牛羊肉——来招待这位来自北大的高材生。自幼在广东长大的莫锋并不怎么习惯吃牛羊肉，也不怎么喝酒，但是在卫生防疫站领导和同事们热情的招待下，莫锋还是吃下了很多牛羊肉，并且喝了四杯白酒。那一天莫锋与防疫站的同事们都喝得酩酊大醉，草原人的热情好客让漂泊在外的他深受感动。

初到巴林右旗的卫生防疫站工作，莫锋面临的第一个困难就是当地卫生防疫条件的落后。卫生防疫站的医疗设备十分简陋，几乎没有大型的医疗设备，当时防疫站有正式编制的人员有50人，但有10人因年龄偏大，平时基本不去防疫站上班，剩下的工作人员绝大多数都是40岁以上，年龄结构严重老化。更严重的是，在剩下的这些人中，只有一半是学过医学的，并且没有一个是学过预防医学的，可以说当地的卫生防疫人才是极度匮乏的，这种简陋的卫生防疫条件也根本无法满足当地的卫生防疫需求。

第二个困难是当地卫生防疫观念的落后，改革开放后的巴林右旗在经济上虽然有所发展，但是由于地处内陆，开放程度不高，许多牧民还保持着传统的思想观念，对卫生防疫持怀疑、甚至是不信任的态度。莫锋通过走访实践了解到，当时许多牧民不愿意花一元钱给孩子买糖丸预防疾病，却愿意花几百元到寺庙里求神拜佛祈求健康平安。这种落后的卫生防疫观念令莫锋感到十分震惊和痛心，他暗自下定决心，要努力工作，与卫生防疫站的同事们一起，扭转这种局面，增强当地的卫生防疫观念。

对症下药，突出重围

虽然面临的困难不少，但莫锋没有选择逃避或者放弃，而是用自己的实际行动改善当地的卫生防疫条件，增强当地的卫生防疫观念。莫锋针对卫生防疫站的工作人员专业知识不足的现状，利用自己本科所学的预防医学的专业知识对防疫站的工作人员进行培训，教授他们卫生防疫的专业知识。之前由于条件所限，基层的防疫人员无法接受专业的培训，只能通过书本等有限的资料学习医学知识。有了莫锋专业系统的讲解，他们便开始如饥似渴地学习卫生防疫的知识。防疫站工作人员对知识的渴求让莫锋深受感动。他们在上课时一丝不苟地听课，认真地记笔记，甚至连莫锋在讲课中喜欢用到的语气词，如“嗯”、“啊”等，他们都会认真地记录下来，以至成了颇有特色的“莫锋语体式”笔记。

莫锋在担任卫生防疫站的站长助理期间，每月的工资收入仅为700元，但为了进一步提高当地卫生防疫工作人员的专业知识和技能水平，莫锋仍从每月工资中挤出几十元钱来编写《卫生防疫杂志》，为同事们提供专业、系统的预防医学知识，帮助他们全面、系统地提高专业知识和技能水平。

莫锋在巴林右旗卫生防疫站工作期间，对待工作一丝不苟、严肃认真，尤其是关乎当地人民的身体健康、人身安全的问题，莫锋都以最严谨的态度对待，用自己的实际行动保障当地人民的身体健康。

有一次，莫锋在翻阅当地的计划免疫门诊记录时，注意到一个六岁的小女孩在被狗咬伤后，只在免疫门诊打了两针狂犬疫苗。狂犬疫苗的一个完整疗程应该是五针，而只打两针是无法完全达到预防狂犬病的效果的。一想到狂犬病发病的可怕和极高的死亡率，莫锋心急如焚，连忙四处打听，终于找到了那个被狗咬伤的小女孩的住址。当莫锋赶到小女孩家，向她的父亲说明来意之后，出乎意料的是，小女孩的父亲却不同意再打余下的三针狂犬疫苗，理由是已经打了两针了，女孩一直也没有出现任何病症，何况一针狂犬疫苗得几十元钱，三针狂犬疫苗对于普通的农村家庭确实是一笔不小的开支。面对固执的女孩父亲，莫锋并不放弃，而是诚恳地倾听他的话，并一遍一遍耐心地向他解释：“狂犬疫苗的完整疗程是五针，只打两针没有预防效果，狂犬病的潜伏周期很长，如果将来狂犬病发，那么即使是花再多的钱，也无法挽救孩子的性命。”耐心的劝说终于起到了作用，小女孩的父亲最终被莫锋的真情打动，同意为小女孩补打余下的三针狂犬疫苗。后来，那位父亲带着小女孩专门找到莫锋表示感谢，还逢人就说：“是北京来的志愿者，救了我孩子的命啊！”

身为卫生防疫站的站长助理，下乡执行卫生防疫工作并非他的本职工作，但是莫锋却主动要求和防疫站里的同事们一同下乡，为牧民们宣传卫生防疫知识，为孩子们打疫苗。“我是北京大学的学生，要坚持北大学生敢为人先的精神，务实求真，争取进步，我下乡就是为了深入了解基层的真实情况，以更好地为内蒙人民服务。”这就是莫锋当时与同事们一起下基层的想法。短短一年时间，莫锋走遍了巴林右旗10256平方公里的土地。在这一年的下乡生活中，莫锋主动提出到最艰苦、最困难的地方去，他和同事们一起到牧民家中宣传卫生防疫知识，提供卫生防疫服务，莫锋用他的真情感动着巴林右旗的牧民和他身边的人。

2004年春节期间，莫锋主动向防疫站提出到旗里的困难地区调查研究，防疫站派他到巴彦塔拉苏木去搞调研。草原上的冬天寒冷难耐，然而即便是狂风肆虐，飞沙走石，莫锋还是坚持骑着防疫员的摩托车，走访了巴彦塔拉苏木的每一个村庄。一次，莫锋和当地的卫生防疫员一起到60公里外的达兰花去给那里的孩子们打疫苗。那天的气温有零下三十多度，莫锋和卫生防疫员冒着风雪一路赶往达兰花，早晨出发，到达时已经中午12点了。来不及吃上一口饭，莫锋就与同行的防疫员一起投入到紧张的工作中，他们挨家挨户为牧民们打疫苗，一直打到傍晚。最后一户牧民家由于生活十分贫困，连给孩子打疫苗的几十元钱都拿不出来。当莫锋免费给孩子注射疫苗后，孩子的父亲感激地握着莫锋的手承诺："今年卖了羊绒，一定把疫苗钱还了！"看着淳朴善良的牧民和他们贫困的生活状况，莫锋心头一颤，他为牧民的淳朴善良所感动，也为他们的生活困苦而心酸。

结束了当天的任务，莫锋一行启程返回巴彦塔拉苏木的卫生院，寒冬的草原，夜里没有明亮的灯火，只有点点星辉俯视着大地。莫锋和防疫员穿过漆黑辽阔的草原回到了巴彦塔拉苏木的卫生院，到了卫生院的门口，莫锋看到一群人站在寒风当中，原来是院长带领全院的工作人员在等待莫锋和他的同事们回去。看到莫锋回来，卫生院的院长上前一把握住了莫锋的双手，其他的工作人员也簇拥上来，把他们围在中间。一股股暖流霎时涌上了莫锋的心头，感动的泪水夺眶而出。

当天晚上，莫锋就因恶劣的天气和过度的劳累病倒了。卫生院的人要给他输液治疗，他却坚定地拒绝了。他深知，卫生院经常免费给牧民治病，财政状况十分吃紧，药品十分宝贵，身为工作人员的他尤其舍不得让卫生院把药用在他身上，他希望把药留给病情更加严重、更加需要治疗的牧民。

在一年多的下乡期间，莫锋同牧民们一起吃奶酪、喝奶茶，冬天睡在没有暖气的平房里，靠炭烧的炉子取暖。每一次下乡任务完成后，莫锋回到防疫站，与同事们一起吃牛羊肉、喝酒、唱蒙古歌曲。在一年多的西部生活中，莫锋把他的爱撒向巴林右旗的每个角落，民族和地域的差异在爱中一天天地消融，他与当地的群众打成了一片，在当地群众中树立了良好的口碑。

第二次选择：扎根内蒙古

莫锋在忙碌奔波中度过了一年的志愿服务时光，到了2004年7月，规定的服务期满，莫锋再次面临一个艰难的选择：一方面，他放不下家乡的父母亲人。他家里的生活一直拮据，弟弟在汕头大学读书，迫切需要莫锋这个做兄长的在经济上给予一定的支持。南下深圳，既可以拿高工资，改善家庭的经济状况，又可以回到家乡，承担家庭责任。另一方面，他舍不得在内蒙古的事业和真情，他已经和这里的人们建立了深厚的感情，此时离去便意味着刚刚建立起来的防疫站工作体系半途而废。在临近服务期满的日子里，几乎天天都有牧民去给莫锋送奶酪和奶茶，和莫锋合影留念，单位的同事们也经常请莫锋吃饭。在饭桌上，大家开怀畅饮，他们向莫锋表达感激之情，同时也极力挽留莫锋。

去还是留？莫锋的内心激烈地斗争着。莫锋想起了当年温家宝总理在回信中的一番话：只有把个人的发展同国家的发展结合起来，才能更好地体现自己的价值。这番话让迷茫中的莫锋再次找到了航行的方向。在服务期满前的最后一天，他坚定地做出了人生的选择：留在内蒙古，留在巴林右旗。这一次，他对草原人民的真情感动了父母，父母最终同意并且鼓励莫锋留在内蒙古，为内蒙古人民多作贡献。之前与莫锋一同来到内蒙古志愿服务的大学生中，只有莫锋一个人选择留了下来。说到这里，莫锋脸上显出骄傲自豪的神情："来内蒙古的大学生都走了，只有我留在内蒙古。其他学校的学生可以不干，北大人必须得干。"就是凭着这样一种责任心与使命感，莫锋留了下来，在他心爱的草原上继续为内蒙古人民服务。

2005年春节过后，莫锋被组织提拔为巴林右旗的卫生局副局长。当时的莫锋刚刚大学毕业来到内蒙古工作一年半，年龄小，资历浅，处理问题的经验并不丰富。因此，如何赢得卫生局同事们的信任和支持，带领同事们努力奋斗，搞好巴林右旗的卫生工作，是莫锋面临的一个严峻考验。

上任后，莫锋首先对卫生局的工作与人际关系等情况进行了深入的调研，工作上以身作则，生活中关心同事，遇到问题便和大家一起深入交流、真诚沟通，渐渐地赢得了单位领导的信任和同事们的支持。莫锋在卫生局分管结核病防治、计划免疫和妇幼保健工作，这几项卫生工作在莫锋的主持下一直都排在全市的前列。莫锋带领卫生局的同事们同心同德，努力搞好巴林右旗的卫生工作，不仅多次成功处理突发紧急卫生问题，并且完善了旗里的医疗卫生体系，提高了巴林右旗的医疗卫生水平。

有一次，巴林右旗的大板二中向卫生局紧急报告，该校两百多名学生出现发烧咳嗽的症状，预防医学专业毕业的莫锋敏感地意识到这可能是一起严重的呼吸道传染病疫情，如果处理不当，可能会造成更大面积的传播，这事关全旗中小学生的生命与健康。莫锋立即向旗教育局通报了疫情，同时亲自带领专业人员组成工作组，到大板二中深入调查疫情。在调查清楚后，莫锋向巴林右旗政府提出了建议：学校采取停课措施，切断疾病的传播途径，防止疫情进一步蔓延。巴林右旗政府在经过了几天的密切观察和慎重考虑后，采纳了莫锋的建议，通知学校停课，防止疫情蔓延，待疫情彻底消除后复课。由于决策及时，措施果断，疫情得到了有效控制。不久，当地感染疫情的学生痊愈后均返校复课。

莫锋在尽职工作的同时，还利用自身的资源优势，为巴林右旗争取到了大量的医疗设备和医学书籍，这对提高巴林右旗的医疗卫生水平和卫生从业人员的专业知识水平都起到了极大的促进作用。在他的努力下，巴林右旗新建了5所卫生院，改善了当地的医疗卫生条件。

美丽的草原就是我的家

从2004年决定留在内蒙古继续工作起，莫锋的个人问题就成为他身边的同事们关心的话题，而莫锋的父母也希望他能早日找到一个生活的伴侣，组建一个幸福的家庭。2005年，经人介绍，莫锋认识了一位蒙古族女孩，两人于2006年结为伉俪。结婚当天，许多领导和同事纷纷赶来祝贺，时任北大医学部主任、全国人大副委员长的韩启德教授也特地发来贺词，鼓励他在大草原上继续努力工作，为人民服务。

然而，天有不测风云。婚后不久，一个不幸的消息传来，莫锋远在广东的母亲被检查出肺癌晚期，生命危在旦夕。得知母亲病危，莫锋如五雷轰顶，悲痛万分，他和妻子急忙赶回家里。然而母亲却没有等到莫锋回去，在莫锋和妻子到家前两个小时，母亲带着对儿子和儿媳深深的眷恋离开了人世。没能见到母亲的最后一面，成了莫锋心中最大的遗憾。

莫锋母亲患病的消息在当地传开后，周围的人，无论认识的或不认识的，都纷纷伸出援手，帮助莫锋渡过难关。在母亲去世后，莫锋将为母亲治病收到的捐款共计五万余元全部捐赠给了内蒙古巴林右旗的两所牧区小学的五十多名贫困学生，他要让社会给予他的这份温暖继续传播下去。

2007年，女儿的出生让莫锋格外欣喜，他为女儿取名为“莫家萌”，寓意为：内蒙古草原是我的家。妻子的贤淑、女儿的可爱给了莫锋更大的责任和更多的工作动力。从2003年初到内蒙古大草原到2007年女儿出生，莫锋已经完全适应了内蒙古的生活方式，他自己也从一个典型的广东人，成了一个地道的内蒙人，习惯了吃羊肉、喝酒，在内蒙古大草原上骑马、唱歌，习惯了内蒙古的严寒和风沙。莫锋喜欢唱歌，粤语歌是他最拿手的，但一首名为《美丽的草原我的家》的蒙古族民歌却是他的最爱："风吹绿草遍地花，彩蝶纷飞百鸟儿唱，一弯碧水映晚霞，骏马好似彩云朵，牛羊好似珍珠撒……牧羊姑娘放声唱，愉快的歌声满天涯。"正如这曲悠扬动听的蒙古族民歌所唱的，在莫锋心中，美丽的内蒙古大草原就是他的家。

替百姓办事，为人民服务

2006年，巴林右旗旗委决定派3名27岁以下的年轻干部到基层锻炼，莫锋被分配到大板镇兼任党委副书记。在大板镇，莫锋具体分管教育、科技、卫生等事务。当时大板镇农村合作医疗发展程度很低，针对这种现状，莫锋决定先从新型农村合作医疗工作入手。他在上任后主持召开了全镇的村支书和村长会议，向他们详细介绍了当前我国实行的新型合作医疗制度的好处和意义。会后莫锋还亲自带领他们深入到大板镇的每一个村庄进行宣传指导，与村民面对面地沟通交流，为他们讲述农村合作医疗的好处。

在莫锋的努力宣传下，大板镇的绝大多数农牧民都加入了新型农村合作医疗，这使当地的合作医疗事业得到了极大的发展。玛拉沁新村就是一个典型的例子。那里的村民原来都居住在边远的草原，国家为了保护那里的生态环境，动员那里的农牧民搬迁到大板镇居住，他们也就因此变成了城镇户口。但是，平时以打工为生的他们生活得十分艰辛，丝毫不比农牧民们好多少。在大板镇推行合作医疗事业的时候，玛拉沁新村的村民们向莫锋反映情况，要求加入合作医疗。可按照政策规定，合作医疗是针对农民的，拥有城镇户口的人是不能加入新型农村合作医疗的。莫锋当时陷入了两难的境地：如果答应他们的要求，让他们加入合作医疗，那就是违背国家的政策；如果不答应他们，在情理上又说不过去。他们原本是农民，为了响应国家的号召放弃土地来到城里，现在依然过着艰辛的生活，他们是为国家作出了牺牲，怎么能不让他们享受合作医疗的福利呢？想起当时的抉择，莫锋表示说："我们的政府是人民的政府，政府的职责就是为人民服务，我们没有理由不让这部分村民享受农村合作医疗制度。"

在查阅了大量的相关资料后，莫锋将自己的意见报告给大板镇的镇党委书记，最终镇党委同意了莫锋的意见，做出玛拉沁新村村民加入合作医疗的决定。一位拿到农村医疗证的玛拉沁新村的老大爷高兴地说："还是共产党的政策好啊！"这件事给在基层工作的莫锋留下了深刻的印象，这使他深深感受到了一名基层领导干部的责任，也更加坚定了他替百姓办事、为人民服务的思想理念。

由于对待工作认真负责，莫锋受到了当地领导的赏识和人民群众的拥护。在大板镇兼任党委副书记一年之后，莫锋被任命为巴林右旗的团委书记，成为当地的第一位汉人团委书记。目前，工作出色的他又被任命为内蒙古赤峰市团委副书记。莫锋期待着在新的工作岗位上作出新的贡献，更好地服务人民。2003年至今的7年时间里，莫锋的工作单位和职务发生了多次变化，然而不变的是他献身内蒙古、为人民服务的拳拳赤诚之心。这位来自广东的男儿，将继续把爱撒向这片辽阔美丽的内蒙古大草原。

情牵母校，恩泽草原

莫锋虽然身在西部，却始终心怀母校。在他任职赤峰市巴林右旗卫生局副局长期间，他精心建立起了一座沟通巴林右旗与北京大学的桥梁——北大医学部学生赴巴林右旗的社会实践活动。

根据莫锋学生时代的经验，虽然北大医学部的学生并不缺少社会实践的机会，但这些活动多是在北京的各大医院进行，学生们并没有深入基层去了解一个县城整体卫生状况的机会。2004年，时任巴林右旗卫生局副局长的莫锋产生了一个想法，就是让大学生通过社会实践，了解西部，了解基层，尤其是了解西部最真实的医疗卫生情况。

于是，莫锋真诚地致信韩启德校长，汇报当地情况，表达了建立社会实践基地的愿望。韩校长积极肯定了莫锋的想法，考虑到巴林右旗的经济条件较困难，韩校长还帮助联系了台湾企业家解决了社会实践费用的承担问题，从而使得这个基地得以顺利建立。2009年柯杨校长来到巴林右旗为基地落成仪式揭牌。这个连接北京大学和巴林右旗的社会实践基地得以正式建立。

这个基地的建立可谓是一举多得，从后期的效果来看，甚至超过了莫锋当初的预期：与北大医学部的专家学者建立了长期的直接联系，大大促进了当地的医疗卫生事业的改善；通过去北京大学第三临床医院进修、交流，当地医生从北大的教授、资深的专家那里学习到精湛的医术和严谨的态度；患病的百姓可以直接电话联系专家会诊，甚至做一些如白内障之类的较大手术，省去了患者去北京看病的旅途劳顿，减轻了患者的经济负担；通过积极宣传与专家讲座活动，当地人民的医疗卫生意识也有了很大程度的进步。莫锋知道，虽然长期落后的医疗卫生状况很难在一年、两年内通过实践基地得到彻底改变，但从长远来看，基地的建立具有非凡的意义——这座牵系着北京大学与巴林右旗的坚实桥梁不会因为莫锋的离开而中断，它会不断延续下去，必将给更多的草原人民带来健康与幸福。莫锋满怀深情地说："为啥我有信心呢？因为我背后有个好学校——北大，她始终在关怀着我，支持着我！"

从温家宝同志的批示到首位报名奔赴西部的大学生志愿者，从贺国强同志亲切接见到团中央授予"十大杰出青年志愿者"，可以说，刚过而立之年的莫锋身上已笼罩着许多光环，他的每一点进步都受到媒体与社会的关注。

对于荣誉，莫锋有自己的冷静思考："荣誉对于个人而言是鼓励，也是动力。另外，荣誉还可以发挥更大的社会效用。不过你要不做实际的事情，那荣誉就是虚的。"2005年，莫锋作为在西部工作的大学生代表在中组部发言，贺国强同志听了他关于内蒙古地区的汇报后，很关注他的情况，亲切地问他有什么困难。莫锋对于个人的困难只字未提，而是如实地反映了当地条件的艰苦，并尽力为当地人民争取福利。内蒙古自治区团委曾推荐他参选"全国十大杰出青年"，但被莫锋婉拒了，因为他觉得，荣誉太多会使人变虚，会成为一定的负担。虽然他已经用智慧与心血为草原人民作出了许多贡献，但他始终认为自己还不够资格荣膺"全国十大杰出青年"的光荣称号。谦虚、内敛的他认为有许多人比他做得更好。

对于许多怀抱梦想、奔赴西部的大学生志愿者来说，美丽的草原是一个舞台。但是，能否在这个舞台上扮演好自己的角色，发挥好自己的作用，做出一番作为，则是因人而异。西部条件落后，缺乏人才，因而具备较大的发展潜力与空间，但在莫锋看来，这些只是外因。"能不能在西部这个广阔的舞台上实现你的梦想，面临的挑战还有许多：第一是适应，要与当地人民打成一片，获得群众的理解和支持，才能使得你的才能发挥作用；第二是务实，实实在在干点事是本分，镀金只是一个空想，这不是一个适合镀金的年代；第三是毅力，既然选择了西部，就要耐得住寂寞，经得起打击，并做好长期战斗的准备。"

采访手记

火车缓缓驶入赤峰站时，正是凌晨五点。细心的莫锋学长为了接待我们，竟然四点多就从家里出来，并叮嘱我们随时与他保持联系，让一路漂泊劳顿的我们备受感动。熹微的晨光中，莫锋学长衣衫单薄，步履矫健，显得格外精神。他快步向我们走来，亲切地和我们握手，温暖的笑容驱走了冬日的寒意，我感受到了一种发自内心的浓浓暖意。

宽阔的马路，缤纷的霓虹，向我们昭示了赤峰这座文化古城的朝气与活力。学长用他那特有的广东式普通话，向我们逐一介绍了赤峰的行政区划、矿产资源、民风民俗，还有特有的“红山文化”，建议我们去赤峰市博物馆参观，到郊外的滑雪场滑雪，那副如数家珍的模样，仿佛这里就是他的家乡。

热情、活泼、健谈，是莫锋学长给我们的第一印象。忆起燕园时光，他的声音抑扬顿挫，眼睛闪烁着光彩，仿佛又回到了意气风发的学生时代——怀抱着梦想，勇敢而倔强。而在之后的采访过程中，每当提及他的那些动人事迹，学长却显得十分保守和低调，每一句话都说得实在而平淡，平淡得让人仿佛觉察不到背后的艰辛。一只从江南飞来塞北的孤雁，展翅而飞，搏击长空，执著追寻着那片令他心驰神往的广袤天地。个中的甘苦，恐怕不是一份单薄的稿件可以言尽的。

路漫漫其修远兮。茫茫荒原上，莫锋校友等先行者们为后继者们擎起了一盏指路明灯，踩出了一条不平凡的路。“宝剑锋从磨砺出，梅花香自苦寒来。”从莫锋校友口中缓缓流淌出的岁月，看似那么轻描淡写，那么波澜不惊，其实每一个音符都谱写着刚强，每一朵浪花都凝聚了澎湃。“草原就像绿色的海，毡房就像白莲花，骏马好似彩云朵，牛羊好似珍珠撒，牧羊姑娘放声唱，愉快的歌声满天涯……”七年的岁月如歌。苍穹般博大，湖水般柔韧，雄鹰般勇敢，青草般朴实，诠释了这个草原之子对责任的担当，对信仰的执著。

冬季的草原一片荒芜，唯有芨芨草丛生不灭，正如北大人坚强奋发的精神盛开在内蒙古高原上，岁岁如斯，年年如斯。

（文/北京大学社会学系2007级本科生　张好雨

北京大学信息科学技术学院2009级硕士研究生　张　楠）

朱兴旺

渝北之城，心之所归

Yubeizhicheng Xinzhisuogui

朱兴旺，男，1984年生于湖南，汉族，共青团员。2006年9月至2009年7月，在北京大学医学部学习。毕业后，放弃攻读博士和在北京大医院工作的机会，志愿到西部基层工作。现任重庆市开县人民医院儿科住院医师。

《中国青年报》于2010年1月19日以《北大硕士把青春安放在西南》为题，《光明日报》于2010年5月30日以《小朱基层就业记》为题，分别对朱兴旺的事迹进行了报道。

2008年夏天，一个北大医学部的研究生放弃继续深造和在大城市高薪工作的机会，将目光投向遥远的西部。看到开县招聘医师的消息，他稍加考虑便递上了自己的简历。当众人为他的决定大吃一惊，纷纷表示不解之时，他轻描淡写地说："我想去做我真正想做的事情。"

他就是朱兴旺，一个投身西部的北大人。

他说：我是一个喜欢标准的人，做一个符合标准的人，是我一直以来对自己的要求。我曾经是所谓"大之骄子"的北大人，现在是一位在西部工作的普通医生——就是这样简单。

一次不成功的离家出走

来自湖南娄底的朱兴旺，出生于一个知识分子家庭，母亲是教师，父亲是医生。在这样一个家庭环境中成长，朱兴旺说："我从小可以算是一个很听话的孩子。"可是，这样一个很听话的孩子，也曾经有过一段令人瞠目的叛逆期。

"那是在我读高一的时候，"朱兴旺一边回忆一边饶有兴致地给我们讲道："当时有很多孩子选择辍学去广东打工，这也算是那时的一个风潮。"于是朱兴旺也想辍学去打工，可是他离家"打工"的本意却并不是要给家里挣钱，"主要是因为那时候处在叛逆期嘛，也有那么一股冲动想要看看外面的世界，想要自己独立生活，又有一群人一块去，所以也就拿着学费跟着去了"。

然而离开家的朱兴旺却并没有体验到外面世界的精彩和刺激，由于尚未成年，没有身份证，老板一看便知他们是从家里逃出来的孩子，在广东待了十多天，朱兴旺他们没有能够找到工作，相反，却花光了随身所带的钱，被有关部门收容后遣送回家。

回到家的朱兴旺，虽然让父母一颗焦虑的心放了下来，然而事情却没有结束。由于无故离校半个月，学校已将他开除。这一下急坏了父母，左求右求都没能说服学校。"当时我在家待了好长一段时间，没有学上，没有事干，突然间就慌了，觉得自己不知道应该往哪儿去，也是在那个时候，真真切切地感受到对读书的渴望。"后来，双亲在万般哀求依旧无果的情况下竟曲下双膝给学校领导下跪，才使得朱兴旺能够重返校园。对于这一幕，朱兴旺说："父母给了我很大的触动，让我知道学习机会的来之不易。"

重返校园的朱兴旺，仿佛一下子走出了青春叛逆期，全身心地投入到学习之中，学习成绩立马有了很大提高。也就是在他高考的那一年，湖南刚好高考改革，从以前的3+2模式改成了3+X模式，从先填志愿再出分改为先出分数再填志愿。说到填志愿，朱兴旺表示，当时他首先确定的是要学医，当医生是他自小就有的梦想。“父亲是医生，给我的人生道路带来了很大影响。我很小的时候便拿着针筒、吊瓶扮医生做游戏，再大一点后对医生有了更多的了解，便觉得治病救人似乎就是我这辈子的使命。”“做医生是再自然不过的事情，似乎想都不用想。”

而对于选择千里迢迢到北京来学医，朱兴旺则笑着说：“男儿志在四方，我就是想要找一个离家远一点儿的地方。”朱兴旺不想做一个在父母呵护下成长的孩子，他想要去寻找自己飞翔的那片天空，自由自在地追求自己的梦想。就这样，朱兴旺来到了北京。

北医生活是一段读书治学的记忆

从首都医科大学本科毕业时，朱兴旺21岁。感觉自己还过于年轻的他打算继续读研，这一次，他把目标瞄准了北京大学医学部。北大医学部是中国一流的医科大学，在他心目中是“很神圣的”，为了考上北大医学部，他付出了不少努力。谈到备考的那段岁月，他很感慨地说：“北大非常注重学生的综合素质，在考试中体现得尤其明显。因此要考上北大医学部的研究生，确实不容易。”尽管如此，无所畏惧的朱兴旺依然带着一腔对知识的渴求、对学术的专注，顺利通过了考试，走进了北医。

他报考时选择的专业是内科学专业，但正式入学的时候被调剂到了儿科学专业。他并没有因为儿科学专业不是自己的主动选择而不满，相反，他说：“我是一个干一行爱一行的人，既然确定了这个专业，那么就要认认真真地去研究它。”谈到自己在北医的生活，朱兴旺说由于自己的专业是偏向研究型的，因此很大部分时间都待在了实验室，主要从事遗传病医疗科学的研究。“我觉得来北大就是要来做学问的，所以就踏踏实实地做学问。”

在北医求学给他最大的触动便是北医对治学严谨的要求，尤其是他的导师潘虹对他要求非常严格。在导师的影响下，朱兴旺已经从事了两年遗传科学的研究，并取得了一定成果——他的毕业论文被SCI杂志收录。说起发表的这篇文章，朱兴旺还与我们分享了一段他与老师的小故事。当时论文里需要写几个机器的设备号，可是那几个机器都比较旧了，难以找到，于是朱兴旺便自己编了几个号。原以为这只是一件很小的事情，几个设备号，谁去在乎？可是万万没有想到，潘老师将他叫到办公室，严厉地批评了他并跟他谈了整整一下午。

"老师说知道就是知道，不知道就是不知道。搞学术是件严肃的事情，绝对不可以胡编乱造，这叫学术造假，做这件事会被别人称为学术骗子。这种情况是绝对不允许的！"原以为只是几个设备号的小事情，却引来潘老师大发雷霆，朱兴旺在老师的批评中明白了什么叫做严谨治学。"潘老师对我的影响是显而易见的，其中最重要的就是要有严谨的治学态度。他教育我们'严谨'不是嘴上说的，而是要体现在行动上。"即使是现在工作了，朱兴旺也依然清楚地记得潘老师的这番教导，"作为一个医生，我更应该用这样的态度来要求自己，不放过任何一个细节，因为任何一个细节出错都可能是致命的。"

在朱兴旺的记忆里，北医生活就是一段读书治学的记忆。"自己是个比较'宅'的人，就喜欢读读书，做一些思考。"甚至北大声势浩大的"百团大战"都没能让他留恋，"北大的社团文化如此发达，即使是像我这么'宅'的人，也去过一些社团玩儿，比如说在一些交流类社团中跟外国留学生交流提高口语水平等，不过往往坚持不了多久。还是读书最让我开心，北大有这么好的学习环境，不读书多可惜啊！"

谈到在大学里都读什么书时，朱兴旺脱口而出：历史。"我对历史特别感兴趣，就喜欢读史，感觉就像读小说一样有味道。"听着朱兴旺的谈吐，记者明显感到他深厚的历史知识底蕴。他说："读正史也读野史，凡涉猎都必有收获嘛。"朱兴旺在采访中主动和我们聊起了中国历史，说他对中国历史特别是近代史尤其有兴趣。

奔赴西部——"其实是很自然的选择"

对于朱兴旺，或许最开始选择医学专业，是一种子承父业的传承；研究生阶段从事遗传病治疗科学的研究，是源自命运的偶然和导师的影响；而这一次走向西部、走向基层，则是来自他生命内在的呼唤。

"其实我的这个决定对我来说，并不是你们想象的那么艰难，"朱兴旺笑言，"我只是想要回归生活的真实。"他坦言，原本导师已经帮他联系了读博的单位，但他并没有答应，因为早在这之前，他就不止一次思考过这个问题，并经过深思熟虑，明确了自己的就业方向：要先到基层去工作几年，积累一些实践经验。因此，即使面对学校提供的许多招聘机会，即使接到大医院发来的邀请函，朱兴旺也没有动摇自己最初的就业选择。

朱兴旺所学的专业是儿科，研究的主要方向是遗传科学产前诊断。据朱兴旺介绍，在我国，遗传病的发病率其实很高，但是实际上来医院就医的人并不多。城市中的情况或许稍好，但是在农村，出于经济、社会等多方面的原因，大量遗传病孩子并没有得到应有的关注和治疗。朱兴旺自己就曾多次目睹过一些因遗传病而造成的先天患儿在乡间凄楚的生活。这些情景深深地触动了他，在他的记忆里挥之不去。而地方上对于遗传疾病的重视程度和了解并不很高——一方面是由于儿科可获得的经济效益不高而使其地位尴尬，不被医院所重视；另一方面也确实存在地方医疗条件和理念较为落后这一事实。朱兴旺想要到基层去，就是希望能够直接掌握基层遗传病的发病原始情况，并为这些孩子、为遗传病知识的普及贡献自己的一份微薄的力量。

“我想要找个地方去做自己的研究，能够踏踏实实地去做些事情。可是在大城市，比如北京，你很少有自己做研究的空间，很多时候都在忙于一些事务性的工作。可是我需要空间去做自己的研究。而且，中国西部的医学现状比东部要差很多，有很多问题还没有得到充分的讨论，这是我感兴趣的地方。”在北大医院实习的体验让他明白，在城市大医院里工作虽然环境很好，但是真正能充分发挥自己能动性、独立性的机会并不多，能够让自己深入探究问题、解决问题的机会也不多。

想要寻找做学术研究空间的朱兴旺，便思考着去小城市工作。当然除了要坚持做学术研究的原因之外，朱兴旺的内心中还有一份对小城市宁静生活的向往：“我是想找回一种宁静的感觉。”朱兴旺在湖南娄底的一个小县城中长大，在他的记忆里，在小县城读书的那些宁静踏实的日子，总是能让他的心充实而平静，这种生活状态是他所热爱的。而来到北京求学的八年中，在感受到大城市繁华的同时，他也感觉到大城市隐藏在喧嚣中的浮躁与功利，而这恰恰让朱兴旺感到与自己格格不入。“从大学到研究生一路念下来，我需要一个能静心的地方，思考一下自己适合做什么。”在他看来，如果只沉迷在都市的繁华中，则仅仅是被生活驱赶着向前走，人在这种情况下极易丧失对生活的主动权，丧失对自己、对生活的思考，而他不希望自己的生活受到这样的侵蚀。“我喜欢慢节奏的生活，我需要内心充实的感觉，我想到基层看看社会到底需要什么。”他坚定地说，“医科是经验科学，我需要从基层的工作中积累经验、汲取营养。”

毫无疑问，周围的人，包括导师、同学，乃至父母都不能理解朱兴旺的这种决定。朱兴旺的父母希望孩子即使不在大城市工作，也至少要回到家乡工作。“我是瞒着他们签的协议，”虽然顶着来自师长、亲友的巨大压力，但朱兴旺语气中仍带着轻松，“这是我自己的选择，也许他们不能理解我，但我能很好地理解他们。”

“我明白我想要一种什么样的生活，我知道我在追求什么。这是很自然的选择，其实并没有你们想象的那么困难。”或许某些社会风气严重地误导了我们，总是认为留在东部、留在大城市才是最佳选择，总是思考着待遇好不好这样的问题，使得我们忽略了内心真正的需求。“有的人喜欢大城市，我就是喜欢生活在小城市，待遇问题也不是我的第一考虑，我就是想要一个能给我一个空间去做自己想做的事情的环境。”朱兴旺说得很坦然。几乎每一次被采访，他都要被问到为什么要选择去西部基层这个问题，而对于朱兴旺自己来说，这根本就不能算是一个问题，因为去西部、去基层是他内心深处的呼唤。

五年，我将在这个渝北小县城

即使去基层工作，也可以有很多种选择，为什么偏偏选择去渝北的一个县呢？虽然内心有着执著的理想，但朱兴旺并不是脱离实际的空想主义者。“我专门去开县实地考察过，那里的环境和硬件条件正在发展和建设之中，是能够让我较为顺利地开展工作、进行学习的。”近年来重庆开县医疗条件的改善和发展，使他感到自己能够在那里施展拳脚。在他看来，或许在县城医院工作更需要自己独立面对很多复杂的情况，这对于施展自己所学到的知识，对于自己作为医生经验的积累都是非常有利的。他希望能够从“最小的事情、最基础的事情”做起，踏踏实实、一点一滴地积累实践的经验。同时，他也预料到了到西部工作会遇到的困难。首先，是语言沟通上的困难。在县城里，留守在家的多是老人和儿童，而这两个群体恰恰是说普通话障碍较大的群体，如何与病患沟通很有可能会成为日常工作中的一个难题。其次，困难在于如何在工作中取得同事和当地患者的信任。“大概一个北大的学生到偏僻的县城医院工作在他们看来也有些不可思议，或者怀着某种目的吧，”朱兴旺笑着说，“可做什么工作没有困难呢？”

朱兴旺的选择并非来自于个人脱离实际的想象或仅仅是个人内心一时的感情冲动，而是把自己的命运与百姓的命运联系在一起。这让这种平凡的选择折射出一种光辉。一个人的力量在理想面前或许是微弱的，但朱兴旺并不在意，他提到自己所喜爱的一句台词：如果选择做云朵，那就飘在天空；如果选择做雨露，那就浸入大地。“我愿意做雨滴，哪怕只有一点点，但是能湿润一点土地就是一点，”朱兴旺说，“可能我一个人的力量是渺小的，但是能贡献出一点就是一点嘛。”

开县医院——我是一名普普通通的医生

对开县医院来说，一个北大研究生能够来到他们小县城的医院，他们既吃惊又很高兴。对这位突然降临的“天之骄子”，开县医院提供了较为优厚的待遇，但这不是朱兴旺所关心的。“当时院长跟我谈的时候也说了要给我怎样怎样的待遇，但是这真的不是我的关注点。我在意的是他们能否支持我从事研究，他们给我的研究条件和工作环境是怎样的，这才是我关注的事情，至于说待遇怎样，还真没有想太多。毕竟，要是想待遇的问题，也就不会去考虑去小地方了。”

就这样，一心想着做研究、积累工作经验的朱兴旺，来到了重庆开县这个小县城。于是，学生时代结束了，朱兴旺变成了开县医院一名普普通通的医生。或许在他人眼里，这个刚从北大医学部毕业的高材生怎么看都不普通，然而在他自己的心中，他的身份就是一名普普通通的医生，他要做的是治病救人，是研究医学问题。“比如说开会的时候要介绍我，便说是北京大学毕业的研究生……我不需要这样介绍，这是过去的事情，现在我来到开县，是一名普普通通的医生，这才是我现在的身份。”

“在别人眼里，我就是个怪物。”朱兴旺的语气中带着一丝无奈，“他们会怀疑你，为什么好好的大城市不待，跑到这小地方来？是作秀？是为了升迁？还是为了其他什么目的？”“他们也会议论我，也有人说我傻，不过这些我都不是很在乎。因为做这些事情，我不是要给别人看的。”

不过说到在医院与同事的关系，朱兴旺却表示大家对他都很照顾，并没有因为他学历高而对他有什么不同。“同事的岁数都比我大，所以生活上都对我特别照顾，经常帮助我，我们也经常一起爬山进行体育锻炼，大家相处得很和睦。”朱兴旺也并没有因为学历而自傲，他谦虚地说道：“他们有很丰富的工作经验，有很多值得我学习的地方。”他表示，像医生这种技术型的职业，十分重视工作经验，并不是说有个高学历就说明你医生做得好。

谈到自己的工作，朱兴旺脱口而出：“累。”朱兴旺每3天轮到一次24小时值班，每到这天都累得筋疲力尽，每天上午都要去查房，跟患者交流。“医生少，工作量非常大，感觉自己都快吃不消了。”可是工作的辛苦却并没有让朱兴旺产生一丝一毫的后悔，他依旧坚定自己的决心，依旧热情洋溢地投入到工作中去。

他希望能够通过他，建立一个东西部之间沟通的桥梁，并也这样积极地去做了。他介绍说："其实在北京的一些研究机构中对于儿童遗传病学产前诊断的治疗是免费的，但大多数人似乎并不知晓。"因此他特别希望能够通过自己与北京医院建立的联系，在开县医院与北京的医院之间充当桥梁的作用，把一些有可能治疗的遗传病患者介绍到北京来就医，挽救更多的遗传病儿童，同时也使当地人获取更多的遗传病知识，以利于遗传病知识的普及和遗传病学的研究。"已经有一些家长经过我的介绍前往北京就医了，这方面我觉得加强东西部沟通是非常重要的，可以让患者了解到更多的信息。"

对于遗传病，朱兴旺介绍说："由于遗传病涉及的基因问题非常复杂，以致很多遗传病在目前的医疗条件下都无法有效地治疗，罹患遗传病的孩子就只能等待死亡，而家长们也只能眼睁睁地看着自己的孩子慢慢死去。这对一个家庭是一种慢性折磨！"一位位患儿家长的无奈神情，一个个患儿的天真表情，深深地刺痛了朱兴旺的心。这让他下定决心奋斗在儿科医疗的第一线，担负起一个儿科专业的毕业生应该承担的社会责任，"能救一个是一个"。对于遗传病的预防问题，朱兴旺也介绍说："最关键的地方，在于产前诊断和产前干预。如果能够在地方上加强生育前对夫妻双方的检查，就能够较为有效地预防遗传病儿的出生。而很多家庭都是由于不了解产前诊断和产前干预，以致连生数胎孩子，都不得不眼睁睁地看着他们在痛苦中离去。"

在遗传和基因科学方面，我国与发达国家相比，存在相当大的距离。朱兴旺选择去西部，一个很大的原因就是希望能够用五年时间，初步完成对当地儿童遗传病情况的统计和收集，再从事相关的医疗科学研究，获得真正有价值的突破。由于人种的差异，基因医疗实际上也存在不同的指针，只有立足于对本土人种的研究，才能够真正有希望解决本土的遗传病问题。

多年的医学知识积累和案例学习让朱兴旺深刻地认识到基因和遗传对于一个民族有多么重要。祖国在他的心目中从来都占有着相当重要的位置，他知道他正在进行的研究可能给国家、给民族带来益处，也正是心底的爱国热情召唤他放弃大城市的机会来到西部，哪怕代价是亲朋好友的不理解和外界的质疑。"我去基层并非就不再做研究了，我是希望通过这五年的时间，好好了解地方上的情况，掌握最真实的数据，五年后再进一步对遗传科学进行研究，到时候可能会面临另一次选择。"正是基于这种考虑，朱兴旺下定决心，选择了去开县医院，在平静的氛围中，默默地为自己的理想而耕耘。

做一个勇担责任、追求理想的西部北大人

当问到朱兴旺有什么想要对希望来西部工作的北大学子们说的话时，朱兴旺十分认真地说："来西部最重要的就是脚踏实地，要做有利于国家利益的事情。"

当初对于朱兴旺选择到西部去，人们听到的多是不理解的声音，很多人质疑：朱兴旺为什么要做出这样的选择？实际上，朱兴旺并非一时冲动或者感情用事，在这种选择背后，浸透了北大人对责任的深刻理解和对理想特有的执著。

暂时远离喧嚣，离开曾经的科学实验室，不是对战场的逃避，而是选择了另一个战场，选择了另一种为责任、为理想而奋斗的方式。对于朱兴旺来说，理想和责任从来不曾离开自己的内心。在他看来，作为一个北大毕业生，走向社会之后，不管身在何处，都应该承担起北大学生所应该担当的使命。"虽然我本科不是在北大读的，但是对于北大有着一种天然的亲近感，在我做出到西部去的选择时，这种感情给了我支持和力量。北大已经为培养我而付出了很多，从走出校门这一刻起，我回报学校的时刻到了。"

走向基层，把五年的青春奉献给基层的工作，这不仅仅是一种生活方式的选择，也不仅仅是社会责任的承担，这是一个认真做学问的研究者生命内在的召唤，也是一个北大人血液里流动着的从不曾被忘却的使命感。"相信在这五年里我可以从基层工作中得到很多宝贵的工作经验，并希望能够取得一些研究成果，为我国的遗传学事业作出自己的一份贡献。"

朱兴旺选择宁静，选择责任，选择带着沉甸甸的理想前行。他抛开城市的浮华与喧嚣，奔赴西部去实地调研，踏实地工作。有人说他傻，太理想，太单纯，但就是因为拥有这种理想主义的精神，他才能够义无反顾地去选择，去做自己想做的，去做自己该做的。

采访手记

采访朱兴旺时，我们最大的感触便是，在我们眼里认为困难的事情，在他的眼里都算不上什么；在我们眼里被轻易忽略的事情，却被他铭记在心。或许就如他所

说，对于这个社会中的大多数人来说，他是一个“怪物”，一个“异类”。他没有想过追名逐利，仿佛是与生俱来的，他带着一种对真、善、美的追求。他怎么想就怎么做，毫不拖泥带水，瞻前顾后。在他看来，一切都是那么顺其自然。

对于这样一个有着湖湘儿女的豪情，带着学者的坦率与真诚的北大人，在采访的过程中，我们一次又一次被他的真性情所打动。虽然他并无过多曲折动人的经历，虽然他的语言质朴而简单，虽然他在西部的时间还很短暂，但是他简单的话语却是那么有力量。他将一个北大人对社会的担当直白地展现在我们面前，直白到无需用更多的语言去形容。

尽管有那么多人对他投来质疑的眼光，尽管父母、导师及朋友都不太理解他的选择，但是他不在乎。他收拾行李，奔赴渝北，简单得就好像是出去旅行。只是要看那一种风景，并不在乎有多远的路要走。那么就跋涉吧，不去计较什么。

由于朱兴旺师兄与我们的年龄相差不多，更使得我们对他的选择肃然起敬。面对一个人们疯狂追求物质富足的社会，朱兴旺师兄的选择像一股清新的空气吹进我们的心。我们应该怎样承担起一个北大学子肩头的时代责任？应该如何选择未来的道路？或许对于这些问题，我们应该问的不是教授，不是父母，更不是随波逐流的那些人，我们真正应该问的是我们自己内心真实的想法：我真正需要的是什么？

敢于去面对真实的自己，做自己应该做的事情，做自己想做的事情，这或许才是人生最大的快乐。我想，这也是为何朱兴旺师兄能够在那么多的不解与质疑之中悠然自得的原因吧。

（文/北京大学国际关系学院2008级本科生　向昱筱
北京大学新闻传播学院2009级本科生　彭雪松）

后 记

北京大学具有光荣的历史和优良的传统。建校112年来，一代又一代北大学子以天下为己任，与祖国和人民共命运，将知识的力量、报国的理想与青春的激情以符合时代特征的方式结合起来，在中华民族走向复兴的每一个历史阶段都作出了突出的贡献。爱国的热情，进步的追求，民主和科学的思想，早已成为北大文化中最深厚的底蕴，最朴实的本色，最鲜明的标志。

一种传统之所以光荣而可贵，不仅是因为过去的辉煌，更在于她始终能够指引后来者创造新的辉煌、谱写新的篇章。在新的时代条件下教育青年学生继承和发扬北京大学光荣的历史传统，不仅要让他们深入体会学校的精神和理念，学校更应当积极推荐和宣传那些最能体现北大精神、最能体现时代精神的生动事例，不断增强教育的时代感、现实感与亲和力、感召力。这样的素材，无疑应当从时代的需要和北大学子对时代呼唤的回应中寻找。

当今中国，处于一个全面建设和协调发展的时期。城乡基层和西部地区需要进一步加强建设。尤其是占据过半国土面积的西部，有壮丽的自然景观和丰富的自然资源，但大多又是经济相对落后、生活条件相对艰苦的地域，更需要人才，更需要奉献，是优秀人才施展才华的广阔天地。新中国成立六十多年以来，特别是改革开放三十多年以来，一批批北大学子在北大光荣传统的感召下投身国家各行各业的建设，在祖国的四面八方贡献智慧和力量，获得了社会的广泛赞誉。其中很多人选择了到西部去、到祖国最需要的地方去，在时代需要与北大传统构建的坐标系上找到了自己的人生坐标，做出了无愧于时代和人民的人生选择。那些扎根西部、奉献西部、放歌西部的北大校友，正是北京大学光荣历史传统薪火相传、生生不息的最好事例，正是我们接受北大传统教育和北大精神熏陶的最佳素材。

2010年5月4日，温家宝总理第三次来到北大，同师生共度五四青年节。在我们的同学手书“仰望星空”之后，总理题赠“脚踏实地”，寄望青年人既富于理想、立志高远，又埋头苦干、认真实践。本书所访谈的30位北大校友，展示出30段人生传奇，恰是对总理寄语的生动诠释，也反映了一批又一批优秀北大青年和西部人民同呼吸、共命运、齐奋斗的壮丽图景。这些投身西部的北大人，满怀着爱国主义、理想主义的情怀，用扎扎实实的行动，在祖国西部热土上实践了北大人热爱祖国、振兴中华的崇高信念。

仔细品读那一个个感人至深、催人奋进的故事，会鲜明地感受到北大人的风骨与力量。校友们对理想与现实、挫折与成功、创造与喜悦、奉献与幸福的辩证思考，时时打动着我们的心灵，也让我们思考究竟什么样的人生才是有意义的人生，什么样的选择才是无悔于青春的选择。30位校友的共同经历，向我们昭示了这样一个道理：祖国和人民最需要的，是最值得我们奋斗和付出的，尽管奋斗会伴随着无数的艰辛和挫折，但只要沿着正确的方向仰望星空志存高远、脚踏实地坚忍不拔，就一定能够欣赏到涓涓细流汇成大海的壮美，体验到将个人的人生与祖国的伟大事业相结合而创造的充满崇高历史感的幸福。

本书在编辑出版过程中，得到北大校长、校友、在校师生等众多北大人的大力支持，也留下一串串令人难忘的生动故事：周其凤校长亲自选定“西部放歌”作为本书书名并作序，丁石孙前校长年事已高但知道这个消息后及时为本书题写了寄语，吴树青前校长拿到初稿的第二天即反馈了真挚的赠言，陈佳洱前校长不仅感言热情洋溢而且还积极推荐候选校友，许智宏前校长百忙之中仍然关注本书的编辑情况，全国人大副委员长、医学部主任韩启德院士本人就有西部工作的经历，他对青年学子的期望因此也就更加别具一格；著名学者、书法家欧阳中石先生得知学校要编写一本关于在西部工作校友的书，欣然题写书名并以“校友中石”落款；中坤投资集团董事长黄怒波先生一贯支持母校的建设，这一次又慷慨出资为本书的出版提供帮助，而此前他刚刚成功登顶珠峰。特别值得一提的是，书中这些校友最初接到采访请求时，都谦虚地表示自己的人生和选择很普通，不必报道宣传，但当学生记者告诉他们，要采写的不仅是他们个人，更重要的是代表在西部工作的北大校友这一群体时，他们都欣然应允，并积极配合采访写作，还对稿件反复审定修改。本书所有学生记者，都是在校同学，很多来自西部地区。正文及采访手记字里行间流露的，正是他们对西部最真挚的情感，也记录了这次采访经历对他们的心灵震撼与人生启示。这本书的确汇聚了众多北大人的力量与情感，所以她既属于在西部工作的北大校友，也属于全体北大人；既是生动的教育素材，也是受教育者的感悟和心声。甚至我们可以说，这本书是不同群体的北大人对“北大精神传统和西部建设发展”这一主题进行的又一次深入而集中的探讨。

本书编写工作自2009年12月启动，短短半年时间就完成了从采访到出版的各项任务。期间编委会多次召开会议，校团委牵头组建的采编队伍和出版社的编校人员更是马不停蹄、加班加点。闵维方书记等学校党政领导给予了较多关注和指导。曾任学校常务副校长的迟惠生教授勉励大家一定要树立精品意识，努力追求思想和文化品位俱佳。教育部党组成员、部长助理林蕙青同志获悉情况后，鼓励我们把这本书做成一份对广大到西部地区工作的青年志愿者和毕业大学生有益的生活读物、精神礼物。毫无疑问，是西部、西部选择，是人生、人生价值等宏大而又深刻的主题为本书增添了许多分量，吸引了许多关注。同时我们深知，虽然我们已经竭尽全力去完成大家的重托，但有限的准备时间和较浅的人生识见使我们距离大家的期待可能还差得很远。

榜样的力量是无穷的。希望本书能向北大学子展示他们的学长与众不同而又精彩非常的人生境界，能对年轻后来者的人生道路选择和事业发展有所启发。值此国家西部大开发战略实施十周年之际，希望更多北大毕业生，在北大光荣历史传统的感召下，在众多优秀校友事迹的激励下，到西部去，到基层去，到祖国和人民最需要的地方去，在全面建设小康社会、实现中华民族伟大复兴的时代新长征中谱写更加壮丽的青春华章！

本书编委会

2010年6月